ActiveX/DCOM-Programmierung mit Visual C++ 6

Victor Sirotin

ActiveX/DCOM-Programmierung mit Visual C++ 6

Entwicklung von Office- und Internet-/Intranet-Anwendungen

ADDISON-WESLEY

An imprint of Addison Wesley Longman, Inc.

Bonn • Reading, Massachusetts • Menlo Park, California
New York • Harlow, England • Don Mills, Ontario
Sydney • Mexico City • Madrid • Amsterdam

Die Deutsche Bibliothek – CIP-Einheitsaufnahme

Victor Sirotin
ActiveX/DCOM-Programmierung mit Visual C++ 6 / Victor Sirotin - 1 Aufl. -
Bonn ; Reading, Mass. [u.a.] : Addison-Wesley-Longman, 1999
ISBN 3-8273-1390-2

1. Auflage 1999

Satz: mediaService, Siegen. Gesetzt aus der Palatino 9 pt.

Belichtung, Druck und Bindung: Kösel, Kempten

Lektorat: Tomas Wehren, Judith Stevens

Produktion: Petra Strauch

Umschlaggestaltung: vierviertel gestaltung, Köln

Das verwendete Papier ist aus chlorfrei gebleichten Rohstoffen hergestellt und alterungsbeständig. Die Produktion erfolgt mit Hilfe umweltschonender Technologien und unter strengsten Auflagen in einem geschlossenen Wasserkreislauf unter Wiederverwertung unbedruckter, zurückgeführter Papiere.

Inhaltsverzeichnis

1 Einleitung

Die Marktanalytiker prognostizieren ein Wachstum im Bereich Componentware in den Jahren 1999 bis 2001 von 3 bis 64 Milliarden US-Dollar. Eine der besten oder sogar die einzige weitverbreitete Technologie für den Aufbau von komponentenbasierten Systemen auf Windows NT und Windows 95/98 heißt ActiveX/DCOM. Sie stammt, wie mehrere andere Dinge in der modernen Computerwelt, aus dem Hause Microsoft.

Dieses Buch basiert auf 25 ActiveX- bzw. DCOM-Projekten, die wir mit Ihnen zusammen schrittweise entwickeln werden.

Um das Interesse der Leser zu gewinnen, habe ich für das Buch eine imaginäre Firma gegründet. Ich schlage jedem Leser eine Stelle als Softwareentwickler in dieser Firma vor. Sie bekommen dadurch die Verantwortung für die Entwicklung von einzelnen Hilfsprogrammen bis hin zu komplizierten verteilten Anwendungen. Am Anfang werden das ziemlich einfache Aufgaben sein, die wir mit Hilfe von relativ simplen Konzepten zu lösen versuchen werden. In weiteren Teilen des Buches beschäftigen wir uns mit Technologien, die kommerzielle Anwendungen entwickeln lassen.

Um das Verständnis der komplizierten Dinge zu erleichtern, verwende ich im Buch oft Analogien zwischen den Objekten aus der „Software-Welt" und den physikalischen Objekten. Ein Beispiel dafür ist die Analogie zwischen COM/DCOM in einem Windows-Netz und der Infrastruktur eines Telefonnetzes. Solche Analogien lassen sehr schnell das Wesen begreifen, haben aber (wie alle Analogien) ihre Grenzen und sollten auf der nächsten Windung der „Mentalitätsspirale" kritisch betrachtet werden.

Mehrere COM/ActiveX-Autoren und -Berater sind der Meinung, daß für die richtige Einarbeitung in die COM/ActiveX-Welt der erfahrene Programmierer einige Monate fleißigen Studierens benötigt. Ich bin auch der Meinung, daß die Ausbildung in der COM/DCOM/ActiveX-Entwicklung (nicht Anwendung!) nicht schnell geht. Eine auf Projekten basierende Ausbildungsstrategie bringt gerade in diesem Bereich die besten Ergebnisse.

An wen sich dieses Buch richtet

Dieses Buch ist für Leute gedacht, die mit der ActiveX/DCOM-Technologie in absehbarer Zeit Geld verdienen wollen. Ich meine damit die professionellen Softwareentwickler (Architekten und Codierer, Komponentenentwickler und Lösungsbastler), die von anderen Gebieten zu ActiveX/DCOM umsiedeln wollen, sowie fortgeschrittene Studenten und Auszubildende, die ihren Platz auf dem neuen Markt suchen, den Projekt- und Produktionsmanager, Experten und Berater, die bei ihren Firmen und Kunden neue Technologien einsetzen müssen.

Ich setze voraus, daß die Leser dieses Buches die Programmiersprache C++ so beherrschen, daß sie 95 % der C++-Sprachanweisungen des Buches verstehen, ohne im C++-Nachschlagwerk nachblättern zu müssen.

Wenn Sie ein *Neuling im Bereich Windows-Programmierung* (Visual C++, MFC Microsoft Foundation Classes) sind, aber allgemeine Erfahrung in der C++-Programmierung haben, wird es für Sie vielleicht schwierig sein, ohne zusätzliche Bekanntschaft mit der MFC einige Kapitel des Buches zu verstehen. Ich empfehle Ihnen deshalb, entweder das Visual C++-Tutorial (Online-Buch) oder eines der zwei Bücher [3, 6] zumindest stellenweise zu lesen. (Der Titel [6] ist eigentlich ein multimediales CBT, das Sie eher sehen und hören als lesen werden.)

Wenn Sie ein *erfahrener Windows-Programmierer (MFC)* ohne COM-Kenntnis sind, können Sie in diesem Buch Teil A zuerst auslassen und sofort mit den COM-Projekten beginnen.

Wenn Sie ein *Manager* sind, empfehle ich Ihnen, die Problemstellung und das Ergebnis jedes Projektes herauszufinden. So richten Sie in Ihrem Hinterkopf „Haltestellen" ein, die Ihnen später die realistische Spezifikation von zukünftigen Projekten zu formulieren helfen.

Was das Buch enthält

Das Buch basiert auf Projekten, die wichtige Aspekte der ActiveX/DCOM-Technologie abdecken. Diese Projekte lassen Sie die Vorteile und Nachteile, schöne Möglichkeiten und Hürden verschiedener Auffassungen von MFC, COM, ActiveX, ATL und DCOM-Technologien verstehen und ausprobieren.

Im Laufe des Buches werden auch verschiedene Möglichkeiten des Visual Studio, AppWizard, ClassWizard und andere Visual C++- und Windows-Werkzeuge erläutert. Sie finden aber im Buch keine systematischen Einführungen zu diesem Thema. Den Programmierern, die nur mit dem Texteditor ein ganzes Projekt zu erstellen gewohnt sind, empfehle ich, die Fähigkeiten des Visual Studio und der Wizards von der Online-Hilfe herauszufinden und mit den Werkzeugen ein bißchen zu experimentieren.

Was das Buch nicht enthält

Wir konzentrieren uns im Buch auf zentrale Aspekte von COM/ActiveX/DCOM. Mehrere sehr interessante Gebiete, die naheliegen, werden aufgrund des kleinen Rahmens des Buches nicht abgedeckt.

Wir berühren in unserem Buch die Datenbankenprogrammierung (u.a. DAO, ADO) nicht. MTS-Anwendungen (Microsoft Transaktion Server) und ASP (Active Server Pages) haben in dieser Auflage des Buches ihren Platz auch nicht gefunden.

Das ActiveX-Scripting wird in unserem Buch auch nicht behandelt.

Was gibt es auf der CD?

Auf der Begleit-CD finden Sie alle Projekte als Quellcode, Ressource und ausführbare Dateien. Wenn Sie zur Zeit kein Visual C++ haben, können Sie trotzdem mit fertigen Anwendungen experimentieren.

Aufbau des Buches

In Teil A, „Vorgeschichte von COM", werden die „Nicht-COM"-Kommunikations- und Steuermechanismen und die Vorgeschichte von COM/ActiveX/DCOM besprochen. Dabei werden die Begriffe Prozeß, Thread und Windows-Nachrichtensendung erläutert, um sie in nachfolgenden Teilen anwenden zu können.

In diesem Teil erfahren Sie unter anderem, wie die Anwendungen ohne COM kommunizieren können. Sie werden auch die Grenzen entsprechender Auffassungen sehen.

In diesem Teil werden mehrere Paare relativ kleiner und einfacher Projekte entwickelt. In jedem Paar ist eine Anwendung ein Client, und andere Anwendungen dienen als Server. Der Client und der Server kommunizieren miteinander.

Teil A des Buches besteht aus drei Kapiteln. Im Kapitel „Historischer Überblick" werden Sie die Dynamik der Entwicklung von COM/ActiveX/DCOM in den letzten Jahren kennenlernen. Im Kapitel „Nachrichtensendung und -bearbeitung" lernen Sie einen der wichtigsten Mechanismen des Windows-Betriebssystems kennen, der auch unter der Haube von COM/DCOM verwendet ist. Im Kapitel „Programmierung von DLL" beschäftigen wir uns mit der Programmierung von Dynamic Link Libraries, die in COM/ActiveX/DCOM eine besonders wichtige Rolle spielen. In kleinen Projekten erfahren Sie, wie man verschiedene Arten von DLLs programmieren kann. Im letzten Kapitel des Teiles erforschen wir die Grenze der DLL-Auffassung und wie die besprochenen Probleme mit Hilfe von COM gelöst werden können.

In Teil B sind die Grundlagen von COM beschrieben. Sie werden in diesem Teil die wichtigsten Begriffe kennenlernen, die im weiteren Verlauf des Buches ständig verwendet werden.

Der nächste Teil des Buches (C) beschäftigt sich mit der Automatisierung. Automatisierung, OLE, ActiveX und DCOM-Verfahren basieren auf COM. In einem weiteren Teil des Buches werden einige dieser Bereiche detailliert besprochen und mit Hilfe praktischer Beispiele erforscht. Wir probieren in diesem Teil die Automatisierung in den Paaren Visual C++-MS Word und Visual C++-Excel.

In Teil D lernen wir ActiveX-Steuerelemente kennen. In zwei Projekten erforschen wir die Grundlagen von ActiveX-Steuerelementen und die Vorteile und Nachteile der MFC-Auffassung für die Entwicklung von ActiveX-Steuerelementen.

Der Teil E beschreibt ATL (Active Template Library). Das ist eine ziemlich neue Programmier-Auffassung, die für mehrere Entwickler ein unbekanntes Gebiet sein dürfte. Wir werden in einem realistischen Projekt sehen, daß diese Auffassung viele neue Ideen in den Alltag der Softwareentwicklung bringt. Wir werden auch eine Möglichkeit haben, die MFC- und ATL-Auffassungen zu vergleichen.

In Teil F verwenden wir die in vorigen Teilen entwickelten Objekte im ActiveX-Steuerelement-Container. Wir diskutieren die Grundideen der Container-Entwicklung. In zwei interessanten Projekten werden wir sehen, wie einfach manchmal die ActiveX-Entwicklung sein kann.

Im nächsten Teil (G) erforschen wir praktische Aspekte von ActiveX-Dokumenten. ActiveX-Dokumente passen sehr gut zur Philosophie des Internet Explorers und lassen ohne Umstände die komplizierten Objekte im Intranet/Internet verteilen und anwenden.

Der letzte Teil des Buches (H) beschäftigt sich mit DCOM. Erstaunlicherweise werden Sie herausfinden, daß DCOM „COM mit langem Draht" ist und jedes „richtige" COM-Objekt ohne weiteres „DCOM-fähig" verwendet werden kann. Es gibt aber etwas, was Sie zuerst lernen müssen. In diesem Teil des Buches entwickeln wir zwei ziemlich komplizierte Projekte. Das erste Projekt beschäftigt sich mit der Ermittlung der freien Ressourcen auf einem Computer im Netz. Das zweite Projekt simuliert den Zugriff von mehreren Clients auf eine einzige Ressource im Netz.

Im Anhang finden Sie ein zweisprachiges Wörterbuch (Englisch/Deutsch und Deutsch/Englisch), das Literaturverzeichnis und das Stichwortverzeichnis.

Konventionen

In den Beispiel-Projekten und in den Quellcode-Ausschnitten habe ich versucht, die Empfehlungen und Richtlinien von Microsoft zum Programmierstil und zur Programmgestaltung einzuhalten. Aus didaktischen Gründen sind einige Dinge jedoch anders gestaltet oder implementiert, als es in einem echten Projekt programmiert werden sollte.

In Visual C++ fängt man normalerweise jedes Projekt mit Hilfe eines Wizards an. Mit Hilfe von MFC ClassWizard und anderen Werkzeugen können Sie das Skelett einer Funktion in ein existierendes Projekt einfügen. Beide Vorgänge haben als Ergebnis einen rudimentären Quellcode, den Sie erweitern oder (selten) korrigieren müssen. Es ist für Leser sehr wichtig, den Code des Skeletts von Ergänzungen, die er selbst machen muß, zu unterscheiden. Um das zu erleichtern, wird der Quellcode **fett** hervorgehoben, den der Entwickler im Projekt selbst einfügen muß, zum Beispiel:

```
CTaskManagerCOMView::CTaskManagerCOMView()
{
        // TODO: add construction code here
        m_pIJobAlloc = NULL;
}
```

Die Kommentare, die Wizards generieren, sind im Quellcode meistens ohne Änderungen (z.B. Übersetzung auf Deutsch) gelassen. Die Kommentare vom Autor im Quellcode fangen immer mit //== an und sind in deutscher Sprache:

```
//== So sieht ein Kommentar vom Autor aus.
```

Die Namen der Funktionen, Methoden, Eigenschaften, Werkzeuge usw. sind im Text des Buches *kursiv* hervorgehoben. Wichtige Begriffe, die zum erstenmal genannt werden, sind ebenfalls kursiv gesetzt.

Zwei Doppelpunkte vor dem Namen einer Funktion zeigen, daß das eine globale Funktion und keine Methode einer Klasse ist. Zum Beispiel:

```
::GetUserName(cUserName, &dwSize)
```

Abbildungen

Im Buch finden Sie viele Abbildungen. Aus meiner eigenen Erfahrung habe ich festgestellt, daß es nicht zu viele Abbildungen geben kann.

Ein Problem besteht im „Eindeutschen" von Visual Studio und Visual C++. Wenn Sie in einer internationalen Firma arbeiten, verwenden Sie vielleicht die englische Version von Visual Studio und Visual C++. Einige Tools (z.B. DCOM-Konfigurationsprogramm) können dagegen in der deutschen Version vorhanden sein. Andererseits, wenn Sie mit der deutscher Version von Visual Studio arbeiten, können Sie die neueste Version von *OLEView* Tool von der Microsoft WWW-Seite herunterladen, die eine englische Oberfläche hat.

Die Abbildungen helfen Ihnen, wenn Microsoft einmal eine neue Version eines Werkzeuges mit ein paar neuen oder unbenannten Menüpunkten oder Schaltflächen vorschlägt.

Hardwareanforderungen und Softwareanforderungen

Als Minimalanforderung benötigen Sie für die praktische Arbeit mit diesem Buch einen Computer mit Windows NT 4 oder Windows 95/98. Auf dem Computer mit Windows 95/98 müssen Sie DCOM für Windows 95/98 installieren. Außerdem benötigen Sie Visual C++ 5 oder Visual C++ 6.

Alle Projekte auf der Begleit-CD sind mit Visual C++ 6 erstellt worden. Wenn Sie aber noch Version C++ 5.0 haben, müssen Sie nur die jeweilige Datei mit der Endung *.001 in die Datei *.DSW umbenennen.

Einige Experimente mit DCOM-Anwendungen verlangen zwei Computer, die in einem Netz in der gleichen Domain laufen.

Ihre Meinung ist für uns sehr interessant

Sie können den Autor unter der Adresse *sirotin@aol.com* oder mit Hilfe der WWW-Seite *www.sirotin.aol.com* erreichen.

Danksagung

Ich hatte Glück, mit Judith Stevens und Tomas Wehren als Lektoren vom Addison Wesley Longman Verlag zusammenarbeiten zu dürfen. Ihre ständige Hilfe und Aufmerksamkeit haben mich das Buch rechtzeitig vollenden lassen.

Ich bedanke mich herzlich bei Dinoel Nitoris für die umfangreiche Hilfe bei meinem Kampf mit der ersten Version des Manuskriptes.

Teil A: Vorgeschichte und Grundlagen von COM

In diesem Teil des Buches beschäftigen wir uns mit den Methoden der Programmierung, die implementiert wurden, bis COM, OLE, ActiveX und DCOM auf der Bühne erschienen. Das läßt uns die Geschichte und die Logik der Entwicklung in diesem Bereich nachvollziehen. Sie erfahren dabei, mit welch einfachen Mitteln einige Probleme ohne COM/ActiveX gelöst werden können. Gleichzeitig erkennen Sie die Grenzen und Mängel von solch einfachen Lösungen.

Kraig Brockschmidt, ein führender Entwickler von COM/OLE/ActiveX, schreibt in seinem Artikel im Microsoft System Journal [18] folgendes: „Wie kam Microsoft eigentlich dazu, für die Zukunft auf OLE zu setzen? Die Konzeption von COM und OLE war nicht einfach die wirre Idee eines überarbeiteten Microsoft-Architekten, der sich eine Nacht lang „high on coffee" mit Reversi um die Ohren geschlagen hat. Sie war das Ergebnis von vielen Jahren Erfahrung in der Entwicklung von Betriebsystemen und Anwendungen". Um diese Erfahrungen ein bißchen nachzuvollziehen, arbeiten wir in diesem Teil an drei Projekten, die wichtige „Haltestellen" auf dem Weg zu ActiveX/DCOM kennzeichnen.

Einen historischen Überblick zu gewinnen ist trotzdem nur ein nebensächliches Ziel dieses Teils. Aus in diesem Teil vorgeschlagenen Projekten können Sie die Grundelemente erfahren, auf denen COM und ActiveX beruhen.

Dieser Teil des Buches besteht aus drei Kapiteln. Im ersten finden wir heraus, wie ein Windows-Programm ein anderes Programm starten kann. Für diesen Zweck entwikkeln wir ein paar verknüpfte Projekte. Im nächsten Kapitel, „Nachrichtensendung und -bearbeitung", lernen Sie einen der wichtigsten Mechanismen des Windows-Betriebssystems kennen. Dabei wird Ihre praktische Kenntnis mit Hilfe von zwei verknüpften Projekten vertieft. Im nächsten Kapitel, „Programmierung von DLL", beschäftigen wir uns mit der Programmierung von Dynamic Link Libraries, die in COM/ActiveX/DCOM eine besonders wichtige Rolle spielen. In kleinen Projekten erfahren Sie, wie man verschiedene Arten von DLL programmieren kann.

Wenn Sie sich später (nach Bekanntschaft mit den letzten Teilen des Buches) die Projekte aus diesem Teil anschauen, werden Sie sicher erstaunt sein, was für ein großer Sprung in diesem Bereich in wenigen Jahren gemacht wurde. Es ist aber wichtig, diese ersten Projekte richtig zu verstehen, um für die Grundprinzipien der COM/ActiveX/DCOM-Programmierung ein Gefühl zu bekommen.

Wenn Ihnen dieser Bereich bekannt ist oder wenn Sie möglichst schnell unmittelbar zur DCOM/ActiveX-Programmierung übergehen wollen, können Sie diesen Teil übergehen und eventuell später nachlesen.

Bevor wir zu unserem ersten Projekt übergehen, lassen Sie mich Ihnen die Dynamik der Entwicklung im Bereich Visual C++/MFC/COM kurz erläutern.

Der Microsoft C/C++-Compiler hat seit Ende der 80er-Jahre großen Respekt unter den PC-Programmierern. Diese Jahre bezeichnet die Programmierfolklore jetzt als „Petzoldzocium". Die typischen Windows-Programme enthielten damals die zehnte *switch*-Anweisung für die Bearbeitung verschiedener Arten von Nachrichten, auf die die Anwendung bzw. das Fenster reagieren mußte. Diese Technik war in einem Bestseller von Charles Petzoldz perfekt beschrieben (die neue Auflage dieses Buches ist in unserem Literaturverzeichnis unter [1] aufgelistet).

Die neue Ära hatte mit dem Erscheinen von MFC (Microsoft Foundation Classes) angefangen. Von diesem Zeitpunkt an wurde die Windows-Programmierung immer mehr objektorientiert. Wichtige Schritte der Entwicklung von MFC auf dem Weg zum COM/ActiveX/DCOM sind in der Tabelle A.1 aufgelistet.

Datum. Version VC++ und MFC	Neue Elemente
3/92. Microsoft C/C++ 7.0-Compiler MFC 1.0	MFC ist als dünne Hülle auf einer Menge Windows API-(Application Programming Interface-) Funktionen implementiert. Die Programmierung von Anwendungen mit der Windows-Oberfläche wurde damit stark erleichtert.
2/93. Visual C++ 1.0 MFC 2.0	Die „Dokument/Sicht"-Architektur ist als Basis bei der Programmierung typischer Windows-Anwendungen vorgestellt. Unter dem Begriff Dokument versteht man damit nicht nur die elektronische Analogie eines Papierdokumentes, sondern auch ein Datenmodell.
12/93. Visual C++ 1.5 MFC 2.5	MFC enthält eine große Menge von OLE-Klassen für die Programmierung von OLE-Objekten und Containern. Ein großer Fortschritt in der Programmierung von Datenbankanwendungen mit der ODBC- (Open Database Connectivity) Schnittstelle.
9/94. Visual C++ 2.0 MFC 3.0.	32-Bit-Version von OLE und der ODBC-Schnittstelle. Neue Steuer- und Oberflächenelemente wie Eigenschaftsdialoge und Eigenschaftsseiten, Symbolleisten mit Tooltips, Kollektionsklassen auf der Basis von C++ Templates. Neue IDE.
1/95. Visual C++ 2.1 MFC 3.1	Steuerelemente für die Windows 95-Oberflächenprogrammierung. Unterstützung der Programmierung im lokalen und globalen Netz mit Hilfe von Winsock und MAPI.
9/95. Visual C++ 4.0 MFC 4.0	Die Versionsnummern von Visual C++ und MFC sind synchronisiert. Die Version 4.0 enthält die Hüllenklassen für neue ActiveX-Steuerelemente und ActiveX-Steuerelementcontainer. Datenzugriffsobjekte.
Anfang 1996. Visual C++ 4.1	Neue Klassen der Internet-Unterstützung.
7/96. Visual C++ 4.2	ActiveX-Steuerelemente nach der Spezifikation OCX 96. ActiveX-Dokumente. Erweiterte ActiveX SDK.
3/97. Visual C++ 5	Version wird in drei Editions (Enterprise, Professional und Learning) geliefert. Starke Verbesserung im Visual Studio. Neue Internet-Klassen und ActiveX Template Library. Neue ODBC-Klassen.

Datum. Version VC++ und MFC	Neue Elemente
9/98. Visual C++ 6	Große Erweiterung in MFC und ATL für Internet- und Datenbankenprogrammierung. Erweiterung in IDE. Neue Assistenten und Dienstprogramme.

Tabelle A.1: Wichtige Daten in der Entwicklung von Visual C++ und den MFC

Die bemerkenswerten Änderungen passieren in dieser Zeit im Sprachgebrauch rund um COM, den ich an dieser Stelle auch erläutern möchte.

OLE (*Object Linking and Embedding*) verwendet man jetzt oft als einen Oberbegriff, der die Grundlagen für das Funktionieren breiter Paletten moderner Anwendungen (insbesondere im Office-Bereich) bezeichnet. Damit sprechen die Amerikaner dieses neues Wort als „oh-lay" aus, während die Europäer eine spanisch klingende Aussprache verwenden.

Die drei Buchstaben „OLE" treffen Sie oft in Quellcodes der MFC (als ein Präfix einiger Klassennamen usw.) Von ActiveX finden Sie dort aber keine Spur. Das ist eher ein kaufmännischer Codename, der keine Abkürzung ist. Microsoft hat ein neues Wort benötigt, um eine Reihe neuer Spezifikationen zu benennen, die eigentlich keine reine Erweiterung von OLE oder COM waren. In kurzer Zeit deckt dieser futuristisch klingende Name neue Bereiche ab. Jetzt heißt praktisch alles, was von Microsoft kommt und früher ruhig OLE hätte heißen können, ActiveX.

Jetzt werden wir von historischen und etymologischen Entwürfen zum ersten praktischen Beispiel gehen.

2 Wie eine Anwendung eine andere Anwendung startet

In diesem Kapitel lernen wir kennen, wie eine Windows-Anwendung eine andere Windows-Anwendung starten kann und eine Information beim Start überträgt.

In der Einleitung dieses Buches habe ich versprochen, daß alle Beispielsprojekte des Buches realistisch werden. Wir betrachten die Probleme einer imaginären Firma, die Computer und Computernetze montiert, repariert und Kunden betreut.

In unserer imaginären Firma helfen die Computer den Mitarbeitern in allen Phasen des Betriebsprozesses. Die Anwendungen auf den Computern sammeln und analysieren die Informationen und verteilen die Aufgaben unter Mitarbeitern und Subsystemen.

Im Laufe dieses Kapitels entwickeln wir eine Anwendung, die Informationen über die Erledigung einer Aufgabe annimmt und eventuell eine neue Aufgabe empfiehlt. Verschiedene Mitarbeiter arbeiten mit unterschiedlichen Anwendungen mit verschiedenen Oberflächen und Funktionalitäten. Uns interessiert aber der allgemeine Teil dieser Anwendungen, der den einen „Entscheidungsalgorithmus" enthält bzw. aufruft.

Nehmen wir an, daß ein Mitarbeiter unserer Firma gerade die Reparatur oder Montage eines Computers abgeschlossen hat. Nach einem Mausklick muß das System über eine weitere Aufgabe entscheiden, die angesichts der Qualifikation von Mitarbeitern und anderer Betriebskriterien optimal ist.

Die traditionelle C++-Programmierungstechnik empfiehlt in diesem Fall, eine oder mehrere C++-Klassen zu entwickeln. Diese Klassen kann man danach in dem Projekt der Server-Anwendung als Quellcode, als Objektmodule (Bibliotheken) oder als statische Bibliotheken einfügen. Bei dem Kompilieren und Binden der Anwendung werden diese Module (statisch bindende Bibliotheken) kompiliert bzw. gebunden.

Die direkte Verwendung der Quellcodes bringt verschiedene Probleme mit sich, wenn man das „Entscheidungsmodul" in einer anderen Firma bzw. in einer anderen Abteilung der gleichen Firma entwickelt hat. Einerseits besteht die Gefahr, das eigene Knowhow mit dem Quellcode zu verlieren. Andererseits wird, durch das Versagen eines Eingriffes in eigenen Quellcode, die Wartungs- und Versionskontrolle erheblich erleichtert. Deswegen verbleiben als konstruktive „traditionelle" Wege zur Untersuchung die Objektmodule und statischen Bibliotheken.

Leider zeigt die Realität bei großen Projekten die Mängel dieser Auffassung. Verschiedene Komponenten eines Systems entwickeln sich mit verschiedenen Geschwindigkeiten. Das Entscheidungsmodul kann sich unabhängig von anderen Teilen der Anwendungen entwickeln. Man kann sich leicht die Situation vorstellen, wenn die Funktionalität dieses Moduls wegen Änderungen des Geschäftsprozesses möglichst schnell erweitert oder korrigiert werden soll. Die ausgewählte Lösung mit der Verwendung der Objektmodule oder statisch bindende Bibliotheken führt logischerweise in diesem Fall zum neuen Kompilieren und Installieren aller Anwendungen, die diese Komponente verwenden.

Das heißt, man braucht eine andere Lösung. Ein Mittel, das Anfang der 90er Jahre relativ verbreitet war, empfiehlt die Verteilung der Module in verschiedene EXE-Anwendungen. Die Anwendungen rufen sich nacheinander auf, und mit Hilfe der Befehlszeilen übergeben sie dabei Parameter.

In unserem Projekt *TaskStart* erinnern wir uns, wie eine Windows-Anwendung eine andere Windows-Anwendung aufrufen kann. Damit betrachten wir auch den Mechanismus der Parameterübertragung mit Hilfe der Befehlszeile.

Um diese Art der Zusammenarbeit der Anwendungen auszuprobieren, legen wir zwei Windows-Anwendungen bzw. Projekte an: *TaskStart* (Hauptanwendung oder Client-Anwendung) und *JobAlloc* (Server-Anwendung). Beide sind dialogbasierte Anwendungen. Ihre Oberflächen sind in den Abbildungen 2.5 und 2.8 zu sehen.

2.1 Projekt TaskStart

Da wir nicht auf sachliche Einzelheiten eingehen wollen, erzeugen wir die Hauptanwendung so einfach wie möglich. Das ist ein Dialog mit zwei Schaltflächen: *OK* und *Neue Aufgabe*. Nach einem Klick auf die zweite Schaltfläche sollte eine Server-Anwendung starten, eine neue Aufgabe herausfinden und in einer Textform darstellen. Die Hauptanwendung ermittelt beim Start den Namen des Benutzers und leitet diesen Namen mit Hilfe der Befehlszeile zur Server-Anwendung weiter.

Um die Hauptanwendung *TaskStart* zu erzeugen, führen Sie die folgenden Schritte durch.

1. Legen Sie ein Visual C++-Projekt an

Wählen Sie den Menüpunkt FILE | NEW im Menü FILE des Visual Studio aus. Ein Karteidialog (Abbildung 2.1) erscheint. Im Dialog aktivieren Sie die Kartei *Project*. Legen Sie den Namen *TaskStart* für das Projekt fest. Wählen Sie als Projektart *MFC AppWizard(exe)* (Abbildung 2.1). Bestätigen Sie Ihre Auswahl mit der Schaltfläche *OK*. Die erste Seite des AppWizard-Assistenten erscheint.

Beim nächsten Schritt erzeugen wir ein Projektskelett. Unter dem *Projektskelett* versteht man eine von AppWizard generierte Menge von Dateien, aus denen der Compiler und der Binder eine laufende Anwendung erzeugen können. In den meisten Fällen ist diese Anwendung lauffähig, aber unfähig, weil sie keine sinnvolle Funktionalität enthält. Diese Funktionalität soll der Programmierer später in das Projekt einfügen.

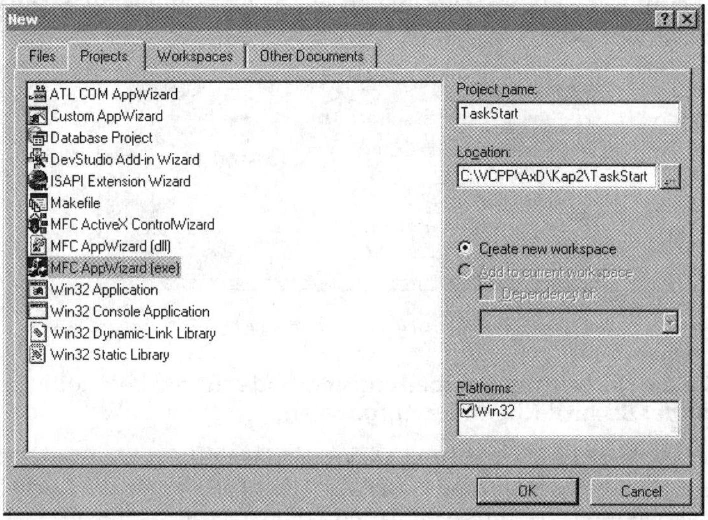

Abbildung 2.1: Erzeugen eines neuen Visual C++-Projektes mit Hilfe von AppWizard

2. Erzeugen Sie das Projektskelett für das Projekt

Das Erzeugen eines Projektskelettes mit Hilfe von AppWizard bedeutet das Ausfüllen der Seiten eines Assistenten (mehrseitigen Formulars). Auf der ersten Seite des Assistenten wählen Sie als Art der Anwendung *Dialog based* aus. Auf den anderen Seiten des Assistenten stimmen Sie vordefinierten Werten zu. (Ich wählte in allen Projekten in diesem Buch auf Seite 3 des Assistenten die Option *As statically linked library* aus. Diese Auswahl läßt die Anwendung ohne die entsprechende MFC-DLL laufen. Als Nachteil hat man in diesem Fall eine längere Bindungszeit und eine größere ausführbare Datei (*.exe).)

3. Gestalten Sie den Dialog

Letztlich soll unsere Anwendung wie auf Abbildung 2.5 aussehen. Nachdem Sie die Seiten des Assistenten ausgefüllt haben, öffnen Sie im Visual Studio die Kartei *ResourceView* und aktivieren den Eintrag *Dialog*. Führen Sie einen Doppelklick auf den Eintrag *IDD_TASKSTART_DIALOG* auf. Mit Hilfe eines rechten Mausklicks rufen Sie den Eigenschaftsdialog auf (siehe Abbildung 2.2). Ändern Sie die Eigenschaften der Schaltfläche *Cancel* (setzen Sie ihren neuen Namen *Abbrechen* und `ID`, wie in Abbildung 2.3 zu sehen ist). Sie können die Schaltfläche auch auf eine neue Position verschieben, obwohl das die Funktionalität der Anwendung nicht betrifft.

Nach einem Klick des Benutzers auf eine Schaltfläche sendet Windows dem Dialog eine Nachricht. Mit dem Thema „Nachrichten" werden wir uns im nächsten Kapitel dieses Buches beschäftigen. Als Reaktion auf diese Nachricht in einer MFC-Anwendung wird eine Methode (*Nachrichtenbearbeitungsmethode*) aufgerufen. Falls Sie keine Methode für eine Nachricht in Ihre Anwendung programmieren, wird eine Methode aus einer Basisklasse aufgerufen. In der Anwendung *TaskStart* wird eine Nachrichtenbearbeitungsmethode für den Mausklick auf die Schaltfläche *Neue Aufgabe* implementiert. Den Bearbeiter für die Schaltfläche OK implementieren wir nicht, weil uns die Standardreaktion von der Basisklasse reicht.

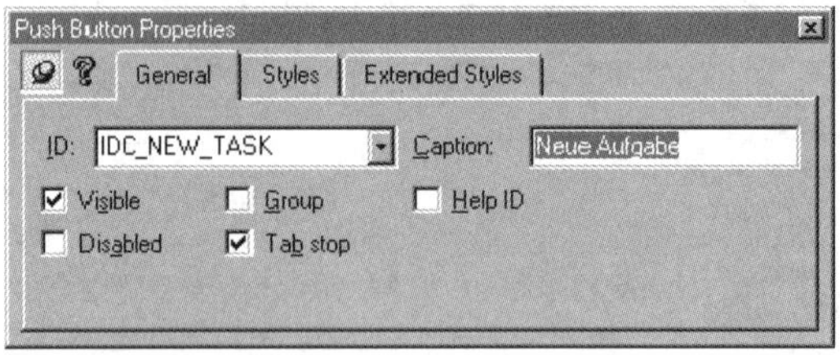

Abbildung 2.2: Eigenschaften der Schaltfläche `Neue Aufgabe`

4. Legen Sie die Nachrichtenbearbeitungsmethode für die Bearbeitung des Mausklicks auf der Schaltfläche *Neue Aufgabe* an

Mit einem rechten Mausklick auf die Dialog-Vorlage öffnen Sie wieder das Popup-Menü und wählen dort den Eintrag *ClassWizard* aus. Die Karteikarte erscheint auf dem Bildschirm (Abbildung 2.3). Im Kombinationsfeld *Class name* wählen Sie *CTaskStartDlg* aus. In der Liste *OBjekt IDs* markieren Sie den Eintrag *BN_CLICKED* und klicken auf die Schaltfläche *Add Function*. Ein Dialog mit einem vorgeschlagenen Namen der Methode erscheint (Abbildung 2.4). In unserem Fall heißt sie *OnNewTask*. Stimmen Sie diesem Vorschlag von ClassWizard zu.

Diese Methode wird jedesmal vom Anwendungsrahmen aufgerufen, wenn der Anwender auf der Schaltfläche klickt.

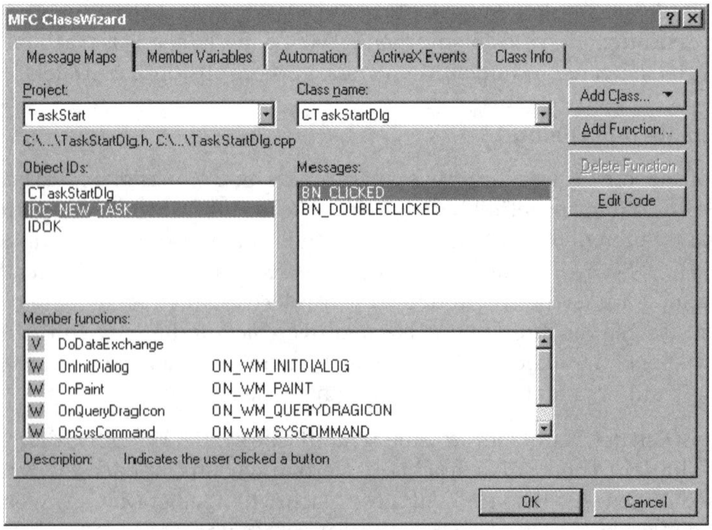

Abbildung 2.3: Anlegen einer Nachrichtenbearbeitungsmethode für Benutzeraktion (Klick auf eine Schaltfläche) im ClassWizard

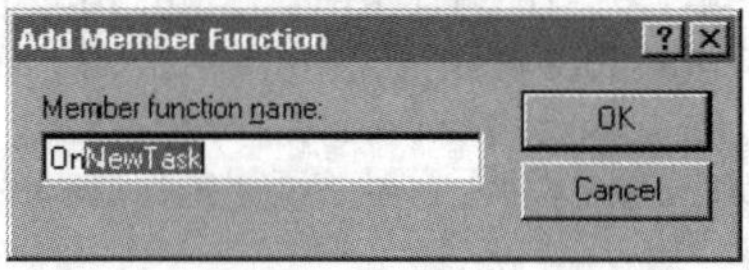

Abbildung 2.4: ClassWizard schlägt einen Methodennamen vor

5. Führen Sie den Quellcode der Methode *OnNewTask()* wie in der Liste unten aus

```
void CTaskStartDlg::OnNewTask()
{
   // TODO: Add your control notification handler code here

   char cUserName[100];
   DWORD dwSize = 100;
   if(::GetUserName(cUserName, &dwSize))
   {

        CString strCmd("JobAlloc.exe ");
        strCmd += CString(cUserName);

        UINT nRes = ::WinExec(strCmd, SW_SHOW);

        TRACE("nRes = %d\n", nRes)
   }
TRACE("Keinen registrierten Anwender gefunden\n");
}
```

Wie ich im ersten Kapitel erwähnt habe, setze ich die „::" vor den Namen einer Funktion im Quellcode ein, um zu zeigen, daß das eine globale Funktion und keine Methode einer Klasse ist.

Zuerst ruft die Methode *OnNewTask* die globale Funktion *GetUserName()* aus der C/C++-Laufzeitbibliothek auf. Erster Parameter der Funktion ist ein Zeiger auf ein Feld, wohin der Name des Benutzers kopiert werden soll. Der zweite Parameter nimmt die Information über die Länge des Namens auf. Vor dem Start soll dieser Parameter die Adresse der Variable mit der maximalen Länge des Namens erhalten. Nach dem Aufruf finden Sie auf dieser Adresse die reale Länge des Benutzernamens.

Weiter verketten wir mit Hilfe der Operationen der Klasse *CString* die Befehlszeile. Zum Beispiel sieht nach der Verkettung für den Benutzernamen *Mustermann* die Befehlszeile so aus:

```
JobAlloc.exe Mustermann
```

Die Funktion *::WinExec()* aus der C/C++-Laufzeitbibliothek imitiert den Aufruf der Befehlszeile aus der Prompt-Zeile. Der erste Parameter der Funktion ist ein Zeiger auf das Feld mit der Befehlszeile. Der zweite Parameter legt fest, in welchem Anfangszustand das Fenster erscheinen soll. Der Wert *SW_SHOW* bedeutet zum Beispiel normalen sichtbaren Zustand.

In Windows 9x (Windows 95 oder Windows 98) kann ein Benutzer am Computer gar ohne Anmeldung zu arbeiten beginnen. In diesem Fall liefert die Funktion *::GetUserName FALSE* zurück. In diesem Fall wird das Fragment des Quellcodes innerhalb der Figurenklammern nicht aufgerufen.

Die Funktion *::WinExec* sucht die Anwendung in folgender Reihenfolge:

1. Verzeichnis mit der eigenen EXE-Datei
2. aktuelles Verzeichnis
3. Systemverzeichnis (Verzeichnis, das die Funktion *GetSystemDirectory()* liefert)
4. Windows-Verzeichnis (Verzeichnis, das die Funktion *GetWindowsDirectory()* liefert)
5. nacheinander die Verzeichnisse aus der Systemvariable *PATH*

Die Funktion *::WinExec* liefert als Rückwert eine positive Zahl, die beim Erfolg höher als 31 ist. Werte von 0 bis 31 bedeuten verschiedene Fehler, die beim Aufruf passiert sind. Zum Beispiel bedeutet der Wert 0 Mangel an Arbeitsspeicher oder anderen Systemressourcen. Detaillierte Beschreibungen der Rückwerte und Parameter der Funktionen finden Sie in der Online-Hilfe.

Wir verwenden in unserem Beispiel die Funktion *::WinExec*, weil sie einfacher ist als andere ähnliche Funktionen aus der Laufzeitbibliothek. In Win32-Anwendungen empfiehlt Microsoft, statt dieser Funktion ihre komplizierte Nachfolgerin, die Funktion *::CreateProcess()* zu benutzen. Intern ist die Funktion *::WinExec()* durch Aufruf der Funktion *::CreateProcess()* implementiert.

Die Funktion *::CreateProcess()* läßt Sie den Aufruf der Anwendung unter Berücksichtigung der Sicherheitsattribute und anderer Einstellungen und Voraussetzungen organisieren. Eine umfangreiche Beschreibung dieser Funktion finden Sie in der Online-Hilfe.

Kompilieren und starten Sie die Anwendung. Nach dem Start müssen Sie einen Dialog wie in der Abbildung 2.5 sehen. Nach dem Klick auf die Schaltfläche „Neue Aufgabe" passiert aber nichts. Kein Wunder, die Server-Anwendung ist noch nicht implementiert. Ihre Implementierung wird im nächsten Abschnitt besprochen.

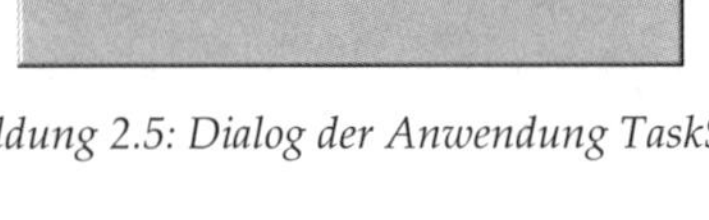

Abbildung 2.5: Dialog der Anwendung TaskStart

2.2 Anwendung JobAlloc

Erzeugen Sie die zweite Anwendung mit den Namen *JobAlloc* der Art und Weise, wie in dem Fall mit der Anwendung *TaskStart* beschrieben. Wiederholen Sie die oben beschriebenen Schritte 1–4, mit einem Unterschied: Der Dialog der Anwendung muß wie in der Abbildung 2.6 aussehen. Die Steuerelemente des Dialoges sind in Tabelle 2.1 aufgelistet.

Typ	ID	Titel
Statischer Text	IDC_JOB_INFO	Platz für JobInfo
Schaltfläche	IDOK	OK

Tabelle 2.1: Steuerelemente vom Dialog der Anwendung JobAlloc

Machen Sie den Dialog ziemlich breit. (Wir setzen voraus, daß der Text in der Laufzeit durch einen anderen, eventuell längeren Text ersetzt wird.)

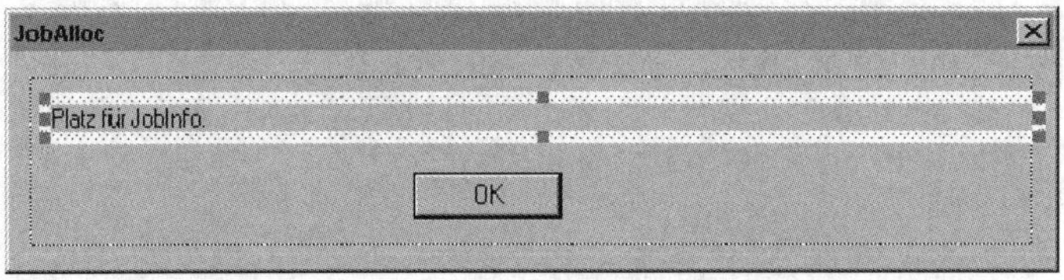

Abbildung 2.6: Dialogvorlage von der Anwendung JobAlloc

1. Deklarieren Sie in der Anwendungsklasse die Klassenvariable *CString m_strName*

Diese Variable nimmt nach der Analyse der Befehlszeile den Namen des Benutzers an.

2. Fügen Sie die Befehle für die Analyse der Befehlszeile in die Methode *CJobAllocApp::InitInstance()* ein

```
BOOL CJobAllocApp::InitInstance()
{
    CAxDCommandLineInfo cmdInfo;
    ParseCommandLine(cmdInfo);
...
```

Die Methode *CWinApp::ParseCommandLine()* dient der Analyse der Befehlszeile, mit der Ihre Anwendung aufgerufen wurde. Die Methode hat als Parameter eine Referenz auf ein Objekt einer Klasse *CCommandLineInfo* oder von der Klasse, die von dieser Klasse abgeleitet ist. Eine solche Klasse mit dem Namen *CAxDCommandLineInfo* legen wir im nächsten Schritt an. Die Methode *ParseCommandLine* kopiert die Information der Befehlszeile in das *CAxDCommandLineInfo*-Objekt. Damit wird die Befehlszeile in einzelne Items (Wörter) aufgeteilt. Die Klasse *CAxDCommandLineInfo* enthält die *Methode ParseParam()*. Diese Methode wird so oft aufgerufen, wie die Befehlszeile Wörter enthält.

Dabei wird jedesmal ein neues Wort als Parameter der Methode mitgeliefert.

3. Legen Sie eine neue Klasse mit dem Namen *CaxDCommandLineInfo()* an

In der Liste 2.1 sind die Deklaration und die Implementation der Klasse zu sehen.

```
// AxDCommandLineInfo.h : header file
////////////////////////////////////////////////////////////////////////
CAxDCommandLineInfo
class CAxDCommandLineInfo : public CCommandLineInfo
{
public:
   CAxDCommandLineInfo();
   virtual void ParseParam( LPCTSTR lpszParam, BOOL bFlag, BOOL bLast );
// Attributes
public:
// Operations
~CAxDCommandLineInfo();
};
//////////////////////////////////////////////////////////////////////
// AxDCommandLineInfo.cpp : implementation file
//
#include "stdafx.h"
#include "JobAlloc.h"
#include "AxDCommandLineInfo.h"
#ifdef _DEBUG
#define new DEBUG_NEW
#undef THIS_FILE
static char THIS_FILE[] = __FILE__;
#endif
////////////////////////////////////////////////////////////////////////
CAxDCommandLineInfo
CAxDCommandLineInfo::CAxDCommandLineInfo()
{
}
CAxDCommandLineInfo::~CAxDCommandLineInfo()
{
}
/////////////////////////////////////////////////////////////////
void CAxDCommandLineInfo::ParseParam( LPCTSTR lpszParam, BOOL bFlag,
BOOL bLast )
{
   theApp.m_strName += CString(lpszParam) + CString(" ");
   CCommandLineInfo::ParseParam( lpszParam, bFlag, bLast );
};
```

Listing 2.1: Deklaration und Implementation der Klasse CAxDCommandLineInfo

Unsere Klasse enthält außer dem Konstruktor und dem Destruktor nur die Methode *ParseParam()*. Diese Methode hat drei Parameter. Der erste Parameter enthält ein Wort aus der Befehlszeile. Der zweite Parameter zeigt, ob es ein „normales" Wort oder ein Schlüsselwort bzw. eine Flagge ist. (Die Flaggen fangen mit „/" an.) Der dritte logische Parameter hat den Wert TRUE, falls das aktuelle Wort das letzte in der Zeile ist.

4. Fügen Sie am Anfang der Implementationsdatei der Anwendungsklasse die folgende Anweisung ein

```
#include "stdafx.h"
#include "JobAlloc.h"
#include "JobAllocDlg.h"
#include "AxDCommandLineInfo.h"
#ifdef _DEBUG
```

5. Verknüpfen Sie die Klassenvariable m_strNewJob von der Klasse *CJobAllocDlg* mit dem statischen Textelement *IDC_JOB_INFO* im Dialog

Rufen Sie ClassWizard auf, aktivieren Sie die Kartei *Member Variables*, markieren Sie den Eintrag *IDC_JOB_INFO*, und klicken Sie auf die Schaltfläche *Add Variable*. Im neuen Dialog wählen Sie den Typ der Variable *CString* und setzen einen Namen fest. Legen Sie auch die maximale Länge der Zeichenkette (100 Symbole) fest (Abbildung 2.7).

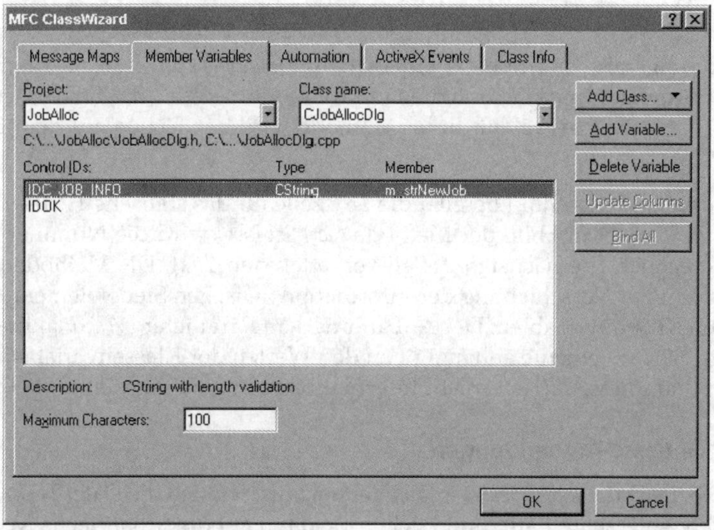

Abbildung 2.7: Verknüpfung eines Steuerelements mit einer Klassenvariable von der Dialogklasse

6. Deklarieren und implementieren Sie in der Klasse *CJobAllocDlg* die Methode *GetNewJob()*

Die Implementation der Methode sieht so aus:

```
UINT CJobAllocDlg::GetNewJob(CString GetNewJob)
{
   //==.. Wir nehmen an, daß hier ein komplizierter Algorithmus
   //==...implementiert ist.

   return 7;

}
```

7. Fügen Sie der Methode *OnInitDialog()* der Klasse *CJobAllocDlg* folgende Zeilen hinzu

```
BOOL CJobAllocDlg::OnInitDialog()
{
   CDialog::OnInitDialog();
   UINT nJobNumber = GetNewJob(theApp.m_strName);
   CString strTmp1("Herr (Frau) ");
   CString strTmp2;
   strTmp2.Format("!. Nehmen Sie Aufgabe N %d aus der Liste.", nJobNumber);
   m_strNewJob = strTmp1 + theApp.m_strName + strTmp2;
   UpdateData(FALSE);

   // Add "About..." menu item to system menu.
```

Der Anwendungsrahmen ruft die Methode *OnInitDialog()* später als die Methode *IniInstance()* der Anwendungsklasse auf. Diese Methode bereitet die Steuerelemente des Dialoges vor. Nach dem Ablauf dieser Methode wird der Dialog auf dem Bildschirm dargestellt.

Der eingefügte Codeabschnitt bereitet die Textzeile für das statische Textsteuerelement *ID_JOB_INFO* vor. Mit Hilfe der Methode *GetNewJob()* wird die Nummer der neuen Aufgabe berechnet. Die nächsten Zeilen verketten den Text. Die Methode *CWnd::UpdateData()* dient zur Verschiebung der Information zwischen Steuerelementen und entsprechenden Klassenvariablen. Der Aufruf mit dem Parameter *FALSE* aktualisiert den Zustand der Steuerelemente abhängig von den Werten der Klassenvariablen. Der Aufruf mit dem Parameter *TRUE* schiebt Informationen in die umgekehrte Richtung.

8. Testen Sie beide Anwendungen

Kopieren Sie die Datei *JobAlloc.exe* in das Verzeichnis, wo sich die Datei *TaskStart.exe* befindet. Rufen Sie *TaskStart* auf, und klicken Sie dann auf die Schaltfläche *Neue Aufgabe*. Auf dem Bildschirm müssen Sie etwas sehen, das Abbildung 2.8 entspricht.

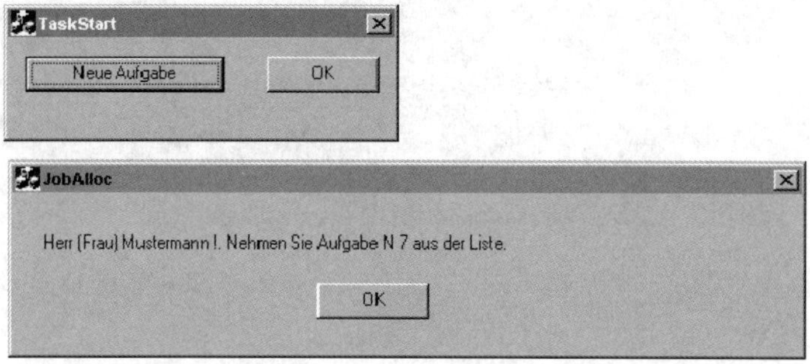

Abbildung 2.8: Die Anwendung TaskStart hat die Anwendung JobAlloc aufgerufen und den Namen des Benutzers als Parameter übergeben

Analysieren wir jetzt das Endergebnis unserer Bemühungen. Die Lösung hat aber auch einige Nachteile:

1. Die Anwendungen kommunizieren nur in eine Richtung, nämlich von *TaskStart* nach *JobAlloc*.
2. Die Datei *JobAlloc.exe* muß sich in einem Verzeichnis befinden, das zu der Reihe der Verzeichnisse gehört, die die Funktion *::WinExec* durchsucht.

Im nächsten Abschnitt betrachten wir eine Auffassung, die die oben beschriebenen Probleme teilweise löst.

3 Nachrichtensendung und -bearbeitung

In diesem Kapitel widmen wir uns der Nachrichtensendung zwischen Windows-Anwendungen. Es ist für die Windows- und ActiveX-Programmierung sehr wichtig zu verstehen, wie das ganze funktioniert. Zuerst werden wir aber einige wichtige Begriffe erläutern.

Im Laufe dieses Kapitels entwickeln wir zwei verknüpfte Projekte, die den Datenaustausch zwischen Windows-Anwendungen darstellen.

Zuerst ein Begriff, der in diesem Buch häufig vorkommt. Man kann sich das Windows-*Betriebssystem* als eine immer auf dem Computer laufende Superanwendung vorstellen. Die gesamte Funktionalität dieser Anwendung ist in mehreren *Modulen* (meistens *.exe- und *.dll-Dateien) verteilt. Nach Bedarf lädt das System neue Module in den Arbeitsspeicher ein und startet neue Prozesse. Unter dem Begriff *Anwendungsrahmen* (application framework) kann man sich einen Teil des Betriebssystems vorstellen, der „nah" an den von Ihnen geschriebenen Programmen liegt. Dieser Teil des Betriebssystems lädt Ihre Anwendungen in den Arbeitsspeicher und unterstützt die Kommunikation zwischen Ihrer Anwendung, dem Betriebssystem und anderen Programmen.

Sobald eine Anwendung im Arbeitsspeicher gestartet ist, wird sie ein Prozeß. Welche Prozesse im Moment auf Ihrem Computer laufen, können Sie mit Hilfe des Windows-Anwendungsmanagers (Aufruf über die Tastenkombination `Strg` `Alt` `Entf`) ermitteln.

Jeder Win32-Prozeß besitzt einen virtuellen Adreßraum von 4 GByte. Diesen Raum kann man sich als eine Reihe (Kette) von Speicherelementen vorstellen.

In verschiedenen Segmenten dieses Raumes bildet das Betriebssystem:

- ausführbaren Code der EXE-Datei
- eigene und System-DLL
- dynamisch belegten Speicher
- Stapel des Prozesses usw.

Der Adreßraum heißt „virtuell", weil in der Tat natürlich jeder Prozeß viel weniger Arbeitsplatz als 4 GByte belegt. Der Adreßraum ist in 4-kByte-Blöcke (Seiten) aufgeteilt. Wenn aus einem solchen Block eine Information gelesen werden soll oder dort der nächste Prozessorbefehl von einer im Moment ausführenden Kette liegt, prüft der Prozessor zuerst, ob sich diese Seite im physikalischem Arbeitsspeicher befindet. Ist das nicht der Fall, wird die Seite auf der Festplatte gelesen. Wenn im Arbeitsspeicher nicht genug Platz frei ist, wird eine nicht angesprochene Seite entweder gelöscht oder auf die Platte zurückgeschrieben. Wenn es eine Seite mit dem Programmcode oder mit nur lesbaren Daten ist, wird die Seite gelöscht, weil man sie immer auf der Festplatte wiederfinden kann. Die Seiten mit schreibbaren Daten sichert das Betriebssystem in einer Auslagerungsdatei auf der Festplatte.

Der Prozeß selbst ist aber eine Hülle und führt keinen ausführbareren Code aus. Um das machen zu können, benötigt der Prozeß mindestens einen *Thread*. Man kann sich einen Thread als eine Kette von Prozessorbefehlen vorstellen, die speziell organisiert sind. Bei dem Anlegen einer Anwendung im Arbeitsspeicher wird ein Thread (sogar Primärthread) erstellt. Ein Prozeß kann mehrere Threads besitzen, die in einer gewissen Weise „gleichzeitig" ausgeführt werden. Um das zu ermöglichen, versorgt das Betriebssystem jeden Thread mit einem eigenen *Stapel* (stack) und einer eigenen Menge Abbildungen für die CPU-Register. Die Threads können während der Laufzeit angelegt und vernichtet werden. Nach der Vernichtung des letzten Threads eines Prozesses vernichtet das Betriebssystem den Prozeß selbst.

Bei dem Erzeugen jedes Threads erzeugt das Win32-Subsystem auch eine Datenstruktur mit Nachrichtenwarteschlange. Mit Hilfe dieser Schlange kommuniziert der Thread mit andere Threads und dem Betriebssystem.

Empfangen und Bearbeitung einer Nachricht ist eine der wichtigsten Aufgaben des Threads. Die meisten Nachrichten leitet der Thread in zuständige Objekte weiter. Ein großer Teil der Nachrichten ist in Windows an die Fenstern adressiert. Mit Hilfe des speziellen Werkzeuges *Spy++* (Abbildungen 3.11 und 3.12) von Visual C++ können Sie sich ansehen, welche Nachrichten ein Fenster empfängt, insbesondere wenn der Benutzer mit diesem Fenster gerade irgendeine Aktion durchführt.

Jeder Thread hat seine Priorität. Abhängig von der Priorität verteilt das Betriebssystem Ressourcen des Prozessors unter den Threads. Mit einer bestimmten Vereinfachung kann man es so interpretieren, daß jeder Thread so oft aktiviert wird, wie seine Priorität hoch ist. Bei der Aktivierung bekommt der Thread vom Betriebssystem eine Zeitscheibe, während der er seine Befehle ausführen kann. Wenn die Zeitscheibe erschöpft ist, wird der Thread vom Betriebssystem angehalten. Das passiert aber nicht sofort. Das Betriebssystem läßt den Thread eine „nicht unterbrechbare Kommandoeinheit" bis zum Ende ausführen. Eine „nicht unterbrechbare Kommandoeinheit" besteht aus einem oder mehreren Prozessorbefehlen, die wegen der Datenkonsistenz bzw. Datensicherheit nicht unterbrochen werden können. In den meisten Fällen dauert das sowieso nicht lange, weil der Prozessor wenige Befehle ausführen soll. In einigen Situationen, zum Beispiel beim Lesen von Daten auf einer Diskette, dauert es viel länger. Nach dem Anhalten speichert der Thread die Information, mit welcher Kommandoeinheit er bei der nächsten Aktivierung anfangen muß, und das Betriebssystem aktiviert einen neuen Thread.

Die Warteschlange des Threads ist für die Einfügung neuer Nachrichten immer erreichbar. Die Warteschlange ist als Kette von Nachrichten organisiert. Bei dem Einfügen einer neuen Nachricht in diese Kette reserviert das Betriebssystem einen Speicherplatz und verbindet dann diese Stelle mit vorhandenen Nachrichten. Deswegen ist eine solche Kette praktisch endlos und kann nur bei sehr starken Programmierfehlern überschritten werden.

Das Senden einer Nachricht zu einem Fenster bedeutet letztlich das Einfügen dieser Nachricht in seine Warteschlange und ihre spätere Verarbeitung.

Es gibt eine Möglichkeit, als Empfänger der Nachrichten nicht ein Fenster, sondern einen Thread festzusetzen.

Microsoft Windows kennzeichnet man als „Windows based" und „Message drived". Fast jede Windows-Anwendung besitzt ein oder mehrere Fenster. Windows kontrolliert alle Benutzeraktionen mit Tastatur, Maus usw., ermittelt für diese Aktionen zuständige Fenster, generiert und sendet in dieses Fenster entsprechende Nachrichten. Wenn der Benutzer auf eine Schaltfläche in einem Dialog klickt (zum Beispiel wie in der Anwendung *TaskStart*), berechnet Windows abhängig von den Koordinaten des Klicks, in welchem Fenster der Punkt liegt, ermittelt den Prozeß und den Thread-Besitzer des Fensters und fügt seiner Schleife die entsprechende Nachricht hinzu.

Die Funktion

```
BOOL PostMessage(HWND hWnd, UINT nMsg, WPARAM wParam, LPARAM lParam)
```

dient dem Senden einer Nachricht in ein Fenster. Der erste Parameter *hWnd* bezeichnet damit den Fenster-Empfänger. Der Parameter *nMsg* definiert den Typ (Nummer) der Nachricht. Man unterscheidet Systemnachrichten und benutzerdefinierte Nachrichten. Benutzerdefinierte Nachrichten haben die gleiche oder höhere Nummer wie Konstante `WM_USER`. Mit Hilfe der zwei Parameter `wParam` und `lParam` übergibt man die Information.

Die Funktion *PostMessage* kehrt unmittelbar nach dem Versuch, die Nachricht in die Warteschlange einzufügen, zurück. Der Rückwert *FALSE* bedeutet, daß das Fenster nicht gefunden wurde oder (was praktisch unmöglich ist) die Kapazität der Warteschlange überschritten ist. Die Information, mit welchem Ergebnis die Nachricht verarbeitet wurde, bekommt das Aufruf-Objekt in diesem Fall nicht.

Wenn Sie eine Rückkopplung benötigen, müssen Sie die Funktion

```
LRESULT SendMessage(HWND hWnd, UINT nMsg, WPARAM wParam, LPARAM lParam)
```

verwenden. Diese Funktion liefert einen Rückwert zurück, wenn der Empfänger die Nachricht endgültig bearbeitet. Damit soll der Fenster-Empfänger zuerst alle „älteren" Nachrichten in der Warteschlange ausführen. Es gibt also die Möglichkeit, daß ein gesendetes Objekt wegen eines Problems im Fenster-Empfänger gesperrt wird.

Um eine solche Situation zu vermeiden, verwendet man die Funktionen *SendMessageTimeout, SendNotifyMessage* und andere. Ein Parameter der Funktion *SendMessageTimeout()* legt fest, wie lange höchstens der Absender auf ein Ergebnis warten darf. Die Funktion *SendNotifyMessage()* fügt die Nachricht nicht an das Ende, sondern an die Spitze der Warteschlange.

Mit Hilfe von nur zwei Parametern *wParam* und *lParam* kann man natürlich keine umfangreiche Information übersenden. Mit Hilfe einer speziellen Art der Nachricht, nämlich mit der Nachricht *WM_COPYDATA*, können Sie einen Zeiger auf einen in der Halde (heap) reservierten Speicherblöcke übergeben.

Um diese Möglichkeit zu verwenden, muß der Programmierer zuerst einen passendem Speicherblock in der Halde reservieren, übertragene Informationen diesem Block hinzufügen und die Struktur *COPYDATASTRUKTUR* ausfüllen. Diese Struktur ist folgendermaßen definiert:

```
typedef struct tagCOPYDATASTRUCT{
   DWORD dwData;
   DWORD cbData;
   PVOID lpData;
} COPYDATASTRUCT;
```

Sie können damit das Feld *dwData* beliebig verwenden. Die Bestimmung der zwei anderen Felder ist aber festgelegt. Das Feld *cbData* soll die Größe des gesendeten Speicherblockes und das Feld *lpData* soll einen Zeiger auf diesen Speicherblock enthalten.

Der Aufruf der Funktion sieht dann so aus:

```
COPYDATASTRUCH structCoDat;
...
  //== Ausfüllen der Struktur
LRESULT lRes = ::SendMessage(hWndReceiver, WM_COPYDATA,
 (WPARAM)hWndSender, (LPARAM)& structCoDat);
```

Das Betriebssystem bearbeitet die Nachrichten des Typs *WM_COPYDATA* anders als andere Nachrichten. Es reserviert in einem speziellen Bereich einen Speicherblock angegebener Größe, *cbData*, und kopiert dahin die Daten aus dem Bereich in den Speicherraum gesendeter Threads mit der Beginnadresse *lpData*. Beim Empfänger wird der Zeiger *lpData* so angepaßt, daß man ihn als einen Zeiger auf eigenen Adreßraum verwenden kann.

Das Thema Nachrichtensendung ist sehr umfangreich. Detaillierte Informationen zu diesem Thema finden Sie in der Online-Hilfe. Mehrere interessante Beispiele für Nachrichtenprogrammierung mit API enthalten die Bücher [1, 2]. Beispiele für die Nachrichtenbearbeitung mit MFC finden Sie in [3, 6, 7].

Gehen wir jetzt zu zwei neuen Projekten: *TaskManager* und *JobAllocMsg* über. Die Anwendungen in diesen Projekten kommunizieren mit Hilfe von Nachrichten.

Der Client (Hauptanwendung) kann in diesem Fall folgende Befehle an den Server (Entscheidungsanwendung) senden:

- Aufgabe X ist erledigt
- Aufgabe X wurde angehalten, weil ... Als Parameter in diesem Befehl kann der Benutzer einen Text übertragen, zum Beispiel eine Beschreibung des Problems oder eine Liste der fehlenden Ersatzteile.
- Anforderung einer neuen Aufgabe

Natürlich kann in der Realität die Anzahl der möglichen Befehle groß sein. Wir beschränken uns auf drei, weil sie für die Erläuterung der Auffassung ausreichen.

Unsere Anwendungen sind beide SDI-Anwendungen (Single Document Interface). Der Client zeigt die Liste der gesendeten Befehle. Der Server erscheint in minimierter Form.

3.1 Projekt TaskManager

Die Hauptanwendung im neuen Paar und unser neues Projekt heißen *TaskManager*. Das fertige Projekt finden Sie auf der Begleit-CD im Verzeichnis *VCPP\/TaskManger.*

Wenn Sie die Entwicklung des Projektes nachvollziehen wollen, wiederholen Sie die unten beschriebenen Schritte.

Im Projekt *TaskManager* werden wir die Reaktion der Anwendung auf die Auswahl der Menüpunkte Ihres Menüs programmieren. Die allgemeine Menüfunktionalität ist schon in Windows implementiert. Der Programmierer muß sich normalerweise nicht um die Darstellung des Menüs auf dem Bildschirm und ähnliche Routineprobleme kümmern. Alles passiert automatisch. Mit dem Begriff Anwendungsrahmen kann man sich diesen Vorgang so vorstellen: Das Betriebssystem auf der Hardware-Ebene überwacht u.a. die Aktionen des Benutzers mit der Maus. Nach der Auswahl eines Menüpunktes sendet das Betriebssystem in entsprechende Fenster eine spezielle Nachricht. Der Anwendungsrahmen nimmt diese Nachricht ab und versucht, in Ihrer Anwendung einen Nachrichtenbearbeiter zu finden, der mit dem ausgewählten Menüpunkt verknüpft ist. Wird ein solcher Nachrichtenbearbeiter nicht gefunden, ruft der Anwendungsrahmen einen eigenen Bearbeiter auf.

In Rahmen der Dokument/Sicht-Architektur von MFC dienen als Nachrichtenbearbeiter die aus den MFC-Klassen abgeleiteten Methoden. Mit Hilfe einer speziellen Nachrichtentabelle verknüpft der *ClassWizard* Objekte der Oberfläche, Nachrichten und Methoden miteinander.

Jetzt gehen wir zum Anlegen der Hauptanwendung *TaskManager* über. Dort erfahren wir die Einzelheiten der Zusammenarbeit der Anwendungsrahmen und Ihrer Anwendung, in dem Fall der Auswahl eines Menüpunktes.

Um ein Projekt zu erstellen, wiederholen Sie die folgenden Schritte:

1. Legen Sie ein neues Projekt mit dem Namen *TaskManager* an

Damit definieren Sie auf dem Schritt 2 (Seite 2 von AppWizard) dieses Projekt als SDI. Auf der Seite 6 des AppWizard-Assistenten leiten Sie die Sichtklasse *CTaskManagerView* von der Basisklasse *CEditView* statt von der vorgeschlagenen AppWizard-Klasse *CView* (Abbildung 3.1) ab.

Diese Ableitung erleichtert uns die Darstellung von Textinformation.

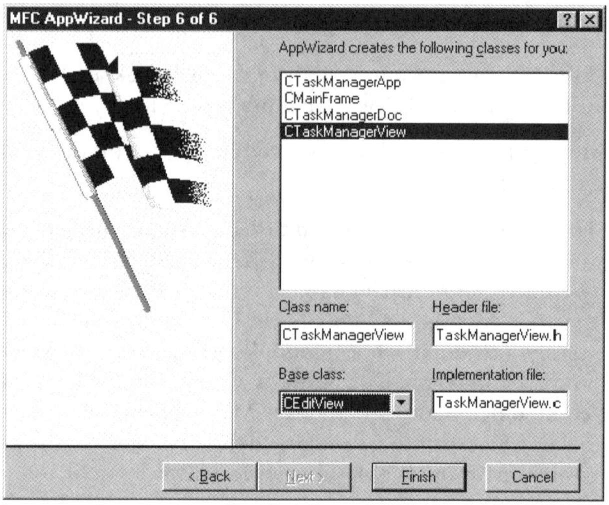

Abbildung 3.1: Ableitung der Sichtklasse der Anwendung aus der Basisklasse CEditView

2. Legen Sie im Menü des Projektes eine neue Menüspalte *Aufgabe* mit drei Menüpunkten an: *Neue, Anhalten, Erledigt*

Um das zu machen, öffnen Sie in *ResourceView* den Ordner Menü und legen im Menü *IDR_MAINFRAME* eine neue Menüspalte mit drei Menüpunkten an (Abbildung 3.2).

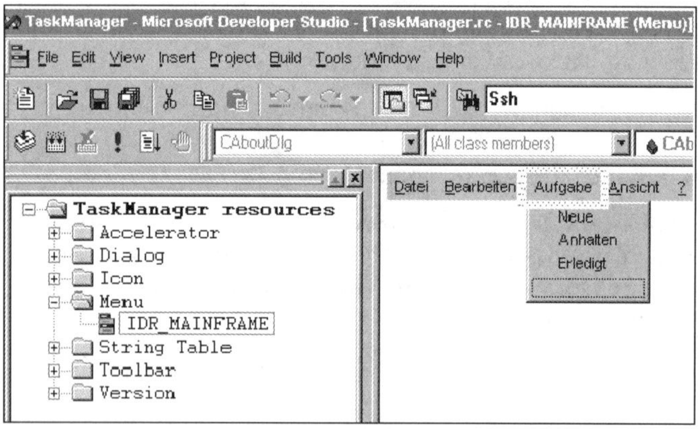

Abbildung 3.2: Anlegen einer neuen Menüspalte mit drei Menüpunkten

Damit ordnen Sie die Menüpunkte mit ihren IDs, wie es in Tabelle 3.1 zu sehen ist.

3. Fügen Sie der Klasse *CTaskManagerView* die Nachrichtenbearbeitungsmethoden für die Bearbeitung der Windows-Nachrichten über das Öffnen entsprechender Menüpunkte hinzu

Mit Hilfe von `ClassWizard` verknüpfen Sie mit jedem Menüpunkt eine eigene Nachrichtenbearbeitungsmethode. Für diesen Zweck rufen Sie mit Hilfe eines rechten Mausklicks `ClassWizard` auf, aktivieren dann die Kartei *Message Maps*, stellen Sie als *Class name CTaskManagerView* ein und markieren in der Liste *Object IDs* den entsprechenden Eintrag. Markieren Sie in der Liste Message *COMMAND*, und klicken Sie auf die Schaltfläche *Add Function* (Abbildung 3.3). In dem neuen Dialog korrigieren oder bestätigen Sie einen Namen für die Methode (Abbildung 3.4). Die Zuordnung der Menüpunkte und Methoden finden Sie in Tabelle 3.1.

Name (Titel) der Spalte	ID	Nachrichtenbearbeitungmethode
Neue	ID_JOB_NEW	OnJobNew
Anhalten	ID_JOB_PAUSE	OnJobPause
Erledigt	ID_JOB_OK	OnJobOK

Tabelle 3.1: Zuordnung der Menüpunkte, IDs und Nachrichtenbearbeitungmethoden

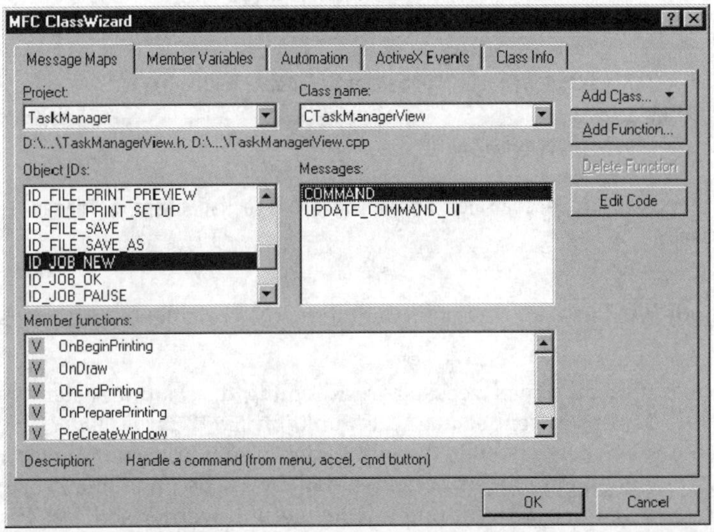

Abbildung 3.3: Verknüpfung einer Nachrichtenbearbeitungsmethode mit einem Menüpunkt

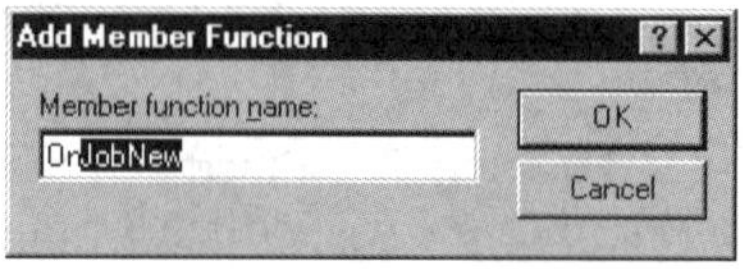

Abbildung 3.4: ClassWizard schlägt einen Namen für eine Methode vor

4. Fügen Sie der Klasse *CTaskManagerView* die Klassenvariable *m_nCurrJob* und *m_strProtocol* hinzu

In der erste Variable speichern wir die Nummer der aktuellen Aufgabe. Die zweite Variable enthält Informationen über die gesendete Nachricht. Diese Informationen werden wir als Text in der Sicht anzeigen.

5. Deklarieren und implementieren Sie in der Klasse *CTaskManagerView* die Methode *FindAllocWnd()*

Die Methode muß folgendermaßen implementiert werden:

```
HWND CTaskManagerView::FindJobAllocWnd()
{
   //= Suchen des Fensters der Anwendung JobAllocMsg.
   //= Die Anwendung muß vor dem Suchen gestartet werden.

   HWND hWnd = ::FindWindow(NULL, "Unbenannt - JobAllocMsg");
   if(hWnd != NULL)
        TRACE("Fenster gefunden\n");
   else
        AfxMessageBox("Fenster der Anwendung JobAllocMsg nicht gefunden");
   return hWnd;
}
```

Diese Methode wird in allen drei oben definierten Nachrichtenbearbeitungsmethoden verwendet.

Die Methode liefert die unverwechselbare Kennung des Hauptfensters der Anwendung *JobAlloc*. Damit verwendet man die Funktion *FindWindow()*, die abhängig von dem Namen des Fensters (zweiter Parameter der Funktion) seine *Handler* liefert. Der Wert *NULL* des ersten Parameters bedeutet, daß die Suche unter alle Fenstern der auf dem Computer laufenden Anwendungen durchgeführt werden soll. Das Festsetzen eines Fenster-Handlers läßt die Suche mit untergeordneten Fenstern beschränken. Merken Sie sich bitte, daß wir damit ziemlich starke Voraussetzungen über den Namen des Fensters haben. Der Name des Hauptfensters (Hauptrahmen) einer SDI-Anwendung besteht aus dem Namen des geöffneten Dokumentes und dem Namen der Anwendung selbst. Falls kein Dokument in der Anwendung geöffnet ist, steht als Dokumentenname an dieser Stelle „Unbenannt". (Den Titel der Fenster kann man mit Hilfe der Funktion *SetWindowText()* und Anpassung der Fensterstils ändern.)

Jetzt können wir mit der Bearbeitung der Menüpunkte anfangen.

6. Implementieren Sie die Nachrichtenbearbeitungsmethode für den Menüpunkt *ID_JOB_OK*

```
void CTaskManagerView::OnJobOk()
{
    // TODO: Add your command handler code here
    HWND hwnd = FindJobAllocWnd();
    if(hwnd != NULL)
    {
    ::PostMessage(hwnd, WM_USER +1, m_nCurrJob, 0);

         CTime t = CTime::GetCurrentTime();
         CString strTime = t.Format("%A %B %d %Y %H %M %S");
         CString strTmp;
         strTmp.Format(" Nachricht gesendet :
Job N %d : OK \r\n", m_nCurrJob);
         m_strProtocol += strTime + strTmp;

         SetWindowText(m_strProtocol);
         UpdateData(FALSE);
    }
    m_nCurrJob = 0;
}
```

Zuerst suchen wir das Fenster der Serveranwendung. Nachdem das Fenster gefunden wurde, senden wir in dieses Fenster eine *benutzerdefinierte Nachricht* mit der Kennung (Nummer) *WM_USER* + 1. Als Parameter übersenden wir dabei die Nummer der Aufgabe, die gerade erledigt wurde.

Im Rest der Methode beschäftigen wir uns mit der Ausgabe einer Zeile aus der Sicht der Anwendung. Die Zeile enthält Informationen über die gesendete Nachricht und die aktuelle Zeit. Die Variable *m_strProtocol* ist am Anfang der Sitzung leer. Nach jedem Senden fügen wir dieser Variable eine neue Zeile hinzu. Die Methode *SetWindowText()* dient der Darstellung textueller Informationen im Fenster. (In unserem Fall ist es die Sicht der Anwendung.) Dabei muß man eine Besonderheit der Präsentation textueller Informationen mit Hilfe der Klasse *CEditView* berücksichtigen: Die Zeilen müssen mit den Symbolen \r\b enden.

In dieser Methode verwenden wir für das Senden einer Nachricht die Funktion *PostMessage*, weil wir keinen Rückwert erwarten. In der nächsten Methode, die die Nummer der neuen Aufgabe abfragt, verwenden wir für das Senden einer Nachricht die Funktion *SendMessage*.

7. Implementieren Sie die Nachrichtenbearbeitungsmethode für den Menüpunkt-ID *ID_JOB_NEW*

```
#define MAX_SIZE_USER_NAME 100
void CTaskManagerView::OnJobNew()
{
   // TODO: Add your command handler code here


   char  cUserName[MAX_SIZE_USER_NAME];
   DWORD dwNameLen = MAX_SIZE_USER_NAME;

   ::GetUserName(cUserName, &dwNameLen);

   HWND hwnd = FindJobAllocWnd();

   if(hwnd != NULL)
   {
        COPYDATASTRUCT cds;
        cds.dwData = -1;

        cds.cbData = dwNameLen + 1;
        cds.lpData = (PVOID)cUserName;

        LRESULT lRes = ::SendMessage(hwnd, WM_COPYDATA, (WPARAM)m_hWnd,
(LPARAM)&cds);

        if(lRes > 0)
        {
                m_nCurrJob = (UINT)lRes;
                CTime t = CTime::GetCurrentTime();
                CString strTime = t.Format("%A %B %d %Y %H %M %S");
                CString strTmp;
                strTmp.Format(" Nachricht gesendet : Neue Job N %d\r\n",
                              m_nCurrJob);
                m_strProtocol += strTime + strTmp;

                SetWindowText(m_strProtocol);
                UpdateData(FALSE);
        }
   }
}
```

Diese Methode ist nach der gleichen Art und Weise wie die Methode *OnJobOk* aufgebaut. Der wichtige Unterschied ist, daß die Methode nach dem Senden einer Nachricht die Antwort vom Fenster-Empfänger abwartet. Die nächste Zeile der Methode wird nur danach ausgeführt.

Zuerst aber ermitteln wir mit Hilfe der bekannten globalen Funktion *GetUserName* den Namen des Benutzers. Dann suchen wir das Fenster der Entscheidungsanwendung heraus. Nachdem das Fenster gefunden wurde, legen wir die Struktur *COPYDATA-STRUCT* an. Danach füllen wir die Struktur aus. Der negative Wert im Feld *dwData* muß den Empfänger darauf hinweisen, daß es um die Anforderung einer neuen Aufgabe geht.

Die Nachricht *WM_COPYDATA* mit dem positiven Wert im Feld *dwData* werden wir für das Übersenden der Informationen über Störungen in der nachfolgenden Methode *OnJobPause()* benutzen. Im Feld *cbData* müssen wir die Länge des gesendeten Speicherbereiches ausfüllen. In unserem Fall ist das eine Zeichenkette mit dem Namen des Benutzers. Der zweite Parameter der Funktion *GetUserName()* soll nach dem Aufruf die maximale Länge der Zeichenkette mit den Benutzernamen enthalten. Nach dem Aufruf finden wir an dieser Stelle die reale Länge der Zeichenkette. Damit wird das letzte Symbol *\n* in der Kette berücksichtigt. Beim Senden müssen wir dieses Symbol auch übertragen, deswegen erhöhen wir den Wert im Feld *cbData* auf 1. Zuletzt schreiben wir im Feld *lpData* den Zeiger auf die gesendete Zeichenkette.

Eine positive Zahl als Rückwert interpretiert die Methode als Nummer einer neuen Aufgabe.

Im Fall des Menüpunktes ANHALTEN müssen wir auch eine textuelle Erklärung über die Störung übersenden. Diese Erklärung können wir mit Hilfe der oben beschriebenen Nachricht *WM_COPYDATA* übergeben. Zuerst muß der Benutzer aber diese Erklärung eingeben. Für diesen Zweck müssen wir einen Dialog und eine mit diesem Dialog verbundene Klasse anlegen.

8. Definieren Sie den neuen Dialog *IDD_DIALOG_REASON*

Für diesem Zweck öffnen Sie die Kartei *ResourceView* des Workspace-Fensters und rufen mit Hilfe eines rechten Mausklicks auf den Ordner *Dialog* das Popup-Menü auf. In diesem Menü wählen Sie den Menüpunkt *Insert Dialog*. Gestalten Sie den Dialog wie in Abbildung 3.5 zu sehen ist. Das Eingabefeld *IDC_EDIT_REASON* machen Sie ziemlich breit. Ändern Sie auch den Namen der Schaltfläche *Cancel* in *Abbrechen* um. Geben Sie dem Dialog den Titel *„Erklärung"*.

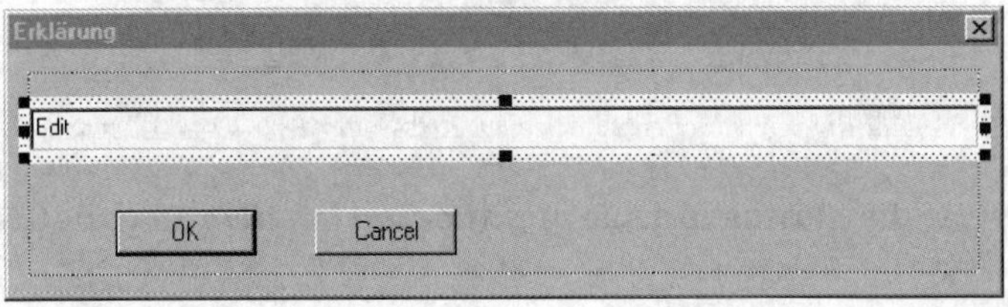

Abbildung 3.5: Dialog-Vorlage für die Eingabe der Erklärung über die Störung

9. Definieren Sie mit Hilfe von ClassWizard die neue Klasse CReasonDlg

Klicken Sie mit der rechten Maustaste auf den Dialog. Ein neuer Dialog (Abbildung 3.6) erscheint. Bestätigen Sie die vordefinierte Auswahl *„Create new class"* mit OK. Ein neues Dialog-Formular erscheint. Füllen Sie dieses Formular aus, wie es in Abbildung 3.7 zu sehen ist. Wir leiten dabei unsere neue Klasse aus der Basisklasse *CDialog* ab und nehmen als Dialog-Ressource den gerade erzeugten Dialog mit der Kennung *IDD_DIALOG_REASON*.

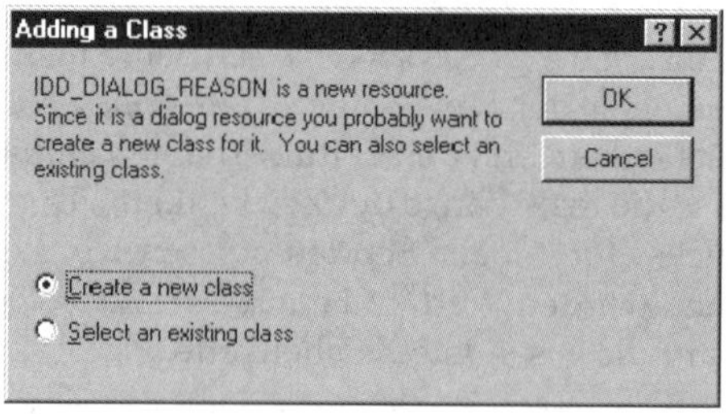

Abbildung 3.6: Erzeugen einer neuen Klasse auf der Basis einer Dialog-Vorlage

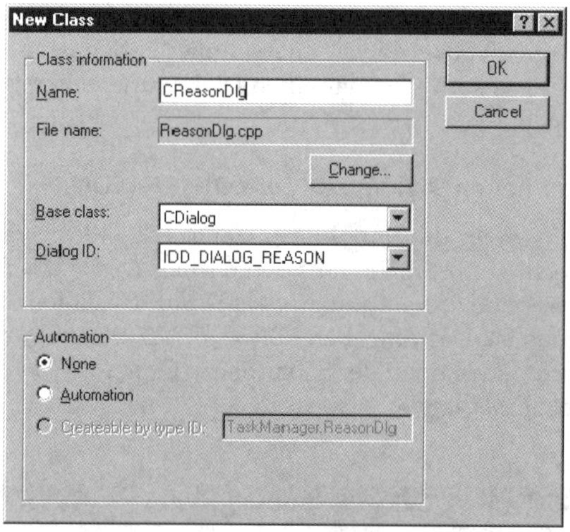

Abbildung 3.7: Ableiten einer neuen Klasse aus der Klasse CDialog

10. Verbinden Sie die Klassenvariable *m_strReason mit dem Eingabefeld IDC_EDIT_REASON*

11. Implementieren Sie den Aufruf der Nachrichtenbearbeitungsmethode für den Menüpunkt *ID_JOB_PAUSE*

```
void CTaskManagerView::OnJobPause()
{
   // TODO: Add your command handler code here

   HWND hwnd = FindJobAllocWnd();
   if(hwnd != NULL)
   {
        CReasonDlg dlg;
        if(dlg.DoModal() == IDOK)
        {
                COPYDATASTRUCT cds;
                cds.dwData = m_nCurrJob;

                const char* pc = LPCTSTR(dlg.m_strReason);
                cds.cbData = dlg.m_strReason.GetLength() + 1;
                cds.lpData = (PVOID)pc;

                LRESULT lRes = ::SendMessage(hwnd, WM_COPYDATA,
                          (WPARAM)m_hWnd, (LPARAM)&cds);

                CTime t = CTime::GetCurrentTime();
                CString strTime = t.Format("%A %B %d %Y %H %M %S");
                CString strTmp;
                strTmp.Format(" Nachricht gesendet : Job N  %d ist
                         angehalten.\r\n", m_nCurrJob);
                m_strProtocol += strTime + strTmp;
                m_strProtocol += CString("Ursache: ") + dlg.m_strReason +
                            CString("\r\n");

                if(lRes > 0)
                {
                        m_nCurrJob = (UINT)lRes;
                        strTmp.Format("Neu Job:  N  %d \r\n", (UINT)m_nCurrJob);
                        m_strProtocol += strTmp;
                }
                        SetWindowText(m_strProtocol);
                        UpdateData(FALSE);

        }
   }
}
```

Nachdem das Hauptfenster der Serveranwendung gefunden ist, ruft man unseren Dialog *Erklärung* auf. Das passiert in zwei Schritten. Bei dem ersten Schritt wird ein Exemplar der Klasse definiert, ohne visuelle Objekte zu erzeugen. Die Methode *DoModal* erzeugt den Dialog als visuelles Objekt und plaziert ihn auf dem Bildschirm. Unser Dialog ist *modal*. Das bedeutet, daß der Benutzer keine Aktionen mit einem andern Fenster der gleichen Anwendung erledigen kann, bis er diesen Dialog durch einen Klick auf die Schaltfläche *OK* oder *Abbrechen* geschlossen hat.

Wenn der Benutzer den Dialog durch einen Klick auf die Schaltfläche *OK* schließt, liefert die Methode *DoModal* den Wert *IDOK* zurück. Damit ist der Dialog als visuelles Objekt vernichtet, das Exemplar der Klasse *CReasonDlg* mit all ihren Klassenvariablen existiert aber weiter. Uns interessiert die Eingabe der Benutzer, die sich in der Variable *m_strReason* befindet.

Wir füllen die Felder der Struktur *cds* mit der Anzahl der Bytes der Erklärung (Feld *cbData*) und mit dem Zeiger auf der Zeichenkette (Feld *lpData*) aus. Dann senden wir die Informationen in das Entscheidungsprogramm.

Weiter bereiten wir die Protokollzeilen und die Ausgabe des Protokolls in der Sicht vor.

Das Projekt *TaskManager* ist beendet. Kompilieren Sie die Anwendungen. Im nächsten Abschnitt werden wir uns mit der Serveranwendung *JobAllocMsg* beschäftigen.

3.2 Projekt JobAllocMsg

Die Anwendung *JobAllocMsg* ist genau wie die vorige Anwendung *TaskManager* eine SDI-Anwendung. Anstelle von *TaskManager* erscheint ihr Fenster nach dem Start in minimierter Form. Solche Eigenschaften können Sie direkt im Quellcode oder (was bequemer ist) bei dem Erzeugen des Projektskeletts mit Hilfe von AppWizard festlegen. Die Anwendung zeigt die empfangenen Meldungen und die Reaktion der Anwendung auf sie nur im Debug-Modus im Output-Fenster, und zwar mit Hilfe des Macros *TRACE*.

Als Empfänger der Nachrichten dient das Hauptrahmen-Objekt (die Klasse *CMainFrame*). Dieser Klasse fügen wir den Nachrichtenbearbeiter hinzu.

Um das Projekt zu erzeugen, wiederholen Sie folgende Schritte:

1. Erzeugen Sie das Projektskelett für eine neue SDI-Anwendung mit dem Namen *JobAllocMsg*

Machen Sie alles nach der Art und Weise, wie beim Projekt *TaskManager*, allerdings mit einem Unterschied. Beim Schritt 4 klicken Sie auf die Schaltfläche *Advanced* und legen Sie in einem neuen Dialog die Option *Minimized* fest, wie es in der Abbildung 3.8 zu sehen ist.

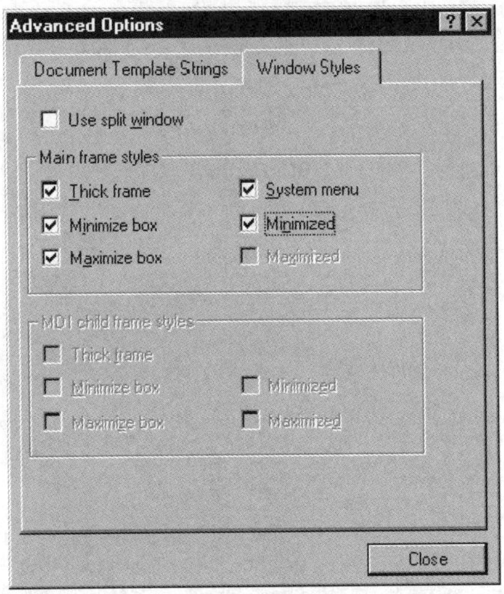

Abbildung 3.8: Mit dem Windows-Stile `Minimized` *erscheint das Fenster der Anwendung in minimierter Form*

2. Legen Sie die neue „Entscheidungsklasse" an

Sie können das mit Hilfe von Visual Studio oder manuell erledigen. Wenn Sie es mit Hilfe von Visual Studio machen, wählen Sie den Menüpunkt INSERT | NEW CLASS im Menü von Visual Studio. Im neuen Dialog im Kombinationsfeld „Class Type" wählen Sie „Generic Class" und setzen den Namen der Klasse fest. Vergessen Sie nicht, beim manuellen Erzeugen beide Dateien (Kopfdatei und die Datei mit dem Quellcode) im Projekt einzufügen).

```
#ifndef _JOBALLOCMANAGER_H_
#define _JOBALLOCMANAGER_H_
// JobAllocManager.h : header file
//////////////////////////////////////////////////
////////////////////////////
// CJobAllocManager command target

class CJobAllocManager
{
public:
   CJobAllocManager();       // protected constructor used by
                             // dynamic creation
   ~CJobAllocManager();      // Attributes
public:
   UINT m_nCurrJob;
// Operations
public:
   LRESULT Pause(UINT nJob, CString strReason);
   LRESULT NewJob(CString strUserName);
```

```
   void JobOk(UINT nJob);
};
eendif _JOBALLOCMANAGER_H_

//////////////////////////////////////////////////////////////////////////////
// JobAllocManager.cpp : implementation file
//
#include "stdafx.h"
#include "JobAllocMsg.h"
#include "JobAllocManager.h"
#ifdef _DEBUG
#define new DEBUG_NEW
#undef THIS_FILE
static char THIS_FILE[] = __FILE__;
#endif

//////////////////////////////////////////////////////////////////////////////
// CJobAllocManager
CJobAllocManager::CJobAllocManager()
{
   m_nCurrJob = 1;
}

CJobAllocManager::~CJobAllocManager()
{
}

LRESULT CJobAllocManager::NewJob(CString strUserName)
{
   TRACE("Neue Aufgabe N %d für %s \n", m_nCurrJob, strUserName);
   return m_nCurrJob++;
}

void CJobAllocManager::JobOk(UINT nJob)
{
   TRACE("Aufgabe %d OK\n", nJob);
}

LRESULT CJobAllocManager::Pause(UINT nJob, CString strReason)
{
   TRACE("Pause bei Aufgabe %d. Ursache %s. Neue Aufgabe: %d\n",
       nJob, strReason, m_nCurrJob);

   return m_nCurrJob++;
}
```

Listing 3.1: Deklaration und Implementation der Klasse CJobAllocManager

Diese Klasse simuliert die Arbeit eines Entscheidungsalgorithmus, der zwei Fragen beantwortet:

- Welche Aufgabe muß im Moment der Mitarbeiter X anfangen?
- Welche Aufgabe muß der Mitarbeiter X ausführen, falls in der aktuellen Aufgabe eine Störung auftritt?

Unser Algorithmus sollte eine Liste möglicher Aufgaben auflisten und abhängig von der Qualifikation des Mitarbeiters und anderer Kriterien eine optimale Lösung finden. Das tut er nicht, weil es unser Ziel ist, die Kommunikation von Anwendungen in Windows zu erforschen. Der Algorithmus kümmert sich um die Nummer der aktuellen freien Aufgabe (Klassenvariable *m_nCurrJob*) und liefert diese Nummer als Ergebnis der Abfrage zurück. Nach der Lieferung erhöht er diese Zahl auf 1. Die Methoden der Klasse machen nach jedem Aufruf die Ausgaben in das Output-Fenster.

3. Fügen Sie eine Klassenvariable *m_joballoc* der Deklaration der Klasse *CMainFrame hinzu*

```
#include "JobAllocManager.h"

class CMainFrame : public CFrameWnd
{
protected: // create from serialization only
   CMainFrame();
   DECLARE_DYNCREATE(CMainFrame)

// Attributes
public:

// Operations
public:

// Overrides
   // ClassWizard generated virtual function overrides
   //{{AFX_VIRTUAL(CMainFrame)
   public:
   virtual BOOL PreCreateWindow(CREATESTRUCT& cs);
   protected:
   virtual LRESULT DefWindowProc(UINT message, WPARAM wParam, LPARAM lParam);
   //}}AFX_VIRTUAL

// Implementation
public:
   CJobAllocManager m_joballoc;
...
```

Da die Klasse *CJobAllocManager* nicht zu MFC gehört, müssen Sie vor Deklaration der Klasse die *#include*-Anweisung mit der Kopfdatei *JobAllocManager* einfügen.

4. Fügen Sie der Klasse *CMainFrame* die virtuelle Funktion DefWindowProc() hinzu

Führen Sie einen Mausklick mit rechten Maustaste auf den Ordner der Klasse *CMainFrame* in ClassView aus. Im erschienenen Popup-Menü wählen Sie den Menüpunkt *Add Virtual Function*. Im neuen Dialog finden Sie die Funktion *DefWindowProc* und klicken auf die Schaltfläche *Add Handler* (Abbildung 3.9).

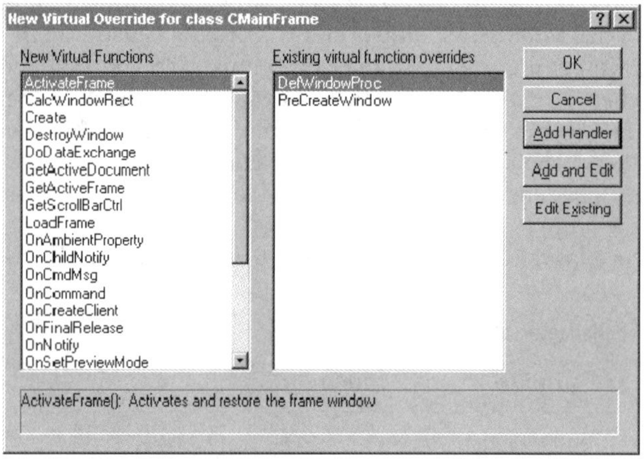

Abbildung 3.9: Anlegen einer virtuellen Funktion

5. Füllen Sie die virtuelle Funktion (Methode) *DefWindowProc* aus

```
LRESULT CMainFrame::DefWindowProc(UINT message, WPARAM wParam,
                                  LPARAM lParam)
{
   // TODO: Add your specialized code here and/or call the base class
   static COPYDATASTRUCT* pCds;
   switch(message)
   {
        case WM_USER + 1: //== Erledigt
                m_joballoc.JobOk((UINT)wParam);
                return 0;

        case WM_COPYDATA: //== Anhalten
                {
                pCds = (COPYDATASTRUCT*)lParam;
                DWORD dwData = pCds->dwData;
                char* pcText = (char*)pCds->lpData;
                CString strTmp(pcText);

                if((int)dwData > 0)
                        return m_joballoc.Pause((int)dwData, strTmp);
                else
                        return m_joballoc.NewJob(strTmp);
```

```
            }
        default:
            break;
    }
    return CFrameWnd::DefWindowProc(message, wParam, lParam);
}
```

Die Methode *DefWindowProc()* wird jedesmal aufgerufen, wenn das entsprechende Hauptfenster eine Nachricht in der Warteschlange findet. Die meisten Nachrichten läßt die Methode durch und überläßt ihre mögliche Verarbeitung der gleichen Methode der Basisklasse. Falls die Nachricht zu der definierten Reihe im Projekt *TaskManager* gehört, packt die Methode die Parameter aus der Struktur *COPYDATASTRUCT* aus und ruft die entsprechende Methode aus der Entscheidungsklasse *CJobAllocManager* auf.

6. Kompilieren und binden Sie die Anwendung

7. Starten Sie beide Anwendungen und testen Sie, wie sie zusammen funktionieren

Starten Sie die Anwendung *JobAllocMsg* im Debug-Modus. Die zweite Anwendung starten Sie mit einem Mausklick im Explorer.

Achten Sie besonders darauf, was nach der Auswahl der verschiedenen Menüpunkte in der Menüspalte *Aufgabe* der Anwendung *TaskManager* passiert.

In der Anwendung *TaskManager* müssen Sie ein Ergebnis etwa wie in der Abbildung 3.10 sehen.

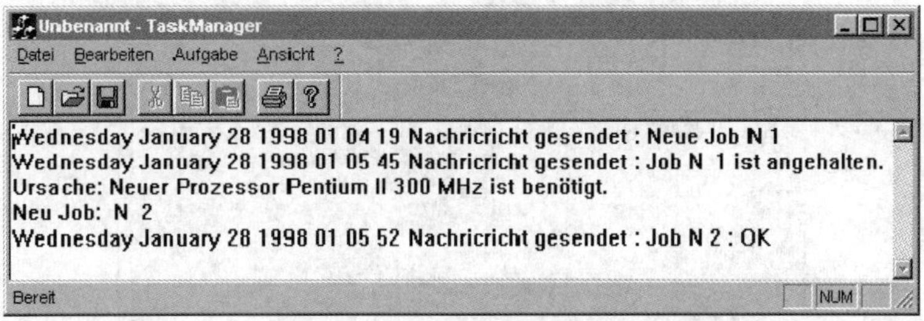

Abbildung 3.10: Die Projekte TaskManager und JobAllocMsg: Das Ergebnis einer Sitzung

Im Output-Fenster der Anwendung *JobAllocMsg* finden Sie folgende Texte:

```
...
Neue Aufgabe N 1 für Mustermann
Pause bei Aufgabe 1. Ursache: Neuer Prozessor wird benötigt. Neue Aufgabe: 2
Aufgabe 2 OK
```

Öffnen Sie das Fenster *JobAllocMsg*. Starten Sie das Dienstprogramm *Spy++*. (Dieses Programm liefert Microsoft zusammen mit Visual Studio. Die Verknüpfung zum Programm findet man in der Gruppe Visual C++ in der Task-Leiste. Das Programm befindet sich im Verzeichnis ..*Microsoft Visual Studio**Common**Tools*\)

Wählen Sie den Menüpunkt SPY | FIND WINDOW. Ein neuer Dialog erscheint. Ziehen Sie die Ziel-Icon, und legen Sie sie in das Hauptfenster der Anwendung *JobAllocMsg*. Wählen Sie Option „Message" (Abbildung 3.11).

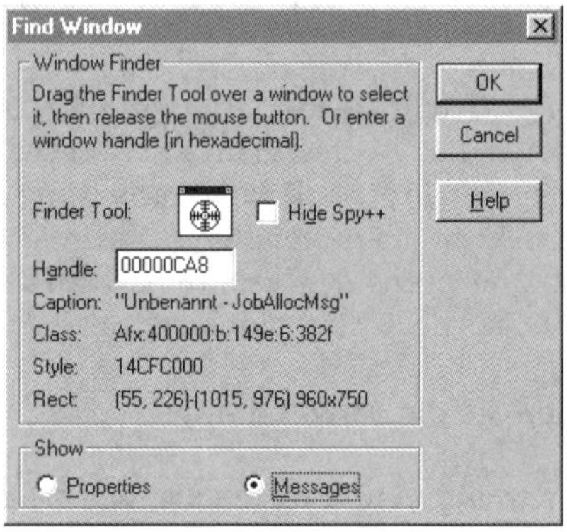

Abbildung 3.11: Spy++ ist mit dem Hauptfenster von JobAllocMsg verknüpft

Stellen Sie die Optionen des Spy++ so ein, wie in der Abbildung 3.12 zu sehen ist. Sie sehen, daß wir aus vielen Möglichkeiten nur die Nachrichten *WM_COPYDATA* und die benutzerdefinierten Nachricht *WM_USER* ausgewählt haben.

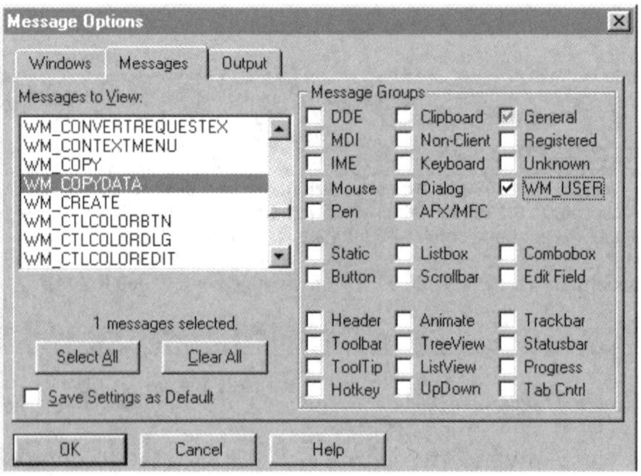

Abbildung 3.12: Einstellungen von Spy++ für die Überwachung des Hauptfensters vom Programm JobAllocMsg

Nach der Auswahl dreier Menüpunkte in der Menüspalte *Aufgabe* der Anwendung TaskManager finden Sie im Überwachungsfenster von Spy++ folgenden Text (Abbildung 3.13):

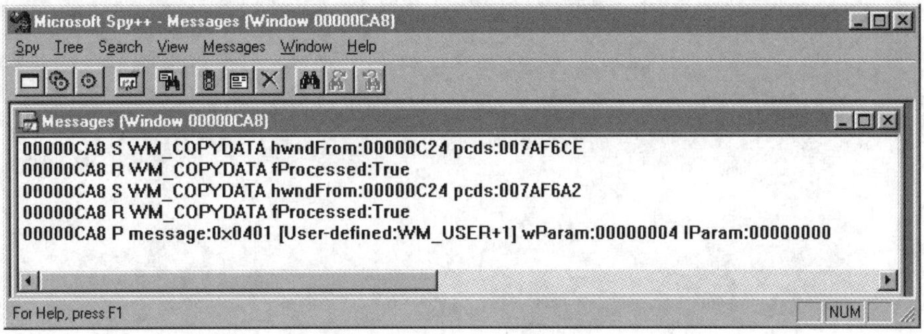

Abbildung 3.13: Ergebnis der Überwachung des Hauptfensters der Anwendung JobAllocMsg

4 Programmierung der DLL

Wenn Sie sich das Windows-Verzeichnis eines ausgestatteten Computers ansehen, finden Sie dort ein paar hundert verschiedener EXE-Dateien und ungefähr dreimal so viele DLL-Dateien. *Dynamic Link Libraries (DLL)* enthalten meistens eine Funktionalität, die mehrere Anwendungen gleichzeitig verwenden können. Damit funktioniert die Kommunikation nicht mit Hilfe des Sendens der Nachrichten, sondern durch einen direkten Aufruf der Funktionen aus dieser dynamischen Bibliothek.

Dynamische Bibliotheken lassen sich mit einer Anwendung dynamisch binden. Deswegen kann die Entwicklung der Bibliotheken und Anwendungen unabhängig voneinander laufen. Beide Seiten sollen die Namen der Funktionen, die Anzahl und Arten der Parameter und Aufrufkonventionen enthalten. Wenn diese Beschränkungen geltend bleiben, kann eine DLL völlig anders als früher und sogar auf einer anderen Programmiersprache implementiert werden. Die Aufrufanwendung merkt das nicht.

Die Programmierung der DLL mit Hilfe des AppWizard von Visual C++ ist jetzt viel einfacher als früher. In diesem Abschnitt betrachten wir zwei Projekte, die das bekannte Problem der Kommunikation zwischen Hauptanwendung und einem Entscheidungsalgoritmus lösen. Zuerst aber einige Grundlagen über die DLL.

4.1 DLL-Grundlagen

Eine DLL enthält wie ein Programm globale Objekte (Datenstrukturen), kompilierte Funktionen als Ketten der Prozessorbefehle und Ressourcen. Eine mit Hilfe von Visual C++ (MFC) programmierte DLL kann auch die MFC-Klassen enthalten. In einem Prozeß können mehrere DLLs geladen werden. Beim Laden werden einige interne Adressen so korrigiert, daß keine Überschneidung zwischen dem herkömmlichen Code und Daten des Prozesses, der geladenen DLL sowie verschiedenen DLLs miteinander passieren kann.

Trotzdem kann der Prozeß auf die Funktionalität der DLL nicht beliebig zugreifen, sondern nur mit Hilfe von *Eintrittspunkten*. Die am meisten benutzten Arten von Eintrittspunkten sind *exportierte Funktionen*. Eine MFC-DLL kann in eine andere MFC-Anwendung oder DLL eine ganze aus einer MFC-Klasse abgeleitete Klasse exportieren. Das kann, zum Beispiel, ein komplizierter Formular-Dialog sein. Die Aufrufanwendung (*Client-Anwendung*) *importiert* exportierte Funktionen nach den Richtlinien ihrer eigenen Programmiersprache. In C++ muß der Programmierer importierte Funktionen deklarieren (die Prototypen schreiben). In VBA (*Visual Basic for Application*) deklariert man aus einer DLL kommende Funktionen mit Hilfe spezieller Anweisungen. Windows verknüpft Exportdeklarationen aus einer DLL und Importdeklarationen aus einer Client-Anwendung.

Jede DLL-Datei enthält eine Tabelle exportierter Objektarten (Funktionen, Klassen, Eigenschaften und globale Variablen). Wir beschränken uns weiter auf Funktionen, weil sie in dieser Liste interessante Objektarten sind und nur sie in unseren Beispielen in diesem Kapitel verwendet werden.

Die Tabelle exportierter Funktionen enthält symbolische Namen der Funktionen, eine Liste der Parameterarten, Funktionsadressen und Informationen über Aufrufkonventionen.

Mit gewissen Vereinfachungen könnte man sagen, daß der Aufruf einer Funktion aus einem Prozeß aus dem Einfügen ihrer Parameter in den Prozeßstack und dem Start des ersten Befehls in ihrer Kette der Prozessorbefehle besteht. Falls der Client und die DLL in verschiedenen Sprachen geschrieben sind bzw. mit verschiedenen Compilern kompiliert sind, gibt es mit Prozessorbefehlen normalerweise trotzdem relativ wenig Probleme. Die großen Probleme tauchen beim Ein- und Auspacken des Programmstacks auf. Die Aufrufskonvention definiert, in welcher Reihenfolge die Parameter in den Stack eingefügt werden sollen und wo sich die Adresse des Empfängers befinden sollte.

Zum Glück wird uns dieses mühselige Problem nicht im Weg stehen, weil wir in unseren Beispielen die Aufrufanwendung nach der DLL in der gleichen Programmiersprache schreiben und mit dem gleichem Compiler kompilieren.

Widmen wir uns aber der Export-Tabelle einer DLL.

Während der dynamischen Bindung wird eine Liste vorbereitet, die die Aufrufe der Funktionen vom Aufrufprozeß aus in die DLL weiterleitet. Diese Liste hängt nur von den Import- und Exportdeklarationen ab. Solange sie sich nicht ändern, bleibt die Liste immer gleich. Deswegen können Sie zwischen den Sitzungen die DLL beliebig ändern, ohne die Exportdeklaration zu bemühen. C++ gibt da im Vergleich mit Scriptspachen wie VBA besondere Vorteile, weil die Unübereinstimmung zwischen alter Exportdeklaration und neuer Implementation meistens schon beim Compilieren bemerkt wird.

Wenn der Client und die DLL beide mit Visual C++ implementiert sind, müssen Sie die in die DLL exportierte Funktion etwa wie in folgendem Beispiel deklarieren:

```
extern "C" __declspec(dllexport) int MyFunc(double dval);
```

In der Client-Anwendung muß die Importdeklaration etwa so aussehen:

```
extern "C" __declspec(dllimport) int MyFunc(double dVal);
```

Das ist aber noch nicht alles. Beim Compilieren der DLL erzeugt der Compiler auch eine *.LIB-Datei, die Informationen für Linker der Client-Anwendung enthält. Die *.LIB-Datei enthält die symbolischen Namen den exportierten Objekte, Namen der DLL (ohne Pfad) und andere Informationen.

Noch sechs wichtige Begriffe, die Sie zu DLL kennenlernen müssen:

- Explizite und implizite Bindung
- Erweiterungs- und reguläre DLL
- Statische und dynamische Bindung der MFC DLL zu ihrer DLL

Bei *impliziter Bindung* wird die DLL bald nach dem Start der Anwendung geladen. Das ist der einfachste Weg, eine DLL in Ihre Anwendung einzubinden. Falls eine DLL fehlt, wird der Benutzer sofort darüber informiert, was vielleicht besser ist, als eine überraschende Fehlermeldung in einem spannenden Moment bei der Arbeit mit der Anwendung. In unseren Projekten in diesem Kapitel verwenden wir nur die implizite Bindung.

Die *explizite Bindung* läßt die DLL in einem beliebigen Zeitpunkt ein- und ausladen. Sie können das mit Hilfe der Funktion

```
LoadLibrary("c:\windows\super.dll");
```

machen. Damit kann man mit der DLL manipulieren, um zum Beispiel eine Rechtschreibprüfungsfunktion mit entsprechenden Ressourcen abhängig von der dynamisch ausgewählte Sprache zu versorgen.

Eine *Erweiterungs-DLL* bindet eine bestimmte Version der MFC-Bibliothek ein und setzt voraus, daß der Client genau dieselbe Version der MFC verwendet. Diese Lösung lohnt sich in Projekten, in denen mehrere Komponenten in Visual C++ programmiert werden müssen.

Wenn Sie eine DLL ohne solche starken Voraussetzungen schreiben wollen, sollten Sie eine *reguläre DLL* auswählen. Reguläre DLLs lassen sich statisch und dynamisch binden. Die Art der Bindung soll bei der Erstellung der DLL festgelegt werden.

Bei *statischer Bindung* enthält Ihre DLL schon beim Kompilieren die benötigte Funktionalität von MFC DLL. *Dynamische Bindung* hat die Voraussetzung, daß sich auf dem Benutzercomputer die gleiche MFC DLL befindet. Damit werden Ihre eigenen DLLs sehr klein, bis zu 20–30 KB.

Und noch ein paar Informationen, bevor wir mit den Projekten anfangen. Wenn Sie eine Klasse aus einer DLL exportieren wollen, müssen Sie statt der üblichen Deklaration Ihre Klasse folgendermaßen deklarieren:

```
class AFX_EXT_CLASS CMyClass : public CBasisClass;
```

Wo soll sich die DLL befinden, damit der Client sie laden kann? In dem gleichen Verzeichnis wie die Client-Anwendung? Nicht unbedingt.

Wenn der Client versucht, eine DLL zu laden, sucht er sie in den Verzeichnissen in folgender Reihenfolge:

1. Verzeichnis der Client-*.EXE-Datei
2. Aktuelles Verzeichnis des Prozesses
3. Windows-Systemverzeichnis
4. Windows-Verzeichnis
5. Verzeichnisse, die in der Umgebungsvariable *PATH* festgelegt sind

Wie wir sehen, sind die Punkte 3 und 4 für alle Prozesse und DLLs gültig. Deswegen versuchen mehrere Anwendungen, ihre DLL dort zu installieren, weil so jede andere Anwendung (z.B. von der gleichen Firma) die Funktionalität von der schon vorhandenen DLL verwenden kann, ohne sie noch einmal auf einer anderen Stelle auf der Festplatte zu plazieren.

4.2 Projekt JobAllocDLL

In diesem Projekt implementieren wir den Server als eine MFC-Erweiterungs- DLL. Der Server erledigt die gleiche Aufgabe wie die Anwendung *JobAlloc* im vorigen Kapitel.

Diese Lösung läßt implementierter in DLL Klasse in anderen MFC-Anwendungen ohne große zusätzliche Umstände verwenden.

AppWizard von Visual C++ erleichtert das Erzeugen einer DLL sehr.

Erinnern wir uns, daß die reguläre DLL die Programmierung des Clients auch mit der gleichen Version von MFC voraussetzt.

Um eine neue DLL mit dem Entscheidungsalgorithmus zu erzeugen, führen Sie folgende Schritte durch.

1. Legen Sie ein neues Projekt an

Rufen Sie AppWizard auf (Menüpunkt NEW | FILE von Visual Studio). Als Projektart wählen Sie *AppWizard (DLL)* (Abbildung 4.1). Setzen Sie den Projektnamen und die Stelle des Projektes auf die Festplatte und schließen Sie die erste Seite des AppWizards mit einem Klick auf die Schaltfläche OK.

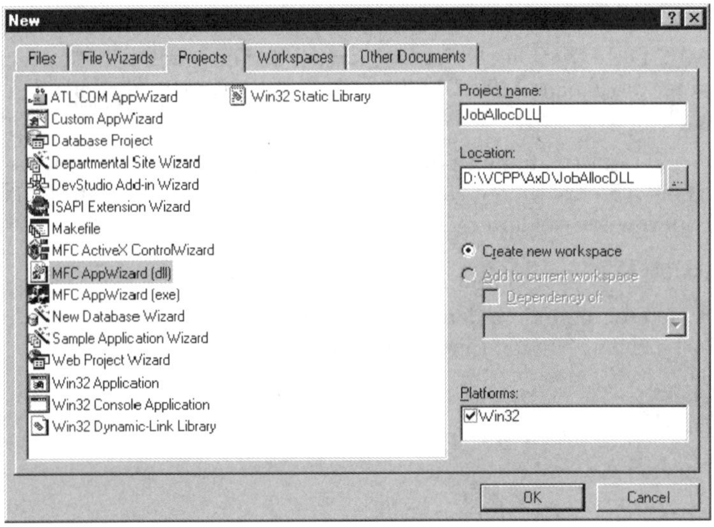

Abbildung 4.1: Festlegen der Projektart bei dem Erstellen einer DLL

Legen Sie die Art der DLL als *MFC-Extension* fest (Abbildung 4.2). Klicken Sie auf die Schaltfläche *Finish* und erstellen Sie so das Projektskelett.

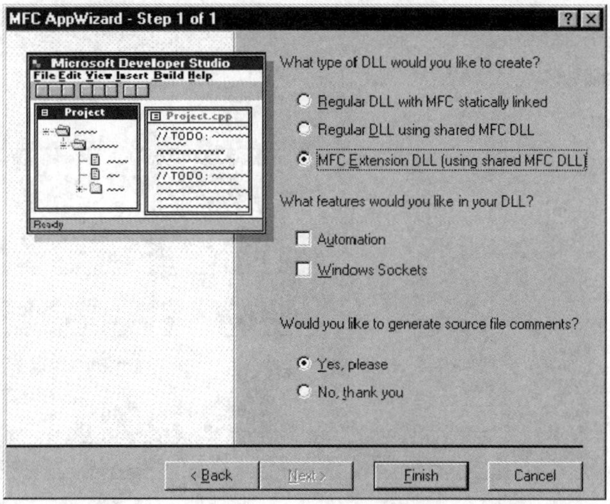

Abbildung 4.2: Festlegen der DLL-Art (MFC-Erweiterungs-DLL)

Der Assistent für die Herstellung der DLL bietet nur zwei Seiten an.

2. Kopieren Sie die Dateien *JobAllocManager.h* und JobAllocManager.cpp in ein neues Projektverzeichnis

Fügen Sie beide Dateien in das Projekt ein. Für diesen Zweck wählen Sie den Menüpunkt PROJECT | ADD TO PROJECT und im Popup-Menü den Eintrag Files aus. Im Öffnen-Dialog markieren Sie dann beide Dateien.

3. Löschen Sie die *#include*-Anweisung mit der Kopfdatei *JobAlloc.h* aus der Datei *JobAllocManager.cpp*

4. Stellen Sie die Debugging-Möglichkeit ein

Um Debugging zu ermöglichen, rufen Sie den Karteikasten *Settings* auf (Menüpunkt *Settings* von der Menüspalte *Project* im Visual Studio). Auf der Kartei *Debug* füllen Sie im Feld *Executable for debug session* den Pfad zur EXE-Datei, die ihre DLL während des Debuggings aufrufen soll (Abbildung 4.3). Wenn die Datei noch nicht implementiert ist, machen Sie diese Aktion direkt vor Beginn des Debuggings.

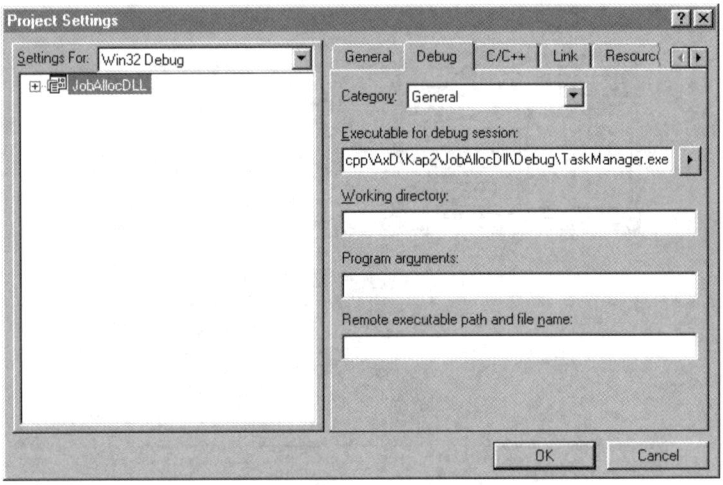

Abbildung 4.3: Für das Debugging der DLL wird die Anwendung ...TaskManager.exe verwendet

5. Ändern Sie die Deklaration der Klasse *CJobAllocManager*

```
#ifndef _JOBALLOCMANAGER_H_
#define _JOBALLOCMANAGER_H_
// JobAllocManager.h : header file
class AFX_EXT_CLASS CJobAllocManager
{
public:
...
```

6. Kompilieren Sie die DLL

Nach dem erfolgreichen Kompilieren finden Sie im Projektverzeichnis nicht nur die *JobAllocDLL.dll*-Datei selbst, sondern auch die Datei *JobAllocDLL.lib*, die wir bei der Erstellung unseres nächsten Projektes *TaskmanagerDLL* benötigen.

4.3 Projekt TaskManagerDLL

Äußerlich, aus der Sicht des Benutzers, funktioniert die Anwendung *TaskMangerDLL* genau wie ihre Vorgängerin *TaskManager*. Diese Anwendung sendet aber keine Nachrichten, sondern nimmt die Funktionalität des Entscheidungsalgorithmus aus einer DLL. Wir benötigen nicht viele Änderungen in dem neuen Projekt im Vergleich zum Projekt *TaskManager*. Deswegen nehmen wir als Vorlage dieses Projekt.

1. Kopieren Sie alle Dateien des Projektverzeichnisses *TaskManager* in ein neues Verzeichnis *TaskManagerDLL*

2. In der Karteikaste *Settings* auf der Seite Link fügen Sie dem Feld *Object/library modules Pfad* ein Verzeichnis mit der Datei *JobAllocDLL.lib* hinzu

Wie es geht, zeigt die Abbildung 4.4.

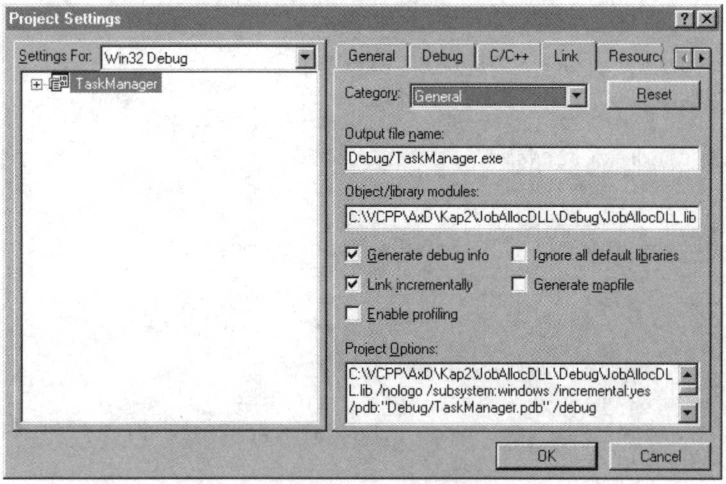

*Abbildung 4.4: Festlegen der Stelle der *.lib-Datei für die DLL*

3. Fügen Sie die *#include*-Anweisung am Anfang der Datei *TaskManagerView.cpp* hinzu

```
// TaskManagerView.cpp : implementation of the CTaskManagerView class
#include "stdafx.h"
#include "TaskManager.h"
#include "TaskManagerDoc.h"
#include "TaskManagerView.h"
#include "ReasonDlg.h"
#include "c:\VCPP\AxD\Kap2\JobAllocDLL\JobAllocManager.h"
```

4. Fügen Sie die gleiche Anweisung vor die Deklaration der Sichtklasse und deklarieren Sie eine neue Klassenvariable mit dem Typ *CJobAllocManager*

```
...
#include "c:\VCPP\AxD\Kap2\JobAllocDLL\JobAllocManager.h"
class CTaskManagerView : public CEditView
{
...
// Implementation
public:

   CJobAllocManager m_joballocman;
   CString m_strProtocol;
...
```

5. Korrigieren Sie den Quellcode der Nachrichtenbearbeitungsmethoden

```
#define MAX_SIZE_USER_NAME 100
void CTaskManagerView::OnJobNew()
{
   // TODO: Add your command handler code here

   char  cUserName[MAX_SIZE_USER_NAME];
   DWORD dwNameLen = MAX_SIZE_USER_NAME;

   ::GetUserName(cUserName, &dwNameLen);

   CString strTmp(cUserName);
   LRESULT lRes = m_joballocman.NewJob(strTmp);

        if(lRes > 0)
        {
               m_nCurrJob = (UINT)lRes;
               CTime t = CTime::GetCurrentTime();
               CString strTime = t.Format("%A %B %d %Y %H %M %S");
               CString strTmp;
               strTmp.Format(" Nachricht gesendet : Neue Job N %d\r\n",
                                  m_nCurrJob);
               m_strProtocol += strTime + strTmp;

               SetWindowText(m_strProtocol);
               UpdateData(FALSE);
        }
}
void CTaskManagerView::OnJobOk()
{
   // TODO: Add your command handler code here

   m_joballocman.JobOk(m_nCurrJob);

        CTime t = CTime::GetCurrentTime();
        CString strTime = t.Format("%A %B %d %Y %H %M %S");
        CString strTmp;
        strTmp.Format(" Nachricht gesendet : Job N %d : OK \r\n",
                        m_nCurrJob);
        m_strProtocol += strTime + strTmp;

        SetWindowText(m_strProtocol);
        UpdateData(FALSE);
}
```

```
void CTaskManagerView::OnJobPause()
{
   // TODO: Add your command handler code here

        CReasonDlg dlg;
        if(dlg.DoModal() == IDOK)
        {

                LRESULT lRes = m_joballocman.Pause(m_nCurrJob,
                                    dlg.m_strReason);

                CTime t = CTime::GetCurrentTime();
                CString strTime = t.Format("%A %B %d %Y %H %M %S");
                CString strTmp;
                strTmp.Format(" Nachricht gesendet : Job N  %d ist
                                   angehalten.\r\n", m_nCurrJob);
                m_strProtocol += strTime + strTmp;
                m_strProtocol += CString("Ursache: ") + dlg.m_strReason +
                                    CString("\r\n");

                if(lRes > 0)
                {
                        m_nCurrJob = (UINT)lRes;
                        strTmp.Format("Neu Job:  N  %d \r\n",
                                       (UINT)m_nCurrJob);
                        m_strProtocol += strTmp;
                }
                        SetWindowText(m_strProtocol);
                        UpdateData(FALSE);


                }
}
```

Sie sehen, daß wir die Methoden der Entscheidungsklasse so aufrufen, wie sie sich in der Client-Anwendung befinden. Die Implementierung der Methoden befindet sich aber in einer separaten DLL-Datei.

6. Kompilieren Sie die Anwendung

7. Testen Sie die Anwendung

Die Anwendung kann eine DLL finden, wenn die DLL im entsprechenden Verzeichnis liegt (erinnern Sie sich an den Abschnitt „DLL-Grundlagen" in diesem Kapitel). Ist das nicht der Fall, bekommen Sie nach dem Start der Anwendung eine Fehlermeldung. Ihr können Sie entnehmen, welche DLL nicht gefunden wurde, eine Liste der Verzeichnisse aus dem Suchpfad wird angegeben. Nach dem Kopieren der DLL in ein Verzeichnis aus diesem Pfad sollte die DLL geladen werden. Nach der Auswahl der Menüpunkte aus der Menüspalte *Aufgabe* bekommen Sie ein bekanntes Resultat (Abbildung 3.10).

Sie können die DLL auch im Debug-Modus testen. Zu diesem Zweck kopieren Sie zuerst die Anwendung *TaskManager.exe* vom Projekt *TaskManagerDll* in das gleiche Verzeichnis wie *JobAllocDLL.dll*. Starten sie das Debugging im Projekt *JobAllocDLL* (Menüpunkt BUILD | START DEBUG in Visual Studio). Die Anwendung *TaskManagerDLL* wird automatisch gestartet. Jetzt können Sie nach jeder Auswahl eines Menüpunktes in der Menüspalte AUFGABE der Anwendung eine entsprechen *TRACE*-Ausgabe im Output-Fenster des Visual Studio ansehen.

4.4 Projekte JobAllocDLLReg und TaskManagerAllocReg

4.4.1 Projekt JobAllocDLLReg

Im Projekt *JobAllocDLLReg* entwickeln wir eine reguläre DLL. Diese DLL exportiert keine Klasse, sondern drei Funktionen.

Um das neue Projekt *JobAllocDLLReg* zu erstellen, rufen Sie AppWizard auf und wiederholen die Schritte 1–5 vom Projekt *JobAllocDLL*, mit einer einzigen Ausnahme: Beim Schritt 2 wählen Sie die DLL-Art *Regular DLL with MFC statically linked.*

Fügen Sie der Datei *JobAllocManager.cpp* folgende Zeile hinzu:

```
// JobAllocManager.cpp : implementation file
//
...

CJobAllocManager g_JobAllocManager;

extern "C" __declspec(dllexport) LRESULT Pause(UINT nJob, CString strReason)
{
   return g_JobAllocManager.Pause(nJob, strReason);
}

extern "C" __declspec(dllexport) LRESULT NewJob(CString strUserName)
{
   return g_JobAllocManager.NewJob(strUserName);
}

extern "C" __declspec(dllexport) void JobOk(UINT nJob)
{
   g_JobAllocManager.JobOk(nJob);
}
```

Beim Laden einer DLL wird ein Objekt (Instanz) der Klasse *CJobAllocManager* namens *g_JobAllocManager* definiert. Die globalen Funktionen leiten einfach die Aufrufe in dieses Objekt weiter und liefern die Ergebnisse zurück.

Kompilieren und binden Sie die DLL.

4.4.2 Projekt TaskManagerAllocReg

Bei der Erstellung des Projektes *TaskManagerReg* wiederholen Sie die Schritte 1–2 des Projektes *TaskMangerDLL*.

Fügen Sie in die Kopfdatei *TaskManagerView.h* folgende Zeilen hinzu:

```
extern "C" __declspec(dllimport) LRESULT Pause(UINT nJob,
                                          CString strReason);

extern "C" __declspec(dllimport) LRESULT NewJob(CString strUserName);

extern "C" __declspec(dllimport) void JobOk(UINT nJob);
```

Ändern Sie die Nachrichtenbearbeitungsmethoden für Auswahlaktionen mit Menüpunkten folgendermaßen:

```
#define MAX_SIZE_USER_NAME 100
void CTaskManagerView::OnJobNew()
{
   // TODO: Add your command handler code here

   char  cUserName[MAX_SIZE_USER_NAME];
   DWORD dwNameLen = MAX_SIZE_USER_NAME;

   ::GetUserName(cUserName, &dwNameLen);
   CString strTmp(cUserName);

   LRESULT lRes = ::NewJob(strTmp);

   if(lRes > 0)
   {
      m_nCurrJob = (UINT)lRes;
      CTime t = CTime::GetCurrentTime();
      CString strTime = t.Format("%A %B %d %Y %H %M %S");
      CString strTmp;
      strTmp.Format(" Neue Job N %d\r\n", m_nCurrJob);
      m_strProtocol += strTime + strTmp;
      SetWindowText(m_strProtocol);
      UpdateData(FALSE);
   }
}

void CTaskManagerView::OnJobOk()
{
   // TODO: Add your command handler code here

   ::JobOk(m_nCurrJob);

   CTime t = CTime::GetCurrentTime();
   CString strTime = t.Format("%A %B %d %Y %H %M %S");
   CString strTmp;
   strTmp.Format(" Job N %d : OK \r\n", m_nCurrJob);
```

```
    m_strProtocol += strTime + strTmp;

    SetWindowText(m_strProtocol);
    UpdateData(FALSE);

    m_nCurrJob = 0;
}

void CTaskManagerView::OnJobPause()
{
    // TODO: Add your command handler code here

    CReasonDlg dlg;
    if(dlg.DoModal() == IDOK)
    {
        LRESULT lRes = ::Pause(m_nCurrJob, dlg.m_strReason);

        CTime t = CTime::GetCurrentTime();
        CString strTime = t.Format("%A %B %d %Y %H %M %S");
        CString strTmp;
        strTmp.Format(" Job N  %d ist angehalten.\r\n", m_nCurrJob);
        m_strProtocol += strTime + strTmp;
        m_strProtocol += CString("Ursache: ") + dlg.m_strReason +
                         CString("\r\n");

        if(lRes > 0)
        {
                m_nCurrJob = (UINT)lRes;
                strTmp.Format("Neu Job:  N  %d \r\n", (UINT)m_nCurrJob);
                m_strProtocol += strTmp;
        }
        SetWindowText(m_strProtocol);
        UpdateData(FALSE);
    }
}
```

Die Implementation der Nachrichtbearbeitungsmethoden ist der Implementation im Projekt *TaskManagerDLL* sehr ähnlich. Der einzige Unterschied besteht darin, daß Sie in diesem Fall auf die Methode der Klasse *JobAllocManager* nicht direkt, sondern mittels einer rein funktionalen Schnittstelle zugreifen können. Die Client-Anwendung sollte nicht unbedingt mit Hilfe von MFC bzw. C++ geschrieben sein.

Kompilieren und testen Sie die Anwendung mit der neuen DLL.

Sie können jetzt sehen, daß DLLs sehr große Flexibilität in die Entwicklung von komplizierten Systemen bringen, weil sie die Entwicklung verschiedener Komponenten unabhängig voneinander durchführen lassen. Trotzdem hat eine reine DLL-Auffassung gewisse Mängel. Diese Mängel und fortgeschrittene Lösungen betrachten wir im nächsten Kapitel.

Teil B: COM

In den vorigen Kapiteln des Buches haben wir uns die Ideen angesehen, die später bei der Entwicklung von COM eingesetzt wurden.

In diesem Teil des Buches finden wir heraus, wie COM intern funktioniert und wie ActiveX und DCOM als COM-Erweiterungen gekennzeichnet werden können.

Der Teil besteht aus vier Kapiteln. Im ersten Kapitel lernen wir die wichtigsten Aspekte von COM kennen, die im nächsten Kapitel in zwei Projekten verwendet werden. In den zwei nächsten Kapiteln gewinnen wir den Überblick über die Verbindung zwischen COM und ATL und wichtige ActiveX-Schnittstellen.

Als praktisches Beispiel schließen wir im Kapitel „COM und MFC" die Programmierung der Aufgabenverteiler. Dieses Mal implementieren wir beide Seiten (Client und Server) mit Hilfe von COM. Wenn Sie sich mehr für die praktischen Aspekte interessieren, können Sie jetzt direkt zu diesen Kapitel übergehen.

Im Rest des Buches Kapitels werden wir die Objekte, die nach den COM-Spezifikationen aufgebaut sind, als *COM-Objekte* bezeichnen.

COM ist die Abkürzung für *Component Object Model*. Moderne Windows-Anwendungen verwenden meistens COM oder basieren auf ihm.

Wir konzentrieren uns in diesem Buch auf die Aspekte von COM, die für den Softwareentwickler interessant sind. Das ist aber nur eine Sicht von COM. Um sich die ganze COM-Landschaft besser vorzustellen, ist es nützlich, COM aus den drei folgenden Richtungen zu betrachten:

- COM als Konzept bzw. als logisches Modell
- COM als Bestandteil von Windows
- COM als eine Sammlung von API-Funktionen

Das *Konzept von COM* ermöglicht es, unter Windows laufende Programmsysteme aus einzelnen unabhängigen Komponenten aufzubauen. Diese Auffassung bezeichnet man auch als *Componentware*. Nach den Begriffen Hardware und Software bekommt dieses Kunstwort einen praktischen Sinn und Bedeutung. Die Anwendungsgebiete von Componentware erstrecken sich von Add-In Komponenten für Office-Anwendungen bis zu verteilten Systemen, die gleichzeitig auf mehreren Computern im Netz laufen.

Man kann sich COM auch als ein *logisches Modell* bzw. als eine Spezifikation vorstellen, die das Erstellen, die Installation und die Kommunikation mit dem Betriebssystem und ausführbaren *binären Objekte* definiert. Damit machen Windows- und andere Objekte keine Voraussetzungen über die Programmiersprache, in der diese Objekte implementiert sind.

Der Begriff COM enthält nicht nur eine Spezifikation, sondern auch einen wichtigen *Bestandteil* von Windows. Die Rolle von COM in Windows kann man mit der Infrastruktur eines Telefonnetzes vergleichen. Die Leitungen in den Wänden und unter der Erde sind für uns nicht sichtbar, aber ohne sie funktioniert das Ganze nicht. (Wenn Ihnen gerade das Handy eingefallen ist, sie haben ja auch eine eigene Infrastruktur.)

Ein binäres Objekt spielt für COM dieselbe Rolle wie ein Telefongerät für das Telefonnetz. Nur die externe (funktionelle) Beschreibung und die Schnittstelle (Steckdose) sind wichtig. Wie das Gerät aussieht und welche Firma es produziert hat, „interessiert" das Netz nicht.

Für den Entwickler den neuen Komponenten ist COM durch die vielen *COM-API-Funktionen* zugänglich. Damit enthalten Sie die gleiche Funktionalität in verschiedenen Programmiersprachen. Bei der Programmierung der Anwendungen auf der COM-Basis können Sie eine Sprache verwenden, die besser für Ihr Problem geeignet ist. Natürlich muß diese Sprache den Aufruf von COM-API-Funktionen erlauben und unterstützen.

5 Von DLL zu COM

In Laufe dieses Kapitels versuche ich die Entwicklung der Ideen im Bereich Kommunikation der Anwendungen und die Verwendung fremder Funktionalität in einer Anwendung darzustellen. Am Ende dieses Kapitels werden die Grundideen von COM dargestellt.

Widmen wir uns wieder den Problemen unserer imaginären Firma. Man kann sich die Situation vorstellen, daß auf einigen Computern mehrere Anwendungen installiert sind und sogar gleichzeitig laufen. Einige solcher Anwendungen benötigen die Funktionalität des Entscheidungsalgorithmus. In den vorigen Projekten war diese Funktionalität entweder in einer EXE- oder in einer DLL-Datei verpackt. Wenn eine Funktionalität mit Hilfe einer Gruppe von Funktionen implementiert ist, nennen wir das zur Vereinfachung *Dienst.* (Obwohl der Begriff Dienst in Windows NT einen anderen Sinn hat.) Die Funktionalität des Entscheidungsalgorithmus (Entscheidungsdienst) haben wir mit Hilfe von drei Funktionen definiert. Der Client kennt die Einzelheiten der Implementation nicht. Wichtig ist, daß beide Partner (Client und Server) die Spezifikationen (Deklarationen) der Funktion befolgen sollten.

Alles läuft ziemlich gut solange die Anzahl der Arten der Clients, die eine Funktionalität eines Servers verwenden, nicht sehr groß ist. Mit einer großen Zahl von Clients taucht folgende Probleme auf.

Das erste Problem basiert auf der Tatsache, daß der Name der DLL und die Bindungsart im Quellcode der Anwendung fest kodiert sind.

Das zweite Problem ist mit der Stelle der DLL verbunden. Wenn die DLL im Windows- oder im Systemverzeichnis liegt, ist ein Namenskonflikt um so wahrscheinlicher, je besser ein Computer eingerichtet ist. Das Anlegen einer DLL in einem beliebigen Verzeichnis und das Einfügen dieses Verzeichnisses in die Systemvariable PATH macht die PATH-Zeile immer länger, unübersichtlich und bremst die Suche nach *allen* DLLs. Deswegen war es früher nicht selten, daß die gleiche DLL sich mehrmals in verschiedenen Verzeichnissen der Festplatte befand und zuviel Platz wegnahm.

Die Lösung dieses Problems basiert auf den Grundideen von COM.

Die erste Idee ist, Informationen über die Stellen der Server in einer Systemdatenbank mit schnellen Zugriffs- und Suchmöglichkeiten einzufügen. Das ist eine (und nicht die einzige) Aufgabe der Windows-Registrierdatenbank. In dieser Datenbank kann man zum Beispiel, für jeden Dienst eine Menge Einträge haben. Ein entsprechender Teil der Registrierdatenbank könnte so aussehen (in diesem und in den folgenden Beispielen benutze ich eine Metasprache für die Beschreibung der Einträge in der Registrierdatenbank, um nicht vorzeitig auf Einzelheiten einzugehen):

```
...
Dienstkategorien:
...
```

Entscheidungsalgorithmen für eine Aufgabenverteilung:

```
Somefirma1 JobAlloc
...
Somefirma2 Perfect Allocator
...
```

An anderen Stellen in der Registrierdatenbank kann man für jede Implementation (Variante) des Dienstes *Entscheidungsalgorithmen für Aufgabenverteilung* hinweisen, wo sich der entsprechende Server befindet und wie er heißt.

```
Somefirma1 JobAlloc = c:\Programme\JobAlloc\JobAlloc.dll

...

Somefirma2 Perfect_Allocator = c:\dienste\Prf_ Allocator\pa2.dll

...
```

Die Client-Anwendungen können einen Menüpunkt erhalten (normalerweise mit dem Namen *Optionen*), der die Auswahl der Server ermöglicht.

Eine schwache Stelle in diesem Konzept ist der Name des Dienstes. Diese Namen sollen bei der Installation eines neuen Servers eindeutig und gleich auf die ganze Firma definiert werden. Man kann sich sogar die Situation vorstellen, in der es besser wäre, einen eindeutigen Dienstnamen für die ganze Welt festzulegen. Die Beispiele dafür sind Rechtschreibdienste für verschiedene Sprachen oder der Kern der Entscheidungsalgorithmen, der auf einem abstrakten Fuzzy-Logik-Algorithmus basiert.

Eigentlich ist das ein reines Klassifikationsproblem. Dieses Problem ist schon längst im Buch- und Bibliothekenbereich bekannt. Mit gewissem Überspitzen kann man dieses Problem so formulieren: Wie muß man ein Buch kennzeichnen, um

1. bei der Suche nach Information alle „verwandten" Bücher finden zu können,
2. jedes Buch in der ganzen Welt eindeutig identifizieren zu können.

Gleiche Probleme tauchen bei dem Identifizieren von Waren auf. Eigentlich wäre es nicht schlecht, wenn für jedes Gerät bekannt wäre, wer es produziert hat. In einigen Bereichen wird das sogar verlangt. Bei der Verzollung soll jede Ware richtig klassifiziert werden.

Das erste Problem löst man mit Hilfe der zentralen Organisationen. Die Grenzen und die Nachteile dieser Auffassung sind längst bekannt.

Als praktische Lösung des zweiten Problems verwendet man in COM sog. GUIDs – 128-Bit-Werte, die abhängig vom Namen des Computers, auf dem der Server programmiert ist, und von der Zeit der Erzeugung den entsprechenden Dienst eindeutig identifizieren. (Im nächsten Kapitel lernen wir GUIDs näher kennen.)

Natürlich ist es nicht akzeptabel, wenn jeder Softwarehersteller für jeden allgemeinen Dienst eine eigene Kennung definiert. Deswegen hat Microsoft in diesem Bereich einen Standard für allgemeine Problembereiche.

Dank dieser Idee sehen die Einträge in der Registrierdatenbank so aus:

```
Dienstkategorien:
...
Entscheidungsalgorithmen für Aufgabenverteilung:
GUID1
...
GUIDn
...
```

wobei GUID1 – GUIDn die 128-Bit-Werte etwa wie {C1S34A67-7284-7234-77346608A1} sind.

```
.....
GUID1
Stelle  = c:\Programme\JobAlloc\JobAlloc.dll
...
GUIDn
Stelle = c:\dienste\Perfect Allocator\pa2.dll
```

Damit schlagen Windows und COM nicht nur die API für das Einfügen und Lesen von Einträgen aus der Registrierdatenbank, sondern auch die Funktionen für das Laden der Server.

Bis COM auf der Bühne erschienen ist, war es wirklich kompliziert, einen Dienst auf einem anderen Computer zu erreichen. Im Teil „DCOM" unseres Buches lernen Sie kennen, daß dies jetzt viel einfacher geworden ist.

Mit der Schnittstellenarchitektur bietet COM die Möglichkeit an, einen Server nicht nur innerhalb einer DLL, sondern auch innerhalb einer EXE-Datei zu implementieren.

Mit Hilfe des Marshaling-Mechanismus kann sich ein Prozeß eines Schnittstellenzeigers (die Definition dieses Begriffes finden Sie im nächsten Kapitel) aus einem Prozeß in einen anderen Prozeß auf dem gleichen oder einem anderen Computer übertragen.

COM sorgt auch dafür, daß der Prozeß nicht beendet wird, bis alle Schnittstellenzeiger auf einem Server in diesem Prozeß ausgelöst werden. COM erledigt das mit Hilfe der Anzahl der *Referenzen* auf jedem Server. Bei Anforderung jedes neuen Schnittstellenzeigers wird diese Anzahl vergrößert, und bei Auslösen der Verbindung zwischen dem Client und dem Server verkleinert. Wenn alle Referenzen auf allen Servern eines Prozesses ausgelöst sind, schließt COM diesen Prozeß automatisch.

Dank des Konzeptes des Schnittstellenzeigers als einzigen Zugriffsweg auf eine Objektinstanz können wir die Verwendung des Objektes innerhalb des gleichen Prozesses, in einem anderen Prozeß des gleichen Computers und auf einem entfernten Computer gleich programmieren. Diese schöne Eigenschaft von COM heißt *Ortstransparenz* oder *Ortsunabhängigkeit* (Location Transparency).

COM verlangt das Exportieren der einzelnen Funktionen nicht. Statt dessen empfiehlt COM, die Funktionen in logisch verbundene Gruppen zu packen. Eine Gruppe der Funktionen heißt *Schnittstelle*. Jede Schnittstelle hat eine eigene *Schnittstellenkennung* (IID, Interface Identifier).

Eine Schnittstelle ist in einer gewissen Weise ein Vertrag zwischen dem Server und dem Client.

Die Schnittstellen entstanden wegen drei Angelegenheiten:

1. Eine Firma bzw. ein Entwickler bereitet eine Komponente vor und bietet diese Komponente zur Verwendung in verschiedenen Anwendungen an. In den letzten Jahren wuchs der Markt solcher Komponenten drastisch an. Insbesondere betrifft das die Komponenten, die man vom Internet herunterladen kann.
2. Eine Firma formuliert ihren Bedarf als Schnittstellendefinition und sucht den Entwickler, der diese Spezifikation ausfüllen kann.
3. Eine große Firma (z.B. Microsoft) oder eine Organisation definiert eine Art des Softwareproduktes bzw. eine Softwaretechnologie durch ihre Schnittstellen.

Fall 3 ist besonders interessant. Betrachten wir zum Beispiel verbundene Dokumente als eine Gruppe von Schnittstellen. Diese Schnittstellen lassen fremde Objekte in ein Dokument einbinden oder verknüpfen. Wenn entsprechende Schnittstellen in Ihrer Komponente richtig implementiert sind, kann man Ihre Objekte in beliebige verbundene Dokumente einbinden oder verknüpfen. Und das ist nicht nur Microsoft Word oder Excel.

Sie können selbst auch eine Dokumenten-Container-Anwendung entwickeln, die fremde Objekte in Ihre Dokumente einbinden und verknüpfen kann.

Ich möchte gern an dieser Stelle feststellen, daß Sie genau verstehen, was ich meine. Die Schnittstellen können als Vertrag nicht nur für in einer Firma existierte oder geplante Anwendungen bzw. Komponenten geschrieben werden. Eine Schnittstelle kann auch als eine abstrakte Beschreibung eines Produktes entstehen. Nach der Veröffentlichung einer Schnittstelle können die Softwarefirmen völlig unabhängig voneinander die Spezifikationen implementieren. Ein Anwender kann dann die Komponenten getrennt kaufen und selbst ohne große Bemühungen installieren und zusammen verwenden.

Für die Beschreibung der Schnittstellen wurde eine Sprache *IDL* (*Interface Definition Language*) entwickelt. Wir lernen diese Sprache in einigen Projekten unseres Buches kennen.

Bei dem Anlegen einer Schnittstelle muß der Programmierer dieser Schnittstelle eine GUID-ähnliche Kennung zuweisen. Dafür gibt es in Visual C++ eine spezielle API und ein Werkzeug *GUIDGEN.EXE*. AppWizard und ClassWizard generieren GUID automatisch.

COM als Spezifikation setzt minimale Anforderungen an die Programmiersprache fest, auf die COM-Objekte implementieren sollen. In jeder Sprache hat die Implementation jedoch ihre Besonderheiten.

Was muß ein Entwickler unternehmen, wenn die Funktionalität einer Schnittstelle erweitert werden muß?

Eine einfache Ergänzung der Schnittstelle mit ein paar neuen Funktionen geht nicht, weil einmal auf diesem Computer die alte Version von DLL (Server) installiert werden kann. COM verbietet nach der Veröffentlichung einer Schnittstelle ihre Änderungen. Statt dessen muß der Entwickler für dieses Objekt eine neue Schnittstelle mit erweiterter Funktionalität implementieren.

Im vorigen und in diesem Kapitel haben wir wichtige Mechanismen (Aufruf einer Anwendung von einer anderen Anwendung, Nachrichtensendung und DLL-Programmierung) kennengelernt, die man als Vorgang von COM/ActiveX/DCOM-Technologien betrachten kann. Heute dienen diese Mechanismen in der COM/ActiveX/DCOM-Infrastruktur hinter den Kulissen.

Dabei wurden einige Probleme gezeigt, die im Rahmen der alten Auffassungen nicht gelöst werden können. Entsprechende Lösungen bietet COM/DCOM.

Die Tabelle 5.1 listet die Ideen von COM, die alte Probleme lösen.

Problem	Lösung
Unabhängige Entwicklung von Client und Server	Der Client und der Server sind zwei unabhängige Projekte. Beide Projekte könnten unabhängig erweitert, korrigiert, kompiliert und verbunden werden. Die einzige Bedienung ist dabei – die Schnittstellen müssen gehalten werden.
Abhängigkeit des Clients von der Stelle des Servers auf der Festplatte. Potentielle Möglichkeit, gleiche Funktionalität aus mehreren Quellen zu verwenden	Angebotene Funktionalität ist in der Registrierdatenbank mit einer Dienstkategorie gekennzeichnet. Mit jeder Dienstkategorie können mehrere GUIDs verknüpft werden. Jedes GUID bezeichnet einen Server, der diese Funktionalität anbietet. In der Registrierdatenbank ist jede GUID mit dem Verzeichnis auf der Festplatte bzw. Netz verknüpft, wo sich der entsprechende Server befindet.
Unverwechselbarkeit der Dienste und Server	Ein spezieller Algorithmus für die Generation der GUID garantiert Unverwechselbarkeit über die Zeit und den Raum.
Unifizieren des Lade- und Vernichtungsvorganges	COM übernimmt diese Aufgabe.
Gemeinsame Verwendung eines Dienstes in mehreren Prozessen, evtl. auf mehreren Computern	COM kümmert sich um die Liste der laufenden Objekte. Wenn ein Objekt geladen ist findet COM den Prozeß, der ihn enthält. COM unterstützt die Referenzenzahl auf jedem angelegten Objekt. Ein Prozeß wird nur dann schließen, wenn alle Referenzen auf ihn auf 0 festgesetzt sind.
Problem der Vernichtung eines Objektes, wenn andere Objekte seine Funktionalität verwenden	Siehe oben.

Problem	Lösung
Verschiedene Zugriffsmethodiken für Objekte im gleichen Prozeß, in einem anderem Prozeß auf dem gleichen Computer und auf einem anderen Computer	Das Konzept der Schnittstelle erlaubt nur eine einzige Zugriffsart zu Objekten in dem gleichen Prozeß, in einem anderen Prozeß auf dem gleichen Computer und auf einem anderen Computer.
Gleichzeitige Verwendung mehrerer Versionen eines Dienstes	Verschiedene Varianten eines Dienstes bzw. Erweiterungen eines Dienstes müssen mit Hilfe verschiedener Schnittstellen implementiert werden.

Tabelle 5.1: COM-Lösungen für Entwicklung der Componentware

Die Tabelle 5.1 gibt eine oberflächliche Beschreibung von COM. Im nächsten Kapitel des Buches finden wir genauer die Grundlagen von COM heraus. Weitere Teile des Buches vertiefen und erweitern diese Kenntnisse in verschiedenen Themenbereichen.

6 Grundlagen von COM

Im vorigen Kapitel haben wir die Grundideen von COM kennengelernt. In diesem Kapitel finden wir präzise heraus, wie ein COM-Objekt erstellt und installiert werden muß und wie ein COM-Objekt und COM in der Laufzeit funktionieren.

6.1 Identifikation

Die Entwicklung eines *COM-Objektes* bedeutet in der Tat das Erstellen einer *Objektart* oder einer *Objektklasse*. Jedes erzeugte Exemplar dieser Objektart heißt *Instanz*.

Die Spezifikation von COM verlangt, daß jede COM-Objektart eine unverwechselbare Kennung oder einen *Klassenidentifikator* (*CLSID*) hat. Nicht nur die Objektart (auch COM-Klasse genannt) selbst, sondern auch alle Schnittstellen, Typenbibliotheken und einige andere Dinge sollen eine eigene unverwechselbare Kennung haben.

Diese Kennungen sind in COM durch *GUIDs* (Globally Unique ID) verwirklicht. Eine GUID ist eine Struktur mit folgenden Feldern:

```
struct GUID
{
   DWORD Data1;
   WORD Data2;
   WORD Data3;
   BYTE Data4[8];
}
```

Diese Struktur benötigt 16 Bit (128 Bytes) und kann in verschiedenen Darstellungen erscheinen.

In Visual C++ erzeugt man die GUIDs mit Hilfe eines Algorithmus nach der Spezifikation von OSF DCE. (OSF ist eine Abkürzung für Open Software Foundation, ein nicht profitorientiertes Konsortium von diversen Herstellern von Hardware und Software. Das Konsortium entwickelt und fördert verschiedene Standards im Bereich Datenverarbeitung. DCE ist eine Abkürzung für Distributed Computing Environment, ein OSF-Standard für verteilte Anwendungen.)

Bei dem Erzeugen einer GUID benutzt man als Eingabeparameter die Rechner-ID bzw. Netzwerkname des Computers und die genaue Uhrzeit. Wenn der Computer in kein Netz eingeschlossen ist, wird mit Hilfe eines Algorithmus eine ID hergestellt, die höchstwahrscheinlich eindeutig ist und nicht mit Hilfe einer Netzwerkadresse hergestellt werden kann. Damit werden nach einem Zufallsalgoritmus einige zusätzliche Bits generiert. Das macht die Wiederholung bei Generation einer GUID beim Zurückstellen der Uhr auf dem gleichen Computer oder die gleichzeitige Generation der gleichen GUID auf zwei verschiedenen Computern mit der gleichen Namen unwahrscheinlich.

Für das Erzeugen einer GUID gibt es eine spezielle API-Funktion. Diese Funktion lernen wir im Teil DCOM unseres Buches kennen. Außerdem gibt es ein spezielles Werkzeug *GUIDGEN.EXE*, das wir im Laufe dieses Kapitels verwenden werden.

Man stellt GUID oft als eine Reihe aus 16 hexadezimalen Zahlen dar, zum Beispiel:

```
65B121F0-A13B-11d1-A259-00A0C941DD59
```

Eine andere Variante hat eine ähnliche Form wie die oben beschriebene Struktur:

```
0x65b121f0, 0xa13b, 0x11d1, 0xa2, 0x59, 0x0, 0xa0, 0xc9, 0x41, 0xdd, 0x59
```

Nach der Generation einer GUID haben einzelne Felder keine für den Programmierer wichtige Bedeutung. Die GUID muß immer als ein Ganzes betrachtet werden.

6.2 Registrierung

Um ein fertiges COM-Objekt (Objektart) für COM bekannt zu machen, müssen Sie diese Objektart anmelden (*registrieren*). Während des Registrierungssvorganges fügt man der Registrierdatenbank einige Daten hinzu.

Für EXE-Anwendungen mit implementierten COM-Objekten (*EXE Server*) ist es genug, diese Anwendung auf dem Computer einmal zu starten. Natürlich muß Ihr Server so programmiert werden, daß eine entsprechende API-Registrierungsfunktion aufgerufen wird. Wenn Sie Ihren Server mit Hilfe von MFC *AppWizard* erstellen, fügt er den Aufruf der Funktion *COleObjectFactory::RegisterAll()* in die Methode *InitInstance()* Ihrer Anwendungsklasse hinzu. Zum Beispiel, im Projekt *JobAllocCOMDLL*, das wir in diesem Teil mit Hilfe von *AppWizard* entwickeln werden, sieht die Methode *InitInstance()* der Anwendungsklasse so aus:

```
BOOL CJobAllocCOMDLLApp::InitInstance()
{
   // Register all OLE server (factories) as running. This enables the
   // OLE libraries to create objects from other applications.

   COleObjectFactory::RegisterAll();

...
   return TRUE;
}
```

Um die Installation des Servers auf dem Computer zu erleichtern, ohne ihn weiter laufen zu lassen, kann man bei der Programmierung des EXE-Servers einen speziellen Schlüssel in der Befehlzeile vorgesehen. Die Verwendung solcher Schlüssel läßt den Lauf (Initialisierung) der Anwendung sofort nach dem Aufruf der Methode *RegisterAll()* unterbrechen. In anderen Fällen läuft die Ausführung der Anwendung weiter.

Für den DLL-Server verwendet man normalerweise die Anwendung *RegSrv32.exe*, die mit Visual C++ und den anderen Werkzeugen mitgeliefert ist. Der einfache Aufruf der Anwendung *RegSvr32* mit einem Argument als Name einer DLL initiiert den Registrierungsvorgang für alle in dieser DLL definierten COM-Objekte.

Der Aufruf der Anwendung mit dem Namen einer DLL und dem Schlüssel /U dient dem Löschen der Daten über die Objekte dieser DLL aus der Registrierdatenbank. Normalerweise endet jede Registrierung mit einer Meldung über den Erfolg dieser Aktion. Das ist aber nicht erwünscht, wenn man die Registrierung einer oder mehrerer DLLs während eines Installationsvorgangs macht. Um das Erscheinen von Meldungen zu vermeiden, verwendet man den Schlüssel /S.

Die Ergebnisse der Registrierung eines COM-Objektes findet man in der Registrierdatenbank unter dem Schlüssel *HKEY_CLASSES_ROOT*.

Man kann sich den Aufbau der Registrierdatenbank als Baum (Baumstruktur) vorstellen. Diese Struktur kann man als einen Baum von verschachtelten Ordnern darstellen. Genau so stellt der *Registriereditor Regedit.exe* die registrierten Daten dar. Für die Klasse vom Projekt *JobAllocCOMDLL* finden Sie z. B. in der Registrierdatenbank folgende Daten (Abbildung 6.1). In diesem Fall zeigt der Regestrierungseditor, daß sich die Daten im Ordner *HKEY_CLASSES_ROOT\\CLSID\\(65b121F0-a13b-11D1-A259-00a0c941DD59)* befinden. Dieser Ordner enthält zwei Unterordner. Im Unterordner *ProgID* finden wir externe Namen der Klasse „Job Allocator". (Im zweiten Ordner *InProcServer32*, der auf Abbildung 6.1 als geschlossen dargestellt ist, befindet sich die Information über die Position der Datei auf der Festplatte).

Abbildung 6.1: Daten in der Registrierdatenbank über einer Objektart

6.3 Initialisierung und Deinitialisierung von COM

Nach erfolgreicher Registrierung ist Ihr Objekt für COM zugänglich. Die Registrierung eines Objektes kann in dieser Weise mit dem Anmelden eines neuen Telefonbenutzers im Telefonnetz verglichen werden. Wenn ein Client die Funktionalität eines COM-Objektes benutzen will, muß er COM zuerst initialisieren. Infolge unserer Analogie mit dem Telefonnetz spielt die Initialisierung von COM die gleiche Rolle wie das Aufnehmen eines Telefonhörers.

In Visual C++ stellt COM drei Initialisierungsfunktionen zur Verfügung:

```
HRESULT CoInitialize(LPVOID pvReserverd);

HRESULT CoInitalizeEx(void* pvReserved, DWORD dwCoInit);

WINOLEAPI OleInitialize(LPVOID pvReserved);
```

Das Präfix vor den Namen der Funktionen zeigt, welche Schicht von COM/OLE initiiert wird.

Die Funktionen mit dem Präfix Co initialisieren COM. Eine der beiden Funktionen muß unbedingt aufgerufen werden, wenn Sie COM-Funktionalität in Ihres Programm verwenden wollen.

Die Funktion mit dem Präfix Ole initialisiert die OLE-Schicht. Das könnten, zum Beispiel, verbundene Dokumente oder die OLE-Fähigkeit Ziehen und Ablegen (drag & drop) einer Anwendung sein. Die OLE-Schicht ist die oberste Ebene, deswegen ruft die Funktion *OleInitialize* die Funktion *CoInitialize()* intern auf.

In allen drei Funktionen muß der erste Parameter auf NULL gesetzt werden. Dieser Parameter verbleibt wegen der Kompatibilität mit dem 16-Bit OLE 2.0, wo man den eigenen Speicher-Allocator festlegen kann. In der 32-Bit-Version kümmert sich COM allein um dieses Problem.

Der zweite Parameter der Funktion *CoInitalizeEx()* legt fest, welches Threading Model verwendet werden muß. Das Thema Threading Model wird noch in diesem Buch besprochen. Auf diese Stelle möchte ich nur erwähnen, daß das bevorzugte Threading Model in 32-Bit-COM das Apartmentmodel ist. Die Funktion *CoInitialize()* ruft intern die Funktion *CoInitializeEx()* mit dem zweiten Parameter COINIT_APARTMENT-THREADED auf. Wie oben erwähnt, ruft die Funktion *OleInitialize()* intern die Funktion *CoInitialize()* auf. Weil die letzte Funktion ihrerseits die Funktion *CoInitializeEx()* mit dem Parameter COINIT_APARTMENTTHREADED aufruft, können wir leicht feststellen, daß das in OLE bevorzugte Threading Model auch das Apartmentmodel ist.

Vor dem Schließen der Anwendung müssen Sie sich von COM verabschieden. Das macht man mit Hilfe der Funktion *CoUnitialize()* (wenn Sie COM mit der Funktion *CoInitialize()* oder *CoInitializeEx()* initialisiert haben) oder mit der Funktion *OleUniinitialize()* (in dem Fall der Initialisierung mit *OleInitialize()*).

6.4 Anlegen eines COM-Objektes

Wenn COM initialisiert ist, können Sie mit seiner Hilfe neue Objekte anlegen und ihre Funktionalität benutzen. Das Anlegen eines neuen COM-Objektes ist keine triviale Aufgabe, weil COM unabhängig von Programmiersprachen ist. Der Vorgang für das Erzeugen eines Objektes in einer Programmiersprache kann mit den Richtlinien einer anderen Sprache nicht übereinstimmen. Drei gute Beispiele dafür sind C, C++ und Visual Basic.

COM folgt einer Strategie für das Erzeugen neuer Objekte, die keiner Metapher einer „COM-fähigen" Programmiersprache widerspricht. Diese Strategie basiert auf der Idee der Schnittstellen.

Für das bessere Verständnis werden wir zwei Kategorien von COM-Objektarten unterscheiden.

Die erste Art enthält COM-Objekte, die mit Ihrer *ProgID* (siehe die Abbildung 6.1) in die Registrierdatenbank eingetragen sind. In einer ausführbaren Datei (DLL oder EXE) können mehrere solcher Objekte implementiert werden. Jedes dieser COM-Objekte kann mit Hilfe einer Klassenfabrik angelegt werden.

Die zweite Kategorie der COM-Objekte enthält Objekte, die andere (schon angelegte) COM-Objekte erzeugen.

Eine *Klassenfabrik* ist ein COM-Objekt, das die Schnittstelle *IClassFactory* bzw. *IClassFactory2* zur Verfügung stellt. Diese Schnittstelle ermittelt der COM-Client nicht mit Hilfe der Funktion *QueryInterface()*, sondern mit Hilfe einer der fünf Funktionen, die wir ferner in diesem Abschnitt kennenlernen werden.

Um eine Schnittstelle zur Verfügung zu stellen, sollte das Objekt selbst schon existieren. Wie geschieht das?

Um ein COM-Objekt überhaupt für andere Objekte zugänglich zu machen, müssen Sie dieses Objekt innerhalb einer ausführbaren Datei (EXE, DLL oder OCX) implementieren. In diese Datei muß auch eine Klassenfabrik implementiert werden. Die Klassenfabrik muß bei dem Start (Anlegen im Arbeitsspeicher) der ausführbaren Datei aufgerufen werden. Außerdem muß die Klassenfabrik entsprechende COM-Objekte „kennen" und erzeugen können. Die ausführbaren Dateien mit implementierten COM-Objekten und den Klassenfabriken bezeichnen wir in unserem Buch als *COM-Server*. Die Anwendungen, die Funktionalität der COM-Objekte aus einem COM-Server verwenden, nennen wir *Client*.

Um ein Objekt mit Hilfe einer Klassenfabrik zu erzeugen, muß der Client eine der fünf aufgelisteten fernen Funktionen aufrufen:

```
STDAPI CoCreateInstance(REFCLSID rclsid, IUnknown * punkOuter, DWORD
dwClsCtx, REFIID riid, LPVOID ppvObject);
```

```
HRESULT CoCreateInstanceEx(REFCLSID rclsid, IUnknown* ppunkOuter,
DWORD dwClsCtx, COSERVERINFO* pServerInfo, ULONG cmq, MULTI_QI);
```

```
STDAPI CoGetClassObject (REFCLSID rclsid, DWORD dwClsCtx, COSERVERINFO*
pServerInfo REFIID riid, LPVOID ppvObject);
```

```
HRESULT CoGetInstanceFromFile( COSERVERINFO * pServerInfo, CLSID*
pclsid, Iunknown * punkOuter, DWORD dwClsCtx, OLECHAR* szName, ULONG
cmq MULTI_QI* rgmqResults);
```

```
HRESULT CoGetInstanceFromIStorage( COSERVERINFO * pServerInfo, CLSID *
pclsid, Iunknown * punkOuter, DWORD dwClsCtx, Istorage * pstg, ULONG
cmq, MULTI_QI * MULTI_QI structures);
```

6.5 Funktion CoCreateInstance()

Die Funktion *CoCreateInstance()* erzeugt eine Klassenfabrik mit der Kennung *rclsid*, fragt die Schnittstelle *riid* ab und vernichtet schließlich die Klassenfabrik. Wenn Sie nur eine Instanz Ihres Objektes erzeugen wollen, ist diese Funktion die beste Wahl. Für das Erzeugen mehrerer Objekte gleicher Art müssen Sie die unten beschriebene Funktion *CoGetClassObject()* anwenden.

Der Parameter *punkOuter* ist für die Situation vorgesehen, wenn das Objekt als Teil eines anderen Objektes im Rahmen eines Aggregationvorganges angelegt ist. In diesem Fall verweist der Zeiger *punkOuter* auf das Elternobjekt. So kann das erzeugte Objekt die Information über das Elternobjekt übernehmen und mit Hilfe von *IUnknown* seine Schnittstellen ermitteln.

Wenn Sie ein Objekt nicht im Aggregationsvorgang erzeugen, muß der Parameter *punkOuter* auf NULL gesetzt werden.

Der Parameter *dwClsCtx* kann einen der folgenden Werte annehmen:

CLSCTX_INPROC_SERVER

CLSCTX_LOCAL_SERVER

CLSCTX_REMOTE_SERVER

CLSCTX_INPROC_HANDLER

Dieser Parameter legt die Art des Servers fest. Ein In-Prozeß-Server ist immer mit einer DLL- oder OCX-Datei verbunden. Ein *lokaler Server* ist mit einer EXE-Datei oder mit einer DLL-Datei verbunden, die in einen sog. *Surrogat-Prozeß* geladen ist. Ein Remote-Server ist ein Server, der auf einem Ferncomputer (remote computer) läuft. Das kann entweder eine EXE-Datei oder eine in einem Surrogat-Prozeß geladene DLL-Datei sein. Ein In-Prozeß Handler ist eine DLL, die man für *benutzerdefinierte Marshaling* verwendet.

Kombinationen aus obigen Werten sind auch möglich.

COM benutzt den Parameter *dwClsCtx*, um festzustellen, aus welchem Eintrag in der Registrierdatenbank die Information über das Objekt gelesen werden muß. Die Zuordnung der Werte und Schlüssel ist in Tabelle 6.1 zu sehen.

Wert von Parameter *dwClsCtx*	**Ordner**	**Schlüssel**	**Wert der Schlüssel**
CLSCTX_INPROC_HANDLER	CLSID\{Objekt CLSID}\	InprocHandler32	Path zur DLL
CLSCTX_INPROC_SERVER	CLSID\{Objekt CLSID}\	InprocServer32	Path zur DLL
CLSCTX_LOCAL_SERVER	CLSID\{Objekt CLSID}\	LocalHandler32	Path zur EXE
CLSCTX_LOCAL_SERVER	AppID\{Objekt CLSID}\	LocalServer32	Name von Service
CLSCTX_REMOTE_SERVER	AppID\{Objekt CLSID}\	RemoteServer-Name	Name von Computer

Tabelle 6.1: Zuordnung von Registereinträgen und Arten der Server

COM sucht die Informationen abhängig von den Werten des Parameters *dwClsCtx* in der Reihenfolge von oben nach unten in Tabelle 6.1. Diese Regel gilt auch, wenn eine Kombination aus den Werten aus der linken Spalte der Tabelle 6.1 als Parameter *dwClsCtx* festgesetzt ist.

Die COM-Objekte in NT-Diensten haben eine Besonderheit. Ein Objekt kann innerhalb eines NT-Dienstes und/oder lokalen Servers laufen. Ein NT-Dienst läuft auf einem lokalen Computer als Prozeß, unabhängig von dem angemeldeten Benutzer. COM prüft zuerst, ob der Dienst läuft. In dem Fall des Mißerfolgs wird der COM-Server als lokaler Server gestartet. Deswegen enthält die Tabelle 6.1 zwei Zeilen mit CLSCTX_LOCAL_SERVER in der linken Spalte.

6.6 Funktion CoCreateInstanceEx()

Die Funktion *CoCreateInstanceEx()* dient dem Anlegen von einem oder mehreren Objekten auf einem Ferncomputer. Das ist eine Erweiterung der Funktion *CoCreateInstance()*. In vielen Fällen benötigen wir von einem COM-Objekt nicht eine, sondern mehrere Schnittstellen. Diese Schnittstellen können wir mit Hilfe einer Reihenfolge der Abfragen ermitteln. Weil ein Aufruf auf einem Ferncomputer mehr Zeit braucht, lohnt es sich, die Abfragen der Schnittstellen zusammenzupacken. Der Parameter *ppunkOuter* verweist deswegen auf ein Feld (Array) mit abgefragten Schnittstellen. Der Parameter *rgmqResults* enthält eine Liste gefundener Schnittstellen. Der Parameter *cmq* legt die Anzahl der gesuchten Schnittstellen fest.

Der Parameter *pServerInfo* definiert, ob auf dem Ferncomputer das COM-Objekt gesucht und erzeugt werden muß. Um diese Funktion zum Erzeugen eines lokalen Objektes zu zwingen, muß der Parameter *pServerInfo* auf *NULL* gesetzt werden.

6.7 Funktion CoGetClassObject()

Die Funktion *CoGetClassObject()* erzeugt eine Klassenfabrik, die für das Anlegen eines Objektes mit der Kennung *rclsid* zuständig ist. Mit dem Parameter *ppvObject* liefert die Funktion den Schnittstellenzeiger auf die Schnittstelle *riid* der erzeugten Klassenfabrik zurück. Der Parameter *riid* kann entweder auf die Schnittstelle *IClassFactory* oder die Schnittstelle *ICLassFactory2* verweisen. Das Objekt selbst wird damit nicht angelegt.

Die Funktion *CoGetClassObject()* ist für das serielle Anlegen von Objekten der gleichen Art vorgesehen. Festgelegte mit Hilfe dieser Funktion Zeiger (Rückwert des Parameters) *ppvObject* können Sie beim Aufruf der Methode *IClassFactory::CreateInstance* anwenden. (Diese Methode ist weiter unten beschrieben).

Die Funktion *CoGetClassObject()* funktioniert folgendermaßen. COM sucht zuerst in der Registrierdatenbank die Information über das Objekt mit der Kennung *rclsid*. Wenn das gesuchte Objekt ein In-Prozeß-Server ist, lädt COM die entsprechende DLL in den Speicherraum des Clients. In anderen Fällen ermittelt COM, ob der entsprechende COM-Server schon läuft. Ist das nicht den Fall, versucht COM den Server zu starten. Dann fragt COM die Klassenfabrik-Schnittstelle und legt den Wert des Parameters *ppvObject* fest.

Wie oben erwähnt, können Sie mit Hilfe des Schnittstellenzeigers einer Klassenfabrik die Objekte mit Hilfe der Methode

```
HRESULT ICLassFactory::CreateInstance(IUnknown* pUnOuter, REFIID riid,
void** ppvObject);
```

erzeugen.

Die Methode *ICLassFactory::CreateInstance()* hat die Parameter *pUnOuter* und *riid*, die uns von der Funktion *CoCreateInstance()* bekannt sind. Der Parameter *ppvObjec*t ist ein Zeiger auf die Schnittstelle des erzeugten Objekts. Sie können mit diesem Zeiger so umgehen, wir mit einem Zeiger aus dem eigenen Speicherraum (Speicherraum des eigenen Prozesses). Das erzeugte Objekt kann damit auf einem anderen Prozeßraum oder sogar auf einem Fremdcomputer liegen. Ein solche Verfahren wird durch die Hintergrundarbeit von COM möglich.

6.8 Andere Erzeugen-Vorgänge

Zwei andere oben aufgelistete Erzeugen-Funktionen: *CoGetInstanceFromFile()* und *CoGetInstanceFromIStorage()* dienen dem Anlegen gespeicherte in einer Datei oder in einem verbundenen Dokument Objekten.

Die COM-Objekte können andere COM-Objekte direkt erzeugen (als Rückwert beim Aufruf einer Methode).

6.9 Wieviel Objekte sollten in einem Objekt-Server enthalten sein?

Eine Antwort auf diese Frage lautet – nicht unbedingt ein Objekt pro Datei. Eine präzisere Entscheidung hängt von folgenden Faktoren ab:

- Wie groß ist die ausführbare Datei?
- Ist die Datei für die Verteilung via Internet vorgesehen?
- Sind die COM-Objekte dieser Datei logisch miteinander verknüpft?
- Welcher Art (DLL, OCX oder EXE) ist diese Datei?

Wenn zwei COM-Objekte logisch miteinander verknüpft sind und mit einer gewissen Wahrscheinlichkeit dem Erzeugen eines Objektes das Erzeugen eines anderen Objektes folgt, können wir die Ladevorgänge sparen. Andererseits, wenn einen Objekt in geladenen in Arbeitsspeicher Datei nicht angefordert bleibt, halten wir mit unserer Entscheidung die Ballaste im Arbeitsspeicher.

In den weiteren vier Abschnitten dieses Kapitels beschäftigen wir uns mit den Arten von COM-Servern.

6.10 In-Prozeß-Server

Der In-Prozeß-Server befindet sich im Speicherraum des Client-Prozesses. Deswegen muß ein In-Prozeß-Server innerhalb einer DLL oder OCX-Datei implementiert werden. Nach dem Laden der DLL im Client-Speicherraum gibt es keinen Unterschied für die Adressierung zwischen dem Client-Code und dem DLL-Code.

Ein Nachteil des In-Prozeß besteht in der Gefahr, daß der Client wegen eines falschen Verfahrens im Server beschädigt werden kann.

6.10.1 Aufruf eines In-Prozeß-Servers (DLL-Server)

In diesem Abschnitt erforschen wir die Reihenfolge der Aktionen, mit denen ein Client einen In-Prozeß (DLL) Server anlegen kann.

Die Erläuterung einzelner Schritte in dieser Reihenfolge finden Sie nach dem Listing 6.1. Als Muster verwenden wir einen Ausschnitt aus dem Quellcode des Projektes *TaskManagerCOM*, das wir im nächsten Kapitel entwickeln.

```
CLSID clsid;
LPCLASSFACTORY pClf;
LPUNKNOWN pUnk;
HRESULT hr;
if((hr = ::CLSIDFromProgID(L"Job Allocator", &clsid)!= NOERROR))
{
   TRACE("Fehler bei CLSIDFromProgID\n");
   return;
}

hr = ::CoGetClassObject(clsid, CLSCTX_INPROC_SERVER,
   NULL, IID_IClassFactory, (void**)&pClf);
if(hr != NOERROR)
{
   TRACE("Fehler bei CoGetClassObject\n");
}
pClf->CreateInstance(NULL, IID_IUnknown, (void**)&pUnk);
pUnk->QueryInterface(IID_IJobAlloc, (void**)&m_pJobAlloc);
ASSERT(m_pJobAlloc);
pClf->Release();
pUnk->Release();
```

Listing 6.1: Der Aufruf In-Prozeß

Am Anfang sind die Variablen der Typen *CLSID, LPCLASSFACTORY, LPUNKNOWN* und *HRESULT* definiert. Diese Arten der Variablen sind mit Hilfe von *typedef*-Anweisungen in Systemkopfdateien, z.B. in *WTYPES.H* im Verzeichnis *DevStudio\VC\include*, deklariert. Die Begriffe *CLSID*, Klassenfabrik und die Schnittstelle *IUnknown* sind uns schon bekannt. Den Typ *HRESULT* erforschen wir im Abschnitt „Technische Details" weiter unten in diesem Kapitel. Die COM-Funktionen und Methoden liefern mit Hilfe dieses Typs die Information über Erfolg bzw. Mißerfolg einer Operation zurück.

Beim Erstellen einer neuen COM-Objektart (COM-Klasse) bezeichnet der Entwickler diese Klasse mit einem CLSID (für COM- und andere Programmobjekte) und mit einem *lesbaren Namen* (*ProgID*) für sich und für andere Entwickler bzw. Anwender. Das macht man im Visual C++-Quellcode mit Hilfe einer Makroanweisung, etwa:

```
IMPLEMENT_OLECREATE(CJobAllocator, "Job Allocator", 0x65b121f0,
0xa13b, 0x11d1, 0xa2, 0x59, 0x0, 0xa0, 0xc9, 0x41, 0xdd, 0x59);
```

Der Aufruf des Makros *IMPLEMENT_OLECREATE* befindet sich im Quellcode des Servers. Nach dem Aufruf des Makros wird das COM-Objekt mit seiner *ProgID* in der Registrierdatenbank registriert.

Als ersten Schritt (siehe Quellcode von Listing 6.1) ruft der Client die API-Funktion *::CLSIDFromProgID()* auf. Als ersten Parameter geben wir damit den lesbaren Namen des COM-Objektes ein. Mit dem zweiten Parameter wird die CLSID des Objektes zurückgegeben. Als Rückwert liefert die Funktion *HRESULT* den Wert *hr*. Der Wert *NOERROR* bedeutet den Erfolg der Operation.

Diesen Schritt kann man auslassen, wenn man die CLSID schon kennt.

Wie bei allen anderen Schritten im Quellcode von Listing 6.1 setzen wir einen Erfolg der Operation voraus. Die Analyse der Ursache von Mißerfolgen ist manchmal eine sehr komplizierte Aufgabe.

Weite ruft man die Funktion

```
hr = ::CoGetClassObject(clsid, CLSCTX_INPROC_SERVER, NULL,
IID_IClassFactory, (void**)&pClf);
```

mit dem ersten Parameter *clsid*, den wir im vorigen Schritt ermittelt haben, auf. Die Funktion *::CoGetClassObject()* haben wir oben diskutiert.

Wir sehen, daß COM einen Schnittstellenzeiger auf die Schnittstelle *IClassFactory* (Kennung *IID_ClassFactory*) folgendermaßen sucht:

- in einem IN-Prozeß-Server (der zweite Parameter hat den Wert *CLSCTX_INPROC_SERVER*)
- auf dem gleichen Computer wie der Client (der dritte Parameter ist auf NULL festgelegt)

Was wir damit ermitteln, zeigt uns die Abbildung 6.2.

Abbildung 6.2: Die Registrierdatenbank enthält die Information über die Position der DLL für das gesuchte COM-Objekt

Nach der erfolgreichen Suche versucht COM, die DLL mit dem Objekt im Prozeßraum zu laden.

Bei dem nächsten Schritt wird eine Klassenfabrik angelegt und ihr Schnittstellenzeiger zurückgeliefert. Wie geht COM dabei vor?

COM setzt voraus, daß jede COM-DLL den Eintrittspunkt (Funktion) *DLLGetClassObject()* exportiert. Diese Funktion muß nicht nur vorhanden sein, sondern auch das Anlegen einer Klassenfabrik implementieren. Sie liefert den Schnittstellenzeiger auf die Schnittstelle *IClassFactory* in COM zurück. COM liefert diesen Zeiger in den Client weiter.

Weil die DLL im Speicherraum des Client-Prozesses geladen wird, benötigen der Client und der Server für ihre Kommunikation keine direkte Vermittlung von COM. Alle Zeiger sind gültig und direkt anwendbar.

An dieser Stelle haben Sie vielleicht folgende Frage: Warum kann man das Objekt nicht einfach mit Hilfe eines Konstruktors erzeugen? Die schnelle Antwort lautet folgendermaßen: Weil der Client und der Server nicht unbedingt in C++ geschrieben sind. Es gibt noch andere Argumente.

Auf den weiteren Zeilen von Listing 6.1 ermittelt der Client mit Hilfe des Zeigers *pClf* auf der Klassenfabrik den Schnittstellenzeiger der Schnittstelle *IUnknown*. Das macht man in unserem Fall mit Hilfe der Methode *IClassFactory:: CreateInstance()*. Diese Funktion haben wir oben auch kennengelernt.

Danach ermitteln wir einen Zeiger auf eine Schnittstelle *IID_IJobAlloc*. Diese Schnittstellenzeiger speichern wir in einer Klassenvariable.

Nach der Ermittlung der Schnittstelle *IID_IJobAlloc* ruft man die Methode *Release()* für nicht mehr nützliche Schnittstellen auf:

```
pClf->Release();
pUnk->Release();
```

Andere Besonderheiten der Implementierung eines In-Prozeß- (DLL) Servers betrachten wir im Projekt *JobAllocCOMDLL*.

6.11 Lokaler Server

Ein lokaler Server (local server) muß als eine EXE-Datei implementiert werden. Der Vorteil einer solchen Lösung besteht aus den getrennten Speicherräumen von Client- und Serverprozessen. Deswegen kann der lokale Server Objekte im Speicherraum des Client nicht beschädigen. Ein Nachteil dieser Sicherheit ist die relativ lange Zeit, die ein Aufruf einer Funktion aus einem lokalen Server benötigt.

Wie schon oben erwähnt (Tabelle 6.1), muß ein lokaler Server anders als ein In-Prozeß-Server registriert werden, nämlich mit dem Schlüssel LocalServer32. Ein Eintrag in der Registrierdatenbank sieht für ihn ungefähr so aus:

```
HKEY_CLASSES_ROOT\{Objekt CLSID}\LocalServer32 = "c:\vcpp\test\Test-
Server.exe"
```

Wenn ein Client ein Objekt aus dem lokalen Server anlegen will, ermittelt COM zuerst, ob der Server schon aktiv ist (sich im Arbeitsspeicher des Computers befindet). Ist das nicht der Fall, startet COM den Server.

Den Aufruf einer Funktion in einem fremden Prozeß ermöglicht COM mit Hilfe eines Vorgangs, der *Marshaling* heißt. Unter Marshaling versteht man „Weiterleitung von Funktionsaufrufen". Wie Marshaling funktioniert, finden wir im Teil „DCOM" unseres Buches heraus.

6.12 Remote Server und In-Prozeß Handler

Marshaling läßt die Funktionsaufrufe über die Grenze der Computer weiterleiten. Wie es funktioniert, erforschen wir im Teil „DCOM" unseres Buches. Wichtig ist jetzt aber zu wissen, daß der richtig programmierte COM-Server „reif" für einen solchen Übergang ist. Eine Schwierigkeit besteht jedoch im Umgang mit den Sicherheitsmechanismen, die auf dem Ferncomputer anders festgelegt werden können.

6.13 Technische Details

In diesem Abschnitt lernen wir noch einige technische Details kennen, die für die Programmierung von COM/ActiveX/DCOM-Anwendungen nötig sind. Danach können wir mit unserem ersten COM-Projekt anfangen.

6.13.1 HRESULT-Werte

Eine Besonderheit der Programmierung von COM/ActiveX/DCOM-Anwendungen heißt *„Statuswerte"* bzw. *„Fehlercode"*.

HRESULT ist eine Abkürzung für *handle to result*. Ein *HRESULT*-Wert ist eine 32-Bit-Reihenfolge, die sich in 3 Unterbereiche gliedert: Statuscode selbst, Severity-Code (Erfolg oder Mißerfolg), Facility-Code (Fehlerbeschreibung).

Die Analyse der HRESULT-Werte ist ziemlich aufwendig, aber bei sauberer Programmierung nötig.

In vielen Fällen ist es aber genug zu wissen, daß der Code *S_OK* bzw. *NOERROR* Erfolg der Operation bedeutet. COM stellt eine Menge Hilfsfunktionen und Makros zur Verfügung, die bei dem Ein- und Auspacken der HRESULT-Werten helfen. Wichtig dafür sind die Makros *SUCCEEDED* und *FAILED*, die den Erfolg bzw. Mißerfolg einer Operation aus einem HRESULT-Wert feststellen können.

Das Makro MAKE_HRESULT packt einen benutzerdefinierten Wert in HRESULT ein.

Als Vorgänger von HRESULT wurde in früheren Versionen ein SCODE- (Fehler-Handler-Code) Wert verwendet. Seit die 32-Bit-Version COM/OLE auf den Markt gekommen ist, ist SCODE in HRESULT-Werten gespeichert. Zur Zeit verwendet man beide Begriffe synonym.

6.13.2 UNICODE

Ein besonderes Problem in der Kommunikation der Komponenten, die in verschiedenen Programmiersprachen geschrieben sind und auf verschiedenen Computern (und sogar verschiedenen Plattformarten) laufen, heißt Zeichensatz. Aus historischen Gründen wurden auf alten Plattformen 8-Bit-Zeichensätze (PC oder ANSI) verwendet. Ein ANSI-Zeichensatz umfaßt zum Beispiel englische und einige andere Buchstaben, Ziffern, Symbole und Steuerzeichen. Jedes Symbol in einem Zeichensatz hat eine Nummer. Für Arbeit mit den menschlichen Sprachen, die ein 8-Bit-Zeichensatz nicht abdeckt, verwendet man verschiedene Einstellungen, zum Beispiel speichert das Kennzeichen der Sprache in einem Feld. Wenn dieses Feld im Kodieren des Textes betroffen ist, interpretiert das Programm folgende weiter Symbole als zum Beispiel kyrillische.

Diese Auffassung ist nicht allgemein und bringt verschiedene Schwierigkeiten beim Versuch, die gemischten Texte (Texte, die Sätze bzw. Worte auf verschiedene Sprachen enthalten) via Email oder zwischen verschiedenen Anwendungen zu übertragen.

Seit 1981 hat das UNICODE-Konsortium versucht, einen universalen, für alle Sprachen der Welt passenden Zeichensatz zu entwickeln. Im Jahr 1991 wurde ein entsprechender Standard bekanntgegeben. Dieser Standard stellt die Symbole als 16-Bit-Zeichen dar. Es wurden bereits etwa 39000 der möglichen 65536 Codes unter verschiedenen Sprachen verteilt. Darunter wurden ca. 21000 mit chinesischen Zeichnen abgedeckt.

Windows NT und die 32-Bit-Version von COM basieren grundsätzlich auf dem UNICODE-Zeichensatz. Diese Regel ist auch für die API-Funktionen gültig, die als Eingabeparameter oder Rückwerte die ANSI-Zeichenreihenfolge verwenden. Unter der Haube konvertiert COM alle Zeichen in die UNICODE-Darstellung.

Die MFC-Klasse *CString* ist für die Arbeit mit dem UNICODE-Zeichensatz schon angepaßt. Sie können die Sätze und Texte unproblematisch und bequem in beide Richtungen (von CString nach UNICODE und umgekehrt) konvertieren.

7 COM und MFC

MFC erleichtert drastisch die Programmierung von COM-Objekten mit Hilfe seiner Basisfunktionalität und mehrerer nützlicher Makros.

MFC implementiert COM-Schnittstellen mit Hilfe von *geschachtelten Klassen*. Erforschen wir geschachtelte Klassen mit der Aufgabenverteilung von vorigen Projekten.

Wir entwickeln in diesem Kapitel zwei Projekte *JobAllocCOMDLL* und *TaskManager-COM*. Beide Projekte implementieren eine auf COM basierende Lösung.

Der Entscheidungsalgorithmus wird im Projekt *JobAllocCOM* als ein In-Prozeß(DLL)-Server implementiert. Dieser Server enthält ein COM-Objekt, das zwei Schnittstellen anbietet. Die erste Schnittstelle heißt *IJobAlloc* und enthält drei uns bekannte Funktionen:

1. Neue Aufgabe
2. Pause
3. Aufgabe ist erledigt

Die zweite Schnittstelle heißt *IJobInfo* und enthält eine Funktion, die in textueller Form die Informationen über die Aufgabe liefert.

Für C++-Anwendungen kann man die Schnittstelle in einer Kopfdatei folgendermaßen deklarieren:

```
struct IJobAlloc : public IUnknown
{
public:
   STDMETHOD_(int&, NewJob)(BSTR bstrUserName) = 0;
   STDMETHOD_(int&, Pause)(int nJob, BSTR bstrReason) = 0;
   STDMETHOD (JobOk)(int nJob) = 0;
};
struct IJobInfo : public IUnknown
{
public:
   STDMETHOD_(BSTR&, GetInfo)(int nJob) = 0;
};
```

Ich habe im Quellcode oben die Schnittstellen als Strukturen und nicht als Klassen deklariert, um Ihnen zu zeigen, daß ein Client, der diese Deklaration via Kopfdatei übernimmt, nicht unbedingt auf C++, sondern auch auf C implementiert werden kann. Wenn Sie sicher sind, daß ein Client auf C++ implementiert wird, können Sie die Anweisung wie

```
 class IJobAlloc : public IUnknown
{
```

anwenden.

Wenn Ihr Client nicht auf C oder C++ implementiert werden muß, benötigen Sie für ihn keine Kopfdatei mit der Deklaration der Schnittstellen. Ich möchte aber anmerken, daß man die reine „Iunknown-Lösung" in diesem Fall sehr selten verwendet.

Das Makro *STDMETHOD_* deklariert u.a. die richtige Aufrufskonvention (für Win32 ist das *stdcal*). Der Typ des zurückgegebenen Parameters ist in der ersten Klammer links definiert. Der Name der Funktion steht in der ersten Klammer rechts. In der zweiten Klammer stehen Paare, die die Argumente der Funktion beschreiben.

Merken Sie sich, daß die Funktionen als rein virtuelle Funktionen definiert sind (die Anweisung = 0 am Ende der Deklaration jeder Funktion).

Wie kann man zwei verschiedene Schnittstellen für dasselbe Objekt auf C++ implementieren? Dafür kann man sich mehrere Möglichkeiten vorstellen. MFC unterstützt eine Lösung, die auf *geschachtelte Klassen* basiert. Diese Technik ist nicht gerade oft in der rein C++-Programmierung erläutert. Deshalb betrachten wir diese Frage mit Aufmerksamkeit.

Stellen Sie sich vor, daß unsere Klasse so deklariert ist:

```
class CJobAllocator
{
CJobAllocator();
private:
   int m_iCurrJob;

classXJobAlloc : public IJobAlloc
{
public:
   IJobAlloc();
   int& NewJob(BSTR bstrUserName);
   int& Pause(int nJob, BSTR bstrPerson);
void JobOK(int nJob);
}m_xJobAlloc;

class XJobInfo : public IJobInfo
{
public:
   BSTR& GetInfo(int nJob);
}m_xJobInfo;

friend class XJobAlloc;
friend class XMotion;
}:
```

Wir sehen, daß die zwei Klassenelemente *m_xJobAlloc* und *m_xJobInfo* in die Klasse *CJobAllocator* eingebettet sind. Sie sind als *Freunde* (friend) zur Klasse *CJobAllocator* deklariert und haben deswegen Zugang zu privaten Klassenelementen der Klasse (in unserem Fall ist das die Variable *m_iCurrJob*).

Warum aber geschachtelte Klassen und nicht die einfache Verwendung einbettender Klassenvariablen?

Geschachtelte Klassen sind von außen nicht sichtbar. Sie lassen uns die Schnittstellenklassen in „Elternklassen" verpacken und in einem Quellcode-Modul halten. Das ist wichtig für die saubere Arbeit mit MFC und COM-Makros. Diese Makros erleichtern und standardisieren erheblich die Programmierung der COM-Komponente mit Hilfe von MFC.

7.1 Projekt JobAllocCOMDLL

AppWizard enthält keinen echten Assistenten für das Anlegen eines DLL COM-Servers. Wir können aber viele Bemühungen mit Hilfe von AppWizard sparen, wenn wir den uns bekannten Weg von Projekt *JobAllocDLL* zum Erzeugen einer regulären DLL teilweise wiederholen. Damit sollen wir die Option *Automation* auswählen, um AppWizard zu zwingen, entsprechende COM-Basisfunktionalität in unseren Quellcode einzufügen. Weil die Automatisierung eine erweiterte COM-Unterstützung bedeutet, bekommen wir in unserem Projekt etwas mehr, als wir für unsere Implementation benötigen. Deswegen werden wir ein paar Zeilen manuell löschen, wenn AppWizard seine Arbeit erledigt hat.

1. Legen Sie mit Hilfe von AppWizard ein neues Projekt *JobAllocCOMDLL* an

Als Projektart wählen Sie AppWizard (DLL) (siehe Abbildung 7.1). In Schritt 2 im Assistent schalten Sie als DLL-Art *reguläre DLL* und das Optionsfeld *Automation* (siehe Abbildung 7.2) ein.

Löschen Sie in der Datei *StdAfx.h* die Zeilen:

```
#include <afxodlgs.h>

#include <afxdisp.h>

#include <afxole.h>
```

Fügen Sie in die Methode *InitInstance()* der Anwendungsklasse die Zeilen hinzu:

```
BOOL CJobAllocCOMDLLApp::InitInstance()
{
   // Register all OLE server (factories) as running. This enables the
   // OLE libraries to create objects from other applications.

   COleObjectFactory::RegisterAll();

   TRACE("CJobAllocCOMDLLApp::InitInstance()\n");

   return TRUE;
}
```

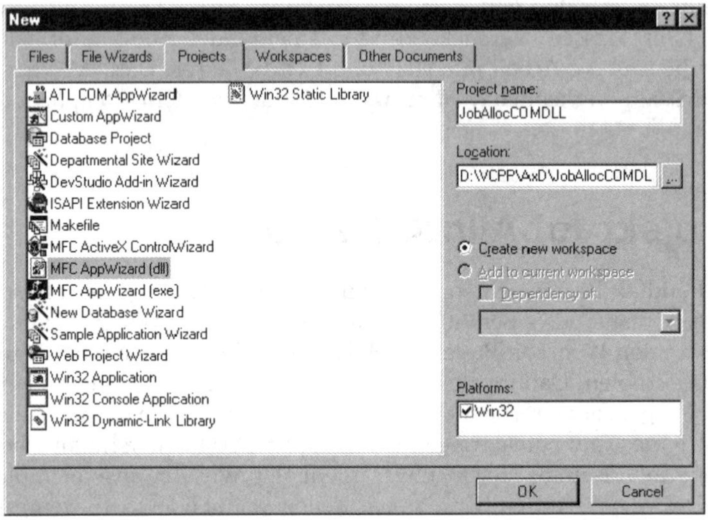

Abbildung 7.1: Anlegen des neuen DLL-Projekts JobAllocCOMDLL

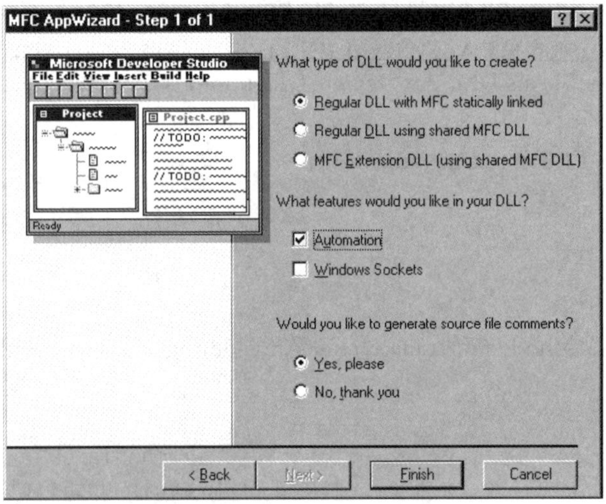

Abbildung 7.2: Die Auswahl des Optionsfeldes Automation in AppWizard

Nach dem Beenden des Erzeugens des Projektskelettes können Sie sich den von App-Wizard generierten Quellcode ansehen. Im Modul mit der Anwendungsklasse finden Sie folgende Funktionen:

```
BOOL CJobAllocCOMDLLApp::InitInstance()
{
   // Register all OLE server (factories) as running. This enables the
   // OLE libraries to create objects from other applications.
```

```
    COleObjectFactory::RegisterAll();
    return TRUE;
}

/////////////////////////////////////////////////////////////////////////////
// Special entry points required for inproc servers ////////////////////
/////////////////////////////////////////////////////////////////////////////
// Special entry points required for inproc servers

STDAPI DllGetClassObject(REFCLSID rclsid, REFIID riid, LPVOID* ppv)
{
    AFX_MANAGE_STATE(AfxGetStaticModuleState());
    return AfxDllGetClassObject(rclsid, riid, ppv);
}
STDAPI DllCanUnloadNow(void)
{
    AFX_MANAGE_STATE(AfxGetStaticModuleState());
    return AfxDllCanUnloadNow();
}
// by exporting DllRegisterServer, you can use regsvr.exe

STDAPI DllRegisterServer(void)
{
    AFX_MANAGE_STATE(AfxGetStaticModuleState());
    COleObjectFactory::UpdateRegistryAll();
    return S_OK;
}
```

In *InitInctance* finden wir den Aufruf der Methode *COleObjectFactory:: RegisterAll()*. Diese Methode dient der automatischen Registrierung aller Klassenfabriken, die sich in DLL befinden.

Weiter sehen wir vier Funktionen, die auch als Eintrittspunkte in der DEF-Datei des Projektes deklariert sind.

Die Funktion *DllGetClassObject()* haben wir im vorigen Abschnitt bei dem Erforschen des Aufrufsvorganges eines In-Prozeß- (DLL) Servers betrachtet. Die Implementation dieser Funktion übernimmt für Sie MFC. Erinnern wir uns, daß diese Funktion eine Klassenfabrik anlegen und einen Zeiger auf sie zurückgeben muß.

Die Anweisung *AFX_MANAGE_STATE(AfxGetStaticModuleState())* dient dem Ändern der MFC-Statusinformation. Diese Anweisung teilt dem Anwendungsrahmen mit, daß das entsprechende Modul aktiv bzw. deaktiviert ist. Normalerweise kümmert sich MFC automatisch um dieses Problem.

Die Standard-Implementation der Funktion *DllRegisterServer()* aktualisiert die Registrierungseinträge über die Klassenfabriken von DLL.

Eine interessante Funktion ist *DllCanUnloadNow()*. Nach dem Anlegen eines Prozesses im Adressenraum ist eine DLL selbst nicht mehr in der Lage, festzustellen, ob sie weiter gebraucht (verwendet) wird. Es ist natürlich nicht ratsam, jede dynamisch geladene und weiter nicht verwendende DLL bis zum Ende der Sitzung im Arbeitsspeicher zu halten und damit Arbeitsspeicher zu belegen. Die Funktion *DLLCanUnloadNow()* läßt dieses Problem lösen. Der Anwendungsrahmen ruft die Funktion auf, um festzustellen, ob die DLL vom Speicher aus geladen werden darf. Das passiert zum Beispiel, wenn eine Anwendung aktiviert oder deaktiviert wird (den Eingabefokus bekommt oder verliert). Liefert diese Funktion S_OK zurück, wird die DLL vom Speicher aus geladen. Die Standard-Implementation der Funktion verhält sich so. Deswegen müssen wir an dieser Stelle den Skelett-Code von AppWizard korrigieren.

2. Fügen Sie am Ende der Kopfdatei *JobAllocCOMDLL* folgende Anweisung hinzu

```
class CJobAllocCOMDLLApp : public CWinApp
{
...
   DECLARE_MESSAGE_MAP()
};
extern UINT g_uObjCount = 0;
```

3. Deklarieren Sie die globale Variable *g_uObjCount*, und fügen Sie in der Funktion *DLLCanUnloadNow()* die Zeilen, die im Quellcode unten hervorgehoben sind, hinzu

```
UINT g_uObjCount = 0;
STDAPI DllCanUnloadNow(void)
{
   TRACE("DllCanUnloadNow uObjCount = %d\n", g_uObjCount);

   if(g_uObjCount > 0)
       return S_FALSE;

   AFX_MANAGE_STATE(AfxGetStaticModuleState());
   return AfxDllCanUnloadNow();
}
```

In der globalen Variable *g_uObjCount* speichern wir die Anzahl der geöffneten COM-Objekte. Am Anfang ist diese Variable mit 0 initialisiert. Jedes in dieser DLL neu erzeugte COM-Objekt muß den Wert von *g_uObjCount* auf 1 vergrößern. Vor seinem Schließen muß das Objekt diesen Wert auf 1 verkleinern. Wenn kein Objekt mehr in DLL geöffnet ist, gibt die Funktion den Standardwert *S_OK* zurück und DLL wird aus dem Arbeitsspeicher ausgeladen.

4. Erweitern Sie den Skelett-Quellcode anderer Funktionen mit den Aufrufen von TRACE Macro (die Liste unten)

```
STDAPI DllGetClassObject(REFCLSID rclsid, REFIID riid, LPVOID* ppv)
{
   TRACE("DllGetClassObject\n");
   AFX_MANAGE_STATE(AfxGetStaticModuleState());
   return AfxDllGetClassObject(rclsid, riid, ppv);
}
```

```
// by exporting DllRegisterServer, you can use regsvr.exe
STDAPI DllRegisterServer(void)
{
   TRACE("DllRegisterServer\n");
   AFX_MANAGE_STATE(AfxGetStaticModuleState());
   COleObjectFactory::UpdateRegistryAll();
   return S_OK;
}
```

Diese Aufrufe lassen uns später erforschen, in welcher Reihenfolge der Anwendungsrahmen die Funktionen der DLL aufruft.

Jetzt sind alle Vorbereitungen erledigt. Wir können zum Anlegen einer Klasse mit Schnittstellen übergehen.

5. Legen Sie eine neue Datei mit den Namen *Joballocinterfaces.h* an. Diese Datei muß folgenden Quellcode enthalten

```
//Joballocinterfaces.h

#ifndef _JOBALLOCINTERFACES_H_
#define _JOBALLOCINTERFACES_H_
struct IJobAlloc : public IUnknown
{
public:
   STDMETHOD_(int&, Pause)(int nJob, BSTR bstrReason) = 0;
   STDMETHOD_(int&, NewJob)(BSTR bstrUserName) = 0;
   STDMETHOD (JobOk)(int nJob) = 0;
};
struct IJobInfo : public IUnknown
{
public:
   STDMETHOD_(BSTR&, GetInfo)(int nJob) = 0;
};
// {6E5A3D80-A13A-11d1-A259-00A0C941DD59}
static const IID IID_IJobAlloc =
{ 0x6e5a3d80, 0xa13a, 0x11d1, { 0xa2, 0x59, 0x0, 0xa0, 0xc9, 0x41, 0xdd,
0x59 } };

// {803C7621-A9D1-11d1-A263-00A0C941DD59}
static const IID IID_IJobInfo =
{ 0x803c7621, 0xa9d1, 0x11d1, { 0xa2, 0x63, 0x0, 0xa0, 0xc9, 0x41, 0xdd,
0x59 } };
#endif //_JOBALLOCINTERFACES_H_
```

Die Datei enthält die Deklarationen der Schnittstellen *IJobAlloc* und *IJobInfo*. Über die Beschreibung der Funktionen von Schnittstellen haben wir oben schon gesprochen.

Im unteren Teil der Datei sehen Sie zwei IIDs für Schnittstellen. Wenn Sie alle Schritte wiederholen, müssen Sie diese Definitionen nicht eintippen, sondern an dieser Stelle

Ihre eigene IID anlegen. Das macht man in Visual C++ mit Hilfe einer Anwendung namens *Guidgen.exe*. Diese Anwendung befindet sich normalerweise im Verzeichnis *DevStudio\Common\Tools* zusammen mit anderen Hilfsprogrammen von Visual C++. Die Anwendung läßt Sie die Form der GUIID auswählen (Abbildung 7.3). Nach einem Klick auf die Schaltfläche *Copy* befindet sich GUID als Text in der Zwischenablage. Sie müssen ihn in die gewünschte Stelle im Quellcode von der Zwischenablage einfügen und entsprechend manuell nachbearbeiten.

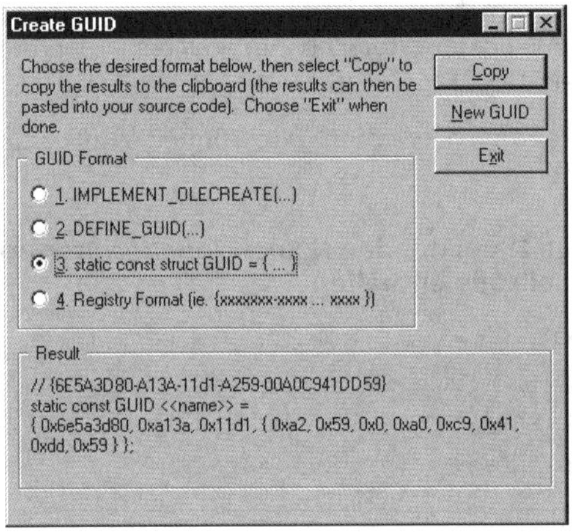

Abbildung 7.3: Anlegen einer GUID mit Hilfe der Anwendung Guidgen.exe

6. Fügen Sie mit Hilfe von ClassWizard die von *CCmdTarget* neu abgeleitete Klasse namens *CJobAllocator* hinzu

Die Abbildung 7.4 zeigt, wie es geht.

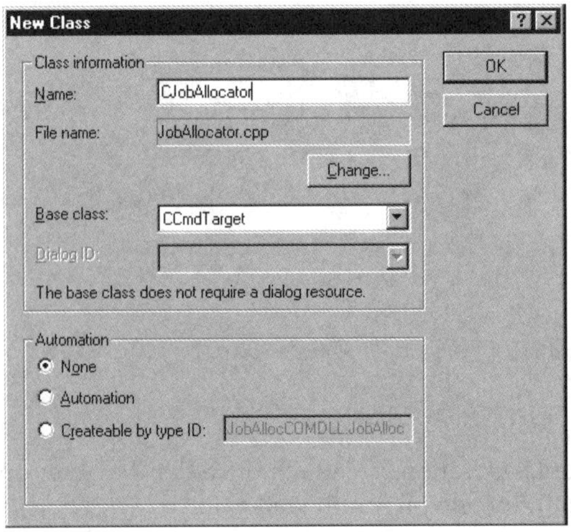

Abbildung 7.4: Anlegen einer neuen Klasse

7. Erweitern Sie die Deklaration der Klasse *CJobAllocator*

```
class CJobAllocator : public CCmdTarget
{
   DECLARE_DYNCREATE(CJobAllocator)

   CJobAllocator();    // protected constructor used by dynamic creation

// Attributes

public:

// Operations

public:

private:

   int m_iCurrJob;
   BSTR m_bstrInfo;

// Overrides
   // ClassWizard generated virtual function overrides
   //{{AFX_VIRTUAL(CJobAllocator)
   //}}AFX_VIRTUAL
// Implementation
protected:
   virtual ~CJobAllocator();

   // Generated message map functions
   //{{AFX_MSG(CJobAllocator)
   // NOTE - the ClassWizard will add and remove member functions here.
   //}}AFX_MSG

   DECLARE_MESSAGE_MAP()

   DECLARE_OLECREATE(CJobAllocator)
   BEGIN_INTERFACE_PART(JobAlloc, IJobAlloc)
        STDMETHOD_(int&, Pause)(int nJob, BSTR bstrReason);
        STDMETHOD_(int&, NewJob)(BSTR bstrUserName);
        STDMETHOD (JobOk)(int nJob);
   END_INTERFACE_PART(JobAlloc);

   BEGIN_INTERFACE_PART(JobInfo, IJobInfo)
        STDMETHOD_(BSTR&, GetInfo)(int nJob);
   END_INTERFACE_PART(JobInfo);
   DECLARE_INTERFACE_MAP();
};
```

Die Klassenvariable *m_iCurrJob* enthält, wie in den vorigen Projekten, die Nummer der aktuellen Aufgabe.

Die Klassenvariable *m_bstrInfo* hat den Typ *BSTR*. Der künstliche Variablentyp *BSTR* bedeutet einen Zeiger auf einer Reihenfolge von UNICODE-Zeichen. Information über die Anzahl der Symbole ist in einem Präfix gespeichert. Diese Information verwendet der Anwendungsrahmen indirekt bei Manipulationen mit den Zeilen.

Am Ende der Deklaration müssen Sie MFC-Schnittstellenmakros eintippen. Vor der Erklärung der Bestimmungen der Makros lassen Sie mich eine Anmerkung machen.

Für mich ist klar, daß C++ selbst für die COM/ActiveX-Programmierung ziemlich wenig zu bieten hat. Man kann sich vorstellen, daß für diesen Zweck einmal eine neue Programmiersprache entsteht. (Eine Erweiterung von IDL vielleicht.) Im Moment müssen wir aber die zur Verfügung stehenden Mittel möglichst effizient verwenden. Die Makros lassen viel Tipparbeit bei Routineaufgaben sparen. Außerdem, macht die Verwendung der Makros den Quellcode übersichtlicher und ordentlicher. Als Nachteil bekommen wir von den Makros das Erschweren der Fehlersuche und des Debuggings. Die MFC-Schnittstellenmakros sind nach der Art und Weise der Makros für die Nachrichtenbearbeitung organisiert. Anstelle von Nachrichtenbearbeitung unterstützen AppWizard und ClassWizard das Erzeugen und die Erweiterung der MFC-Schnittstellenmakros so gut wie nie. Hoffentlich wird diese Lücke in den neuen Versionen von Visual C++ abgedeckt.

Widmen wir uns jetzt aber den Makros.

Das Makro *DECLARE_OLECREATE* initiiert die MFC COM-Basisfunktionalität in den von *CCmdTarget* abgeleiteten Klassen.

Das Makro *BEGIN_INTERFACE_PART* legt eine geschachtelte Klasse an. Die Klasse bekommt bei dem Anlegen einen Namen, der mit dem Buchstaben X anfängt. Der Rest entspricht dem ersten Parameter. Zum Beispiel haben unsere geschachtelten Klassen die Namen *XJobAlloc* und *XJobInfo*. Als Basisklasse für Ableitung wird dabei der zweite Parameter des Makros verwendet. Außerdem deklariert das Makro *BEGIN_ INTERFACE_PART* automatisch und für den Programmierer unsichtbar die Prototypen für die Funktionen *QueryInterface(), AddRef()* und *Release()*.

Das Makro *END_INTERFACE_PART* fügt der Elternklasse eine Klassenvariable der gerade erzeugten geschachtelten Klasse hinzu. Der Name der Klassenvariable fängt mit *m_x* an und wird mit den Parametern des Makros fortgesetzt. In unserem Fall werden die Variablen *m_xJobAlloc* und *m_xJobInfo* angelegt.

Das Makro *DECLARE_INTERFACE_MAP()* teilt dem Anwendungsrahmen mit, daß die Klasse eine benutzerdefinierte Schnittstellenkarte hat (Schnittstellentabelle). Die Methode *CCmdTarget::ExternalQueryInterface()* benutzt diese Tabelle, um entsprechende Schnittstellenzeiger zu ermitteln.

8. Fügen Sie die Anweisung *#include JobAllocInterfaces.h* der Datei *JobAllocator.cpp* hinzu

9. Erweitern Sie das Quellcodeskelett der Klasse *CJobAllocator*

```
/////////////////////////////////////////////////////////////////////
// CJobAllocator

IMPLEMENT_DYNCREATE(CJobAllocator, CCmdTarget)
CJobAllocator::CJobAllocator()
{
   m_iCurrJob = 0;
   g_uObjCount++;
}
CJobAllocator::~CJobAllocator()
{
   g_uObjCount--;
   if(m_bstrInfo != NULL)
       ::SysFreeString(m_bstrInfo);
}
BEGIN_MESSAGE_MAP(CJobAllocator, CCmdTarget)

   //{{AFX_MSG_MAP(CJobAllocator)
   // NOTE - the ClassWizard will add and remove mapping macros here.
   //}}AFX_MSG_MAP

END_MESSAGE_MAP()

/////////////////////////////////////////////////////////////////////
// CJobAllocator message handlers

BEGIN_INTERFACE_MAP(CJobAllocator, CCmdTarget)
   INTERFACE_PART(CJobAllocator, IID_IJobAlloc, JobAlloc)
   INTERFACE_PART(CJobAllocator, IID_IJobInfo, JobInfo)
END_INTERFACE_MAP();

// {65B121F0-A13B-11d1-A259-00A0C941DD59}

IMPLEMENT_OLECREATE(CJobAllocator, "Job Allocator",
0x65b121f0, 0xa13b, 0x11d1, 0xa2, 0x59, 0x0, 0xa0, 0xc9, 0x41, 0xdd,
0x59);

STDMETHODIMP_(ULONG) CJobAllocator::XJobAlloc::AddRef()
{
   METHOD_PROLOGUE(CJobAllocator, JobAlloc)
   return pThis->ExternalAddRef();
}

STDMETHODIMP_(ULONG) CJobAllocator::XJobAlloc::Release()
{
   METHOD_PROLOGUE(CJobAllocator, JobAlloc)
   return pThis->ExternalRelease();
}
STDMETHODIMP CJobAllocator::XJobAlloc::QueryInterface(REFIID iid,
LPVOID* ppvObj)
```

```
{
   METHOD_PROLOGUE(CJobAllocator, JobAlloc)
   return pThis->ExternalQueryInterface(&iid, ppvObj);
}
STDMETHODIMP_(int&) CJobAllocator::XJobAlloc::Pause(int nJob, BSTR
bstrReason)
{
   METHOD_PROLOGUE(CJobAllocator, JobAlloc)
   CString strReason(bstrReason);
   pThis->m_iCurrJob++;
   TRACE("Pause bei Aufgabe %d. Ursache %s. Neue Aufgabe: %d\n",
            nJob, strReason, pThis->m_iCurrJob);
   return pThis->m_iCurrJob;
}
STDMETHODIMP_(int&) CJobAllocator::XJobAlloc::NewJob(BSTR bstrUserName)
{
   METHOD_PROLOGUE(CJobAllocator, JobAlloc)
   CString strUserName(bstrUserName);

   pThis->m_iCurrJob++;
   TRACE("Neue Aufgabe N %d für %s \n", pThis->m_iCurrJob, strUserName);
   return pThis->m_iCurrJob;
}
STDMETHODIMP CJobAllocator::XJobAlloc::JobOk(int nJob)
{
   TRACE("Aufgabe %d OK\n", nJob);
   return true;
}
////////////////////////////////////////////////////////////////////////
// JobInfo

STDMETHODIMP_(ULONG) CJobAllocator::XJobInfo::AddRef()
{
   METHOD_PROLOGUE(CJobAllocator, JobInfo)
   return pThis->ExternalAddRef();
}
STDMETHODIMP_(ULONG) CJobAllocator::XJobInfo::Release()
{
   METHOD_PROLOGUE(CJobAllocator, JobInfo)
   return pThis->ExternalRelease();
}
STDMETHODIMP CJobAllocator::XJobInfo::QueryInterface(REFIID iid,
LPVOID* ppvObj)
{
   METHOD_PROLOGUE(CJobAllocator, JobInfo)
   return pThis->ExternalQueryInterface(&iid, ppvObj);
}
```

```
#define MAX_STRING_LENGTH 100
STDMETHODIMP_(BSTR&) CJobAllocator::XJobInfo::GetInfo(int nJob)
{
   METHOD_PROLOGUE(CJobAllocator, JobInfo)
   CString strInfo;
   strInfo.Format("Info zur Aufgabe %d", nJob);
   pThis->m_bstrInfo = strInfo.AllocSysString();
   TRACE("GetInfo zur Aufgabe %d\n", nJob);
   return pThis->m_bstrInfo;
}
```

Betrachten wir jetzt den Quellcode.

Im Konstruktor der Klasse *CJobAllocator* setzen wir zuerst die Nummer der aktuellen Aufgabe auf 0. Dann vergrößern wir die Anzahl der in DLL geöffneten COM-Objekte auf 1. Außerdem setzen wir den Zeiger *m_bstrInfo* auf NULL.

Im Destruktor der Klasse verkleinern wir die Anzahl der aktiven COM-Objekte auf 1. Außerdem geben wir mit Hilfe der Funktion *::SysFreeeString()* globalen Speicherplatz frei, falls der Zeiger *m_bstrInfo* nicht *NULL* ist.

Weitere kommende Makros dienen der Deklaration der geschachtelten COM-Klassen. Bei der Beschreibung dieser Makros werden wir die Begriffe Elternklasse, geschachtelte Klasse und Basisklasse verwenden. In unserem Fall ist die Klasse *CJobAllocator* von der MFC-Basisklasse *CCmdTarget* abgeleitet. Die Klasse *CJobAllocator* ist die Elternklasse für zwei geschachtelte Klassen.

Die „Klammer- Makros" *BEGIN_INTERFACE_MAP* und *END_INTERFACE_MAP* dienen dem Einfügen neuer Schnittstellen in Schnittstellentabellen der Elternklasse. In unserem Fall sind das die Schnittstellen *IID_IJobAlloc* und *IID_IJobInfo*. Der erste Parameter des Makros *BEGIN_INTERFACE_MAP* ist der Name der Elternklasse und der zweite Parameter ist der Name der Basisklasse.

Jede Anweisung mit dem Makro *INTERFACE_MAP* fügt der Schnittstellenkarte eine neue Schnittstelle hinzu. Der erste Parameter bezeichnet die Klasse, die die Schnittstellenkarte enthält. Der zweite Parameter ist die ID des eingefügten Interface. Der dritte Parameter bezeichnet die geschachtelte Klasse, die mit dieser Schnittstelle verknüpft ist.

Merken Sie sich, daß die Schnittstellenkarte ähnlich wie die Nachrichtenkarte (Makros *BEGIN_MESSAGE_MAP* und *END_MESSAGE_MAP*) aufgebaut ist.

Wie erwähnt, muß die Schnittstelle *IUnknown* unbedingt in jedem COM-Objekt implementiert sein. In unserer Schnittstellenkarte finden wir aber den entsprechenden Eintrag nicht. Das ist so, weil einer Voreinstellung nach die Schnittstellenkarte statt *IUnknown* immer die erste Schnittstelle der Karte liefert.

Das Makro *IMPLEMENT_OLECREATE* muß man für jede Klasse verwenden, die als COM-Objektart für andere Anwendungen veröffentlicht und mit Hilfe von *DECLARE_OLECREATE* deklariert ist.

Eine Anweisung wie

```
// {65B121F0-A13B-11d1-A259-00A0C941DD59}
IMPLEMENT_OLECREATE(CJobAllocator, "Job Allocator",
0x65b121f0, 0xa13b, 0x11d1, 0xa2, 0x59, 0x0, 0xa0, 0xc9, 0x41, 0xdd, 0x59);
```

müssen Sie mit Hilfe des oben erwähnten Hilfsprogrammes *Guidgen.exe* anlegen. Merken Sie sich, daß der lesbare Name unseres COM-Objektes *Job Allocator* lautet. Diesen Namen werden wir im Client verwenden.

Obwohl das Makro *BEGIN_INTERFACE_PART* die Prototypen für die Funktionen *QueryInterface(), AddRef()* und *Release()* für jede Schnittstelle generiert, müssen Sie die Implementation dieser Funktionen selbst programmieren. Zum Glück ist das nicht schwer, weil die Basisfunktionalität der Klasse *CCmdTarget* und das Makro *METHOD_PROLOGUE* dabei eine große Hilfe geben.

Betrachten wir zum Beispiel die Implementation der Methode *CJobAllocator::XJobAlloc::AddRef()*:

```
STDMETHODIMP_(ULONG) CJobAllocator::XJobAlloc::AddRef()
{
   METHOD_PROLOGUE(CJobAllocator, JobAlloc)
   return pThis->ExternalAddRef();
}
```

Das Makro *METHOD_PROLOGUE* erzeugt einen Zeiger namens *pThis* auf dem Elternobjekt *CJobAllocator* der geschachtelten Klasse. Weiter rufen wir mit Hilfe dieses Zeigers die Standardimplementation der entsprechenden Funktion von der Klasse *CCmdTarget* auf.

Das Makro *METHOD_PROLOGUE* verwenden wir auch bei der Implementation der Funktionen *NewJob(), Pause(), JobOk() und JobInfo().*

10. Kompilieren Sie die DLL

11. Registrieren Sie die DLL

Für die Registrierung der DLL ist die Anwendung *RegSvr32.exe* vorgesehen. Die Anwendung gehört zum Lieferumfang von Visual C++. Dieses Werkzeug ist auch im Visual Studio (Visual C++) integriert. Sie können es durch die Auswahl des Menüpunktes REGISTER CONTROL in der Menüspalte TOOL aufrufen. Nach der erfolgreichen Registrierung müssen Sie eine Meldung wie in Abbildung 7.5 auf dem Bildschirm ansehen.

Abbildung 7.5: Die Meldung über die Registrierung einer DLL-Datei

Jetzt können wir zur Entwicklung des Clients und zum Testen unseres ersten COM-Beispiels übergehen.

7.2 Projekt TaskManagerCOM: MFC COM-Client

Der MFC COM-Client für das COM-Objekt aus der DLL *JobAllocCOMDLL* unterscheidet sich nicht sehr vom Projekt *TaskManagerDLL* aus dem vorigen Kapitel.

1. Legen Sie mit Hilfe von AppWizard das neue SDI-Projekt namens TaskManager-COM an

Wie im Projekt *TaskManagerDLL* leiten Sie die Sichtklasse von der *CEditView* ab.

2. Fügen Sie der Kopfdatei StdAfx.h die Zeile hinzu

```
#include <afxole.h>
```

3. Fügen Sie in die Methode *InitInstance()* der Anwendungsklasse die folgende Anweisung hinzu

```
AfxOleInit();
```

4. Legen Sie im Menü eine neue Menüspalte *Aufgabe* mit den Menüpunkten an

Die IDs und die Beschriftungen der Menüpunkte sind in der Tabelle 7.1 gelistet.

5. Fügen Sie der Sichtklasse mit Hilfe von *ClassWizard* die Nachrichtenbearbeitungsmethoden für neue Menüpunkte an

Machen Sie das gemäß der Tabelle 7.1.

Menüpunkt	ID	Nachrichtenbearbeitungsmethode
Neue Aufgabe	ID_JOB_NEW	OnJobNew
Pause	ID_JOB_PAUSE	OnJobPause
Erledigt	ID_JOB_OK	OnJobOk
Info	ID_JOB_GET_INFO	OnJobGetInfo

Tabelle 7.1: Zuordnung der Menüpunkte und Nachrichtenbearbeitungsmethoden von der Klasse CTaskManagerCOMView

6. Fügen Sie vor der Deklaration der Sichtklasse *CTaskManagerCOMView* folgende Zeilen hinzu

```
struct IJobAlloc;
struct IJobInfo;
class CTaskManagerCOMView : public CEditView
{
...
```

7. Deklarieren Sie in der Sichtklasse *CTaskManagerCOMView* folgende Klassenvariablen

```
...
private:
   IJobAlloc* m_pIJobAlloc;
   IJobInfo* m_pIJobInfo;
   int m_nCurrJob;
   BSTR m_bstrUserName;
   CString m_strProtocol;
```

Die Klassenvariablen *m_pIJobAlloc* und *m_pIJobInfo* dienen dem Speichern der Zeiger auf den Schnittstellen *IJobAlloc* und *IJobInfo*. Die Klassenvariable *m_iCurrJob* enthält die Nummer der aktuellen Aufgabe. Mit Hilfe der Klassenvariable *m_bstrUserName* sichern wir bis zum Ende der Sitzung den einmal ermittelten Benutzernamen. Die Variable *m_strProtocol* dient dem Speichern der Ausgabetexte in Sichtklassen.

8. Fügen Sie an den Anfang der Datei *TackManagerCOMView.cpp* folgende Anweisung hinzu

```
#include "C:\VCPP\AxD\JobAllocCOMDLL\JobAllocInterfaces.h"
```

In unserem Fall kann diese Anweisung anders aussehen.

9. Korrigieren Sie den Konstruktor und Destruktor der Sichtklasse

```
CTaskManagerCOMView::CTaskManagerCOMView()
{
   // TODO: add construction code here
   m_pIJobAlloc = NULL;
   m_pIJobInfo = NULL;
   m_bstrUserName = NULL;
   m_nCurrJob = 0;
}
CTaskManagerCOMView::~CTaskManagerCOMView()
{
   if(m_pIJobAlloc != NULL)
   {
       m_pIJobAlloc->Release();
   }
   if(m_pIJobInfo != NULL)
   {
       m_pIJobInfo->Release();
   }
   if(m_pIolecharUserName != NULL)
   {
       ::SysFreeString(m_bstrUserName);
   }
}
```

Im Destruktor müssen wir prüfen, ob es nicht schon geschlossene Schnittstellen gibt. Ist das der Fall, verkleinern wir mit Hilfe der Funktion *Release()* die Referenz auf dieser Schnittstelle auf 1. Wenn der Systemspeicher beim Schließen noch belegt ist, geben wir ihn mit Hilfe der Funktion *::SysFreeString()* frei.

10. Fügen Sie der Klasse *CTaskManagerCOMView* die Methode *SetUserName()* hinzu

Die Implementation der Methode sieht so aus:

```
#define MAX_SIZE_USER_NAME 100
void CTaskManagerCOMView::SetUserName()
{
    if(m_bstrUserName == NULL)
    {
        char cUserName[MAX_SIZE_USER_NAME];
        DWORD dwNameLen = MAX_SIZE_USER_NAME;
        ::GetUserName(cUserName, &dwNameLen);
        CString strUserName(cUserName);
        m_bstrUserName = strUserName.AllocSysString();
    }
}
```

Im Vergleich mit der ähnlichen Methode aus dem Projekt *TaskManager* ist diese Methode mit der Reservierung des Platzes im Systemspeicher erweitert.

11. Fügen Sie der Klasse *CTaskManagerCOMView* die Methode *SetJobAllocObj* hinzu

Ihr Quellcode ist unten zu sehen:

```
void CTaskManagerCOMView::SetJobAllocObj()
{
    if(m_pIJobAlloc != NULL)
        return;          //== Objekt ist festgelegt

    CLSID clsid;
    LPCLASSFACTORY pClf;
    LPUNKNOWN pUnk;

    HRESULT hr;
    if((hr = ::CLSIDFromProgID(L"Job Allocator",
        &clsid) != NOERROR))
    {
        TRACE("Fehler bei CLSIDFromProgID\n");
        return;
    }
    hr = ::CoGetClassObject(clsid, CLSCTX_INPROC_SERVER,
        NULL, IID_IClassFactory, (void**)&pClf);
```

```
    if(hr != NOERROR)
    {
        TRACE("Fehler bei CoGetClassObject\n");
        return;
    }
    pClf->CreateInstance(NULL, IID_IUnknown, (void**)&pUnk);

pUnk->QueryInterface(IID_IJobAlloc, (void**)&m_pIJobAlloc);
    ASSERT(m_pIJobAlloc);

    pUnk->QueryInterface(IID_IJobInfo, (void**)&m_pIJobInfo);
    ASSERT(m_pIJobInfo);

    pClf->Release();
    pUnk->Release();
    SetUserName();
}
```

Die Methode *SetJobAllocObj* legt die Schnittstellenzeiger *m_pIJobAlloc* und *m_pIJobInfo* fest. Diese Schnittstellenzeiger können in Nachrichtenbearbeitungsmethoden für die Auswahl der Menüpunkte verwendet werden. Die Methode *SetJobAllocObj()* wird nämlich von jeder Nachrichtenbearbeitungsmethode jedesmal aufgerufen, aber nur einmal richtig ausgeführt. Wenn die Schnittstellenzeiger schon ermittelt sind, wird die Methode am Anfang unterbrochen. Wir ermitteln beide Schnittstellenzeiger gleichzeitig. Deswegen prüfen wir nur, ob der erste Schnittstellenzeiger nicht gleich NULL ist.

Den weiteren Teil des Vorgangs haben wir im vorigen Kapitel besprochen.

Am Ende der Methode rufen wir die Funktion *SetUserName* auf, weil dies eine sehr passende Gelegenheit dafür ist. (Die Ermittlung des Benutzernamens muß auch nur einmal und synchron mit der Ermittlung der Schnittstellenzeiger durchgeführt werden.)

12. Deklarieren und implementieren Sie die Nachrichtenbearbeitungsmethode für alle neuen Menüpunkte

Ein entsprechender Quellcodeabschnitt ist unten in Listing 7.1 zu sehen.

```
void CTaskManagerCOMView::OnJobNew()
{
    // TODO: Add your command handler code here

    SetJobAllocObj();
    m_nCurrJob = m_pIJobAlloc->NewJob(m_bstrUserName);

    //== Ausgabe in Sicht
    CTime t = CTime::GetCurrentTime();
    CString strTime = t.Format("%A %B %d %Y %H %M %S");
    CString strTmp;
    strTmp.Format(" Neue Job N %d\r\n", m_nCurrJob);
    m_strProtocol += strTime + strTmp;
```

```
    SetWindowText(m_strProtocol);
    UpdateData(FALSE);
}

void CTaskManagerCOMView::OnJobPause()
{
    // TODO: Add your command handler code here

    CReasonDlg dlg;
    if(dlg.DoModal() != IDOK)
        return;

    BSTR bstrReason = dlg.m_strReason.AllocSysString();

    SetJobAllocObj();
    UINT nCurrJob = m_pIJobAlloc->Pause(m_nCurrJob, bstrReason);

    ::SysFreeString(bstrReason);

    //== Ausgabe in Sicht
    CTime t = CTime::GetCurrentTime();
    CString strTime = t.Format("%A %B %d %Y %H %M %S");
    CString strTmp;

    strTmp.Format(" Job N  %d ist angehalten.\r\n", m_nCurrJob);
    m_strProtocol += strTime + strTmp;
    m_strProtocol += CString("Ursache: ") + dlg.m_strReason + CString("\r\n");

    m_nCurrJob = nCurrJob;
    strTmp.Format("Neu Job:  N  %d \r\n", m_nCurrJob);
    m_strProtocol += strTmp;

    SetWindowText(m_strProtocol);
    UpdateData(FALSE);
}

void CTaskManagerCOMView::OnJobOk()
{
    // TODO: Add your command handler code here
    SetJobAllocObj();
    m_pIJobAlloc->JobOk(m_nCurrJob);

    //== Ausgabe in Sicht
    CTime t = CTime::GetCurrentTime();
    CString strTime = t.Format("%A %B %d %Y %H %M %S");
    CString strTmp;
    strTmp.Format(" Job N %d : OK \r\n", m_nCurrJob);

    m_strProtocol += strTime + strTmp;

    SetWindowText(m_strProtocol);
    UpdateData(FALSE);
}
```

```
void CTaskManagerCOMView::OnJobGetInfo()
{
    // TODO: Add your command handler code here
    SetJobAllocObj();
    BSTR bstrInfo = m_pIJobInfo->GetInfo(m_nCurrJob);

    CString strInfo(bstrInfo);

    //== Ausgabe in Sicht
    CTime t = CTime::GetCurrentTime();
    CString strTime = t.Format("%A %B %d %Y %H %M %S");
    CString strTmp;
    strTmp.Format(" Info: ");
    m_strProtocol += strTime + strTmp;
    m_strProtocol += strInfo + CString("\r\n");

    SetWindowText(m_strProtocol);
    UpdateData(FALSE);
}
```

Listing 7.1: Nachrichtenbearbearbeitungsmethoden für Menüpunkte im Client

Sie sehen, daß jede Methode hauptsächlich aus dem Aufruf einer entsprechenden Funktion von einer Schnittstelle des Objektes *Job Allocator* besteht. Übertragene textuelle Informationen müssen wir damit in/aus der UNICODE-Darstellung konvertieren.

13. Testen Sie die Anwendung

Sie sollten ein Ergebnis wie im Projekt *TaskManager* haben.

8 COM und ATL

Wenn Sie alle Schritte des oberen Projektes *JobAllocCOMDLL* durchgeführt haben, sind Sie vielleicht der Meinung, daß das Erstellen eines COM-Servers mit Hilfe von MFC nicht schwer ist. Das ist wahr. Erstaunlich groß ist aber das Ergebnis – mit statisch gebundenen MFC-Bibliotheken mehr als 1 MB!

Die gleiche DLL mit dynamisch verbundenen MFC-Bibliotheken ist ca. 30 KB groß, benötigt aber MFC DLL. Zusammen ist das wieder mehr als 1 MB. Eine Übertragung diesen Millionen Bytes von solchen Servern via Internet mit langsamen Leitungen sieht zur Zeit unrealistisch aus.

Stellen Sie sich vor, daß diese Millionen Bytes in Form eines Buches gedruckt werden. Dieses Buch würde ungefähr so dick, wie das Buch, das Sie gerade lesen. Jetzt stellen Sie sich auch vor, daß während einer Sitzung alle Symbole (Bytes), die der Prozessor bearbeitet hat, mit einer Farbe übermalt werden. Wie viele Symbole werden dann in unserem Buch farbig? Erstaunlicherweise weniger als ca. 1 Prozent. Mit anderen Worten, nur 5–10 Seiten unseres ziemlich dicken Buches werden in der Tat „gelesen". Diese Größe (ca. 10 KB) entspricht aber den Erwartungen der Programmierer, die Assembler kennen oder Erfahrungen mit anderen Compilern haben. Es muß eigentlich so sein. Für die einfache Aufgabe, die *JobAllocCOMDLL* erfüllt, braucht man keinen Megabyte Code, sondern nur einige wenige Kilobyte Codes. (Der erste kommerzielle Compiler für Basic von Bill Gates und Paul Allen war 4 K groß!)

Die MFC ist eine sehr umfangreiche Bibliothek. Als Belohnung für das Entwicklungstempo und -komfort haben wir große ausführbare Dateien. Den Platz fressen die Funktionen in den MFC-Basisklassen, die wir in unserem Programm meistens nicht verwenden. Egal ob die Kinderklasse eine Basisfunktion verwendet oder nicht, die Funktion bleibt in der kompilierten Datei vorhanden.

Kann ein Compiler so klug sein, daß er unbenutzte Funktionen von Basisklassen ausscheiden kann? Im Moment ist das in Visual C++/MFC wirklich sehr schwierig, weil MFC ursprünglich für ein anderes Ziel gedacht war. Aber es gibt eine Lösung. Und diese Lösung heißt *ATL – ActiveX Template Library*.

Sie können sich ATL als ein grandioses Makro vorstellen, das letztlich die minimale Konfiguration ihres Programmes erreicht.

ATL zielt nicht nur auf die Minimierung der Größe der ausführbaren Dateien. ATL ist eine neue Auffassung für die Programmierung von COM-Objekten. Wir werden uns mit ATL in einem Teiles dieses Buches beschäftigen und noch ein Projekt im Teil DCOM mit Hilfe von ATL entwickeln. Sie lernen dort genau kennen, welche Vorteile für den Entwickler ATL zu bieten hat.

9 Was ist ActiveX?

Eine Analogie zwischen COM und dem Telefonnetz ist in einem gewissen Rahmen sehr hilfreich. Wie das Telefonnetz bietet COM eine Infrastruktur, die für verschiedene Zwecke verwendet werden kann.

Die Grundfunktionalität von COM verwenden Programmierer direkt immer seltener. Statt dessen benutzen Sie schon vordefinierte Schnittstellen, die für oft gebrauchte Zwecke definiert sind. Diese Auffassung hat den Vorteil, daß ein „standardisiertes" Objekt (ein Objekt, das Standardschnittstellen anbietet) wie ein Stechkontakt sofort zu allen „Steckdosen" (Objekte, die diese Standardschnittstellen anfordern und verwenden) paßt.

In unserem einfachen Beispiel im Projekt *JobAllocCOM* haben Sie vielleicht bemerkt, daß eine bestimmte Reihenfolge von Aufrufen Schnittstellenfunktionen vorausgesetzt ist. Deswegen spricht man oft nicht von COM-Schnittstellen, sondern von *Protokollen*. Der Begriff Protokoll reicht aber oft wegen seiner„linearen" Natur auch nicht aus. Deshalb verwendet man in komplizierten Fällen oft den Begriff *COM-Technologie* bzw. *ActiveX-Technologie*.

Unter einer COM- bzw. ActiveX-Technologie versteht man mindestens drei verschiedene Dinge:

1. COM/ActiveX-Schnittstellen. Das ist eine Beschreibung der Schnittstelle mit Hilfe einer speziellen Sprache.
2. Eine Menge von Fachbegriffen, die mit dem Sachbereich bzw. mit dem Vorgang verbunden sind. Diesen Teil der Technologie beschreibt man mit Hilfe einer menschlichen Sprache (na ja, die Originalsprache ist meistens Englisch).
3. Eine Beschreibung bzw. Empfehlung möglicher Verfahren und erwarteter Ergebnisse (diesen Teil nimmt man oft als Protokoll). Dieser Teil ist wenig formell.

Das Verständnis einiger COM-Erweiterungen als einzelne Technologien war ein wichtiger Schritt in der Entwicklung der modernen Informationsindustrie. Das erste großen Beispiel solcher Technologien sind die Automatisierung und OLE.

Im Frühling 1996 führte Microsoft einen großen Satz von Technologien unter dem gemeinsamen Namen „ActiveX" ein. Damit wurden viele OLE-Funktionalitäten diesem neuen Bereich zugeordnet. ActiveX-Technologien und andere Technologiegruppen sind in Tabelle 9.1 gelistet.

Technologie	Beschreibung
ActiveX-Steuer-elemente	Visuelle oder unsichtbare (ohne visuelle Darstellung) Objekte, die durch ihre Eigenschaften von außen gesteuert werden können. ActiveX-Steuerelemente können in einem Container plaziert werden. Die Steuerelemente können auch im Container die Ereignisse auslösen. Die Ereignisse sind entweder mit einer Benutzeraktion (ein Mausklick auf eine Schaltfläche) oder mit der Änderung eines internen Zustandes verbunden. Als Container können verschiedene Dialoge (Formen), Dokumente (Office-Anwendungen) oder WWW-Seiten verwendet werden. Die ActiveX-Steuerelemente können mit Hilfe verschiedener Programmiersprachen gesteuert werden.
ActiveX Messaging und Transaktionen	Der Satz der Schnittstellen für den Nachrichtenaustausch und koordinierte Transaktionen.
ActiveX Scripting	Eine Technologie für die Erstellung der Objekte in Skriptsprachen wie VScript, JScript und unternehmenspezifische Sprachen.
OLE-DB, DAO, ADO	Ein Satz von Schnittstellen für den Zugriff auf verschiedene Datenbanken.
Automatisierung	Die Fähigkeit eines Objektes, die Funktionalität eines fremden Objektes zu verwenden bzw. zur Verfügung zu stellen.
Verbundene Dokumente	Eine Technologie für die Unterstützung von Dokumenten, die aus verschiedenen Teile bestehen. Diese Teile können entweder eingebettet oder verknüpft werden. Ein verknüpfter Teil existiert als separate Datei oder innerhalb einer anderen Datei. Nach jeder Aktivierung bzw. Aktualisierung wird der letzte Zustand des verknüpften Teils wiederhergestellt.
ActiveX-Dokumente	Eine Erweiterung von OLE-Dokumenten. Die ActiveX – Dokumente sind gut für Internet und MS Internet Explorer geeignet.
DCOM	Eine Erweiterung von COM für die Arbeit im lokalen und globalen Netz.

Tabelle 9.1: ActiveX, OLE und andern Trechnologien

9.1 COM-Technologien: Vorgänger und „Nachbarn" von ActiveX

Drei Technologien, die als Basis für die Entwicklung von ActiveX-Technologien genannt werden können, sind *VBX- (OCX) Steuerelemente*, OLE und Automatisierung. Zur Zeit sind einige Teile dieser Technologien in ActiveX eingebunden. Bis jetzt finden Sie auf dem Markt mehrere Anwendungen, die auf ihnen basieren.

Visual Basic war eine der erste Umgebungen, in der man schnell und visuell verschiedene Formulare aus vordefinierten Komponenten „basteln" konnte. Damals war es sehr neu, ein Objekt aus einer Palette zu ziehen und auf einem Platz in einem Formular abzulegen. Danach muß man die Größe und Eigenschaften anpassen. Und was am besten ist – ohne (oder fast ohne) zusätzliche Programmierung ist ein neues kompliziertes Objekt fertig!

Diese Idee wurde in mehreren Erweiterungen und verwandten Produkten sehr stark verwendet. Zum Beispiel im Produkt „Multimedia Toolbook" der Firma Asymetrix kann man nicht nur Schaltflächen und andere übliche Steuerelemente, sondern auch geometrische und grafische Objekte, Audio- und Videosequenzen in ein „dynamisches Buch" einbinden.

Visual Basic und verwandte Produkte legen das wichtige Konzept oder *„Steuerelement und Container"* fest. Ein Visual Basic-Steuerelement (VB Control, im Programmiersprachgebrauch wegen seiner Dateinamenendung VBX genannt) kann man sich als ein kleines Gerät vorstellen. (Obwohl es für die meisten VB-Steuerelemente keine physikalischen Prototypen gibt.) Jedes VB-Steuerelement hat seine visuelle Darstellung. Diese Darstellung kann sich abhängig von dem Zustand und den Eigenschaften ändern. Zum Beispiel kann ein Optionsfeld (Radiobutton) eingeschaltet oder ausgeschaltet aussehen. Ein VB-Steuerelement kann auf einer beliebigen Stelle eines „Formulars" („Dialog" oder „Seite") plaziert werden.

Visual Basic ist auch eine Programmiersprache. Wichtig ist, es ist eine *Skriptsprache*. Das bedeutet, daß die ganze Funktionalität auf mehrere fast unabhängige Skripte verteilt werden kann. Ein „Skriptstück" kann mit einem VB-Steuerelement verbunden werden.

Visual Basic-Steuerelemente hatten große Akzeptanz unter Anwendern und Entwicklern. Die hohe Portabilität und „Kompatibilität" von VBX-Steuerelementen haben den Fachleute ein neues Verständnis gegeben, welche neuen Horizonte für das Konzept der objektorientierten Programmierung bringt.

In einer Spezifikation, die Anfang 1994 herauskam, hat Microsoft das Konzept von OLE-Steuerelementen (OCX genannt) veröffentlicht. Eine glänzende Demonstration der Vorteile neuer Technologien wurde im Januar 1994 mit Microsoft Access 2.0 und später mit Visual FoxPro präsentiert.

Im Jahr 1996 wurde die Spezifikation „OCX 96" veröffentlicht. OLE-Steuerelemente wurden zu ActiveX-Steuerelementen erweitert. In neuen Versionen des Internet Explorers gibt es die Unterstützung von auf einer WWW-Seite eingebetteten ActiveX- bzw. OCX-Steuerelementen. Darüber sprechen wir in unserem Buch im Teil „ActiveX-Steuerelemente".

9.1.1 OLE

Um über OLE zu erzählen, muß ich kurz DDE erwähnen. DDE (*Dynamic Data Exchange*) ist ein Protokoll, das auf den gleichen Ideen basiert, wie die Anwendungen *JobAllocMsg* und *TaskManager*. Natürlich war DDE viel umfangreicher und komplizierter als unsere Auffassung.

DDE läßt den Anwender die Daten *dynamisch* austauschen. Um das zu ermöglichen, müssen alle Absender und Empfänger gleichzeitig ihr Programm laufen lassen. DDE setzt auf Windows-Nachrichten-Mechanismen. DDE verwendet man in einigen bestimmten Bereichen bis heute.

OLE (Object Linking & Embedding) 1.0 hat die schon damals bekannte Funktionalität der Zwischenablage stark erweitert. Nicht nur die Daten selbst, sondern auch die Informationen über die Datenquelle können in die Zwischenablage übertragen werden. Als Kommunikationsmittel verwendet OLE 1.0 DDE.

Das Kopieren nur der Rohdaten in die Zwischenablage erzeugt ein eingefügtes Objekt (*embedded object*). Kopieren der Rohdaten mit einem Verweis auf die Quelledatei erzeugt ein verknüpftes Objekt (*linked object*).

Beide Objektarten könnte in ein verbundenes Dokument (*compound document*) eingefügt werden.

Die typischen Beispiele von verbundenen Dokumenten mit eingefügten Objekten sind Emails mit verschiedenen Dateien drin. Ein bekanntes Beispiel von dynamisch verbundenen Dokumenten ist ein Word-Dokument mit einer verknüpften Excel-Tabelle. Die Tabelle innerhalb des Dokumentes ändert ihre visuelle Darstellung abhängig von Änderungen in der Quelledatei.

Nach einem Klick auf das Objekt oder sein Symbol in einem verbundenen Dokument ermittelt das OLE-Subsystem die im Dokument gespeicherten Informationen über die Stelle und den Namen der Anwendung, die für die Bearbeitung dieses Objektes zuständig ist. Diese Anwendung (Objekt-Server) wird gestartet und die Rohdaten (für ein eingefügtes Objekt) oder eine verknüpfte Datei (für ein verknüpftes Objekt) werden gelesen.

In OLE 1.0 bearbeitet der Benutzer Daten aus einem eingefügten bzw. verknüpften Objekt in einem separaten Fenster. Nach Ende der Bearbeitung wird dieses Fenster geschlossen und der visuelle Zustand des Objektes in dem verbundenen Dokument wird aktualisiert.

OLE 2.0 ist auf einem neuen Kommunikationsmechanismus, nämlich COM-basiert.

16-Bit OLE 2.0 ist heute für uns nur von historischem Interesse.

32-Bit OLE 2.0 war mit Windows NT 3.51 mitgeliefert. Diese Version hat Unicode und NT-Sicherheitsmechanismen unterstützt. Eine vereinfachte Version (ohne Sicherheitsmechanismen) wurde auch mit Windows 95 mitgeliefert.

OLE wurde so populär, daß die ursprüngliche Bedeutung des Begriffes langsam vergessen war. Wir verwenden diese Abkürzung jetzt meistens als einen Oberbegriff.

Der Übergang vom Begriff OLE zum Begriff ActiveX war ziemlich unerwartet. Im Jahr 1995 waren die Pläne von Microsoft über den Einsatz seines neuen Betriebssystems Cairo und das mit ihm verbundene Network OLE ungewiß. Einige Fachzeitschriften und Fachleute haben den Name OLE 3.0 für dieses Produkt verwendet. Außerdem hat Microsoft entschieden, seine Technologie möglichst für das Internet zu erweitern. Im Dezember 1995 hat Microsoft die erste Technologie aus dieser neuen Gruppe veröffentlicht – ActiveX-Steuerelemente (ActiveX controls). Die Spezifikation von ActiveX ist keine Erweiterung der OLE-Spezifikation. Die Zuordnung gilt nur in eine Richtung: Jedes OLE-Steuerelement ist ein ActiveX-Steuerelement, aber nicht unbedingt umgekehrt.

ActiveX ist keine technische Abkürzung, sondern nur ein künstlicher bzw. kaufmännischer Name.

9.2 ActiveX-Technologien und -Schnittstellen

In diesem Abschnitt gewinnen wir einen Überblick über die ActiveX-Landschaft. Die Tabelle 9.2 hilft Ihnen, die erste Bekanntschaft mit den wichtigsten COM/ActiveX-Bereichen und dazugehörigen Schnittstellen zu machen. In der Tabelle sind die Schnittstellen nach Technologien gruppiert.

Technologiegruppe	Schnittstelle
COM/ActiveX Basis	IUnknown IClassFactory ICLassFactory2 IMarshal IMalloc IStdMarshallInfo IExternalConnection IConnectionPoint IConnectionPointContainer ICatInformation ICatRegister IClientSecurity IMultiQI IServerSecurity IServerProvider
Automatisierung	IDispatch IDispatchEx dual Interface
Strukturierte Ablage	IPersist IPersistStorage IPersistFile IPersistStream IStorage IStream ILockBytes IPersistMoniker

Technologiegruppe	Schnittstelle
	IPersistPropertyBag IPropertyBag
Drag&Drop	IDropSource IDripTarget
ActiveX-Steuerelemente	IOleControl IOleControlSite ISimpleFrameSite IFont IPicture IPersistStreamInit ISpecifypropertyPages IPropertyPage IPropertyPage2 IPropertyPageSite IPerPropertyBrowsing IAdviceSinkEx IOleObjectWithSite IOlePlaceObjektWindowless IOleInPlaceSiteEx IOleInPlaceSiteWindowless IPointerInactive IQuickActivate IViewObjectEx
Verbindungsdokumente / ActiveX-Dokumente	IOleObject IOleClientSite IOleContainer IOleItemContainer IOleAdviseHolder IOleCache IOleCache2 IOleCacheControl IOleLink IRunableObject IOleWindow IOleInPlaceObject

Technologiegruppe	Schnittstelle
	IOleInPlaceActiveObject IOleInPlaceUIWindow IOleInPlaceFrame IOlePlaceSite IOleCommandTarget IOleDocument IOleDocumentSite IOleDocumentView IPrint
Datentransfer	IDataObject IViewObject IViewObject2 IDataAdviseHolder
Bindung	IMoniker IBindCtx IRunningObjectTable IParseDisplayName IAsyncMoniker IBindHost IBinding IBindStatusCallback IWindowForBindungUI
Benachrichtigung	IAdviseSink IAdviseSink2 IMessageFilter IPropertyNotifySink IContinueCallback
ActiveX-Erweiterungen	IAuthenticate ICodeInstal IFillLockBytes IHink IHinkBrowseContext IHinkFrame IHinkSite IHinkTarget

Technologiegruppe	Schnittstelle
	IHttpNegotiate ILayoutStorage IProgressNotify IWinInitHttpInfo IWinInetInfo

Tabelle 9.2: Technologiegruppen und Schnittstellen

Am Ende des Kapitels lernen wir einige wichtige Begriffe kennen.

Ein *ActiveX-Objekt* ist ein COM-Objekt, das seine Schnittstelle für andere Objekte veröffentlicht.

Ein *ActiveX Client* ist ein Teil einer ausführbaren Datei, die auf ActiveX-Objekte zugreifen und mit Hilfe von ActiveX-Schnittstellen ihre Funktionalität verwenden kann.

Eine ActiveX-Komponente ist eine ausführbare Datei (EXE, DLL, OCX), die ActiveX-Objekte enthält.

9.3 Ressourcen

Samples

Eine Liste der allgemeinen COM-Samples finden Sie in der Online-Hilfe unter der Suchmaske „Compilier COM Support Samples".

Literatur

Wenn Sie Ihre Kenntnisse über die Grundlagen von COM vertiefen wollen, empfehle ich Ihnen das Buch von Kraig Brockschmidt [9]. Nützliche Information finden Sie auch in viele anderen Büchern und in der Online-Hilfe.

9.3.1 Zusammenfassung

In diesem Teil des Buches haben wir die Grundlagen von COM kennengelernt. Diese Kenntnisse sind nötig, um die ActiveX-, OLE- und DCOM-Anwendungen effizient zu programmieren.

In nächstem Teil beschäftigen wir uns mit der Automatisierung. Diese Technologie läßt bequem und einfach die Funktionalität von fremden Systemen (z.B. MS Office-Anwendungen) in eigenen Anwendungen verwenden. Außerdem ist die Automatisierung ein Fundament für mehrere fortgeschrittene ActiveX-Technologien.

Teil C: Automatisierung

Im vorigen Teil des Buches haben wir ein COM-Objekt mit zwei Schnittstellen erstellt. In einer COM-Client-Anwendung wurden diese Schnittstellen ermittelt und die Funktionen der Schnittstellen aufgerufen. Sie haben bemerkt, daß der Zeitaufwand für die Programmierung von direkt von IUnknown abgeleiteten Schnittstellen ziemlich groß war.

Die Automatisierungsschnittstelle von COM verwenden die Entwickler in vielen Fällen, wenn ein Objekt eine eigene Schnittstelle benötigt. (Wenn keine der ActiveX-Standardschnittstellen dafür geeignet ist.)

Auf der Automatisierungsschnittstelle basieren mehrere Standardschnittstellen. Die Rolle der Automatisierungsschnittstelle in COM ist nicht zu unterschätzen.

In diesem Kapitel werden wir uns mit der Automatisierung verschiedener Aspekte beschäftigen. Als praktisches Beispiel erforschen wir folgende Fragen:

1. Wie schreibt man einen Automatisierungs-Client (ActiveX-Client) für ein fertiges Automatisierungs-Objekt (zum Beispiel MS Excel)?
2. Wie kann man mit einem VBA Script (Visual Basic for Application) ein Automatisierungsobjekt steuern?
3. Wie programmiert man einen Automatisierungsserver?

MFC, AppWizard und ClassWizard erleichtern die Entwicklung von Automatisierungsanwendungen erheblich.

Am Anfang des Kapitels widmen wir uns den Grundlagen der Automatisierung.

10 Grundlagen der Automatisierung

Die *Automatisierung* (früher OLE-Automatisierung genannt) läßt ein Objekt die anderen Objekte steuern oder eigene Methoden und Eigenschaften für andere Objekte „veröffentlichen".

Macht die *Iunknown*-Schnittstelle nicht dasselbe? Eigentlich ja, aber die Automatisierung macht das bequemer und zuverlässiger.

Die Automatisierung gehört als Technologie zum Bereich der ActiveX-Technologien.

Nach dem Einsatz von ActiveX gab es in Online-Dokumentation und Fachbüchern einige Begriffsänderungen. Unten folgen einige Definitionen und Erklärungen, die Ihnen im Umgang mit den Begriffen helfen sollten.

Die *Automatisierungsschnittstelle* heißt *IDispatch*. Diese Schnittstelle ist von *IUnknown* abgeleitet, deswegen ist jedes *Automatisierungsobjekt* (automation object) gleichzeitig ein COM-Objekt. Eine umgekehrte Aussage ist natürlich nicht richtig.

Außer uns bekannten Methoden kann ein Automatisierungsobjekt noch Eigenschaften (*properties*) und Ereignisse (events) haben.

Eine *Eigenschaft* ist der C++-Klassenvariable bzw. dem Klassenmitglied ähnlich. Von C++ aus erreicht man die Eigenschaften eines Objektes mit Hilfe der Methoden *Set/Get*. Diese Funktionen heißen in ActiveX *Zugriffsfunktionen* (accessor function).

Ein *Ereignis* ist eine Aktion im Server, auf die der Client reagieren kann. Typische Beispiele von Ereignissen sind ein Mausklick auf das Steuerelement oder eine Änderung des Zustandes eines Automatisierungsobjektes. Die Ereignisse sind speziell implementiert. Alle „normalen" Methoden eines Automatisierungsobjektes ruft der Client auf. Diese „normalen" Methoden sind in Automatisierungsobjekten implementiert. Im Fall von Ereignissen ist es umgekehrt. Die Ereignis-Methoden sind im Client implementiert. Das Automatisierungsobjekt darf diese Methoden mit Hilfe eines speziellen Mechanismus aufrufen.

Eine *Typeninformation* ist eine formelle Beschreibung (mit Hilfe einer speziellen Sprache) der COM-Schnittstellen einer Anwendung. Mit Hilfe von Typeninformationen veröffentlicht ein Objekt (englisch expose) ihre Schnittstelle.

Eine *Typenbibliothek* ist eine spezielle Datei oder ein Teil einer anderen Datei mit Typeninformationen. Der Visual C++-Compiler hat für uns im Projekt *JobAllocCOMDLL* eine Typenbibliothek (die Datei *JobAllocCOMDLL.tlb*) hergestellt. Diese Datei enthält aber noch keine Typeninformation und kann deswegen nicht verwendet werden.

Im vorigen Teil des Buches haben wir die Analogie zwischen COM und einem Telefonnetz besprochen. Diese Analogie läßt sich auch im Fall der Typeninformation verwenden. Die Typeninformationen spielen zusammen die Rolle eines Telefonbuches (mit Nummern, Adressen und evtl. kurzen Informationen über die Tätigkeit einer Firma).

Die Typenbibliothek läßt feststellen, ob eine Schnittstelle bzw. eine Funktion in einem Objekt vorhanden ist, ohne es laufen zu lassen und mit der Funktion *QueryInterface()* abzufragen. In einigen Fällen ist das alles, was eine andere Anwendung (zum Beispiel ein Werkzeug für die Anzeige auf einem Computer installierter COM-Objekte und Schnittstellen) benötigt.

Der *Automatisierungsclient* heißt oft *Automatisierungscontroller*, weil es seine Aufgabe ist, die Automatisierungsobjekte zu steuern.

Die Automatisierung beschäftigt sich oft mit den „Familien" von ActiveX-Objekten. Die „Familien" der ActiveX-Objekte sind hierarchisch anzuordnen. Auf dem höchsten Niveau dieser Hierarchie befindet sich das *Anwendungsobjekt* (application object). Ein Beispiel dafür ist MS Excel mit einer riesigen Hierarchie von Automatisierungsobjekten.

In vielen Automatisierungs-„Familien" können unten in der Hierarchie stehende Objekte nur durch das Anwendungsobjekt und seine Kinderobjekte erreicht werden.

Einige Anwendungsobjekte kümmern sich um mehrere Objekte einer Art, die sich zusammen als *Kollektion* (collection) verhalten. Ein Beispiel dafür sind Excel-Tabellen.

In der MFC MDI- (Multi Document Interface) Architektur kann jedes Dokument unabhängig von einem Automatisierungsclient gesteuert werden. Dieses Thema erforschen wir im Kapitel „MFC und Automatisierung" präzise.

10.1 Kommunikation der Objekte

Ein Automatisierungsclient kann die Methoden eines Automatisierungsobjektes folgendermaßen aufrufen:

- mit Hilfe der Schnittstelle IDispatch
- mit Hilfe von VTBL (virtual function table)

Beide Arten der Aufrufe werden unten besprochen.

Die Automatisierung ist ideal für verschiedene Skriptsprachen geeignet. In solchen Sprachen können die Aufrufe der Methoden von Automatisierungsobjekten einzeln durchgeführt werden.

Die Schnittstelle *IDispatch* ist von der Schnittstelle *IUnknown* abgeleitet. Diese Schnittstelle ist eine Art Gateway für andere Schnittstellen, die die *IDispatch*-Funktionalität für eigene Zwecke verwenden.

Die Schnittstelle IDispatch enthält vier Funktionen: *GetTypeInfoCount(), GetTypeInfo(), GetIDsOfNames()* und *Invoke()*.

Mit dem Aufruf der Funktion *GetTypeInfoCount()* ermittelt der Client, ob das aufgerufene Objekt die Typeninformation unterstützt.

Ist das der Fall, kann der Client die Funktion *GetTypeInfo()* aufrufen, um einen Zeiger auf die Schnittstelle *ItypeInfo()* zu bekommen. Mit Hilfe dieser Schnittstelle kann der Client Informationen über die Namen und die Parameter der in *IDispatch* implementierten Funktionen (Methoden) herausfinden. Außerdem kann man die Hilfedatei und einen Verweis (Kontext-ID) in dieser Datei mit Hilfeinformation für die Methode ermitteln. Diese Informationen benötigen verschiedene Objekt-Browser und Interpreter von Skriptsprachen wie Visual Basic. Andere Automatisierungsclients fragen diese Information normalerweise selten ab.

Das wichtigste Merkmal der Schnittstelle *IDispatch* ist ihre Fähigkeit, eigene Methoden via textuelle Beschreibung („by name") aufzurufen. Diesen Aufruf macht man in zwei Schritten.

Bei dem ersten Schritt ruft man die Methode *GetIDsOfNames()* auf. Diese Methode liefert die sog. *Dispatch ID* (*dispid*) zurück. Dispatch ID ist eigentlich nichts anderes, als die unverwechselbare Nummer einer Methode innerhalb einer Schnittstelle.

Diese *dispid* verwendet der Client ferner bei dem Aufruf der Methode *Invoke().*

Aus welchem Grund ermitteln wir bei der Automatisierung zuerst die *dispid* und verwenden danach diese *dispid* in *Invoke()*? Warum kann man nicht alles in einem Schritt machen? Dafür gibt es folgende Argumente.

Erstens können Sie bei wiederholten Aufrufen (zum Beispiel in einer Schleife) nur einmal den *dispid* ermitteln und dann mehrere Male verwenden.

Zweitens, wenn *dispid* während des Kompilierens bekannt ist, kann der Compiler selbst den *dispid* herausfinden und direkt beim Aufruf von *Invoke()* verwenden.

Der Compiler kann *dispid* sogar von der Typenbibliothek und nicht mit Hilfe des Aufrufs der Methode *GetIdsOfNames()* ermitteln.

Diese Möglichkeit heißt *ID-Bindung* (*id binding*). In Visual Basic nennt man ID-Binden *frühe Bindung*.

Die Methoden des Automatisierungsobjektes haben eigene Nummern. Man spricht deswegen von einer Tabelle der Schnittstellenmethoden. Diese Tabelle ist sehr der bekannten im Compilerbau VTBL (virtual function table) ähnlich.

In der Schnittstelle – VTBL stehen die Methoden der Basisklasse weiter oben als die Methoden der abgeleiteten Klassen. Wenn zum Beispiel die Schnittstelle *IMeineSchnittstelle* von *IDispatch* abgeleitet ist und die Methoden *Fun1* und *Fun2* enthält, sieht die VTBL für diese Schnittstelle so aus (Tabelle 10.1).

IUnknown::QueryInterface
IUnknown::AddReff
IUnknown::Release
IDispatch::GetIDsOfNames
IDispatch::GetTypeInfo
IDispatch::GetTypeInfoCount
IDispatch::Invoke
IMeineSchnittstelle::Fun1
IMeineSchnittstelle::Fun2

Tabelle 10.1: VTBL für Schnittstelle IMeineSchnittstelle

Beim Veröffentlichen der Schnittstellen Ihres Objektes können Sie in der Typenbibliothek eine Art des Funktionsaufrufes als *IDispatch, VTBL* oder beides einstellen. Abhängig von der Aufrufsart spricht man von einer *Idispatch*-Schnittstelle, eine *VTBL-Schnittstelle* oder einer *dualen* Schnittstelle. Microsoft empfiehlt, beide Arten der Funktionsaufrufe in Ihren ActiveX-Objekten zu unterstützen. Wenn Sie Ihre ActiveX-Objekte mit Hilfe von MFC oder ATL erzeugen, geschieht das praktisch automatisch.

An dieser Stelle können wir von der trockenen Theorie zu einem praktischen Projekt übergehen.

10.2 Projekt WordClient

In diesem Projekt erfahren wir, wie einfach und elegant ein Automatisierungsserver von einem Automatisierungsclient gesteuert werden kann. Als praktisches Beispiel nehmen wir das Problem von Serienbriefen.

Haben wir nicht vergessen, daß wir in unserem Buch alle Beispiel-Projekte aus der täglichen Tätigkeit einer Hardware-Firma nehmen? Die Serienbriefe gehören zu dieser Reihe.

Nehmen wir an, daß ein Automatisierungsserver die Namen und Adressen von Kunden mitteilen kann, die über die Fertigung ihrer Computer informiert werden müssen. Der Automatisierungsserver selbst und seine Entwicklung ist der Gegenstand unseres nächsten Projektes *AdrList*. In diesem Projekt betrachten wir nur die Client-Seite.

Nehmen wir an, daß uns über den Server folgende Informationen bekannt sind:

1. Das Automatisierungsobjekt heißt „AdrList.Document".
2. Dieses Objekt kann man sich als eine Reihe von Adressen vorstellen. Eine Adresse ist immer aktuell, u.a. gerade nach dem Anlegen eines Automatisierungsobjektes.
3. Die aktuelle Adresse hat folgende Eigenschaften: Name, Strasse, PLZ. Alle Eigenschaften kann man sich als die Textzeilen vorstellen. Damit enthält die letzte Zeile nicht nur die Postleitzahl, sondern auch den Namen der Stadt, zum Beispiel „45721 Halten".
4. Der Aufruf der Funktion *Next* „dreht" die Adressenliste, falls noch andere Adressen vorhanden sind. Die Funktion liefert einen logischen Wert. Wenn die aktuelle Adresse die letzte ist, liefert diese Funktion den Wert *false* und die Adresseneigenschaften ändern sich nicht. Anderseits liefert die Funktion den Rückwert *true* und neue Adresse stehen nach dem Aufruf zur Verfügung.

Unser Client ist mit Hilfe von Microsoft Word als eine Erweiterung eines Word-Makros implementiert. Das Makro ist mit Befehlen für das Erzeugen von Automatisierungsobjekten und für die Ermittlung ihrer Eigenschaften ergänzt.

Der Client (die Anwendung AdrList.exe) befindet sich auf der CD im Verzeichnis *vcpp\AdrList\Debug*. Im Verzeichnis *..vcpp\AdrList* finden Sie ein Dokument mit dem Namen „ActiveX Consult Inc. doc". Dieses Dokument sieht so aus (Listing 10.1)

```
ActiveX Consult Inc.
Zentrum Str.1
12345 Mittenburg



Name
Strasse
PLZ_Stadt


Sehr geehrter Herr Name1,

Ihr Computer ...
```

Listing 10.1: Dokument-Vorlage für Serienbriefe

Das Makro *AutoBrief* mit den Ergänzungen finden Sie in Listing 10.2. Sie können aber selbst ein solches Makro erzeugen.

Schritt 1: Festlegen des Makros

Öffnen Sie das Dokument *ActiveX Consult Inc. doc* in MS Word. Kopieren Sie eine kurze Textzeile bzw. einen Buchstaben in die Zwischenablage. Plazieren Sie den Cursor irgendwo am Anfang des Briefes (zum Beispiel auf der ersten Zeile). Wählen Sie den Menüpunkt EXTRA | MAKRO | AUFZEICHNEN im Word-Menü. Ein Dialog erscheint. Füllen Sie den Dialog, wie in der Abbildung 10.1 zu sehen ist, aus.

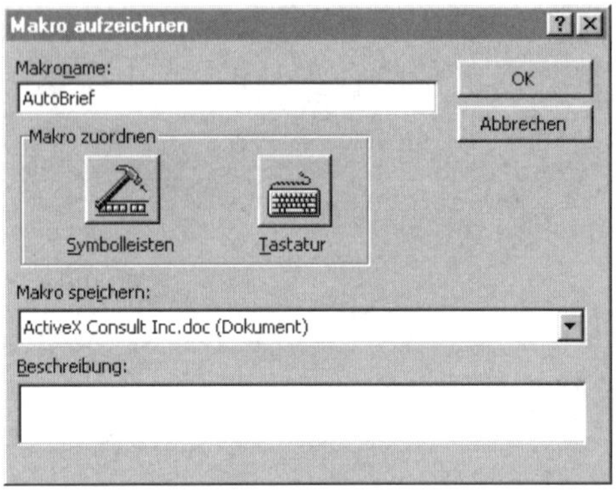

Abbildung 10.1: Festlegen der Eigenschaften eines Makros in Microsoft Word

Schritt 2: Aufnahme des Makros (Hauptteil)

Öffnen Sie den Dialog „Suchen und Ersetzen" von Microsoft Word (Menüpunkt BEARBEITEN | ERSETZEN in Word). Fügen Sie das Feld „Suchen nach" dem Dialog des Textes „Name" hinzu und klicken Sie auf „Weitersuchen". Der gesuchte Text wird damit hervorgehoben. Löschen Sie den hervorgehobenen Text und fügen Sie statt dessen den Text aus der Zwischenablage hinzu. (Welcher Text es ist, spielt keine Rolle, weil diese Aktion im Makro ignoriert wird.)

Wiederholen Sie Schritt 2 für „Strasse", „PLZ_Stadt" und „Name1" im Feld „Suchen nach".

Schritt 3: Aufnahme für das Drücken des Dokumentes

Wählen Sie den Menüpunkt DATEI | DRUCKEN. Der Drucker muß nicht unbedingt damit eingeschaltet sein.

Beenden Sie die Aufzeichnung des Makros.

Nach dem Beenden der Makroaufzeichnung bekommen Sie als Quellcode einen Text wie im Listing 10.2. Den Quellcode des Makros können Sie nach der Auswahl des Menüpunktes EXTRAS | MAKRO | MAKROS... in MS Word ansehen. In Listing 10.2 sind die Zeilen, die Sie manuell einfügen oder korrigieren müssen, mit Fettschrift gekennzeichnet.

```
Sub AutoBrief()
'
' AutoBrief Makro
'
'== ----Anlegen von Automatisierungsserver
   Dim Srv As Object
   Set Srv = CreateObject("AdrList.Document")

 '== ----Ermittlung des Namens
   Nam = Srv.Name
```

```
'== ----Einfügen des Namens im Briefkopf
  Selection.Find.ClearFormatting
  With Selection.Find
      .Text = "Name"
      .Replacement.Text = ""
      .Forward = True
      .Wrap = wdFindContinue
      .Format = False
      .MatchCase = False
      .MatchWholeWord = False
      .MatchWildcards = False
      .MatchSoundsLike = False
      .MatchAllWordForms = False
   End With
   Selection.Find.Execute
   Selection.Delete Unit:=wdCharacter, Count:=1
   'Selection.Paste
  Selection = Nam

 '== -----Einfügen der Strasse in Briefkopf
   Selection.Find.ClearFormatting
   With Selection.Find
      .Text = "Strasse"
      .Replacement.Text = ""
      .Forward = True
      .Wrap = wdFindContinue
      .Format = False
      .MatchCase = False
      .MatchWholeWord = False
      .MatchWildcards = False
      .MatchSoundsLike = False
      .MatchAllWordForms = False
   End With
   Selection.Find.Execute
   Selection.Delete Unit:=wdCharacter, Count:=1
   'Selection.Paste
     Selection = Srv.Strasse

  '== -----Einfügen von PLZ und Stadt in Briefkopf
   Selection.Find.ClearFormatting
   With Selection.Find
      .Text = "PLZ_Stadt"
      .Replacement.Text = ""
      .Forward = True
      .Wrap = wdFindContinue
      .Format = False
      .MatchCase = False
      .MatchWholeWord = False
```

```
        .MatchWildcards = False
        .MatchSoundsLike = False
        .MatchAllWordForms = False
    End With
    Selection.Find.Execute
    Selection.Delete Unit:=wdCharacter, Count:=1
    'Selection.Paste
   Selection = Srv.PLZ
    '== ---- Einfügen des Names in die Begrüßungszeile
    Selection.Find.ClearFormatting
    With Selection.Find
        .Text = "Name1"
        .Replacement.Text = ""
        .Forward = True
        .Wrap = wdFindContinue
        .Format = False
        .MatchCase = False
        .MatchWholeWord = False
        .MatchWildcards = False
        .MatchSoundsLike = False
        .MatchAllWordForms = False
    End With
    Selection.Find.Execute
    Selection.Delete Unit:=wdCharacter, Count:=1
    'Selection.Paste
   Selection = Nam
      '== -----Drucken des Dokumentes
    Application.PrintOut FileName:="", Range:=wdPrintAllDocument, Item:= _
        wdPrintDocumentContent, Copies:=1, Pages:="",
            PageType:=wdPrintAllPages, _
        Collate:=True, Background:=True, PrintToFile:=False
End Sub
```

Listing 10.2: Das Makro für das Ausdrucken der Serienbriefe mit Hilfe der Automatisierung

Wir wollen nicht auf die Einzelheiten der Makroprogrammierung mit MS Word eingehen. Deswegen gebe ich an dieser Stelle nur kurze Kommentare zum Quellcode des aufgezeichneten Makros.

Das MS Word Makro fängt mit der Anweisung *Sub <Name>* an und endet mit der Anweisung *End Sub.*

Am Anfang deklarieren wir die Variable *Srv* als Objekt. Rein technisch bedeutet das, daß Word mit dieser Variablen mit Hilfe von Automatisierungsschnittstellen zu arbeiten versucht.

Die Funktion *CreateObject* von Word Basic beauftragt COM, ein COM-Objekt mit dem *ProgID „AdrList.Document"* zu finden und anzulegen.

Die Anweisung

```
Nam = Srv.Name
```

konvertiert den Word Basic Interpreter in Aufrufe der Automatisierungsschnittstelle des Objektes. Als Rückwert wird der Name der ersten Adresse geliefert. Diesen Namen werden wir in der Erweiterung des Makros zweimal (in den Adressen und in der Begrüßungszeile) anwenden.

Die Anweisungen von *Selection.Find.ClearFormatting* bis *Selection.Paste* wurden bei der Makro-Aufnahme generiert.

Der erste Befehl (*...ClearFormatting)* räumt alle Einstellungen des Objektes aus.

Die „Klammern" *With...* und *EndWith* lassen uns das Schreiben sparen. Zum Beispiel ist die Anweisung *.Text* mit *Selection.Find.Tex.* gleich.

Der Makrorekorder ist manchmal „zu fleißig". Er legt alle vorläufigen Einstellungen des Objektes *Selection.Find* schriftlich fest.

Die Anweisung *Selection.Find.Execute* entspricht einem Klick auf die Schaltfläche OK im Dialog „Suchen und Ergänzen".

Die nächste Anweisung, *Selection.Delete,* löscht den markierten (selektierten) Text. Bei dem nächsten Schritt sollte der in der Zwischenablage gespeicherte Text an dieser Stelle eingefügt werden. Dies wollen wir aber nicht. (Auskommentierung mit dem Symbol ` auf der ersten Position der Zeile *Selection.Pate.*) Statt dessen fügen wir an dieser Stelle den Text aus der Variablen *Nam* hinzu. So ist der Text von dem Automatisierungsobjekt im Word-Dokument eingefügt!

Der Rest des Makros wiederholt mit verschiedenen Texten im Feld „Suchen nach" dreimal den oben beschriebenen Schritt 2.

Jetzt können Sie testen, wie unser Makro funktioniert.

Kopieren Sie die Anwendung *AdrList.exe* von der CD auf die Festplatte und starten und schließen Sie diese Anwendung. Wir brauchen das, um das Automatisierungsobjekt von der Anwendung zu registrieren.

Öffnen Sie die Liste der vorhandenen Makros (Menüpunkt EXTRAS | MAKRO | MAKROS in MS Word). Finden Sie in der Liste den Makro *AutoBrief* und starten Sie dieses Makro.

Unten in Listing 10.3 sehen Sie das Ergebnis der Arbeit des Makros aus Listing 10.2.

```
...
Herrn Schmidt
Banhofstr. 10
45721 Haltern
```

```
Sehr geehrter Herr Schmidt,


Ihr Computer …
```

Listing 10.3: Das Ergebnis des Makros

Sie sehen, daß wir statt des Serienbriefs nur einen einzigen Brief gedruckt haben. Um mehrere Briefe zu drucken, müssen wir den oben im Makro beschriebenen Vorgang mehrere Male wiederholen. (Natürlich muß das Automatisierungsobjekt nur einmalig angelegt werden.) Dabei müssen wir jedesmal am Ende die Methode *Next()* aufrufen.

Jetzt widmen wir uns weiter den technischen Details der Automatisierung.

10.3 Datentyp Variant und Parameterübertragung in der Automatisierung

Das Konzept der Schnittstelle löst mögliche Probleme im Bereich Aufrufskonventionen, wenn der Client und der Server auf verschiedenen Programmiersprachen implementiert sind.

Wenn der ActiveX-Client und das ActiveX-Objekt auf verschiedenen Programmiersprachen implementiert sind, taucht ein Problem mit den Parametertypen auf. Verschiedene Compiler „verstehen" verschieden, was z.B. eine Ganzzahl ist. Es handelt sich um die Anzahl der Bytes und die Art des Kodierens.

Um mögliche Störungen wegen der Unterschiede in den Parametertypen zu vermeiden, setzt die Automatisierung einen universalen Mechanismus für das Kodieren der übertragenen Parameter ein. Die Idee ist einfach und alt – zusammen mit dem Wert packt der Client die Information über den Typ des Parameters ein. So entsteht der Allzweck-Datentyp *VARIANT*.

In Tabelle 10.2 finden Sie die Beschreibung der Parametertypen in VARIANT:

Typ	VARIANT Type	Erläuterung
short	VT_I2	16-Bit Ganzzahl
long	VT_I4	32-Bit Ganzzahl
boolean	VT_BOOL	Logischer Wert
char	VT_UI1	Einzelnes Symbol bzw. Buchstabe
float	VT_R4	4-Byte Gleitkomma
double	VT_R8	8-Byte Gleitkomma
DATE	VT_DATE	Datum/Zeit
BSTR	VT_BSTR	UNICODE-Zeichenkette
CY	VT_CY	Währung

Typ	VARIANT Type	Erläuterung
EMPTY	VT_EMPTY	Kein Objekt
NULL	VT_NULL	Null Objekt
SCODE	VT_ERROR	Status Code
SAFEARRAY	VT_ARRAY	Feld mit Daten
IUnknown*	VT_UNKNOWN	Zeiger auf IUnknown
IDispatch*	VT_DISPATCH	Zeiger auf IDispatch

Tabelle 10.2: Die Haupttypen in VARIANT

In der Deklaration (in einer Visual C++-Kopfdatei) ist VARIANT etwa wie die C-Struktur deklariert. Der Typ kann damit mit dem Feld *vt* festgelegt werden. Die Werte packt man in eine C *union* aus verschiedenen Datentypen (*iVal* für 16-Bit Ganzzahl, *lVal* für 4-Bit Ganzzahl usw.).

Die Automatisierung läßt mit Hilfe von VARIANT auch die Zeiger bzw. die Referenz auf die in der Tabelle 10.2 gelisteten Werte übertragen.

MFC bietet eine Klasse, die uns hilft, komfortabel mit VARIANT umzugehen. Die Konstruktoren dieser Klasse sehen so aus:

```
COleVariant( );
COleVariant( const VARIANT& varSrc );
COleVariant( const COleVariant& varSrc );
COleVariant( LPCVARIANT pSrc );
COleVariant( LPCTSTR lpszSrc );
COleVariant( LPCTSTR lpszSrc, VARTYPE vtSrc );
COleVariant( CString& strSrc );
COleVariant( BYTE nSrc );
COleVariant( short nSrc, VARTYPE vtSrc = VT_I2 );
COleVariant( long lSrc, VARTYPE vtSrc = VT_I4 );
COleVariant( const COleCurrency& curSrc );
COleVariant( float fltSrc );
COleVariant( double dblSrc );
COleVariant( const COleDateTime& dateSrc );
COleVariant( const CByteArray& arrSrc );
COleVariant( const CLongBinary& lbSrc );
```

Diese Klasse enthält natürlich außer den Konstruktoren auch einige andere nützliche Methoden. Diese Methoden lassen uns die Variablen ausräumen, vergleichen usw. Die Klasse *COleVariant* werden wir im Laufe des nächsten Kapitels unseres Buches ziemlich oft benutzen.

Visual C++ bietet auch einige API-Funktionen an, die mit VARIANT-Objekten umgehen: *VariantInit()*, *VariantClear()*, *VariantCopy()*, *VariantChangeType()* usw.

10.4 Typenbibliotheken

Die Begriffe „Typeninformation" und „Typenbibliothek" wurden oben schon im allgemeinen definiert.

Mit Hilfe einer Typenbibliothek informiert eine ActiveX-Komponente über enthaltene ActiveX-Objekte, ihre Methoden, Eigenschaften und Ereignisse. Die Typenbibliothek beschreibt normalerweise für jede Methode (Eigenschaft, Ereignis) von Automatisierungs- und anderen Schnittstellen ihren Namen, den *dispid*, die Arten der Parameter und der Rückwerte. Mit jeder Methode (Eigenschaft, Ereignis) kann ein Hilfsthema verknüpft werden, indem man die Besonderheiten beschreibt. In Typenbibliotheken können sich auch andere Informationseinheiten befinden.

Die Typenbibliotheken verwenden die Compiler für die Vorbereitung früher Bindungen für den Automatisierungsclient, verschiedene Viewers und die Quellcode-Generatoren, die abhängig von der Typeninformation die Skelett-Quelldateien für Proxy-Klassen (Objekte) erzeugen. In diesem Kapitel werden wir die Vertreter aller drei Werkzeugarten besprechen.

Ein Entwickler einer ActiveX-Komponente muß eine Typenbibliothek zuerst in Form eines Quellcodes vorbereiten und danach mit Hilfe eines speziellen Compilers in eine binäre Form umwandeln. Wenn Sie Ihre ActiveX-Komponenten mit Hilfe von Visual C++ (MFC) entwickeln, übernimmt der Visual C++-Compiler diese Routinearbeit.

Den Quellcode einer Typenbibliothek schreibt man in der Sprache *ODL* (*Object Description Language*) oder auf IDL (Interface Description Language). MFC-Automatisierung bereitet den Quellcode von Typenbibliotheken auf ODL vor.

Das Kompilieren von ODL- (IDL-) Dateien in binäre Form erfüllt der *MIDL-* (*Microsoft Interface Description Language*) Compiler. (In früheren Versionen von Visual C++ wurden die ODL-Dateien mit Hilfe des *MkTypLib*-Dienstprogramms kompiliert.)

Das Ergebnis des Kompilierens ist eine Datei mit der Endung *.tlb*. Wenn auf Ihrem Computer Microsoft Office installiert ist, finden Sie in seinem Verzeichnis mehrere *.tlb*-Dateien. Diese Dateien verwenden Office-Anwendungen für die Automatisierung.

Die Typenbibliotheken müssen zusammen mit ActiveX-Objekten registriert werden.

Der Eintrag mit den Informationen über eine registrierte Typenbibliothek einer ActiveX-Komponente befindet sich in der Registrierdatenbank unter dem Schlüssel

```
HKEY_CLASSES\ROOT\CLSID\{..CLSID vom ActiveX Objekt}TypeLib = {CLSID
von Typenbibliothek}.
```

Mit Hilfe des Werkzeuges OLEVIEW.EXE (das zum Lieferungsumgang von Visual C++ gehört und sich normalerweise im Verzeichnis *...\DevStudio\VC\bin* befindet) können Sie auf Ihrem installierten Computer Typenbibliotheken herausfinden und analysieren (siehe die Abbildungen 10.2 und 10.3).

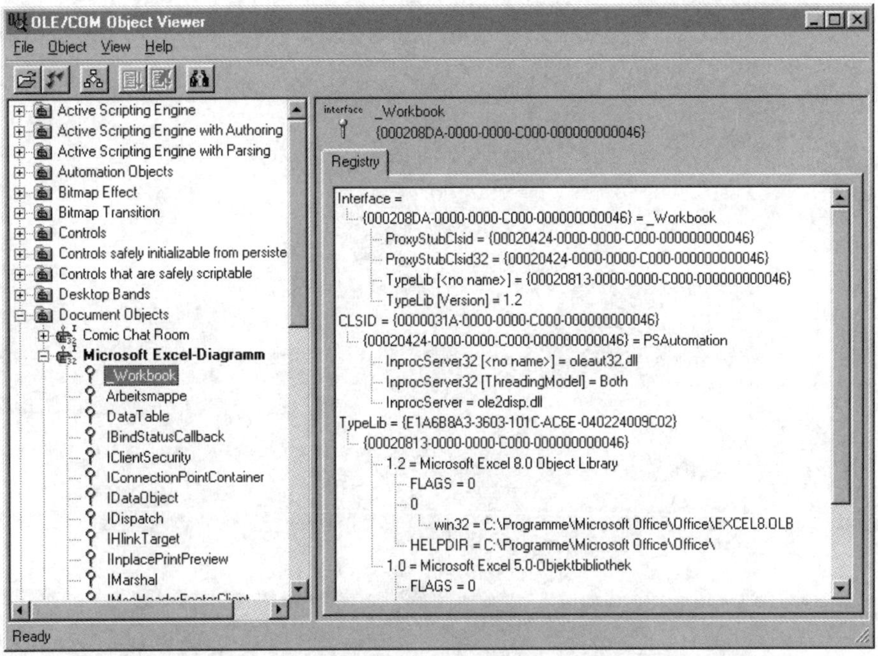

Abbildung 10.2: Anzeigen von Typeninformation mit Hilfe von OLEVIEW.EXE

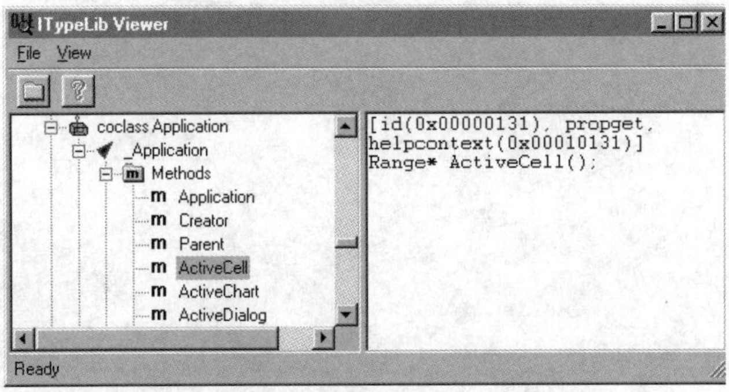

Abbildung 10.3: Anzeigen von Typeninformation einer Methode der Klasse _Application der Excel 8-Automatisierungsschnittstelle

11 MFC und Automatisierung

MFC bietet viel für das schnelle und sichere Erzeugen von Automatisierungsservern und Automatisierungscontrollern. Dabei arbeiten AppWizard, ClassWizard und MFC zusammen. MFC bietet in der Klasse *CCmdTarget* die Grundfunktionalität für COM bzw. die Automatisierungs-Unterstützung. Die Wizards fügen den Klassen Quellcode (z.B. Makros) hinzu, die den Umgang mit der Automatisierung erheblich erleichtern.

Am Anfang dieses Kapitels lernen wir einige MFC-Makros kennen. Im Projekt *AdrList* schauen wir uns an, wie AppWizard und ClassWizard ihre Arbeit beim Herstellen der Automatisierungs-Schnittstellen machen.

11.1 MFC Automatisierung – Makros

Die Unterstützung von Automatisierungsschnittstellen (und anderen COM-Schnittstellen) hat das Visual C++-Team von Microsoft nach der gleichen Art und Weise wie die Nachrichtenbearbeitung organisiert.

Wir haben die Makroanweisungen in die sogenannten Karten (maps) gruppiert.

Ähnlich wie bei den Makros *DECLARE_MESSAGE_MAP*, *BEGIN_MESSAGE_MAP* und *END_MESSAGE_MAP* für die Nachrichtenbearbeitung fügt der ClassWizard bzw. AppWizard für Automatisierungsobjekte in der Kopfdatei den Makro *DECLARE_DISPATCH_MAP* und die Makros *BEGIN_DESPATCH_MAP* und *END_DISPATCH_MAP* in die Quelledatei hinzu.

Andere wichtige Automatisierungsmakros sind in der Tabelle 11.1 aufgelistet.

Makro	Beschreibung
DISP_FUNKTION	Definiert eine Automatisierungsfunktion
DISP_PROPERTY	Definiert eine Automatisierungseigenschaft mit Hilfe einer Variable
DISP_PROPERTY_EX	Definiert eine Automatisierungseigenschaft mit den Zugriffsfunktionen Set/Get
DISP_PROPERTTY_-NOTIFY	Definiert eine Automatisierungseigenschaft mit dem Aufruf einer „Meldungsfunktion"
DISP_DEFVALUE	Definiert eine Automatisierungseigenschaft als voreingestellt (default)

Tabelle 11.1: Die Automatisierungsmakros für die Deklaration der Automatisierungsmethoden und Automatisierungseigenschaften

Diese Makros werden für Sie von ClassWizard generiert. Betrachten wir diese Makros genauer.

DISP_FUNCTION

Mit diesem Makro fügt man dem Automatisierungsserver eine Methode hinzu. Der Prototyp sieht damit so aus:

```
DISP_FUNCTION(MyClass, szExternalName, pFunc, vtRetVal, listParams)
```

Der erste Parameter ist der Name der Klasse, die diese Methode enthält. Diese Klasse muß letztlich von der Klasse *CCmdTarget* abgeleitet werden.

Der zweite Parameter ist ein externer Name der Methode. Der Automatisierungsclient verwendet diesen Namen beim Aufruf.

Der dritte Parameter des Makros ist der C++-Name der Funktion.

Der vierte Parameter stellt den Typ des Rückwerts dar. Das ist ein VARIANT-Typ aus der Tabelle 10.2. Der letzte Parameter ist eine Liste der in das Automatisierungsobjekt übergebenen Parameter. Alle Typenbeschreibungen in dieser Liste fangen mit dem Präfix *VTS_* an. Wenn eine Funktion keine Parameter hat, besteht diese Liste aus dem einzelnen Mitglied *VTS_NONE*.

Die Deklaration der Funktion *Next()* auf dem Automatisierungsobjekt *AdrList* sieht zum Beispiel so aus:

```
DISP_FUNCTION(CAdrListDoc, "Next", Next, VT_BOOL, VTS_NONE)
```

Stellen wir uns eine neue Methode der Klasse *CAdrListDoc* vor, die auf einer neuen Adresse auf einer bestimmten Position in der Liste plaziert ist. Diese Methode kann von Basic etwa so aufgerufen werden:

```
Srv.SetAdr(7, "Müller", "Bergstraße 7", "82216 Maisach")
```

Die Deklaration dieser Methode sieht dann so aus:

```
DISP_FUNCTION(CAdrListDoc, "SetAdr", SetAdr, VT_BOOL, VTS_I2,
VTS_BSTR, VTS_BSTR, VTS_BSTR)
```

Diese Deklaration zeigt uns, daß die Methode einen logischen Wert zurück liefert. Als erster Parameter muß eine 16-Bit Ganzzahl festgelegt werden. Die anderen drei Parameter sind textuell.

DISP_PROPERTY

Das Makro dient der Definition einer Eigenschaft des Automatisierungsobjektes. Der Prototyp des Makros sieht so aus:

```
DISP_PROPERTY(CMyClass, szExternalName, className, vtType)
```

Der erste Parameter ist der Klassenname.

Der zweite Parameter ist der externe Name und der dritte Parameter ist der Name der Klassenvariablen. Der Typ der Klassenvariablen beschreibt den Parameter *vtType*.

Wenn wir die Eigenschaft „Strasse" mit Hilfe dieses Makro definieren wollen, muß das so aussehen:

```
DISP_PROPERTY (CAdrListDoc, "Strasse", m_strasse, VT_BSTR)
```

(In unserem Projekt *AdrList* ist diese Eigenschaft tatsächlich mit Hilfe eines anderen Makros definiert.)

DISP_PROPERTY_EX

Dieses Makro ist eine Erweiterung des Makros *DISP_PROPERTY*. Der Client hat keinen direkten Zugriff zur Variable, sondern muß die *Set/Get*-Funktionen benutzen. Wie diese Funktionen implementiert werden müssen, entscheidet der Entwickler des Servers.

In unserem nächsten Projekt ist die Eigenschaft *Strasse* so definiert. Die entsprechende Anweisung sieht in diesem Fall so aus:

```
DISP_PROPERTY_EX(CAdrListDoc, "Strasse", GetStrasse, SetStrasse,
VT_BSTR)
```

DISP_PROPERTY_NOTIFY

Das Makro *DISP_PROPERTY_NOTIFY* läßt eine Funktion definieren, die unmittelbar nach der Änderung der Eigenschaft aufgerufen wird. In einer gewissen Weise ist diese Möglichkeit eine Kombination von *DISP_PROPERTY* und *DISP_PROPERTY_EX*. Die Eigenschaft Name im Projekt *AdrList* wird so definiert. Eine entsprechende Anweisung sieht so aus:

```
DISP_PROPERTY_NOTIFY(CAdrListDoc, "Name", m_name, OnNameChanged,
VT_BSTR)
```

DISP_PROPERTY_PARAM

Das Makro *DISP_PROPERTY_PARAM* dient der Definition einer indizierten Menge von Eigenschaften.

Zum Beispiel mit Hilfe einer Anweisung wie etwa

```
DISP_PROPERTY_PARAM(CMyTable, "Cell", GetCell, SetCell, LPDISPATCH,
VTS_I2, VTS_I2)
```

können zwei Methoden definiert werden, die eine Zelle in einer Tabelle als ein Automatisierungsobjekt interpretieren lassen. Der Automatisierungscontroller kann dieses Objekt mit Hilfe eines Schnittstellenzeigers auf *IDispatch* zugreifen.

In dem Automatisierungsobjekt müssen damit zwei Methoden definiert werden:

```
LPDISPATCH CMyTable:: GetCell(short I, short j);
void CmyClass::SetCell(short I, short j, LPDISPATCH lpdispVal);
```

Wir erforschen die Makros und Schnittstellenkarten noch im nächstem Abschnitt.

11.2 Project AddrList: MFC-Automatisierungsserver

In diesem Abschnitt finden wir heraus, wie man mit Hilfe von AppWizard und Class-Wizard einen Automatisierungsserver entwickeln kann. Das wird der Server *AdrList*, den wir im Abschnitt „Projekt WordClient" verwendet haben.

Unseren Server entwickeln wir als lokalen (EXE) Server.

Der Server ist immer unsichtbar, deshalb ist eine Anwendung von MFC in diesem Fall ev. nicht die beste Lösung. Im Teil DCOM lernen wir kennen, wie ein ähnlicher Server mit Hilfe von ATL entwickelt werden kann.

Für die Entwicklung des Servers wiederholen Sie bitte folgende Schritte.

1. Starten Sie AppWizard und legen Sie ein neues Projekt mit dem Namen *AdrList* und mit dem Typ *MFC AppWizard (EXE)* an

Erzeugen Sie dieses Projekt als SDI-Projekt. Bei dem Schritt 3 schalten Sie das Optionsfeld Automation ein (Abbildung. 11.1).

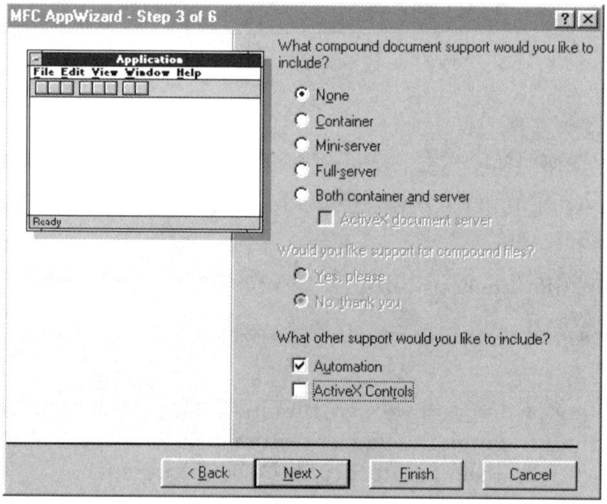

Abbildung 11.1: Anschalten der Automatisierung beim Erzeugen eines MFC- (EXE) Projektes

Alle andere Seiten lassen Sie ohne Änderungen.

Nach dem Beenden der Arbeit mit AppWizard finden Sie in Ihrem Projektverzeichnis die für MFC-Projekte üblichen Dateien. Einzige Ausnahme ist die Datei mit der Endung ODL (Object Description Language) mit der Beschreibung der vom Server angebotenen Schnittstellen. Nach der Erstellung des Projekts ist diese Datei fast leer.

Im Quellcode und in den Kopfdateien des Projektes gibt es noch einige wichtige Ergänzungen im Vergleich zu einem einfachen MFC-Projekt. Diese Änderungen erforschen wir nach dem Ausführen der nächsten Schritte mit dem Einfügen neuer Automatisierungseigenschaften und -methoden.

Im ClassView sieht der Baum auch etwas anders aus. Eine Neuigkeit ist ein spezielles Zeichen für die Automatisierungsschnittstelle unseres Objektes. Im Rahmen Dokument/Sicht-Architektur verbindet AppWizard die Automatisierungsschnittstelle mit dem Dokumentenobjekt (Dokumentenklasse).

2. Fügen Sie die Methode *Next()* der Automatisierungsschnittstelle hinzu

Für diesen Zweck klicken Sie mit der rechten Maustaste auf das Schnittstellenzeichen im ClassView. Im Popup-Menü (Abbildung 11.2) wählen Sie den Menüpunkt ADD METHOD aus. Ein Dialog erscheint. Füllen Sie diesen Dialog wie in Abbildung 11.2 aus.

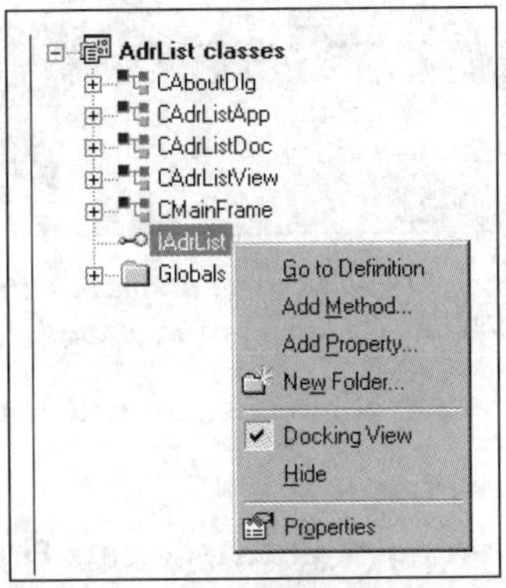

Abbildung 11.2: Popup-Menü für die Erweiterung der Schnittstellen des Projektes

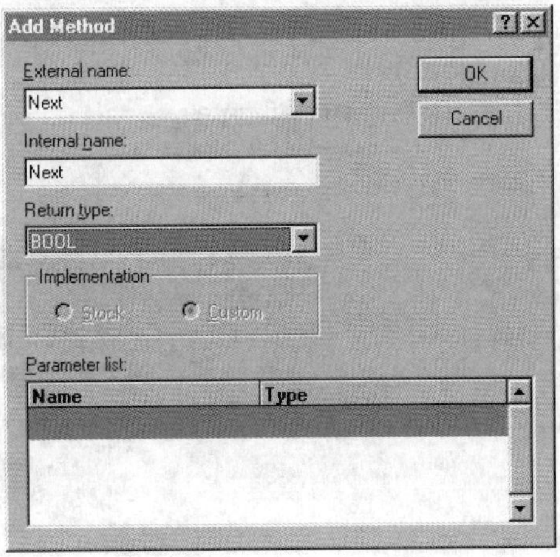

Abbildung 11.3: Einfügen einer Methode in die Schnittstelle

3. Fügen Sie in die Automatisierungsschnittstelle die neue Eigenschaft *Name* ein

Dieses Mal wählen Sie im Popup-Menü von Abbildung 11.2 den Menüpunkt *Add Property*. Füllen Sie den neuen Dialog aus, wie in Abbildung 11.4 zu sehen ist. Wir definieren diese Eigenschaft als Klassenvariable.

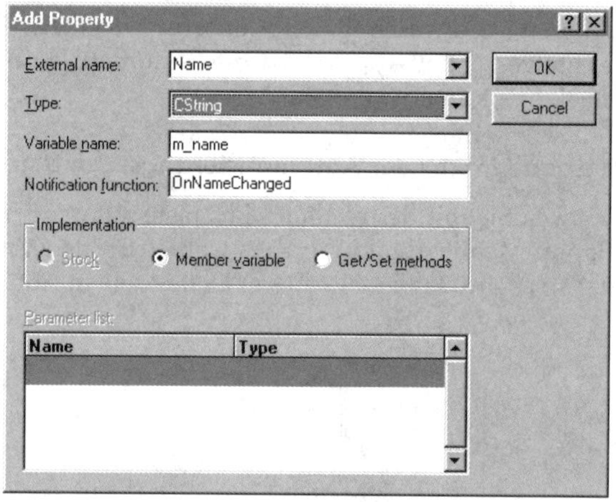

Abbildung 11.4: Einfügen einer Eigenschaft in eine Schnittstelle. Die Eigenschaft wird als eine Klassenvariable angelegt.

Zwei andere Eigenschaften werden wir bei den nächsten Schritten mit Hilfe der Methoden *Set/Get* anlegen.

4. Fügen Sie der Automatisierungsschnittstelle eine Eigenschaft *Strasse* hinzu

Den Dialog *Add Property* füllen Sie dieses Mal aus wie in der Abbildung 11.5 zu sehen ist. Legen Sie so auch die Eigenschaft *PLZ* an.

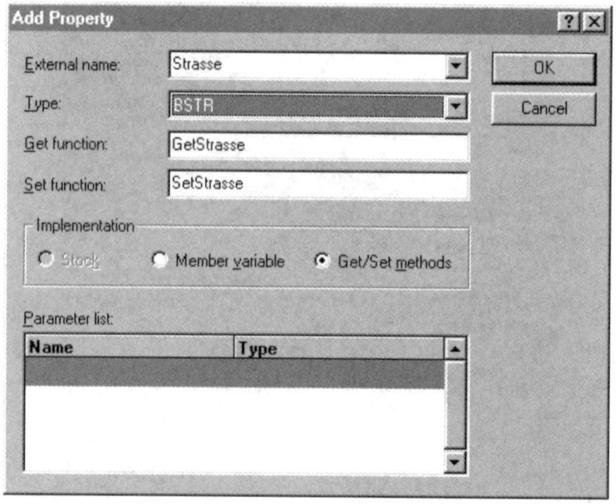

Abbildung 11.5: Anlegen einer Eigenschaft, die mit Hilfe der Set/Get-Methoden erreichbar ist

Jetzt können wir zur Analyse und Erweiterung des für uns generierten Quellcodes übergehen. Dabei finden wir die Neuigkeiten heraus, die in unserem Projekt mit der Automatisierung verbunden sind.

In der Anwendungsklasse *AdrListApp* finden wir am Anfang der Methode *InitInstance* folgende Zeilen:

```
...
   // Initialize OLE libraries
   if (!AfxOleInit())
   {
       AfxMessageBox(IDP_OLE_INIT_FAILED);
       return FALSE;
   }
```

Dieser Aufruf lädt und initialisiert OLE bzw. COM DLL.

Die Anweisung in der Mitte der Methode *AdrListApp::InitInstance()*

```
m_server.ConnectTemplate(clsid, pDocTemplate, TRUE);
```

verbindet in der Kopfdatei *AdrAppList.h* die deklarierte Variable *COleTemplateServer m_server* mit dem Dokumentvorlage-Objekt *pDocTemplate*. Für diese Verbindung benötigt die Methode *ConnectTemplate* CLSID und den Zeiger auf dem *CsingleDocTemplate*-Objekt der SDI-Anwendung. Dieses Objekt kümmert sich in der SDI-Architektur um die Verbindungen unter Dokument, Sicht und Rahmen einer Anwendung. Das Objekt *m_server* stellt in diesem Paar die COM-Seite dar.

Die Klasse *COleTemplateServer* ist von der Klasse *COleFactory* abgeleitet. Wenn der Automatisierungsclient bei COM einen Automatisierungsserver anfordert, startet COM die entsprechende Automatisierungskomponente (in unserem Fall die Anwendung *AdrList.exe*) und ruft die Methode *IClassFactory::CreateInstance* auf. So entsteht in der laufenden Anwendung das Objekt *m_server*.

Der dritte Parameter der Methode *ConnectTemplate* muß in SDI-Anwendungen auf *TRUE* gesetzt werden. In MDI-Anwendungen kann man mit Hilfe dieses Parameters steuern, ob beim Anfordern eines neuen Dokumentenobjektes ein neues Exemplar der Anwendung laufen oder in der gleichen Anwendung ein neues Dokumentenobjekt angelegt werden muß.

Ferner finden Sie in der Methode *InitInstance()* folgende Zeile:

```
...
// Check to see if launched as OLE server
   if (cmdInfo.m_bRunEmbedded || cmdInfo.m_bRunAutomated)
   {
       // Register all OLE server (factories) as running. This enables the
       // OLE libraries to create objects from other applications.
       COleTemplateServer::RegisterAll();
```

```
        // Application was run with /Embedding or /Automation. Don't show the
        // main window in this case.
        return TRUE;
    }
...
```

Die Anweisung in der Klammer wird nur in zwei Fällen ausgeführt. Erstens, wenn den Server als Automatisierungsserver aufgerufen ist. (Das ist in unserem Projekt der Fall.) Zweitens, wenn das Dokument ein Teil eines verbundenen Dokumentes ist.

Die Anweisung

```
COleTemplateServer::RegisterAll();
```

registriert alle in der Komponente vorhandenen Klassenfabriken.

Die letzte Anweisung in den Figurenklammern beendet die Methode *InitInstance()*. Das bedeutet u.a., daß das Fenster der Anwendung nicht auf dem Bildschirm gezeigt wird. Die Anwendung arbeitet in diesem Modus unsichtbar.

Betrachten wir jetzt die Dokumentationsklasse der Anwendung *CAdrListDoc*. Die Automatisierung in SDI-Anwendungen wird mit Hilfe dieser Klasse ausgeführt. Alle Methoden bzw. Eigenschaften, die wir oben in die Schnittstelle *IAdrList* eingefügt haben, finden wir in dieser Klasse.

In der Deklaration der Klasse finden wir die Deklaration der folgenden Automatisierungsfunktionen:

```
class CAdrListDoc : public CDocument
{
...
    // Generated OLE dispatch map functions
    //{{AFX_DISPATCH(CAdrListDoc)
    CString m_name;
    afx_msg void OnNameChanged();
    CString m_pLZ;
    afx_msg void OnPLZChanged();
    afx_msg BSTR GetStrasse();
    afx_msg void SetStrasse(LPCTSTR lpszNewValue);
    afx_msg BOOL Next();
    //}}AFX_DISPATCH
    DECLARE_DISPATCH_MAP()
    DECLARE_INTERFACE_MAP()
...
};
```

Die Eigenschaft Strasse ist durch zwei Get/Set-Funktionen implementiert. Zwei andere Eigenschaften sind als Klassenvariablen dargestellt. Über Änderungen der Variable informiert uns die Funktion *OnXXXChanged()*.

Im Quellcode der Datei *AdrListDoc.cpp* finden wir folgende Zeilen:

```
BEGIN_DISPATCH_MAP(CAdrListDoc, CDocument)
   //{{AFX_DISPATCH_MAP(CAdrListDoc)
   DISP_PROPERTY_NOTIFY(CAdrListDoc, "Name", m_name, OnNameChanged,
                        VT_BSTR)
   DISP_PROPERTY_NOTIFY (CAdrListDoc, "PLZ", m_pLZ, OnPLZChanged,
                        VT_BSTR)
   DISP_PROPERTY_EX(CAdrListDoc, "Strasse", GetStrasse, SetStrasse,
                   VT_BSTR)
   DISP_FUNCTION(CAdrListDoc, "Next", Next, VT_BOOL, VTS_NONE)
   //}}AFX_DISPATCH_MAP
END_DISPATCH_MAP()

// Note: we add support for IID_IAdrList to support typesafe binding
//  from VBA.  This IID must match the GUID that is attached to the
//  dispinterface in the .ODL file.

// {2D81BA45-C815-11D1-B890-EF240A666978}
static const IID IID_IAdrList =
{ 0x2d81ba45, 0xc815, 0x11d1, { 0xb8, 0x90, 0xef, 0x24, 0xa, 0x66, 0x69,
0x78 } };

BEGIN_INTERFACE_MAP(CAdrListDoc, CDocument)
   INTERFACE_PART(CAdrListDoc, IID_IAdrList, Dispatch)
END_INTERFACE_MAP()
```

Die Anweisung *BEGIN_DISPATCH_MAP(CAdrListDoc, CDocument)* weist darauf hin, daß die Klasse *CAdrListDoc* von der Klasse *CDocument* abgeleitet ist. Die Methoden bzw. Eigenschaften, die in dieser Klasse nicht gefunden werden, müssen in der Basisklasse gesucht werden.

Innerhalb der Klammern ..*AFX_DISPATCH_MAP*.. befinden sich die Makros mit den Definitionen der Automatisierungseigenschaften *Name*, *PLZ* und *Strasse* und der Methode *Next*. Diese Makros haben wir oben in diesem Kapitel kennengelernt.

Weiter finden wir die uns bekannte Festlegung der Schnittstellenkennung (UIID) und die Schnittstellenkarte.

Das sind die Skelettcodes, die AppWizard und Visual C++ in unserem Auftrag vorbereitet haben. Jetzt beschäftigen wir uns mit der Erweiterung dieser Skelettcodes.

5. Fügen Sie der Deklaration der Klasse *CAdrListDoc* die Deklaration der Klassenvariable *m_iNumbAdr* hinzu

```
int m_iNumbAdr;
```

Diese Variable kennzeichnet, welche Zeile in der Adressenliste im Moment aktuell ist.

6. Ergänzen Sie den Konstruktor der Klasse *CAdrListDoc*

```
CAdrListDoc::CAdrListDoc()
{
   // TODO: add one-time construction code here
   EnableAutomation();
   AfxOleLockApp();

   m_iNumbAdr = 0;
   m_name = CString("Schmidt");
   m_pLZ = CString("45721 Haltern");
}
```

Mit Hilfe der eingefügten Zeilen initiieren wir die Automatisierungseigenschaften *m_name* und *m_pLZ*.

Die Methode *EnableAutomation()* muß im Konstruktor jeder Klasse aufgerufen werden, falls diese Klasse die Automatisierungsschnittstelle enthält und diese Schnittstelle mit Hilfe von Automatisierungsmakros definiert.

Die Funktion *AfxOleLockApp()* ist auch interessant. Der Anwendungsrahmen hält in der Anwendung die Anzahl der Objekte, die der Anwender geöffnet hat. Nach dem Schließen des letzten Objektes (in der SDI-Architektur bedeutet das das Schließen des Dokumentes) beendet der Anwendungsrahmen normalerweise die ganze Anwendung. Das darf jedoch nicht passieren, wenn die Anwendung ein aktives Automatisierungsobjekt enthält. Die Funktion *AfxOleLockApp()* vermeidet das Beenden der Anwendungen mit laufenden COM-Objekten. Statt dessen wird das Fenster der Anwendung versteckt, die Anwendung läuft aber weiter, bis zu dem Zeitpunkt, an dem das letzte Automatisierungsobjekt geschlossen wird.

Die Funktion *AfxOleUnlockApp()*, die im Destruktor der Klasse *CAdrList* aufgerufen wird, hebt das Verbot für das Schließen der Anwendung auf. (Diese Aussage ist nur für unsere Anwendung mit einem einzigen Automatisierungsobjekt richtig. In der Tat erhöht die Funktion *AfxOleLockApp()* eine interne Anzahl der geöffneten Automatisierungsobjekte. Die Funktion *AfxOleUnlockApp()* verkleinert sie auf 1.)

7. Ergänzen Sie die Automatisierungsmethode *Next*

```
BOOL CAdrListDoc::Next()
{
   // TODO: Add your dispatch handler code here

   m_iNumbAdr++;
   if(m_iNumbAdr > 1)
       return FALSE;

   m_name = CString("Müller");
   m_pLZ = CString("58099 Hagen");
   return TRUE;
}
```

Die Implementierung der Methode erhöht die Nummer der aktuellen Adressenzeile und liefert FALSE beim zweiten und folgenden Aufruf zurück. Das bedeutet, daß wir nur zwei Adressen zur Verfügung stellen. (Wie erwähnt, wir wollen uns nur auf die Automatisierung konzentrieren. Die Implementation einer echten Liste benötigt mehr Quellcode.)

8. Ergänzen Sie den Skelettcode der Methode *GetStrasse()*

```
BSTR CAdrListDoc::GetStrasse()
{
   CString strResult("Lessingstr. 274");
   if(m_iNumbAdr > 0)
        strResult = CString("Sixtus Str. 216");

   return strResult.AllocSysString();
}
```

Unsere Implementierung unterstützt nur zwei Adressen in der Liste.

Betrachten wir jetzt die Skelettcodes von der Methode *SetStrasse()*:

```
void CAdrListDoc::SetStrasse(LPCTSTR lpszNewValue)
{
   // TODO: Add your property handler here
}
```

Diese Methode wird jedesmal aufgerufen, wenn der Automatisierungsclient den Wert der Eigenschaft *Strasse* zu ändern versucht. Die Methode tut aber nichts. Somit ist diese Eigenschaft *Strasse* unseres Automatisierungsobjektes „soft" schreibgeschützt. (Es gibt noch eine andere Möglichkeit, eine Automatisierungseigenschaft als schreibgeschützt zu definieren. Diese Möglichkeit erforschen wir in unserem Buch auch.)

Die zwei weiteren Funktionen *OnNameChanged()* und *OnPLZChanged()* lassen wir ohne Änderung.

```
void CAdrListDoc::OnNameChanged()
{
   // TODO: Add notification handler code
}

void CAdrListDoc::OnPLZChanged()
{
   // TODO: Add notification handler code
}
```

Erinnern Sie sich an Listing 10.2, dort ruft Word Basic Client unseren Automatisierungsserver mit der Hilfe des lesbaren Namens *AdrList.Document* auf. Im betrachteten Quellcode war aber eine solche Definition nicht betroffen. Wo befindet sie sich? Falls Sie nichts speziell unternehmen, wird die Beschreibung der Dokumentenart (in unserem Fall *AdrList.Document*) von der String-Ressource IDR_MAINFRAME übernommen und in die Registrierdatenbank eingetragen (siehe die Abbildungen 11.6 und 11.7).

ID	Value	Caption
IDP_OLE_INIT_FAILED	100	Fehler bei der OLE-Initialisierung. Überprüfen Sie, ob die OLE-B
IDR_MAINFRAME	128	AdrList\n\nAdrLis\n\n\nAdrList.Document\nAdrLis Document
AFX_IDS_APP_TITLE	57344	AdrList

Abbildung 11.6: Der lesbare Name AdrList.Document ist in der String-Ressource IDR_MAINFRAME definiert

Abbildung 11.7: Der lesbare Name AdrList.Document aus der String-Ressource IDR_MAINFRAME dient auch als ProgID bei der Registrierung des Automatisierungsobjektes in SDI-Anwendungen

9. Kompilieren und testen Sie die entwickelte Anwendung mit dem erweiterten Word Basic-Quellcode aus Listing 10.2

Für das vernünftige Debugging des Automatisierungsservers müssen Sie ein paar zusätzliche Möglichkeiten von Word bzw. Word Basic und dem Werkzeug *Process View* verwenden.

Um die Word Basic-Prozedur schrittweise auszuführen, wählen Sie den Menüpunkt EXTRAS | MAKRO | MAKROS aus. Im neuen Dialog markieren Sie den Namen des Makros und klicken auf die Schaltfläche *Bearbeiten*. Plazieren Sie dann den Cursor auf der ersten Zeile des Quellcodes des Makros und mit Hilfe der Taste F8 gehen Sie von Zeile zu Zeile. Wenn eine Anweisung mit dem Festsetzten eines Werts einer Variable ausgeführt ist, können Sie mit Hilfe von QuickInfo (Tooltips) diesen Wert ermitteln. Für diesen Zweck plazieren Sie den Cursor über der Variable im Quellcode. Nach ca. 2 Sekunden erscheint das QuickInfo auf dem Bildschirm (siehe Abbildung 11.8).

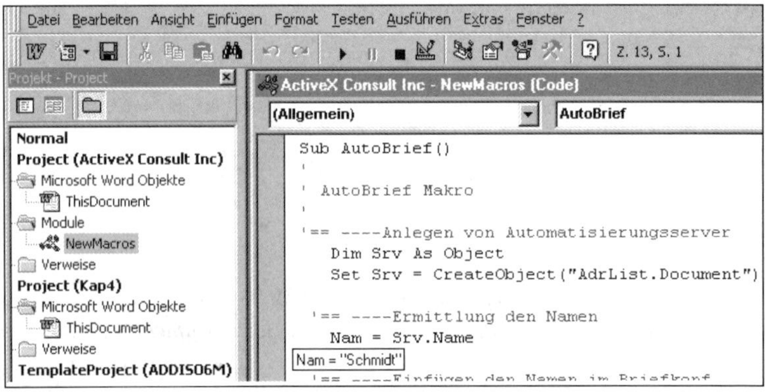

Abbildung 11.8: Word Basic läßt die Makros bzw. Prozeduren schrittweise ausführen und mit Hilfe von QuickInfo (Tooltips) die Werte der Variablen ermitteln

Wie oben erwähnt, wenn der Automatisierungsclient einen SDI-Automatisierungsserver anfordert, läuft die Anwendung mit dem Automatisierungsserver unsichtbar. In Windows 95 zeigt der *Task Manager* solche Anwendungen in seine Liste nicht. (Den Task Manager können Sie mit Hilfe der Tastenkombination `Strg` `Alt` `Entf` jederzeit aufrufen.) Sein Kollege von Windows NT erscheint als Dialog mit mehreren Karteien. In der Kartei „Process" können Sie dort unsichtbare Anwendungen als Prozesse sehen.

Auf der Windows 95-Plattform kann Ihnen das Service-Programm Process Viewer von Visual C++ helfen. (Ein Verweis auf diese Anwendung ist normalerweise in die Programmgruppe „Visual C++" eingefügt.) Die Anwendung heißt PVIEW95.EXE und befindet sich im Verzeichnis *...Visual Studio\Common\Tools\Win95*. Sie können dieses Werkzeug auch in Windows NT verwenden.

Nach Ausführen der Anweisung

```
Set Srv = CreateObject("AdrList.Document")
```

zeigt „Process Viewer" *AdrList.exe* in Ihrer Liste der auf dem Computer laufenden Prozesse (Abbildung 11.9).

Wenn in dem Automatisierungsserver ein Fehler passiert, können Sie im Notfall die Anwendung mit Hilfe des Process Viewer beenden.

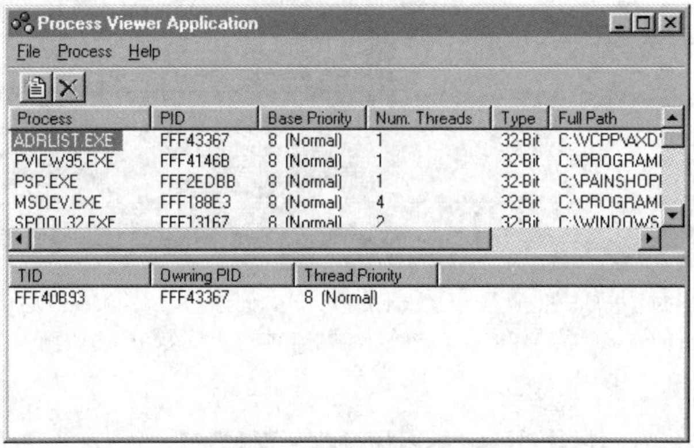

Abbildung 11.9: Die Anwendung „Process Viewer" von Visual C++ zeigt auch die fensterlosen Anwendungen (Prozesse) auf Windows 95/98. Mit Hilfe dieser Anwendung kann man jeden Prozeß (Anwendung) beenden.

1. Wie kann man einen lokalen (EXE) Automatisierungsserver debuggen?

   Der Visual C++ Debugger ermöglicht dies. Wenn ein Automatisierungsclient COM auffordert, einen Automatisierungsserver anzulegen, macht COM das in zwei Schritten. Bei dem ersten Schritt prüft COM in einer speziellen Tabelle, ob die entsprechende Anwendung schon gestartet wurde. Ist das nicht der Fall, startet COM diese Anwendung mit dem Schlüssel */Automation* in der Befehlszeile. Bei dem zweiten Schritt ruft COM die Klassenfabrik auf und legt das Objekt an.

2. Sie können mit Hilfe von Visual C++ die Einstellungen des ersten Schrittes imitieren.

   Wählen Sie den Menüpunkt PROJECT | SETTINGS und fügen Sie auf der Kartei *Debug* im Feld *Programm arguments* den Text */Automation* (siehe Abbildung 11.10) hinzu. Dann starten Sie die Anwendung im Debug-Modus. Visual Studio ruft in diesem Fall die Anwendung mit dem eingetragenen Schlüssel */Automation*, genau wie COM. Die Methode *InitInstance* der Anwendungsklasse wird ausgeführt, das Dokumentenobjekt wird aber nicht angelegt. Kein Fenster der Anwendung erscheint auf dem Bildschirm.

3. Das Anlegen des Dokumentes passiert nur dann, wenn ein Automatisierungsclient ein Automatisierungsobjekt (in unserem Fall das Dokumentenobjekt) anfordert. Wenn Sie die Kontrollpunkte innerhalb der Automatisierungsmethoden festlegen, können Sie feststellen, daß das Debugen jetzt richtig läuft.

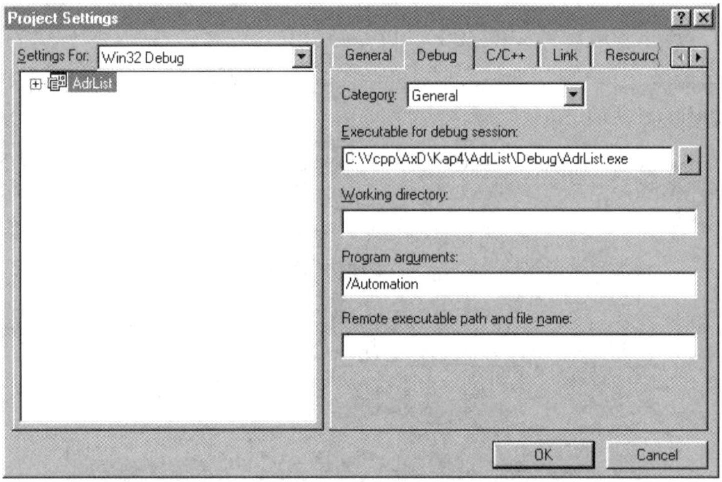

Abbildung 11.10: Der Start einer Anwendung mit diesem Schlüssel im Debug-Modus läßt die Automatisierungsserver debuggen

11.3 Typenbibliothek für MFC-Automatisierungsserver

Beim Erzeugen des Skelettes eines MFC-Projektes mit der Automatisierung legt der AppWizard eine ODL-Datei mit dem Quellcode der Typenbibliothek an. Bei den Erweiterungen der Automatisierungsschnittstellen mit Hilfe von Visual C++ wird diese Datei auch automatisch erweitert.

Der ODL-Code für das Projekt *AdrList* ist in Listing 11.1 zu sehen. Im Listing schattierte Zeilen muß man manuell einfügen. Die eingefügte Einweisung läßt den Programmierer in anderen Sprachen (z.B. Visual Basic for Application) besser die Bestimmung Ihres Automatisierungsservers verstehen.

```
// AdrList.odl : type library source for AdrList.exe
// This file will be processed by the MIDL compiler to produce the
// type library (AdrList.tlb).

[ uuid(2D81BA44-C815-11D1-B890-EF240A666978), version(1.0),
helpstring("AxD Kapitel 11 Test Automatisierungsserver")
//Diese Zeile muß manuell eingefügt werden

]
library AdrList
{
   importlib("stdole32.tlb");

   //  Primary dispatch interface for CAdrListDoc

   [ uuid(2D81BA45-C815-11D1-B890-EF240A666978) ]
   dispinterface IAdrList
   {
       properties:
               // NOTE - ClassWizard will maintain property information here.
               //      Use extreme caution when editing this section.
               //{{AFX_ODL_PROP(CAdrListDoc)
               [id(1)] BSTR Name;
               [id(3)] BSTR Strasse;
               [id(2)] BSTR PLZ;
               //}}AFX_ODL_PROP

       methods:
               // NOTE - ClassWizard will maintain method information here.
               //      Use extreme caution when editing this section.
               //{{AFX_ODL_METHOD(CAdrListDoc)
               [id(4)] boolean Next();
               //}}AFX_ODL_METHOD

   };

   //  Class information for CAdrListDoc

   [ uuid(2D81BA43-C815-11D1-B890-EF240A666978) ]
   coclass Document
   {
       [default] dispinterface IAdrList;
   };


   //{{AFX_APPEND_ODL}}
   //}}AFX_APPEND_ODL}}
};
```

Listing 11.1: Die Typenbibliothek für MFC-Automatisierungsserver AdrLisr

Wie auch in C/C++ sind die Zeilen mit // die Kommentare.

Die erste Anweisung in den eckigen Klammern definiert die UUID, Version und die Hilfezeile von der Typenbibliothek. Merken Sie sich, daß die Typenbibliothek eine eigene UUID hat. Eine Typenbibliothek benötigt eine eigene unverwechselbare Kennung, weil sie als selbstständige Einheit registriert sein muß.

Innerhalb der Figurenklammern finden Sie mehrere Zeilen. Diese Konstruktion ist mit der Deklaration einer C++-Klasse ähnlich. In unserem Fall ist das die Deklaration einer Bibliothek mit dem Namen *AdrList*. Vor der Deklaration der Schnittstelle steht ihre UUID. Diese UUID ist in dem Quellcode in der Datei *AdrListDoc.cpp* definiert.

Die Anweisung *importlib(„stdole32.tlb")* erweitert das Ergebnis des Kompilieren dieses Quellcodes mit den Elementen der Standardbibliothek STDOLE32.TLB. Diese Bibliothek definiert Standardschnittstellen, u.a. *IUnknown* und *IDispatch*, die unsere Anwendung benötigt.

Das Kennwort *dispinterface* weist den Compiler darauf hin, daß es um eine Automatisierungsschnittstelle geht. Danach kommt die Liste der Eigenschaften und Methoden. Die Nummer innerhalb der Rundklammern definiert die *dispid* von der Eigenschaft oder von der Methode aus der Schnittstelle. Diese dispid kann der Automatisierungsclient mit Hilfe der Methode *GetIDsOfNames()* ermitteln und dann beim Aufruf von *IDispatch::Invoke()* verwenden. So verknüpfen die Typenbibliotheken die alphabetischen Namen von Methoden und Eigenschaften mit ihren *dispid*. Die Compiler von Automatisierungsclient können diese Information aus den Typenbibliotheken lesen und anwenden.

Der nächste Abschnitt der Typenbibliothek definiert das COM-Objekt, das in der ODL-Sprache als *„coclass"* bezeichnet ist. Ein solches Objekt kann mit Hilfe der Funktion *QueryInterface()* über seine Schnittstellen abgefragt werden. Die oben in der Typenbibliothek beschriebene Schnittstelle *IAdrList* ist als Standardschnittstelle diesem Objekt zugeordnet.

Eine genaue Beschreibung von Syntax und der Semantik der ODL-Sprache finden Sie in der Online-Hilfe unter dem Kennwort „ODL Reference".

Jetzt gehen wir aber zur praktischen Anwendung unserer neuen Kenntnisse über. Wir entwickeln einen Excel-Client für den Automatisierungsserver *AdrList*.

11.4 Projekt ExcelClient

Erinnern Sie sich an die Projekte *WordClient* und *AdrList*. Der Automatisierungsserver *Adrlist* war als eine Informationsquelle beschrieben, die die Namen und Adressen der Kunden ermittelte, denen ein bestimmter Brief gesendet werden mußte. Logischerweise soll das System auch eine Liste mit den Empfängern vorbereiten. Genau das tut unsere nächste Komponente – der Excel-Automatisierungsclient.

Eine Excel-Datei mit einer definierten VBA-Prozedur *ExcelClient* finden Sie auf der Begleit-CD im Verzeichnis *VCPP\ ExcelClient*.

Das Ergebnis des Projektes ist eine VBA- (Visual Basic for Application) Prozedur. Diese Prozedur startet den Automatisierungsserver *AdrList* und „schöpft" in einer Schleife die Informationen bis zur letzten Adresse. Diese Informationen schreibt die Prozedur in eine Excel-Tabelle. Die ausgefüllte Tabelle ist in der Abbildung 11.12 zu sehen.

In unserem Projekt wollen wir auch die Effizienz und die Zuverlässigkeit der Automatisierung erhöhen. Für diesen Zweck verwenden wir die Vorteile der frühen Bindung von VBA.

Den Quellcode der VBA-Prozedur des Excel-Clients können Sie in Listing 11.2 sehen. Um diese Prozedur in ihrer Form erfolgreich auszuführen, müssen wir einige Vorbereitungen in der VBA-Entwicklungsumgebung erledigen.

Um die Verwendung einer fremden Klasse in einen C++-Programm zu sichern, fügen wir eine Kopfdatei (*.h) mit der Deklaration der verwendeten Klasse bzw. mit den Prototypen der verwendeten Funktionen hinzu. In C/C++ ist das sogar eine Anforderung. In VBA-Programmen bzw. Word- und Excel-Makros können wir ein Automatisierungsobjekt mit Hilfe der Funktion *CreateObject()* anlegen. Das Ergebnis ist aber langsamer und unsicherer, als bei der Verwendung der früherer Bindung. Beim frühen Binden statt der Deklaration

```
Dim AdrList As Objekt
```

verwenden wir die Anweisung

```
Dim AdrList As AdrList.Document
```

Um eine solche Deklaration zu ermöglichen, müssen wir Excel-VBA darauf hinweisen, wo sich die Typenbibliothek mit der Deklaration der Automatisierungsschnittstelle des Objektes *AdrList.Document* befindet. In VBA macht man das mit Hilfe eines speziellen Werkzeuges (siehe Abbildung 11.11).

Wenn Sie das Erstellen des Excel-Clients von Anfang an ausführen wollen, wiederholen Sie folgende Schritte.

1. Öffnen Sie eine neue Excel-Arbeitsmappe, und verknüpfen sie mit der Typenbibliothek *AdrList*

In der neuen Arbeitsmappe wählen Sie den Menüpunkt EXTRAS | MAKRO | VISUAL BASIC EDITOR. Im Visual Basic Editor wählen Sie den Menüpunkt EXTRAS | VERWEIS. Im neuen Dialog finden Sie mit Hilfe der Schaltfläche *Suchen* auf der Festplatte die Typenbibliothek *AdrList.tlb.*

Wählen Sie in Visual Basic Editor den Menüpunkt ANSICHT | OBJEKTKATALOG. Finden Sie den Eintrag *AdrList*. Der Dialog zeigt, daß *AdrList* nur ein einziges Automatisierungsobjekt beschreibt (Abbildung 11.12).

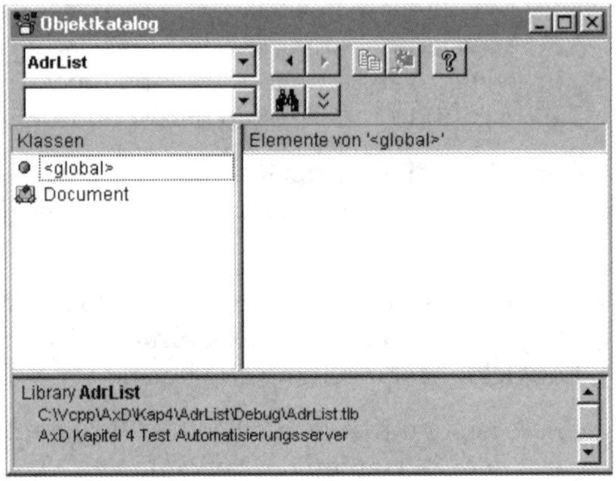

Abbildung 11.11: Nach diesem Einfügen kann VBA die Information derTypenbibliothek beim frühen Binden verwenden

Nach einem Klick auf den Eintrag *Document* können Sie die Methoden und Eigenschaften unseres Automatisierungsobjektes sehen (Abbildung 11.13).

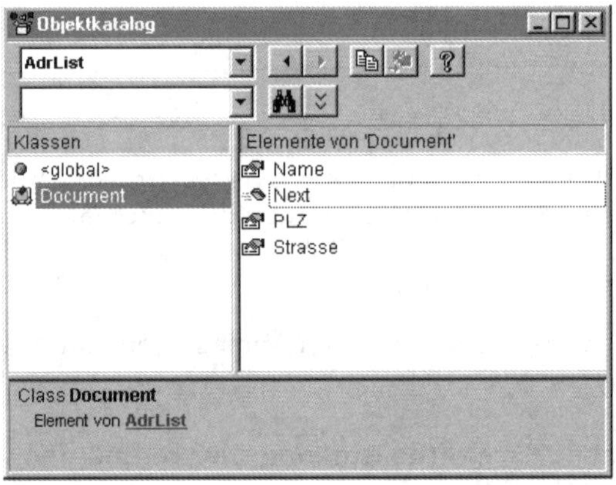

Abbildung 11.12: Der Objektkatalog von VBA (Excel) zeigt die Methoden und Eigenschaften des Automatisierungsobjektes vom Projekt AdrList

2. Bereiten Sie die Prozedur (Skript) für die Kommunikation mit dem Automatisierungsobjekt und das Ausfüllen der Tabelle vor

Beim Schreiben des Skriptes können Sie den Trick mit der Makroaufzeichnung und weitere Erweiterungen des Makros wie im Projekt *WordClient* benutzen. Allerdings benötigen Sie dafür einige Kenntnisse in VBA und Excel. Meine Version dieses Skripts finden Sie in Listing 11.2.

Beim Schreiben des Skriptes hilft ihnen der Visual Basic Editor mit dem QuickInfo über die Methoden und Eigenschaften des Automatisierungsobjektes (Abbildung 11.13).

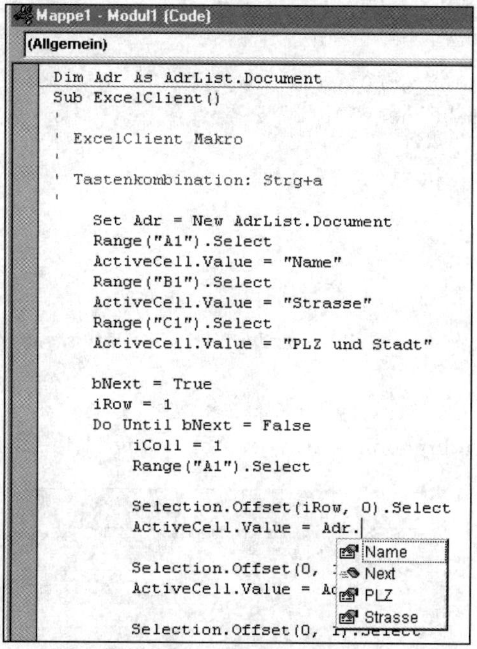

Abbildung 11.13: Der Visual Basic Editor hilft bei der Vorbereitung des Skriptes mit dem QuickInfo über die Eigenschaften und Methoden des Automatisierungsobjektes

```
Dim Adr As AdrList.Document
Sub ExcelClient()
'
' ExcelClient (AxD,Kapitel 4)
'
    Range("A1").Select
    ActiveCell.Value = "Name"
    Range("B1").Select
    ActiveCell.Value = "Strasse"
    Range("C1").Select
    ActiveCell.Value = "PLZ und Stadt"

    bNext = True
    iRow = 1

    Set Adr = New AdrList.Document

    Do Until bNext = False
        iColl = 1
        Range("A1").Select

        Selection.Offset(iRow, 0).Select
        ActiveCell.Value = Adr.Name
```

```
        Selection.Offset(0, 1).Select
        ActiveCell.Value = Adr.Strasse

        Selection.Offset(0, 1).Select
        ActiveCell.Value = Adr.PLZ
        iRow = iRow + 1
        bNext = Adr.Next()
    Loop
    Set Adr = Nothing

End Sub
```

Listing 11.2: Excel-Client VBA-Prozedur für den Automatisierungsserver AdrList

3. Testen Sie das Skript

In Excel müssen Sie ein Ergebnis wie in der Abbildung 11.14 sehen.

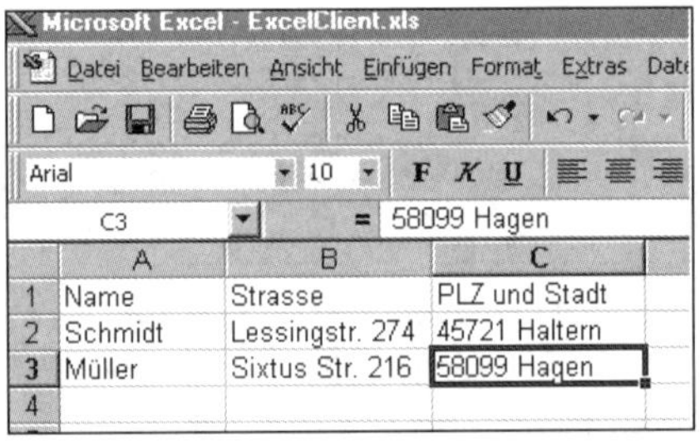

Abbildung 11.14: Der Excel-Client hat die Informationen vom Automatisierungsserver „erschöpft" und in der Tabelle ausgefüllt

11.5 Der MFC-Automatisierungsclient

In diesem Abschnitt finden wir heraus, wie man mit Hilfe von MFC und ClassWizard den *Automatisierungsclient* auf der Basis der Typeninformationen (Typenbibliothek) schnell und bequem erzeugen kann. Am Anfang des Kapitels erforschen wir die MFC-Klasse *COleDispatchDriver*, die als Basisklasse für Proxy-Klassen dient.

11.5.1 Die Klasse COleDispatchDriver

Die Klasse *COleDispatchDriver* verwendet ClassWizard als Basisklasse bei dem automatischen Anlegen einer Proxy-Klasse in Ihrem MFC-Projekt.

Die Proxy-Klasse vertritt ein Automatisierungsobjekt. Sie läßt das Automatisierungsobjekt „C++-mäßig" anlegen und vernichten und seine Funktionalität in vollem Umgang oder teilweise verwenden.

Die Klasse *COleDispatchDriver* ist nicht von *IDispatch* abgeleitet, sondern enthält die Klassenvariable *m_lpDispatch*, die mit dem *IDispatch* des Automatisierungsobjektes verknüpft werden kann.

Die Klasse *COleDispatchDriver* kann direkt verwendet werden. In der Tat dient diese Klasse fast immer nur für die Ableitung anderer Klassen.

Der Lebenslauf einer von der *COleDispatchDriver* abgeleitete Klasse erinnert an das Verfahren mit einer MFC-Fensterklasse. Sie erzeugen zuerst mit Hilfe eines Konstruktors eine Instanz der Proxy-Klasse. Danach verbinden Sie diese Instanz mit einem Automatisierungsobjekt. Nach dem Beenden der Verwendung der Funktionalität des Automatisierungsobjektes vernichten Sie das Automatisierungsobjekt und die Instanz. Die logische Variable *m_bAutoRelease* legt fest, ob die Referenzenzahl der verknüpften Schnittstelle IDispatch während der Vernichtung des Proxies verkleinert werden muß oder nicht.

Wenn Sie eine Proxy-Klasse mit Hilfe von ClassWizard erzeugen, müssen Sie sich normalerweise praktisch nur um die Verknüpfung mit dem Automatisierungsobjekt und um den Aufruf der Methoden kümmern. Die Klasse *COleDispatchDriver* bietet aber viel mehr. Die Funktionalität der Klasse ist in der Tabelle 11.2 gelistet. Detaillierte Information finden Sie in der Online-Hilfe in der Beschreibung der Klasse.

Methode bzw. Variable	**Bestimmung**	**Kommentar**
COleDispatch-Driver	Konstruktor	Es gibt drei verschiedene Konstruktoren. Im MFC-Automatisierungsclient erzeugt man die Instanz normalerweise mit Hilfe des Standard-Konstruktors.
CreateDispatch	Legt die Automatisierungsschnittstelle an und verknüpft sie mit der Instanz	Diese Methode hat zwei Variante. Eine Variante läßt die Automatisierungsschnittstelle mit Hilfe von CLSID und die zweite mit Hilfe von ProgID erzeugen. Den Aufruf dieser Methode müssen Sie beim Anlegen eines Proxies selbst programmieren.
AttachDispatch	Verknüpft eine Automatisierungsschnittstelle mit der Instanz der Proxy-Klasse	Man verwendet diesen Weg in dem Fall, wenn das Automatisierungsobjekt schon angelegt ist und die Automatisierungschnittstellenzeiger ermittelt sind.
DetachDispatch	Trennt die Proxy- und Automatisierungsschnittstelle, ohne die Referenzzahl der Schnittstelle zu verkleinern	Im MFC-Automatisierungsclient wendet man diese Methode normalerweise nicht an.

Methode bzw. Variable	Bestimmung	Kommentar
ReleaseDispatch	Trennt die Proxy- und Automatisierungsschnittstelle und verkleinert die Referenzzahl der Schnittstelle	Im MFC-Automatisierungsclient wendet man diese Methode normalerweise nicht an.
InvokeHelper, SetProperty, GetProperty	Service-Methoden	ClassWizard fügt die Aufrufe dieser Methoden in die Proxy-Klasse hinzu. Sie müssen sich darum nicht kümmern.
m_bAutoRelease	Die Klassenvariable legt fest, ob die Referenzzahl der Automatisierungsschnittstelle während des Aufrufs der Methode ReleaseDispatch bzw. im Destruktor verkleinert werden soll	Im MFC-Automatisierungsclient wendet man diese Variable normalerweise nicht direkt an.
m_lpDispatch	Der Zeiger auf der Automatisierungsschnittstelle eines Automatisierungsobjektes	Im MFC-Automatisierungsclient wendet man diese Variable normalerweise nicht direkt an.

Tabelle 11.2: Die Beschreibung der Klasse COleDispatchDriver

Jetzt wissen wir genug über die Klasse *COleDispatchDriver*, um mit ihrer Hilfe einen Automatisierungsclient anzulegen.

11.5.2 Projekt AdrListView

In diesem Projekt schöpfen wir die Liste der Adressen von den Automatisierungsserver *AdrList* und stellen in der Sicht eine SDI-Anwendung dar. Mit anderen Worten, dieser MFC-Automatisierungsclient macht die gleiche Arbeit wie der Automatisierungsclient vom Projekt *ExcelClient*. Das überzeugt uns, daß die Implementierungssprache vom Automatisierungsserver keine Rolle spielt. Außerdem kann man einen solchen Client benutzen, wenn kein Excel auf dem Computer installiert ist.

Eine fertige Variante des Automatisierungsclients finden Sie auf der Begleit-CD im Verzeichnis *VCPP\AdrListView*.

Wenn Sie die Entwicklung dieses Automatisierungsclients von Anfang an durchführen wollen, wiederholen Sie die unten beschriebenen Schritte.

1. Mit Hilfe von AppWizard legen Sie ein neues MFC- (EXE) Projekt mit dem Namen *AdrListView* an

Wählen Sie bei Schritt 2 die Projektart SDI. Bei Schritt 6 wählen Sie als Basisklasse für die Sichtklasse *CEditView* (Abbildung 11.15).

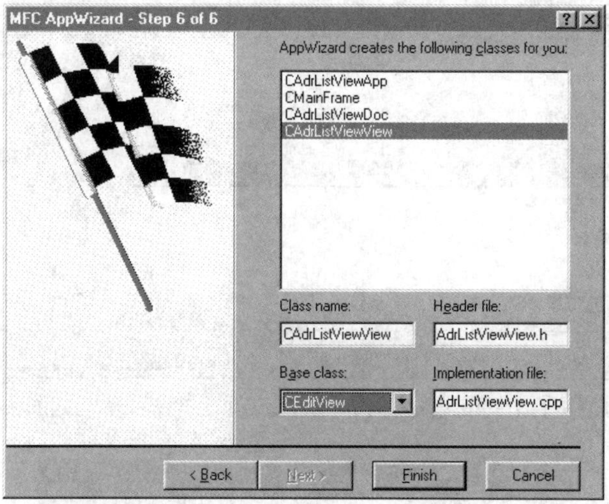

Abbildung 11.15: Festlegen der Basisklasse für die Sicht

2. Fügen Sie Ihrem Projekt die Proxy-Klasse für das Automatisierungsobjekt *AdrList.Document* hinzu

Rufen Sie ClassWizard auf. Mit Hilfe der *Schaltfläche Add Class | From a type library* (Abbildung 11.17) öffnen Sie den Dialog *Import from Type Library*.

Mit Hilfe dieses Dialoges finden Sie das Verzeichnis *VCPP\AdrList\Debug* und öffnen die Typenbibliothek *AdrList* für das Automatisierungsobjekt (Abbildung 11.16). Der neue Dialog *Confirm Classes* erscheint (Abbildung 11.17).

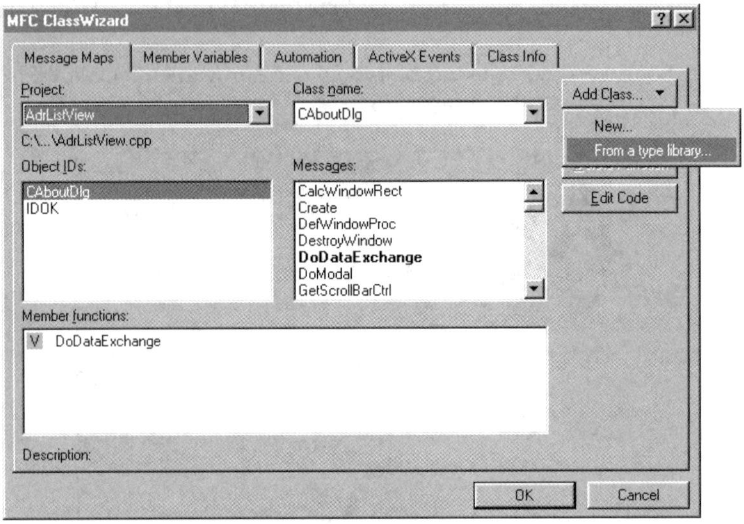

Abbildung 11.16: Anlegen einer neuen Proxy-Klasse von der Typenbibliothek

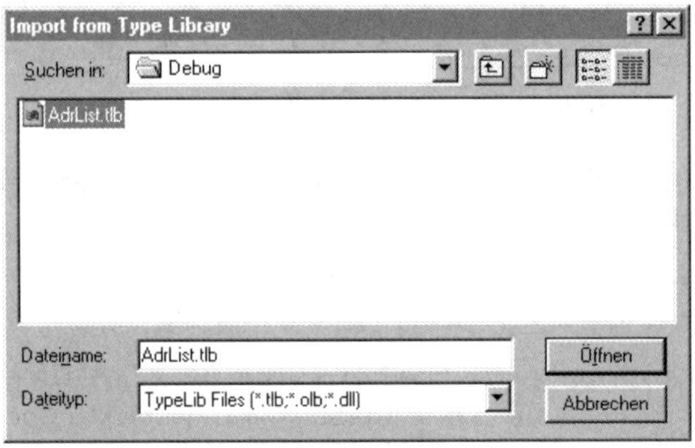

Abbildung 11.17: Auswahl einer Typenbibliothek für die Generierung einer Proxy-Klasse

Im Dialog sehen Sie nur eine einzige angebotene in der Typenbibliothek *AdrList.tlb* Schnittstelle. Beenden Sie mit OK den Dialog und ClassWizard.

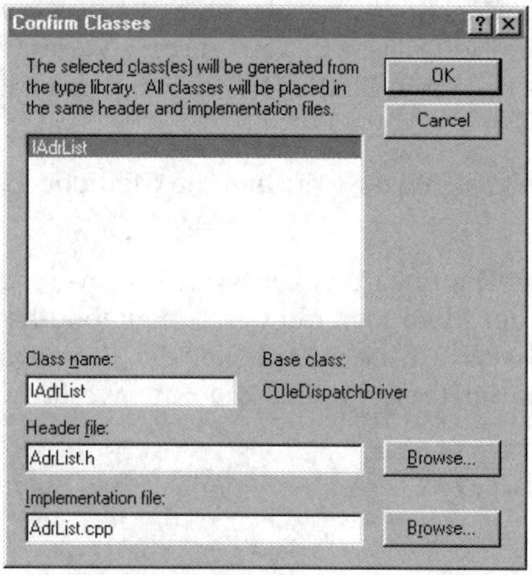

Abbildung 11.18: Anlegen einer neuen Proxy-Klasse anhand einer Beschreibung in einer Typenbibliothek

In ClassView ist jetzt eine neue Klasse mit dem Namen *IadrList* zu sehen. Erforschen wir diese Klasse.

Die Deklaration der Klasse ist in Listing 11.3 dargestellt.

```
// Machine generated IDispatch wrapper class(es) created with ClassWizard
////////////////////////////////////////////////////////////////////////
// IAdrList wrapper class

class IAdrList : public COleDispatchDriver
{
public:
   IAdrList() {}     // Calls COleDispatchDriver default constructor
   IAdrList(LPDISPATCH pDispatch) : COleDispatchDriver(pDispatch) {}
   IAdrList(const IAdrList& dispatchSrc) : COleDispatchDriver(
                                            dispatchSrc) {}

// Attributes
public:
   CString GetName();
   void SetName(LPCTSTR);
   CString GetStrasse();
   void SetStrasse(LPCTSTR);
   CString GetPlz();
   void SetPlz(LPCTSTR);

// Operations
public:
   BOOL Next();
};
```

Listing 11.3: Deklaration der Proxy-Klasse IAdrList

Sie sehen, daß die Klasse *IAdrList* von der Basisklasse *COleDispatchDriver* abgeleitet ist. In der automatisch generierten Klasse finden wir drei Varianten des Konstruktors, die Methode *Next()* und uns bekannte Methoden für den Zugang zu einzelnen Elementen der Adresse.

Erforschen wir jetzt, wie ClassWizard für uns die Methoden der Proxy-Klasse implementiert.

Listing 11.4 zeigt, wieviel Routinearbeit ClassWizard uns erspart hat. Vergleichen Sie die Implementierungen der Methoden mit der Typenbibliothek (Listing 11.1). Sie können feststellen, daß ClassWizard beim Anlegen der Proxy-Klasse die Informationen über den *dispid*, die Parameterarten und die Rückwerte aus der Typenbibliothek *AdrList.tlb* gezogen hat.

```
/////////////////////////////////////////////////////////////////////////////
// IAdrList properties

CString IAdrList::GetName()
{
   CString result;
   GetProperty(0x1, VT_BSTR, (void*)&result);
   return result;
}
void IAdrList::SetName(LPCTSTR propVal)
{
   SetProperty(0x1, VT_BSTR, propVal);
}
CString IAdrList::GetStrasse()
{
   CString result;
   GetProperty(0x3, VT_BSTR, (void*)&result);
   return result;

}
void IAdrList::SetStrasse(LPCTSTR propVal)
{
   SetProperty(0x3, VT_BSTR, propVal);
}
CString IAdrList::GetPlz()
{
   CString result;
   GetProperty(0x2, VT_BSTR, (void*)&result);
   return result;
}
void IAdrList::SetPlz(LPCTSTR propVal)
{
   SetProperty(0x2, VT_BSTR, propVal);
}
```

```
//////////////////////////////////////////////////////////////////////
// IAdrList operations

BOOL IAdrList::Next()
{
   BOOL result;
   InvokeHelper(0x4, DISPATCH_METHOD, VT_BOOL, (void*)&result, NULL);
   return result;
}
```

Listing 11.4: Implementierung der Proxy-Klasse

Um die Kommunikation mit COM zu ermöglichen, müssen wir beim Start des Clients eine COM-Initialisierung durchführen.

3. Fügen Sie der Methode *CAdrListViewApp::InitInstance()* die Anweisung hinzu

```
BOOL CAdrListViewApp::InitInstance()
{
   AfxOleInit();
...
```

Unser Automatisierungsclient muß gerade nach dem Erscheinen auf dem Bildschirm den Automatisierungsserver starten, die Information abfragen und sie in der Sicht anzeigen. Die Implementierung dieses Vorganges ist in der Methode *OnInitialUpdate()* der Sichtklasse *CAdrListViewView* besser zu erledigen. (Die Klasse hat einen seltenen Namen, weil AppWizard beim Feststellen des Namens einer Sichtklasse in der SDI-Anwendung zum Namen der Anwendung die Silbe View addiert.)

4. Fügen Sie am Anfang der Klasse die Anweisung hinzu

```
#include "adrlist.h"
```

Das ist die Kopfdatei mit der Deklaration der Klasse IAdrList.

5. Mit Hilfe von ClassWizard fügen Sie der Klasse *CAdrListViewView* die Methode *OnInitialUpdate* hinzu

Wie es geht, ist in der Abbildung 11.19 zu sehen.

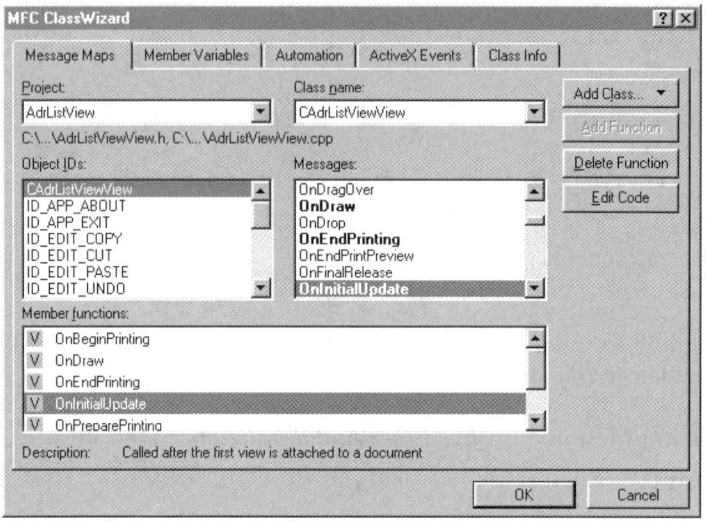

Abbildung 11.19: Einfügen der Methode OnInitialUpdate

Die Methode *OnInitialUpdate()* wird vom Anwendungsrahmen einmal aufgerufen, nämlich zu dem Zeitpunkt, an dem die Sichtklasse und ihre Fenster sich schon angelegt haben, das Fenster aber noch nicht sichtbar ist.

6. Fügen Sie der Methode den folgenden Quellcode hinzu

```
void CAdrListViewView::OnInitialUpdate()
{
   CEditView::OnInitialUpdate();

   // TODO: Add your specialized code here and/or call the base class

   IAdrList proxyAdrList;

   BOOL bRes = proxyAdrList.CreateDispatch("AdrList.Document");

   if(!bRes)
   {
       TRACE("Automatisierungsobjekt nicht gefunden!!\n");
       return;
   }

   CString strTmp;

   CString strName, strStrasse, strPLZ;
   CString strTab("\t");
   CString strRet("\r\n");
   while(bRes)
   {
       strName = proxyAdrList.GetName();
       strStrasse = proxyAdrList.GetStrasse();
```

```
        strPLZ = proxyAdrList.GetPlz();
        strTmp += strName + strTab + strStrasse + strTab + strPLZ + strRet;
        bRes = proxyAdrList.Next();
    }
    SetWindowText(strTmp);
}
```

Listing 11.5: Kommunikation mit dem Automatisierungsobjekt in der Methode OnInitialUpdate()

Nach dem Ansehen des Quellcodes haben Sie sicher festgestellt, daß die Aufrufe der Methoden von der Klasse *IAdrList* den entsprechenden Anweisungen im Projekt *ExcelClient* ähnlich sind. Die Klasse *COleDiapatchDriver* hat die ganze Routinearbeit für die Kommunikation mit COM und dem Automatisierungsobjekt übernommen. Wir rufen die Automatisierungsmethoden wie in dem Fall der „normalen" C++-Klassen.

Beachten Sie bitte, daß der in Listing 11.5 dargestellte Quellcode unter ziemlich optimistischen Voraussetzungen geschrieben wurde. Zum Beispiel die Methode *CreateDispatch()* den zweiten optionalen Parameter *COleException* pError*, der zusätzliche Information über mögliche Fehler bringt. Wir analysieren diesen Wert nicht.

7. Kompilieren und testen Sie den Automatisierungsclient

Sie müssen das Ergebnis wie in Abbildung 11.20 sehen.

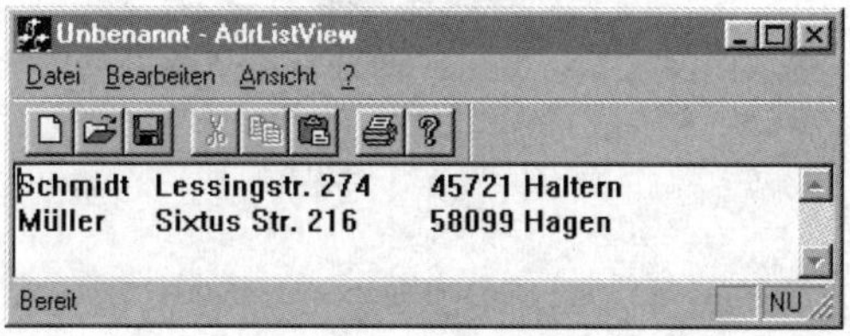

Abbildung 11.20: Automatisierungsclient AdrListView

Starten Sie die Anwendung *AdrListView* im Debug-Modus. Mit Hilfe der Service-Anwendung *Process View* überzeugen Sie sich, daß die Anwendung *AdrList* in der Liste der laufenden Prozesse nur nach der Ausführung der Zeile

```
BOOL bRes = proxyAdrList.CreateDispatch("AdrList.Document");
```

auftaucht.

Merken Sie sich auch, daß der Prozeß *AdrList* nach dem Beenden der Methode *CAdrListViewView::OnInitialUpdate()* auch vom Arbeitsspeicher ausgeräumt wird.

11.6 Ressourcen

Online-Hilfe

Das Online-Buch „Automation" gibt sehr umfangreiche Informationen zum Thema Automatisierung.

Samples

Automatisierung gehört heute zu den klassischen Bereichen von Visual C++. Automatisierung finden Sie in mehreren Visual C++ Samples, u.a. in INPROC, IPDRIVE, MFC-CALC und im Visual C++ Tutorial (Sample Autoclick).

11.6.1 Zusammenfassung

In diesem Teil des Buches haben wir die Automatisierung – eine der wichtigsten ActiveX-Technologien – kennengelernt. Diese Technologie läßt einfach und bequem die Funktionalität fremder Anwendungen (z.B. MS Office-Anwendungen) verwenden.

Die Automatisierung basiert auf der Automatisierungsschnittstelle *IDispatch*.

Mehrere fortgeschrittene ActiveX-Technologien basieren auf Automatisierung.

Teil D: ActiveX-Steuerelemente

In diesem Teil des Buches lernen wir die ActiveX-Steuerelemente kennen. Die meisten theoretischen Fragen werden in diesem Kapitel durch die Anwendung in einem Projekt erläutert.

In diesem Teil werden zwei Steuerelemente entwickelt. Das erste Steuerelement ermittelt die Bildschirmauflösung Ihres Computers. Dieses Beispiel läßt uns den Entwicklungsvorgang eines Steuerelementes kennenlernen. Das zweite Beispiel-Projekt widmet sich einem realistischen Steuerelement, das mehrere wichtige Merkmale von ActiveX-Steuerelementen enthält.

12 Grundlagen von ActiveX-Steuerelementen

12.1 Was ist ein ActiveX-Steuerelement?

Der Begriff „ActiveX-Steuerelement" kann nur zusammen mit dem Begriff „Container" erläutert werden. Informell definiert, ist ein ActiveX-Steuerelement ein Gast in einem Haus mit dem Namen Container. Beide Partner müssen sich miteinander irgendwie unterhalten und zusammenarbeiten.

Die Fähigkeit zum Unterhalten und Zusammenarbeit kann man als „Intelligenz" bezeichnen. Diese Intelligenz „mißt" man mit Hilfe von Schnittstellen, die ein Partner unterstützt. Deshalb müssen beide Partner unbedingt die Schnittstelle *IUnknown* unterstützen. (Einige Entwickler verwenden für die Bezeichnung der Funktion *IUnknown::QueryInterface()* sogar die Abkürzung *QI*, die IQ ähnelt.)

Schwarz auf weiß waren die Steuerelemente (damals OLE-Steuerelemente) das erste Mal ausführlich in der Spezifikation definiert, die den Microsoft-internen Namen „OLE Controls 94" hat. In der Spezifikation „OLE Controls 96" wurden die fensterlosen Steuerelemente und andere Merkmale bzw. die OLE-Steuerelemente festgelegt.

Zwischen hat Microsoft aber noch eine Spezifikation über Steuerelemente veröffentlicht. Die Steuerelemente heißen in dieser Spezifikation „ActiveX-Steuerelemente". Das war die Antwort von Microsoft auf die Notwendigkeit, die Steuerelemente einfach und bequem auf einer WWW-Seite plazieren und anwenden zu können.

Gemäß dieser Spezifikation muß ein ActiveX-Steuerelement mindestens die Schnittstelle *IUnknown* und die Selbstregistrierung unterstützen. (Über die Selbstregistrierung werden wir weiter unten sprechen.) Die Steuerelemente sind also keine besondere Unterart von COM-Objekten. Der Container kann mit Hilfe von *IUnknown* und den Einträgen in der Registrierdatenbank die Fähigkeiten von Steuerelementen herausfinden und abhängig von dieser Fähigkeit mit dem Steuerelement kommunizieren.

Eine wichtige Anforderung an ActiveX-Steuerelemente ist die *Selbstregistrierung*.

In vorigen Kapitel müßten wir einen DLL-Server zuerst entweder manuell (mit Hilfe des Werkzeuges Regsvr32.exe) oder mit Hilfe des Visual Studio registrieren und dann nur anwenden. Wenn aber ein Steuerelement auf unserem Computer auf einer WWW-Seite landet, wer registriert es in diesem Fall?

Der WWW-Browser muß in der Lage sein, das Steuerelement registrieren zu lassen.

Für diesen Zweck muß das Steuerelement die Eintrittspunkte (exportierte Funktionen) *DllRegisterServer()* und *DllUnregisterServer()* zur Verfügung stellen. (Die Quellcodes dieser Funktionen in Bezug zur Registrierung eines Steuerelementes betrachten wir im Projekt *AxDMFCControlFirst* in diesem Kapitel.)

Obwohl die Arbeit mit Steuerelementen, die innerhalb eines lokalen (EXE) Servers implementiert sind, auch möglich ist, implementiert man die meisten Steuerelemente in einer DLL- oder OCX-Datei. (Eine OCX-Datei ist ähnlich wie eine DLL-Datei aufgebaut). In allen Beispiel-Projekten in diesem Kapitel erzeugen wir nur solche Dateien.

Im Rest dieses Buches werden wir uns hauptsächlich mit ActiveX-Steuerelementen beschäftigen. Deswegen nenne ich ab dieser Stelle ActiveX-Steuerelemente einfach Steuerelemente.

Das Spektrum der Steuerelemente reicht von sehr einfachen Elementen mit ein paar Eigenschaften, wie in unserem erstem Projekt in diesem Kapitel, bis zu sehr komplizierten Elementen, die einen großen Teil eines Geschäftsprozesses implementieren.

Im weiteren Verlauf dieses Kapitels gehen wir nach einem kurzen Abschnitt über Werkzeuge für das Entwickeln und Testen der Steuerelemente zu unseren erstem Projekt über. Ein entwickeltes Steuerelement werden wir gründlich mit verschiedenen Containern testen. Wir finden auch heraus, welche Einträge dieses einfache Steuerelement in die Registrierdatenbank schreibt. Danach folgt die Theorie der Steuerelemente und eine Analyse der Quellcodes. Der Rest des Kapitels widmet sich der Entwicklung des zweiten Steuerelementes.

12.2 Werkzeuge zum Entwickeln und Testen der Steuerelemente in Visual C++

Visual C++ ist mit zwei Wizards für das schnelle Erzeugen der Steuerelemente eingerichtet: *MFC ActiveX ControlWizard* und *ATL COM AppWizard.*

In diesem Kapitel legen wir alle Projekte mit Hilfe des *MFC ActiveX ControlWizards* an. Im Teil „ATL" dieses Buches erforschen wir die ATL- Auffassung zum Erstellen den Steuerelementen, ihre Vorteile und Nachteile.

Mit Visual C++ wird als mächtiges Werkzeug *ActiveX Test Control Container* mitgeliefert. Dieses Werkzeug werden wir oft im Laufe dieses und des nächsten Kapitels anwenden.

Manchmal ist es aber besser, das Steuerelement in einer realen Umgebung (eine WWW-Seite, ein Office-Dokument oder ein Dialogformular) auszuprobieren. Diesen Weg werden wir in diesem Kapitel auch gehen.

12.3 Projekt AxDMFCControlFirst

Mit unserem ersten Steuerelement wollen wir schnell einen ersten Erfolg erreichen. Deshalb fügen wir diesem Steuerelement wenig Funktionalität hinzu. Das Steuerelement ermittelt die vorläufige Auflösung des Bildschirms Ihres Computers und zeigt sie in grafischer Form. Außerdem kann man die Auflösung mit Hilfe unseres Steuerelementes und seiner Automatisierungsschnittstelle in einer numerischen Form ermitteln.

Im Verzeichnis *VCPP\AxMFCControlFirst\Debug* finden Sie das Ergebnis dieser Entwicklung: die Datei *AxMFCControlFirst.ocx*. Mit dieser Datei können Sie die unten beschriebenen Experimente (Schritte 10–13) durchführen. Zuerst müssen Sie aber die Datei mit Hilfe von *REGSVR32.EXE* auf Ihrem Computer registrieren.

Wenn Sie die Entwicklung des Steuerelementes mit Hilfe von MFC ActiveX ControlWizard von Anfang an durchführen wollen, wiederholen Sie bitte folgende Schritte.

1. Legen Sie ein neues Projekt mit der Projektart „MFC ActiveX ControlWizard" und mit dem Namen *AxDMFCControlFirst* an

Die Abbildung 12.1 zeigt den Start des MFC ActiveX ControlWizards (Assistenten). Auf Seite 1 des Assistenten lassen Sie die vorgeschlagenen Voreinstellungen ohne Änderungen.

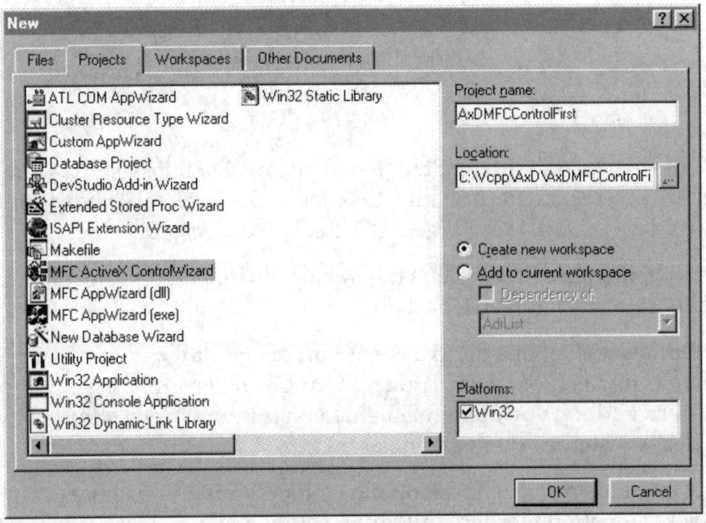

Abbildung 12.1: Anlegen eines neuen Projektes für die Entwicklung des MFC ActiveX-Steuerelementes

Der Assistent bietet auf Seite 1 die Möglichkeit, einige Optionen festzulegen (Abbildung 12.2). Obwohl wir alle seine Voreinstellungen ohne Änderungen lassen, werden wir jedoch an dieser Stelle die Bestimmung der Optionen dieser Seite herausfinden.

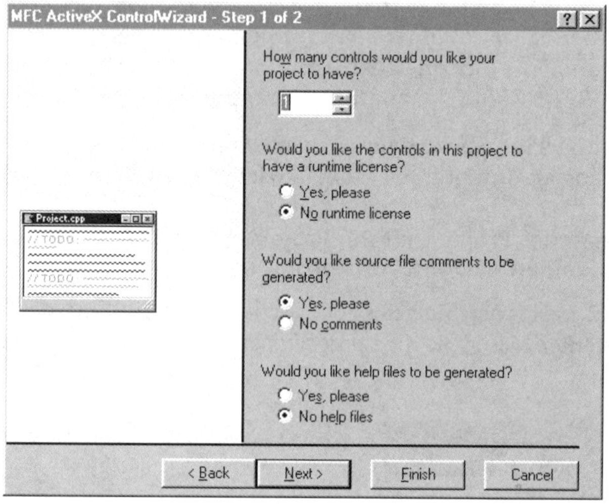

Abbildung 12.2: Seite 1 des MFC ActiveX ControlWizards (Assistent)

Das obere Feld läßt die Anzahl der Steuerelemente in einem Projekt bzw. in einer OCX-Datei festlegen. Die maximale Anzahl ist 99. Jedes Steuerelement wird im Projekt mit einer eigenen Klasse, CLSID und Eigenschaftsseiten dargestellt.

Oft lohnt es sich, mehrere Steuerelemente in eine einzige OCX-Datei einzupacken, um den Installationsvorgang zu vereinfachen.

Als zweite Option schlägt uns der Assistent vor, die Funktionen für die Unterstützung des Lizenzierens in das Projekt einzufügen. Den Lizenzierungsvorgang erforschen wir im Kapitel „Verwendung von Steuerelementen im Internet". Jetzt stimmen wir der Voreinstellung des Assistenten (kein Lizenzieren) zu.

Die unteren Optionsfelder legen fest, ob die Unterstützung von kontextsensitiver Hilfe in unser Projekt eingefügt werden muß. In unserem ersten Steuerelement unterstützen wir diese Möglichkeit nicht.

Mit dem Klick auf die Schaltfläche *Next>* gehen Sie zur nächsten Seite des Assistenten (Abbildung 12.3) über.

2. Auf Seite 2 des Assistenten kreuzen Sie zusätzlich das Kontrollkästchen *Available* in *„Insert Object"* dialog an

Die zweite Seite des Assistenten ist in Abbildung 12.3 zu sehen.

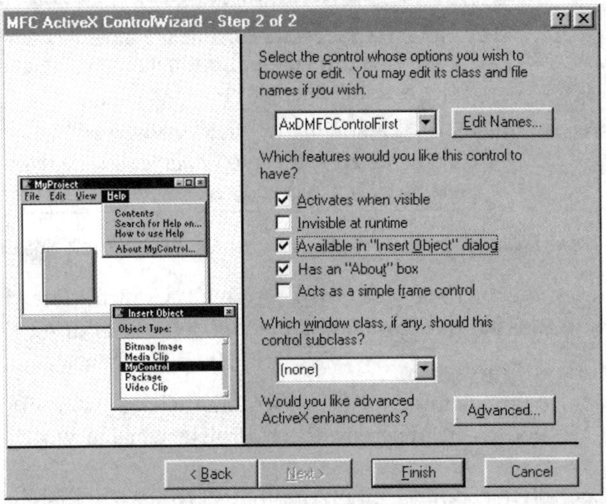

Abbildung 12.3: Seite 2 von MFC ActiveX ControlWizard (Assistent)

Diese Seite wird Ihnen so oft angezeigt, wie Sie Steuerelemente in Ihrem Projekt haben wollen. (In unserem Projekt wird diese Seite deswegen nur einmal angezeigt.)

Wie erwähnt, legt diese Seite die Optionen pro Steuerelement fest. Den Namen des aktuellen Steuerelementes sieht man in der Liste oben. Sie können den Name des Steuerelementes ändern.

Mit den Kontrollkästchen in der Mitte des Dialoges können Sie die verschiedenen Features des Steuerelementes festlegen. (Ich benutze hier den Begriff „Features", weil mit dem Begriff „Eigenschaften" in bezug auf das Steuerelement seine Automatisierungseigenschaften gemeint sind.)

Die Tabelle 12.1 gibt Erläuterungen zu diesen Kontrollkästchen.

Feature	Erklärung
Activates when visible	Steuerelemente mit diesem Feauture „wollen" sofort aktiviert werden, wenn sie sichtbar sind. Der Container kann diesen Wunsch aber ablehnen.
Invisible in runtime	Jedes Steuerelement kann entweder im „run time"- oder im „debug"-Modus gestartet werden. Die Ankreuzung dieser Kontrollkästchen verlangt vom Container, das Steuerelement im „run time"-Modus nicht anzuzeigen. Nicht alle Container akzeptieren jedoch diese Anforderung.
Available in „Insert Object" dialog	OLE Container (z.B. Microsoft Word) haben die Möglichkeit, ein Objekt einzufügen. Das Ankreuzen dieser Kontrollkästchen kennzeichnet das Objekt als „in OLE Container einfügbar".

Feature	Erklärung
Has an About box	Das Ankreuzen dieser Kontrollkästchen versorgt das Steuerelement mit einem Info-Dialog.
Act as simple frame control	Diese Option macht das Steuerelement fähig, andere Steuerelemente zu entnehmen. Man meint damit, daß das Steuerelement (Fenster) andere Steuerelemente enthalten kann.

Tabelle 12.1: Die Erläuterung einstellbarer Features des MFC ActiveX-Steuerelementes

Nach dem Beenden der Arbeit von MFC ActiveX ControlWizard finden wir in ClassView folgende Klassen und globale Elemente (siehe Abbildung 12.4):

1. Automatisierungsschnittstellen
   _DAxDMFCControlFirst – die „normale" Automatisierungsschnittstelle für Eigenschaften und Methoden. In unserem ersten Projekt werden wir diese Schnittstelle anwenden.

   _DAxDMFCControlFirstEvents – eine Automatisierungsschnittstelle für die Mitteilung des Containers über Ereignisse. (Über Ereignisse sprechen wir in diesem Kapitel weiter unten.)
2. Klassen
   Das Skelett des Projektes enthält drei Klassen:
   Die Anwendungsklasse *CAxDMFCControlFirstApp*, die allgemeine Initialisierungs- und Vernichtungsvorgänge implementiert. In den meisten Projekte ändert bzw. erweitert man diese Klasse nicht.

   Die Klasse *CAxDMFCControlFirstCtrl*, die eigentlich Steuerelemente implementiert. Wenn ein Projekt mehrere Steuerelemente enthält, hat dieses Projekt mehrere solcher Klassen (eine Klasse für jedes Steuerelement). Das Einfügen von neuen Automatisierungseigenschaften, Methoden und Ereignissen erweitert automatisch diese Klasse. Außerdem enthält die Klasse auch die Zeichenmethode, die wir in unserem ersten Projekt korrigieren werden.
   Die Klasse *CAxDMFCControlFirstPropPage*, die mit dem Eigenschaftsdialog verbinden ist, erforschen wir auch im Projekt in diesem Kapitel.
3. Globale Elemente
   Die Eintrittspunkte (exportierte Funktionen) *DllRegisterServer()* und *DllUnregisterServer()* für Selbstregistrierung und -deregistrierung..

   GUID für die Typenbibliothek (_tlib) und für beide Automatisierungsschnittstellen (IID_...).
   Die Variablen *_wVerMajor* und *_wVerMinor*. Mit diesen Variablen werden wir uns im Abschnitt Versionenkontrolle in diesem Kapitel beschäftigen. Die erste Anwendung für diese Variablen finden wir im Projekt *TeamRoom* in diesem Teil des Buches.
   Der globale Verweis *theApp* auf das Anwendungsobjekt.

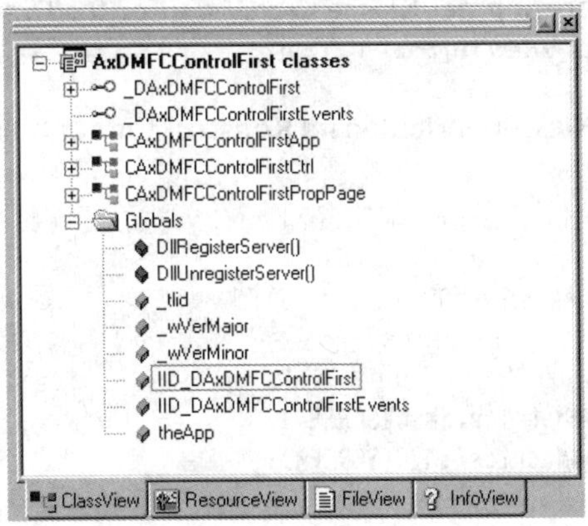

Abbildung 12.4: Klassen und globale Elemente des Objektes AxDMFCControlFirst

3. Fügen Sie der Automatisierungsschnittstelle des Steuerelements die Eigenschaften *xRes* und *yRes* hinzu

Mit Hilfe dieser Eigenschaften kann der Container die vorläufige Bildschirmauflösung Ihres Computers ermitteln. Klicken Sie mit der rechten Maustaste auf den Eintrag *_DAxDMFCControlFirst*. Ein Popup-Menü erscheint. In diesem Menü wählen Sie den Eintrag *Add Property*. Füllen Sie die Felder in dem neuen Dialog *Add Property* wie in Abbildung 12.5.

Wir implementieren den Zugriff auf die Eigenschaftswerte mit Hilfe von *Set/Get*-Methoden.

Fügen Sie auf die gleiche Art und Weise auch die Automatisierungseigenschaft *yRes* hinzu.

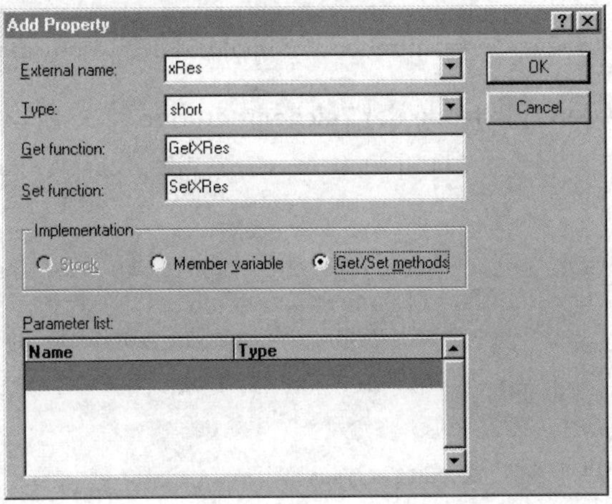

Abbildung 12.5: Einfügen einer Eigenschaft in die Automatisierungsschnittstelle des Steuerelementes

4. Fügen Sie der Deklaration der Klasse *CAxDMFCControlFirstCtrl* die Klassenvariablen *m_xRes* und *m_yRes* hinzu

5. Initiieren Sie diese Klassenvariablen im Konstruktor der Klasse *CAxDMFCControlFirstCtrl*

```
CAxDMFCControlFirstCtrl::CAxDMFCControlFirstCtrl()
{
   InitializeIIDs(&IID_DAxDMFCControlFirst,
&IID_DAxDMFCControlFirstEvents);
   // TODO: Initialize your control's instance data here.
   m_xRes = ::GetSystemMetrics(SM_CXSCREEN);
   m_yRes = ::GetSystemMetrics(SM_CYSCREEN);
}
```

Mit Hilfe der API-Funktion *::GetSystemMetrics()* können Sie viele interessante Informationen über die grafischen Aspekte Ihres Windows-Systems ermitteln. Schattierte Aufrufe zeigen, wie man die vorläufige Auflösung des Bildschirmes ermitteln kann.

6. Korrigieren Sie den Quellcode der *Get-Methoden*

```
short CAxDMFCControlFirstCtrl::GetXRes()
{
   // TODO: Add your property handler here
   return m_xRes;
}
short CAxDMFCControlFirstCtrl::GetYRes()
{
   // TODO: Add your property handler here
   return m_yRes;
}
```

Jetzt liefern die Methoden die ermittelten Parameter der Bildschirmauflösung.

7. Korrigieren Sie den Quellcode der Zeichenmethode

```
void CAxDMFCControlFirstCtrl::OnDraw(CDC* pdc, const CRect& rcBounds,
const CRect& rcInvalid)
{
   // TODO: Replace the following code with your own drawing code.
   pdc->FillRect(rcBounds, CBrush::FromHandle(
                              (HBRUSH)GetStockObject(WHITE_BRUSH)));

   pdc->Ellipse(rcBounds);

   CString strTmp;
   strTmp.Format("%d * %d", m_xRes, m_yRes);

pdc->ExtTextOut(rcBounds.left, (rcBounds.top + rcBounds.bottom)/2,
             ETO_CLIPPED, rcBounds, strTmp, strTmp.GetLength(), NULL);
}
```

MFC ActiveX ControlWizard generiert eine Schablone für die Zeichenmethode jedes ActiveX-Steuerelementes. Diese Schablone zeichnet eine Ellipse auf einem weißen Hintergrund. Wir fügen der Mitte dieser Ellipse noch eine Textzeile mit Informationen über die vorläufige Bildschirmauflösung hinzu. Zuerst bereiten wir die Textzeile (z.B. 800 * 600) vor, dann zeichnen wir diese Textzeile mit Hilfe der Methode *ExtTextOut()*. Die Parameter dieser Methode können wir im Projekt *TeamRoom* lernen.

8. Kompilieren Sie das Projekt

Merken Sie sich, daß das Steuerelement nicht nur kompiliert und gebunden, sondern auch auf Ihrem Computer registriert wird. Das geschieht, weil MFC ActiveX ControlWizard eine zusätzliche Einstellung beim Erzeugen des Projektes macht. Diese Einstellung können Sie sich mit dem Aufruf des *Settings*-Dialoges (Menüpunkt PROJECT | SETTINGS im Visual Studio) ansehen (Abbildung 12.6).

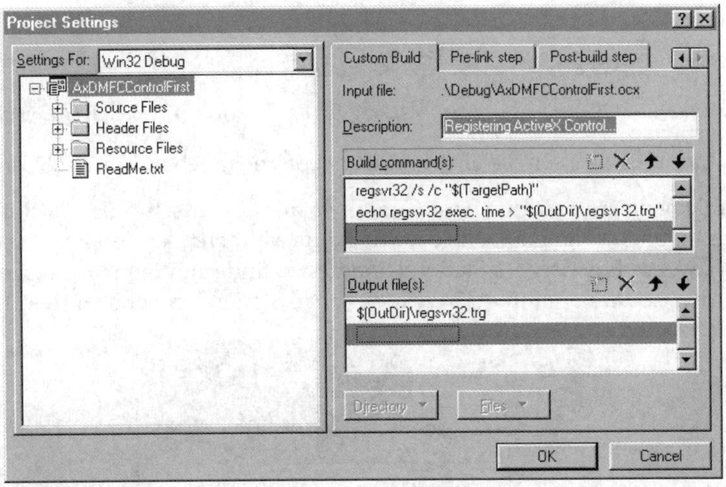

Abbildung 12.6: MFC ActiveX ControlWizard legt im Projekt eine zusätzliche Einstellung für die Registrierung des erstellten Steuerelement fest

Nicht nur die Ungeduld zwingt uns, das Steuerelement zuerst zu testen und danach die Analyse des Quellcodes durchzuführen. Beim Testen des Steuerelementes merken wir einige seiner Besonderheiten, die mit Hilfe des Quellcodes erklärt werden können.

9. Testen Sie das Steuerelement mit Hilfe von Testcontainer für ActiveX-Steuerelement (ActiveX Test-Container)

Rufen Sie den ActiveX Test-Container auf (Menüpunkt TOOLS | ACTIVEX TEST CONTAINER von Visual Studio, oder wählen Sie den Eintrag mit dem gleichen Namen in der Programmgruppe Visual C++).

Wählen Sie im Test-Container den Menüpunkt *Edit | Insert OLE Control* in der Liste mit den installierten, auf Ihrem Computer einfügbaren Steuerelementen (Abbildung 12.7).

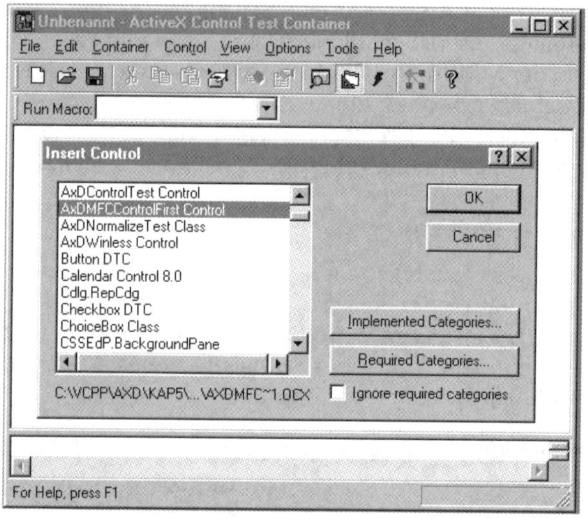

Abbildung 12.7: Auswahl des Steuerelementes für das Testen im ActiveX Test-Container

Nach dem Einfügen müssen Sie ein Steuerelement wie in Abbildung 12.8 sehen.

Das Steuerelement erscheint im Test-Container mit einem schraffierten Rahmen. Mit Hilfe dieses Rahmen zeigt man, daß das Objekt im Moment aktiviert ist. Versuchen Sie, die Größe bzw. die Position des Steuerelementes zu ändern. Wenn Sie noch ein Steuerelement in den Container einfügen, wird das erste Steuerelement deaktiviert.

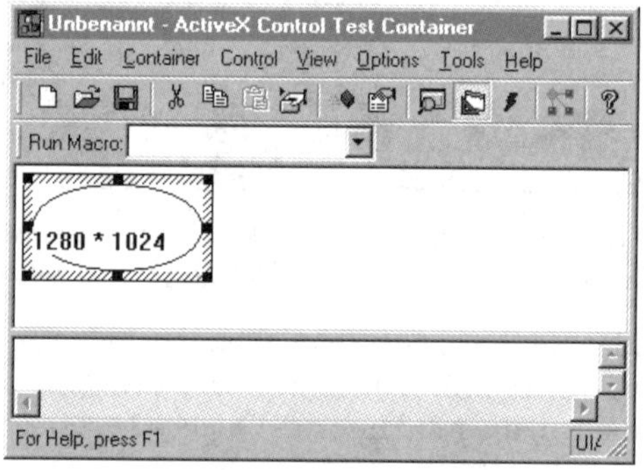

Abbildung 12.8: Der ActiveX Test-Container mit dem eingefügten Steuerelement

Testen wir jetzt, wie die Automatisierung mit unserem Steuerelement funktioniert. Wählen Sie den Menüpunkt CONTROL | INVOKE METHODS im ActiveX Test-Container. Der neue Dialog *Invoke Methods* erscheint. In der Liste *Method Name* sehen Sie die Eigenschaften, die unser Steuerelement mit Hilfe seiner Typenbibliothek veröffentlicht hat. Wählen Sie eine Eigenschaft, zum Beispiel *xRes*. Im Feld *Value* sehen Sie den Wert der Eigenschaft (Abbildung 12.9).

Der ActiveX Test-Container bietet viele attraktive Möglichkeiten zum Erforschen von Steuerelementen. Einige diese Möglichkeiten werden wir im Laufe dieses Kapitels noch anwenden.

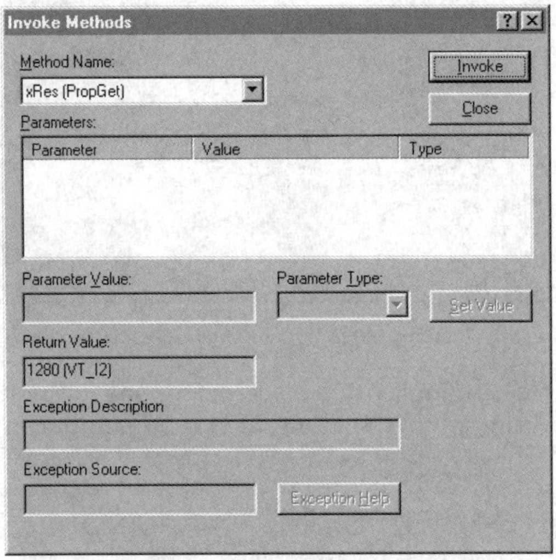

Abbildung 12.9: Der Dialog „Properties" des ActiveX Test-Containers zeigt den Wert der Automatisierungseigenschaft des Steuerelements

Versuchen Sie, den ActiveX Controls Test-Container im Debug-Modus mit Hilfe des Menüpunktes BUILD | DEBUG STARTEN oder der Taste F5 zu starten. Beim ersten Start stellt Ihnen Visual Studio drei Möglichkeiten zu Verfügung. Wählen Sie den ActiveX Controls Test-Container.

Eine Meldung wie

```
Warning: constructing COleException, scode = DISP_E_MEMBERNOTFOUND
($80020003).

First-chance exception in tstcon32.exe (MSVCRTD.DLL): 0xE06D7363: Mi-
crosoft C++ Exception.
```

bedeutet, daß das Steuerelement eine Eigenschaft von Container nicht auslesen kann. Ignorieren Sie diese Meldung.

Mit Hilfe der Haltepunkte erforschen Sie, wie der Container und das Steuerelement zusammen arbeiten.

10. Testen Sie das Steuerelement mit MS Word oder WordPad

Rufen Sie MS Word oder WordPad auf. Wählen Sie IM MENÜ den Menüpunkt EINFÜGEN | OBJECT. Im Dialog OBJEKT EINFÜGEN wählen Sie unser STEUERELEMENT (Abbildung 12.10).

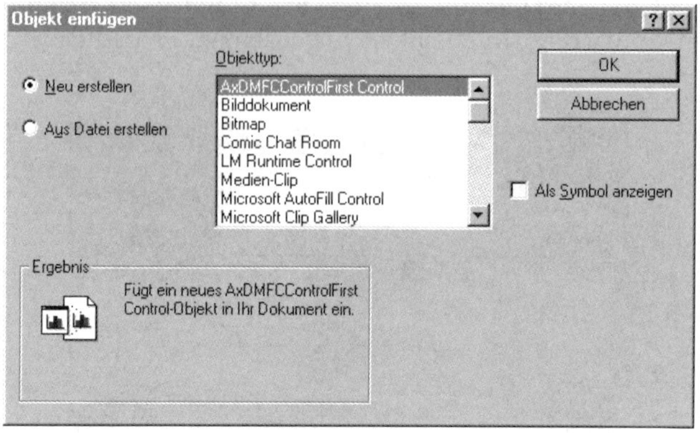

Abbildung 12.10: Einfügen eines Steuerelementes in WordPad

Das Steuerelement erscheint im Fenster. Sie können seine Position und Größe ändern, den Text im WordPad einfügen (Abbildung 12.11) und zusammen mit dem Text drükken.

Abbildung 12.11: Steuerelement und Text im WordPad

Klicken Sie jetzt mit der rechten Maustaste auf die Abbildung des Steuerelementes im WordPad. Ein Popup-Menü erscheint. Mit Hilfe dieses Menüs können Sie den Eigenschaftsdialog des Steuerelementes aufrufen (Abbildung 12.12).

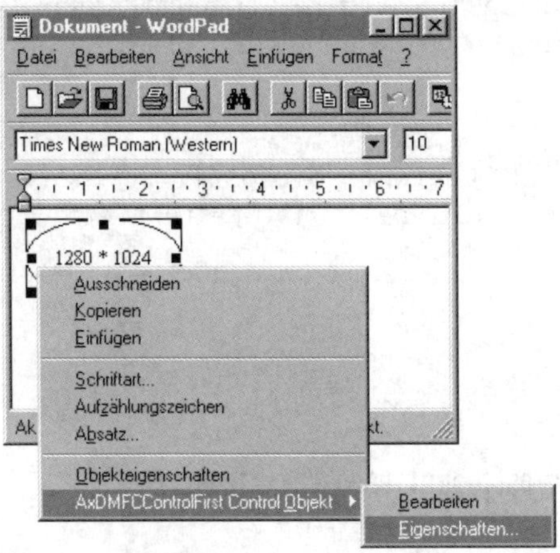

Abbildung 12.12: Aufruf des Eigenschaftsdialoges des Steuerelements

Der Eigenschaftsdialog unseres Dialoges besteht im Moment aus einer einzigen, leeren Seite (Abbildung 12.13). Im Projekt TeamRoom in Kapitel 14 beschäftigen wir uns mit der Gestaltung dieses Dialoges.

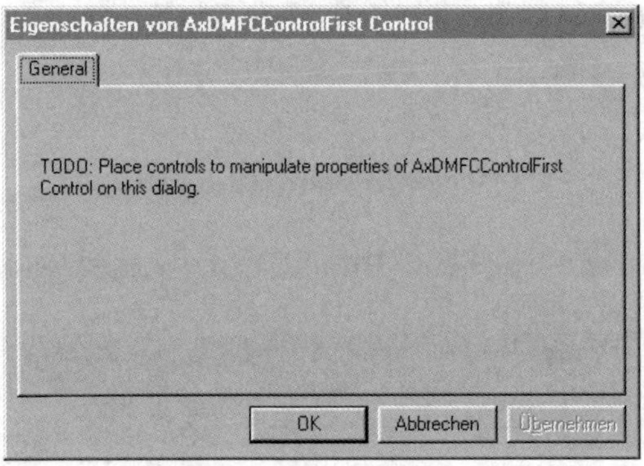

Abbildung 12.13: Der Eigenschaftsdialog des Steuerelementes besteht im Moment aus einer einzigen leeren Seite

11. Testen Sie das Steuerelement auf einer WWW-Seite

Das Visual Studio und Microsoft Word haben die Fähigkeit, die WWW-Seiten im HTML-Format zu speichern bzw. zu erzeugen. In diesem Abschnitt erstellen wir mit Hilfe von Visual Studio eine HTML-Seite.

Die fertige Version dieser Seite finden Sie unter dem Namen *TestPageForAxDMFCControlFirst.htm* im Verzeichnis *Vcpp\AxDMFCControlFirst* auf der CD.

Wählen Sie den Menüpunkt NEW in Visual Studio. Im neuen Dialog wählen Sie auf der Kartei die Dateiart und legen ihren Namen fest (Abbildung 12.14).

Die neue Datei wird mit einem Skelett-Text angelegt. Ergänzen Sie diesen Text wie in Listing 12.1 zu sehen ist.

```
<HTML>
<HEAD>
<META NAME="GENERATOR" Content="Microsoft Developer Studio">
<META HTTP-EQUIV="Content-Type" content="text/html; charset=iso-8859-1">
<TITLE>Document Title</TITLE>
</HEAD>
<BODY>

<!-- Insert HTML here -->

<OBJECT
CLASSID="clsid:BD7B05FD-D5DD-11D1-B890-B52A27C48724"
ID=AxDFirsCtrl
>
</OBJECT>
<P>
<SCRIPT LANGUAGE="JavaScript">
   var str = "Ihre vorläufige Bildschirmauflösung: " + AxDFirsCtrl.xRes
            + " * " + AxDFirsCtrl.yRes
   document.write(str)
</SCRIPT>
</P>

</BODY>
</HTML>
```

Listing 12.1: Quellcode der HTML-Testseite für das Steuerelement

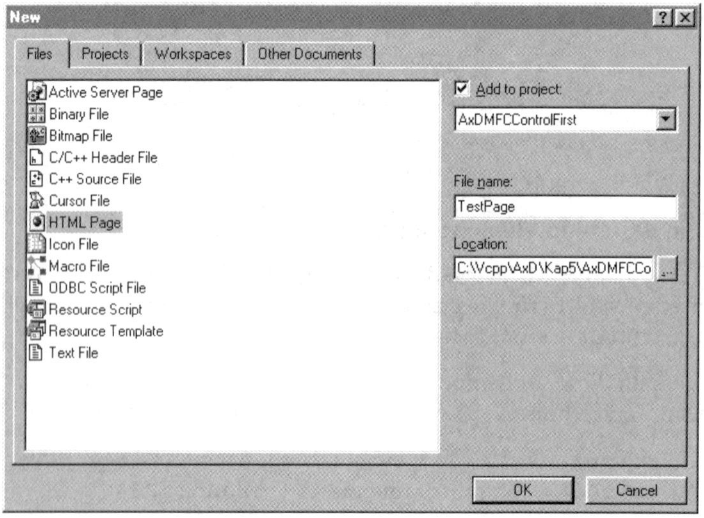

Abbildung 12.14: Anlegen einer HTML-Datei mit Hilfe des Visual Studio

Wenn Sie sich bis jetzt gar nicht mit der Gestaltung von HTML-Seiten beschäftigt haben, sollten Sie sich vielleicht in einem Buch darüber informieren (z.B. [8]).

Unten erkläre ich, wie unsere HTML-Seite organisiert ist.

Man bettet die Steuerelemente auf eine HTML-Seite mit Hilfe von Sprachelementen von HTML *Object* ein.

Die Anweisung

```
<OBJECT
CLASSID="clsid:BD7B05FD-D5DD-11D1-B890-B52A27C48724"
ID=AxDFirsCtrl
>
</OBJECT>
```

verknüpft ein Steuerelement mit der HTML-Variable *AxDFirsCtrl*.

Diese Anweisung ist ähnlich der VBA-Anweisung

```
Dim AxDFirsCtrl As Object
Set AxDFirsCtrl = CreateObject(…)
```

die wir im Projekt *WordClient* und *ExcelClient* im Teil Automatisierung betrachtet haben.

Die Anweisung *CLSID: BD7B05FD-D5DD-11D1-B890-B52A27C48724* identifiziert das Steuerelement, das sich auf der Begleit-CD befindet. Wenn Sie Ihr eigenes Objekt auf einer HTML-Seite einbetten wollen, müssen Sie an dieser Stelle die CLSID Ihres Steuerelementes einfügen. Diese CLSID können Sie aus der ODL-Datei Ihres Projektes entnehmen. CLSID befindet sich im Abschnitt „Class information..":

```
...
//  Class information for CAxDMFCControlFirstCtrl

   [ uuid(BD7B05FD-D5DD-11D1-B890-B52A27C48724),
     helpstring("AxDMFCControlFirst Control"), control ]
   coclass AxDMFCControlFirst
   {
       [default] dispinterface _DAxDMFCControlFirst;
       [default, source] dispinterface _DAxDMFCControlFirstEvents;
   };
...
```

Widmen wir uns weiter der Analyse des Skriptes von Listing 12.1.

Die „Klammern" <P> und </P> bedeuteten Anfang und Ende eines Absatzes.

Die kleine *JavaScript*-Prozedur konstruiert eine Textzeile und zeigt sie auf der HTML-Seite.

Speichern Sie die Seite, und öffnen Sie sie mit Ihrem Internet Explorer.

Nach dem Öffnen unserer HTML-Seite erscheint zuerst eine Warnung (Abbildung 12.15). Das geschieht, weil unser Steuerelement nicht als sicher für Initiieren und Scripting gekennzeichnet ist.

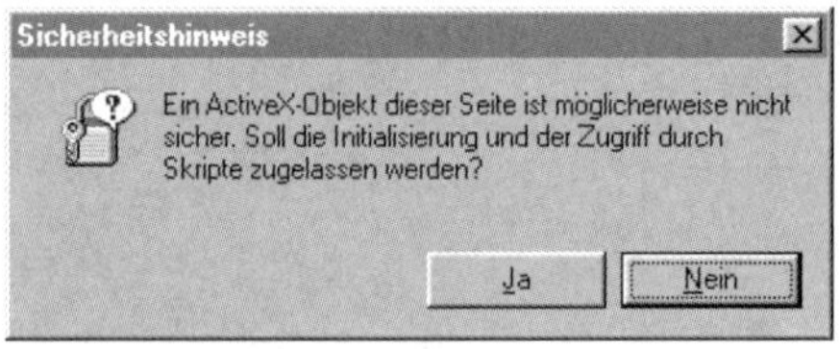

Abbildung 12.15: Sicherheitshinweis bei dem Aufruf der HTML-Seite mit dem Steuerelement

Wenn Sie den Sicherheitshinweis ablehnen und auf die Schaltfläche „Ja" klicken, sieht die HTML-Seite so aus (Abbildung 12.16).

Mit dem Sicherheitshinweis beschäftigen wir uns in Kapitel 14.

Abbildung 12.16: HTML-Seite mit dem entwickelten Steuerelement

12. Finden Sie heraus, welche Einträge das Steuerelement in der Registrierdatenbank macht

Die Einträge in der Registrierdatenbank für unser Steuerelement können Sie mit Hilfe des Werkzeuges *RegEdit.exe* (Suchmaske „AxDMFCControlFirst") ermitteln (Abbildung 12.17).

Diese Einträge sind in der Tabelle 12.2 aufgelistet.

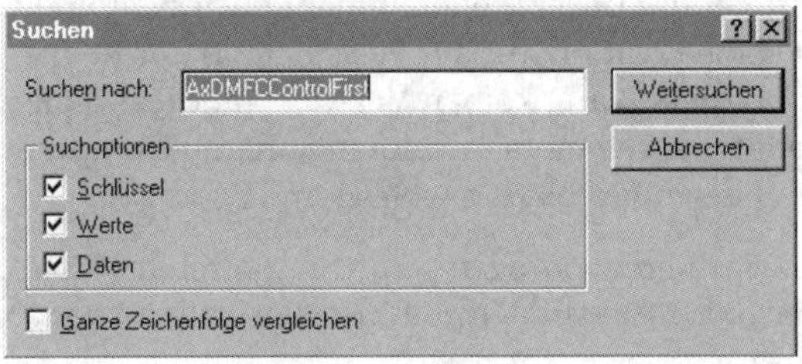

Abbildung 12.17: Die Einstellung für das Suchen der Informationen über das Steuerelement in der Registrierdatenbank

Unterschlüssel für HKEY_CLASSES_ROOT	**Wert**
AXDMFCCONTROLFIRST.AxDMF-CControlFirstCtrl.1	AxDMFCControlFirst Control
\CLSID	{ ClSID von Steuerelement }
\Insertable	
\Control	
\InprocServer32	(Standard) <Path zum OCX>
	ThreadingModel „Appartment"
\MiscStatus	0
..\1	131473
ProgID	AXDMFCCONTROLFIRST.AxDMFCControl-FirstCtrl.1
\ToolboxBitmap32	<Path zum OCX>.1
\TypeLib	{TypeLib }
\Version	1.0

Tabelle 12.2: Die Einträge in der Registrierdatenbank nach dem Aufruf des Steuerelementes AxDMFCControlFirst

Außerdem registriert das Steuerelement die Informationen über seine Schnittstelle.

Ähnliche Einträge finden Sie auch unter dem Schlüssel *\HKEY_LOCAL_MACHINE\SOFTWARE\Classes*

Die Erklärung dieser Einträge finden Sie im Kapitel „Einträge in die Registrierdatenbank".

13. Testen Sie das Steuerelement in der „Intranet-Umgebung"

Der Visual C++ Compiler hat unser Steuerelement nach dem Erzeugen automatisch registriert. Deshalb ist seine Position auf der Festplatte in der Registrierdatenbank eingetragen, und eine HTML-Seite kann keinen Verweis auf diese Stelle haben. Wie funktioniert es aber, wenn das Steuerelement auf einem anderen Computer erzeugt wurde und vom Intranet/Internet heruntergeladen werden muß?

Um diese Situation zu imitieren, deregistrieren Sie zuerst das Steuerelement. Für diesen Zweck müssen Sie *RegSvr32.exe* mit dem Schlüssel */u* und mit dem Namen des OCX aufrufen. Zum Beispiel so:

```
C:\Programme\DevStudio\SharedIDE\BIN\REGSVR32.EXE /u C:\Vcpp\AxDMFCCo-
ntrolFirst\Debug\AxDMFCControlFirst.ocx
```

Rufen Sie jetzt *RegEdit.exe* auf und überzeugen Sie sich, daß alle Einträge in der Registrierdatenbank über das Steuerelement gelöscht werden.

Verschieben Sie die Datei *AxDMFCControlFirst.ocx* in ein anderes Verzeichnis, z.B. *c:\temp.*

Ergänzen Sie den Quellcode der HTML-Seite mit der Anweisung CODEBASE..., die auf die Position der OCX-Datei auf Ihrer Festplatte oder im Netz hinweist:

```
<OBJECT
CLASSID="clsid:BD7B05FD-D5DD-11D1-B890-B52A27C48724"
  CODEBASE="C:\temp\AxDMFCControlFirst.ocx"
ID=AxDFirsCtrl
>
</OBJECT>
```

Öffnen Sie jetzt die HTML-Seite. Merken Sie sich, daß das Öffnen der Seite beim ersten Start ziemlich lange dauert, weil alle Einträge wieder in die Registrierdatenbank eingefügt werden müssen.

Prüfen Sie jetzt mit Hilfe von *RegEdit.exe*, ob alle Einträge wieder in die Registrierdatenbank eingetragen sind. Die Einträge mit der Stelle der OCX-Datei weisen aber auf ein anderes Verzeichnis hin. Das ist ein Verzeichnis für heruntergeladene Dateien. In Windows 95 heißt dieses Verzeichnis z.B. so:

```
<Systemverzeichnis>\ Downloaded program Files
```

Schließen Sie jetzt den Explorer. Sind die Einträge in der Registrierdatenbank auch entfernt? Nein, sie bleiben ohne Änderungen.

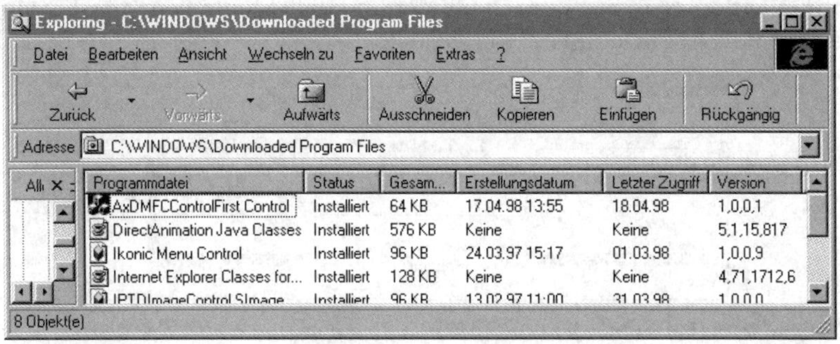

Abbildung 12.18: Das Steuerelement ist vom „Intranet" in ein spezielles Verzeichnis heruntergeladen worden

Jetzt gehen wir zur Theorie der ActiveX-Steuerelemente und der Analyse des Quellcodes über, den MFC ActiveX ControlWizard für uns erstellt hat.

12.4 Architektur eines Steuerelementes: Steuerelement und Container

Obwohl ein Steuerelement kein Fenster haben kann, stellt man sich in vielen Fällen die Steuerelemente als kleine Fenster vor, die nach bestimmten Regeln innerhalb eines Containers anlegt werden können.

Als Kommunikationsmittel verwenden beide Parteien Automatisierungsschnittstellen und andere Schnittstellen.

Ein wichtiger Unterschied zur reinen Automatisierung, die wir im vorigen Kapitel erforscht haben, besteht in einer Möglichkeit für das Steuerelement, die besonderen Nachrichten an den Container zu senden.

In der Automatisierung geht die ganze Kommunikation vom Client aus (in eine Richtung). Bei den Steuerelementen gibt es auch die Möglichkeit, ein Ereignis auszulösen. Wie es genau geht, erforschen wir in unserem nächsten Projekt *TeamRoom*. In unserem ersten Projekt *AxDMFCControlFirst* haben wir keine Ereignisse implementiert.

Die Kommunikation zwischen dem Container und dem Steuerelement ist in einer schematischen Form in Abbildung 12.19 dargestellt.

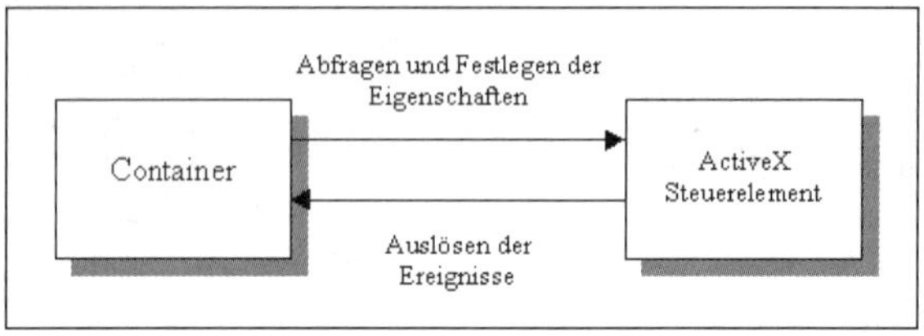

Abbildung 12.19: Kommunikation zwischen dem Container und dem ActiveX-Steuerelement mit Hilfe von Automatisierungsschnittstellen

Jedes mit Hilfe von Visual C++ erzeugte ActiveX-Steuerelement erbt seine Funktionalität von der mächtigen Basisklasse *COleControl*.

Die Klasse *COleControl* ist von der Klasse *CWnd* abgeleitet. Deshalb können wir z.B. in der Zeichenmethode unseres Steuerelementes für MFC übliche Zeichentechniken anwenden. (Ebenfalls mit einigen Beschränkungen, die wir im Abschnitt „Zeichnen in Steuerelementen" in diesem Kapitel herausfinden.)

Der Container arbeitet mit dem Steuerelement nicht direkt. Für jedes eingefügte Steuerelement erzeugt er einen „Vertreter" oder Platzhalter, in der ActiveX-Terminologie *Client Site* genannt.

Man kann es sich so vorstellen, daß eine von *COleControl* abgeleitete Klasse die Basisklasse „abschirmt". Wenn nämlich eine Methode oder eine Schnittstelle in Ihrer Klasse implementiert ist, wird sie aufgerufen. Ist das nicht der Fall, sucht der Container die Implementation in der Basisklasse (Abbildung 12.20).

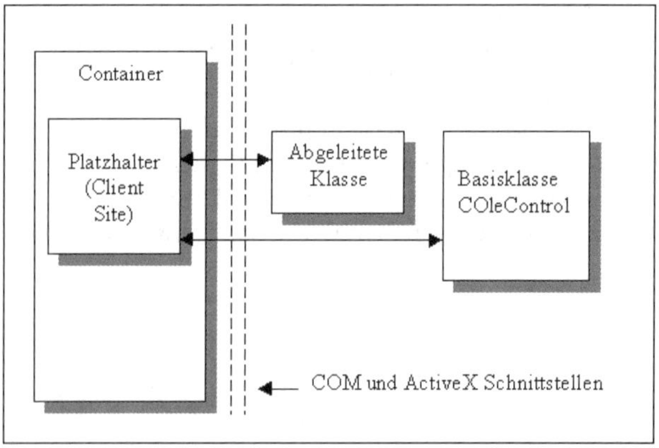

Abbildung 12.20: Kommunikation zwischen dem Container (Platzhalter), der abgeleiteten Klasse und der Basisklasse COleControl mit Hilfe von ActiveX-Schnittstellen

Jedes Steuerelement kann zwei Zustände annehmen: aktiv oder inaktiv. Normalerweise zeigen die meisten der ActiveX-Container aktive Steuerelemente mit Hilfe von schattierten Rahmen. (Das ist natürlich nicht der Fall, wenn sich ein Steuerelement auf einer WWW-Seite oder auf einem Dialog befindet.)

Wenn ein Steuerelement aktiv ist, verhält es sich als sichtbares Windows-Fenster. Das heißt zum Beispiel, daß das Steuerelement die Windows-Nachrichten annimmt.

Anstelle von aktiven und inaktiven Zuständen des Fensters ist die Situation mit den Steuerelementen ein bißchen schwieriger, weil ein Steuerelement auch fensterlos werden kann.

Wenn ein fensterloses Steuerelement aktiv ist, „beherrscht" es die Information über Mausbewegungen (mouse capture), Tastatureingaben (keypord focus), das Scrolling und andere für Windows-Fenster typische Vorgänge.

(Wenn Sie Ihre Kenntnisse über aktive und inaktive Zustände vertiefen wollen, empfehle ich Ihnen, unseren ersten Steuerelementen eine Nachrichtenbearbeitungsmethode für die Nachricht WM_MOUSEMOVE hinzuzufügen. Fügen Sie der Implementation dieser Methode den Aufruf der Funktion *MessageBeep()* hinzu. So können Sie feststellen, wann das Steuerelement aktiv und wann inaktiv ist.)

Beim Erzeugen unseres ersten Projektes sind wir an der Schaltfläche „Advanced" vorbeigegangen. Es ist aber empfehlenswert, einige fortgeschrittene einstellbare Features des Steuerelementes kennenzulernen, die man mit Hilfe der Einstellungen machen kann.

Nach einem Klick auf die Schaltfläche „Advanced" können Sie mit Hilfe des Dialoges *Advanced ActiveX Features* (Abbildung 12.21) die für Ihr Steuerelement in Tabelle 12.3 aufgelisteten Merkmale einstellen.

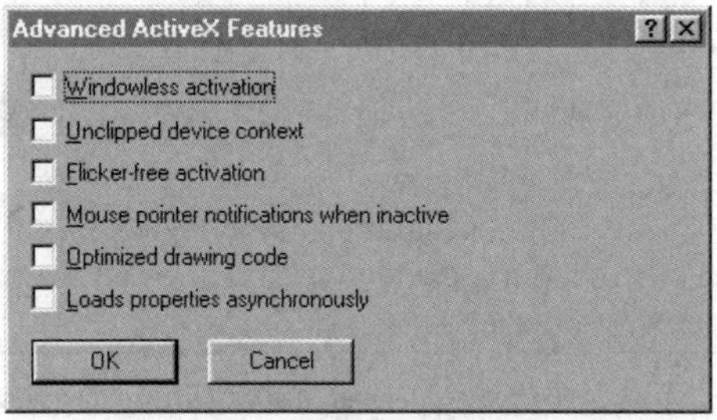

Abbildung 12.21: Erweiterte (fortgeschrittene) Features eines Steuerelementes

Option	Bedeutung
Windowless activation	Fensterlose Steuerelemente funktionieren schneller als Steuerelemente mit Fenstern, weil sie die üblichen Nachrichten, die Windows in Steuerelementfenster sendet, nicht unbedingt bearbeiten müssen. Sie unterstützen auch teilweise transparente Zeichen und nicht rechteckige Bereiche. Da fensterlose Steuerelemente kein eigenes Fenster besitzen, bekommt der Container die Nachrichten über die Mausbewegungen, Tastatureingaben usw. Der Container leitet diese Nachrichten zum fensterlosen Steuerelement, wenn er die Schnittstelle *IOleInPlaceObjectWindowless* unterstützt.
Unclipped device context	Beim Zeichnen prüft der Anwendungsrahmen, ob das gerade gezeichnete grafische Primitiv (z.B. die Ellipse und der Text in obigem Projekt) innerhalb der Grenze des Steuerelementes liegt. Wenn Sie absolut sicher sind, daß Sie Ihre Primitiven korrekt zeichnen, können Sie diese Prüfarbeit vermeiden und das Zeichnen beschleunigen.
Flicker-frei activation	Der Übergang zwischen dem aktiven und inaktiven Zustand bedeutet wiederholtes Selbstzeichnen für das Steuerelement und unangenehmes Flimmern für den Benutzer (insbesondere im Fall der bunten Steuerelemente). Aktivieren Sie diese Option, um dies zu vermeiden.
Mouse pointer notification when inactive	Diese Einstellung läßt das Steuerelement die Nachrichten über die Mausbewegungen erhalten, obwohl es im Moment inaktiv ist.

Optimized drawing code	Diese Option spart die Zeit für die Zeichenarbeit, wenn ein Container mehrere Steuerelemente enthält, die viele verschiedene GDI-Objekte (Stifte, Pinsel usw.) anwenden. Das Steuerelement muß die Methode *COleControl::IsOptimizeDraw* aufrufen, um festzustellen, ob der Container eine solche Technik erlaubt. Eine Zeichenmethode im Steuerelement kann in diesem Fall so aussehen:
	`If(m_brush.m_hObject == NULL)`
	`brusch.FromHandle((HBRUSH)GetStockObject(WHITE_BRUSH)));`
	`pdc->->FillRect(rcBounds, m_brush);`

Loads properties asynchronously	Diese Option läßt das Steuerelement anzeigen und aktivieren, bevor alle seine Eigenschaften geladen werden. (Das ist für Internet-Steuerelemente besonders wichtig.)

Tabelle 12.3: Fortgeschrittene Optionen bei Erstellung des Steuerelements

Wenn ein Steuerelement in einem Fenster aktiv ist, ist es in der Lage, wie ein normales Fenster mit dem Benutzer zu kommunizieren. (Sie können sich davon mit Hilfe des Werkzeuges Spy++ überzeugen.) Das Steuerelement empfängt die Nachrichten, die Windows in sein Fenster sendet. Damit funktioniert – wie auch in anderen Fenstern der übliche Windows-Mechanismus für die Nachrichtenbearbeitung (Abbildung 12.22).

Die Nachrichtenkarte „sortiert" diese Nachrichten abhängig von ihrer Art. Einige Nachrichten werden direkt in den Default-Windows-Nachrichtenbearbeiter des Anwendungsrahmens weitergeleitet. Wenn in Ihre von *COleControl* abgeleitete Klasse ein Nachrichtenbearbeiter (zum Beispiel für den Mausklick) implementiert ist, wird diese

Methode aufgerufen. (Normalerweise ruft eine Methode einer abgeleiteten Klasse die Methode gleichen Namens von der Basisklasse auf. Deswegen sehen Sie in der Abbildung 12.23 einen Pfeil von der abgeleiteten Klasse zur Basisklasse.) Die restliche Nachrichten werden in der Basisklasse verarbeitet. (Einen Teil der Routinearbeit übergeben die Nachrichtenbearbeiter der Basisklasse in die Default-Windows-Prozedur für Nachrichtenbearbeitung. Deshalb führt ein Pfeil von der Basisklasse zu dieser Prozedur.)

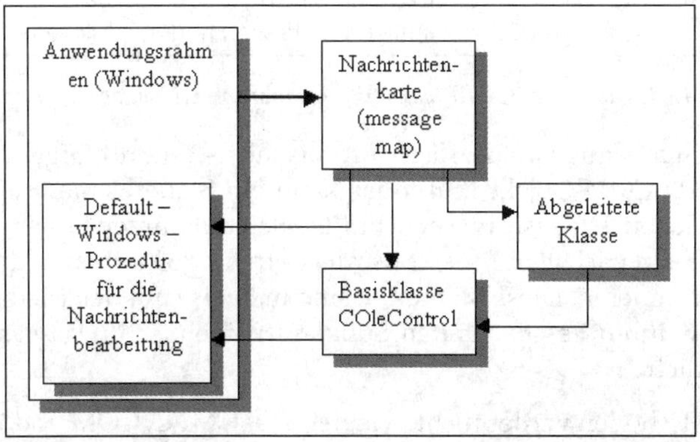

Abbildung 12.22: Nachrichtenbearbeitungsmechanismus in einem ActiveX-Steuerelement

In die Tabelle 12.4 finden Sie eine kurze Beschreibung von Visual C++-Klassen, die bei dem Implementieren eines Steuerelementes meistens verwendet werden.

Die größte Klasse ist die Klasse *COleControl*, die mehr als 150 Methoden enthält.

ActiveX-Steuer-element-Klasse	Beschreibung
COleControl	Die wichtigste Klasse in die MFC-Steuerelementprogrammierung. Die Klasse ist von CWnd abgeleitet und vererbt deswegen die Fähigkeiten dieser Klasse in der Nachrichtenbearbeitung, Zeichen usw. Außerdem beherrscht diese Klasse auch spezifische ActiveX-Verfahren wie Auslösen von Ereignissen.
COleControlModul	Ein Ersatz für die Klasse CWinApp wird für ausführbare Dateien, die Steuerelemente enthalten. Diese Klasse führt die Initialisieren/Schließen- sowie Laden/Ausladen-Aktionen auf der Seite von ActiveX-Komponenten durch.
COlePropertyPage	Die Klasse implementiert die Anzeige der Eigenschaften des Steuerelementes unabhängig vom Container.
CPropExchange	Die Klasse implementiert das Sichern und Laden/Herunterladen der Eigenschaften (wie die Klasse CDataExchange für MFC-Anwendungen).
CPictureHolder	Die Klasse implementiert die Funktionalität für die Arbeit mit Abbildungen.

ActiveX-Steuer-element-Klasse	Beschreibung
CFontHolder	Die Klasse implementiert die Funktionalität für die Arbeit mit den Schriftarten.
CConnectionPoint	Diese Klasse ist eine spezielle Art der Kommunikation „in umgekehrter Richtung". Anstelle von anderen Schnittstellen, die immer die Initiative von der Client-Seite voraussetzen, läßt diese Klasse eine Aktion auf der Seite des Clients initiieren (z.B. ein Ereignis auslösen).

Tabelle 12.4: Die Visual C++-Klassen für das Implementieren der Steuerelemente

Der Klassenmechanismus ist spezifisch für Visual C++ und einige andere Programmiersprachen. Als COM-Objekt muß oder kann ein Steuerelement einige bestimmte Schnittstellen anlegen. Die Liste dieser Schnittstellen mit kurzen Beschreibungen finden Sie in Tabelle 12.5. In nächstem Projekt werden wir einige Methoden dieser Schnittstellen selbst programmieren. Diese Methoden sind teilweise mit den Methoden der Klasse *COleControl* bzw. ihren geschachtelten Subklassen identisch. Das vereinfacht unsere Aufgabe wesentlich.

Diese Liste der Methoden verdeutlicht, wieviel Arbeit MFC, COM und Windows hinter den Kulissen durchführen. In unserem Buch erforschen wir nur einen kleinen Bereich von diesem Themengebiet.

Die Beschreibungen in Tabelle 12.5 stellten die wichtigsten Aspekte der Schnittstellen dar. Genaue Information über die Bestimmung und den Inhalt der Schnittstellen finden Sie in der Online-Hilfe.

Schnittstelle	Beschreibung
IClassFactory2	Die Schnittstelle erweitert das Standard-Erzeugen-Verfahren von COM-Objekten mit einem Mechanismus, der die Lizenzierung ermöglicht.
IOleObject	Die Schnittstelle stellt die Basisfunktionalität für das Einbetten der Objekte in einen Container und für die Kommunikation mit dem Container zur Verfügung.
IDataObject	Die Schnittstelle ermöglicht die Datenübertragung zwischen ActiveX Objekten mit der Verwendung von komplizierten Formaten, informiert über Änderungen in der Datenquelle.
IViewObject	Die Schnittstelle ermöglicht Selbstzeichnen des Steuerelementes ohne Hilfe des Containers.
IPersistStorage	Die Schnittstelle unterstützt ein strukturieres Sicherungsmodell (structured storage model), das für jedes eingebettete Objekt eine eigene Ablage für die Sicherung seiner Dateien anbietet. Die Schnittstelle regelt die Zusammenarbeit von Container und Server während des Sicherns und Ladens der Daten.

Schnittstelle	Beschreibung
IOleInPlaceActiveObject	Die Schnittstelle unterstützt die Kommunikation zwischen dem eingeebneten Objekt und dem Anwendungs- bzw. Dokumentfenster (Nachrichtenweiterleitung, Größenänderung usw.).
IOleCache	Die Schnittstelle dient dem Speichern von Daten im Cache bzw. der Präsentation des Objektes, wenn das Objekt inaktiv ist.
IPersistStreamInit	Die Schnittstelle unterstützt das Speichern und Laden der Daten in einem Steuerelement, das abhängig von Daten eine Initialisierung benötigt.
IOleControl	Der Container verwendet diese Schnittstelle für das Informieren des Objektes über Tastatureingaben, Umgebungseigenschaften und Auslösen von Ereignissen.
IConnectionPoint	Die Schnittstelle unterstützt den Verbindungspunktmechanismus. Mit Hilfe von Verbindungspunkten kann ein COM-Objekt mit anderen Objekten nach eigenen Initiativen kommunizieren.
IProvideClassInfo	Die Schnittstelle unterstützt den direkten Zugriff zu Klasseninformationen seiner Typenbibliothek.
IPropertyNotifySink	Die Schnittstelle unterstützt das Informieren über eine Änderung der Eigenschaften. (Das ist z.B. für die C++-Implementierung wichtig.)
ISpecifyPropertyPages	Die Schnittstelle informiert, ob das Objekt Eigenschaftsseiten unterstützt.
IPerPropertyBrowsing	Die Schnittstelle unterstützt den Zugriff auf Eigenschaftsseiten.
ISimpleFrameSite	Man verwendet diese Schnittstelle bei der Implementierung der „geschachtelten" Steuerelemente (der ActiveX-Steuerelemente, die andere ActiveX-Steuerelemente enthalten).
IDispatch (normal)	Die Schnittstelle für Automatisierungsmethoden und Automatisierungseigenschaften.
IDispatch für Ereignisse	Spezielle Schnittstelle für die Unterstützung von Ereignissen.

Tabelle 12.5: Schnittstellen der ActiveX-Steuerelemente

Die Klasse COleControl und MFC decken die allgemeine Funktionalität der meisten Schnittstellen von Tabelle 12.5 ab. Beim Erzeugen Ihres eigenen Steuerelementes benötigen Sie nur einen kleinen Teil der Funktionalität von der Tabelle 12.5 selbst zu implementieren.

Jetzt wissen wir über die Steuerelemente genug, um zur Analyse der Quellcodes überzugehen.

12.5 Analyse des Quellcodes im Projekt AxDMFCControlFirst

MFC ActiveX ControlWizard hat mehrere Dateien im Projektverzeichnis angelegt. Im Moment interessieren uns die drei CPP/H-Dateien mit der Deklaration und Implementierung unserer Visual C++-Klassen.

Komponentenklasse

In der Datei *AxDMFCControlFirst.h* befindet sich die Deklaration der Klasse *CAxDMFCControlFirstApp*. Diese Deklaration sieht so aus:

```
//////////////////////////////////////////////////////////////////////
// CAxDMFCControlFirstApp : See AxDMFCControlFirst.cpp
// for implementation.

class CAxDMFCControlFirstApp : public COleControlModule
{
public:
   BOOL InitInstance();
   int ExitInstance();
};
extern const GUID CDECL _tlid;
extern const WORD _wVerMajor;
extern const WORD _wVerMinor;
```

Die Klasse *CAxDMFCControlFirstApp* spielt in unserem Projekt eine ähnliche Rolle wie die Anwendungsklasse in einem MFC SDI- oder MDI-Projekt. Die Klasse ist von der Klasse *COleControlModule* abgeleitet, die ihrerseits von CWinApp abgeleitet ist. Sie sehen, daß der MFC ActiveX ControlWizard nur zwei Methoden zur Initialisierung und Vernichtung des Steuerelementes hinzufügt. Außerdem sind die Verweise auf den GUID der Typenbibliothek, die minimale und die maximale Versionsnummer auch in diese Datei eingefügt. Weil man diese Kopfdatei in jeder Implementierungsdatei im Projekt einfügt, sind diese Variablen überall erreichbar.

Die Implementierungsdatei *AxDMFCControlFirst.cpp* enthält auch die GUID für die Typenbibliothek und die minimalen und maximalen Versionen, die die vorläufige Version des Steuerelements unterstützen.

```
const GUID CDECL BASED_CODE _tlid =
      { 0xbd7b05fa, 0xd5dd, 0x11d1, { 0xb8, 0x90, 0xb5, 0x2a, 0x27,
        0xc4, 0x87, 0x24 } };

const WORD _wVerMajor = 1;
const WORD _wVerMinor = 0;
```

Was bedeuten die minimalen und maximalen Versionen? Nehmen wir an, daß auf dem Benutzercomputer eine andere Version des Steuerelements installiert war. Mit Hilfe dieser Version konnten auf der Festplatte die Eigenschaften gesichert werden. Danach wurde eine andere (nicht unbedingt neuere) Version installiert. Beim Lesen der Eigenschaften der Datei kann das Steuerelement mit Hilfe der Versionsinformation entscheiden, ob eine bestimmte Eigenschaft geladen werden muß oder mit einem voreingestellten Wert initialisiert werden muß.

Die Implementierung der Methoden *InitInstance()* und *ExitInstance()* besteht aus einem Aufruf der entsprechenden Methoden von der Basisklasse.

Die Datei *AxDMFCControlFirst.cpp* enthält auch zwei Prozeduren für die Selbstregistrierung und Deregistrierung: *DllRegisterServer()* und *DllUnRegisterServer()*. Die Bedeutung dieser Methoden haben wir oben im Abschnitt in diesem Kapitel diskutiert.

Eigenschaftsseitenklasse

Die Dateien *AxDMFCControlFirstPpg.h* und *AxDMFCControlFirstPpg.cpp* enthalten die Deklaration und die Implementation der Klasse *CAxDMFCControlFirstPropPage*. Diese Klasse ist von der Klasse *COlePropertyPage* abgeleitet, die ihrerseits ihre Funktionalität von *CDialog* erbt. Die Klasse *CAxDMFCControlFirstPropPage* stellt eine einzelne Eigenschaftsseite (nicht die ganze Karteikarte) dar.

```
class CAxDMFCControlFirstPropPage : public COlePropertyPage
{
   DECLARE_DYNCREATE(CAxDMFCControlFirstPropPage)
   DECLARE_OLECREATE_EX(CAxDMFCControlFirstPropPage)


// Constructor
public:
   CAxDMFCControlFirstPropPage();

// Dialog Data
   //{{AFX_DATA(CAxDMFCControlFirstPropPage)
   enum { IDD = IDD_PROPPAGE_AXDMFCCONTROLFIRST };
        // NOTE - ClassWizard will add data members here.
        //    DO NOT EDIT what you see in these blocks of generated code !
   //}}AFX_DATA

// Implementation
protected:
   virtual void DoDataExchange(CDataExchange* pDX); // DDX/DDV support

// Message maps
protected:
   //{{AFX_MSG(CAxDMFCControlFirstPropPage)
        // NOTE - ClassWizard will add and remove member functions here.
        //    DO NOT EDIT what you see in these blocks of generated code !
   //}}AFX_MSG
   DECLARE_MESSAGE_MAP()
};
```

Listing 12.2: Deklaration der Klasse CAxDMFCControlFirstPropPage

```
IMPLEMENT_DYNCREATE(CAxDMFCControlFirstPropPage, COlePropertyPage)

/////////////////////////////////////////////////////////////////////////////
// Message map

BEGIN_MESSAGE_MAP(CAxDMFCControlFirstPropPage, COlePropertyPage)
   //{{AFX_MSG_MAP(CAxDMFCControlFirstPropPage)
   // NOTE - ClassWizard will add and remove message map entries
   //    DO NOT EDIT what you see in these blocks of generated code !
   //}}AFX_MSG_MAP
END_MESSAGE_MAP()

/////////////////////////////////////////////////////////////////////////////
// Initialize class factory and guid

IMPLEMENT_OLECREATE_EX(CAxDMFCControlFirstPropPage, "AXDMFCCONTROLF-
IRST.AxDMFCControlFirstPropPage.1",
   0xbd7b05fe, 0xd5dd, 0x11d1, 0xb8, 0x90, 0xb5, 0x2a, 0x27, 0xc4, 0x87,
0x24)

/////////////////////////////////////////////////////////////////////////////
// CAxDMFCControlFirstPropPage::
// CAxDMFCControlFirstPropPageFactory::UpdateRegistry -
// Adds or removes system registry entries for
// CAxDMFCControlFirstPropPage

BOOL AxDMFCControlFirstPropPage::
CAxDMFCControlFirstPropPageFactory::
UpdateRegistry(BOOL bRegister)
{
   if (bRegister)
       return AfxOleRegisterPropertyPageClass(
AfxGetInstanceHandle(),
              m_clsid, IDS_AXDMFCCONTROLFIRST_PPG);
   else
       return AfxOleUnregisterClass(m_clsid, NULL);
}

/////////////////////////////////////////////////////////////////////////////
// CAxDMFCControlFirstPropPage::CAxDMFCControlFirstPropPage -
// Constructor

CAxDMFCControlFirstPropPage::CAxDMFCControlFirstPropPage() :
   COlePropertyPage(IDD, IDS_AXDMFCCONTROLFIRST_PPG_CAPTION)
{
   //{{AFX_DATA_INIT(CAxDMFCControlFirstPropPage)
   // NOTE: ClassWizard will add member initialization here
   //    DO NOT EDIT what you see in these blocks of generated code !
   //}}AFX_DATA_INIT
}
```

```
/////////////////////////////////////////////////////////////////////////////
// CAxDMFCControlFirstPropPage::DoDataExchange - Moves data
// between page and properties

void CAxDMFCControlFirstPropPage::DoDataExchange(CDataExchange* pDX)
{
   //{{AFX_DATA_MAP(CAxDMFCControlFirstPropPage)
   // NOTE: ClassWizard will add DDP, DDX, and DDV calls here
   //    DO NOT EDIT what you see in these blocks of generated code !
   //}}AFX_DATA_MAP
   DDP_PostProcessing(pDX);
}
```

Listing 12.3: Implementierung der Klasse CAxDMFCControlFirstPropPage

Diese Klasse ist der Klasse *CDialog* in mehreren Aspekten ähnlich. Sie enthält z.B. die Nachrichtenkarte für die Bearbeitung von Windows-Nachrichten (das Makro *DECLARE_MESSAGE_MAP* in der Kopfdatei und die Makros *BEGIN_MESSAGE_MAP* und *END_MESSAGE_MAP* in der Implementierungsdatei). Die Klasse ist mit der Dialog-Ressource *IDD_PROPPAGE_AXDMFCCONTROLFIRST* verknüpft. Wenn Sie eine Eigenschaftsseite erweitern wollen, müssen Sie ähnliche Aktionen wie bei dem normalen Dialog durchführen: Ein „normales" Steuerelement (z.B. Eingabefeld) auf dem Dialog anlegen und mit einer Eigenschaft verknüpfen. Wie das genau geht, erforschen wir im Projekt *TeamRoom* in nächstem Kapitel.

Die Klasse hat aber einige wesentliche Unterschiede zu der Klasse *CDialog*.

Da eine Eigenschaftsseite dynamisch erzeugt werden kann, enthält der Quellcode die Makros *DECLARE_DYNCREATE* (Kopfdatei) und *IMPLEMENT_DYNCREATE* (Implementierungsdatei). Statt den bekannten Makros für das Erzeugen von ActiveX- bzw. OLE-Objekten sehen wir in unserer Klasse die erweiterten Versionen *IMPLEMENT_OLECREATE_EX* in der Kopfdatei und *IMPLEMENT_OLECREATE_EX* in der Implementierungsdatei. Das Makro verwendet beim Erzeugen einer Instanz der Eigenschaftsseite seine Klasseninformation (UUID und textuelle Kennung "AXDMFCCONTROLFIRST.AxDMFCControlFirstPropPage.1").

Um gezeigt werden zu können, muß diese Seite beim Start registriert und beim Schließen des Steuerelementes deregistriert werden. Das macht die Methode

```
AxDMFCControlFirstPropPage:: CAxDMFCControlFirstPropPageFactory::
UpdateRegistry().
```

Sie können sehen, daß diese Methode zu einer versteckten geschachtelten Klasse gehört.

Der Konstruktor der Klasse wurde mit *AX_DATA_INIT*-„Klammern" erzeugt. Das ermöglicht dem ClassWizard die Einfügung und die Initialisierung der mit den Dialogelementen verknüpften Klassenvariablen.

Die Methode *CAxDMFCControlFirstPropPage::DoDataExchange()* ist ähnlich wie die gleichen Methoden der Dialogklassen organisiert, enthält aber statt der Datenaustauschmethoden mit dem Präfix *DDX_* die Methoden mit dem Präfix *DDP_* . In unserem nächsten Projekt erstellen wir ein paar richtige Eigenschaftsseiten. Dort werden wir auch die Datenaustauschfunktionen näher kennenlernen.

Steuerelementklasse

Die Klasse *CAxDMFCControlFirstCtrl* stellt in unserem Projekt das Steuerelement selbst dar. Die Deklaration der Klasse ist in Listing 12.4 und die Implementierung in Listing 12.5 zu sehen.

```
class CAxDMFCControlFirstCtrl : public COleControl
{
   DECLARE_DYNCREATE(CAxDMFCControlFirstCtrl)
// Constructor
public:
   CAxDMFCControlFirstCtrl();
// Overrides
   // ClassWizard generated virtual function overrides
   //{{AFX_VIRTUAL(CAxDMFCControlFirstCtrl)
   public:
   virtual void OnDraw(CDC* pdc, const CRect& rcBounds, const CRect&
                        rcInvalid);
   virtual void DoPropExchange(CPropExchange* pPX);
   virtual void OnResetState();
   //}}AFX_VIRTUAL
// Implementation
protected:
   ~CAxDMFCControlFirstCtrl();
   DECLARE_OLECREATE_EX(CAxDMFCControlFirstCtrl)
                                          // Class factory and guid
   DECLARE_OLETYPELIB(CAxDMFCControlFirstCtrl)   // GetTypeInfo
   DECLARE_PROPPAGEIDS(CAxDMFCControlFirstCtrl)  // Property page IDs
   DECLARE_OLECTLTYPE(CAxDMFCControlFirstCtrl)
                                        // Type name and misc status

// Message maps
   //{{AFX_MSG(CAxDMFCControlFirstCtrl)
      // NOTE - ClassWizard will add and remove member functions here.
      //    DO NOT EDIT what you see in these blocks of generated code !
   //}}AFX_MSG
   DECLARE_MESSAGE_MAP()
// Dispatch maps
   //{{AFX_DISPATCH(CAxDMFCControlFirstCtrl)
   afx_msg short GetXRes();
   afx_msg void SetXRes(short nNewValue);
   afx_msg short GetYRes();
```

```
    afx_msg void SetYRes(short nNewValue);
    //}}AFX_DISPATCH
    DECLARE_DISPATCH_MAP()
    afx_msg void AboutBox();
// Event maps
    //{{AFX_EVENT(CAxDMFCControlFirstCtrl)
    //}}AFX_EVENT
    DECLARE_EVENT_MAP()
//Attributes:
    short m_xRes;
    short m_yRes;
// Dispatch and event IDs
public:
    enum {
    //{{AFX_DISP_ID(CAxDMFCControlFirstCtrl)
    dispidXRes = 1L,
    dispidYRes = 2L,
    //}}AFX_DISP_ID
    };
};
```

Listing 12.4: Deklaration der Klasse CAxDMFCControlFirstCtrl

Die Klasse *CAxDMFCControlFirstCtrl* ist von der Klasse *COleControl* abgeleitet, die ihre Funktionalität von *CWnd* erbt. Die Klasse CWnd ihrerseits erbt die COM-Funktionalität von der Klasse *CCmdTarget*. Die Deklaration der Klasse *CAxDMFCControlFirstCtrl* ist ähnlich der Deklaration der üblichen Fensterklasse. Die Klasse kann dynamisch erzeugt werden (die Makros *DECLARE_DYNCREATE* und *DECLARE_OLECREATE_EX*).

MFC ActiveX ControlWizard packt die Deklarationsvorgänge der Typenbibliothek, die Eigenschaftsseiten und das Steuerelement selbst in die Makros *DECLARE_ OLETYPELIB, DECLARE_PROPPAGEIDS* und *DECLARE_OLECTLTYPE* ein.

Die Deklaration der Klasse enthält die für eine Fensterklasse übliche Deklaration der Nachrichtenkarte („Klammermakros" AFX_MSG und das Makro *DECLARE_ MESSAGE_MAP).*

Die Zugriffsmethoden für die Automatisierungseigenschaften sind mit Hilfe der „Klammermakros" *AFX_DISPATCH* und *DECLARE_DISPATCH_MAP* deklariert.

Ähnlich ist auch die Ereigniskarte deklariert (Makros *AFX_EVENT* und *DECLARE_EVENT_MAP*, die in diesem Projekt leer sind. Diese Karte erforschen wir im nächsten Projekt).

Die *enum*-Anweisung am Ende der Deklaration enthält eine Liste der *dispids* für die Automatisierungseigenschaften. Diese Information kann man beim Informieren über die Änderungen der Eigenschaften verwenden.

Betrachten wir jetzt das Implementieren der Klasse (Listing 12.5).

```
IMPLEMENT_DYNCREATE(CAxDMFCControlFirstCtrl, COleControl)
/////////////////////////////////////////////////////////////////////////////
// Message map

BEGIN_MESSAGE_MAP(CAxDMFCControlFirstCtrl, COleControl)
   //{{AFX_MSG_MAP(CAxDMFCControlFirstCtrl)
   // NOTE - ClassWizard will add and remove message map entries
   //    DO NOT EDIT what you see in these blocks of generated code !
   //}}AFX_MSG_MAP
   ON_OLEVERB(AFX_IDS_VERB_EDIT, OnEdit)
   ON_OLEVERB(AFX_IDS_VERB_PROPERTIES, OnProperties)
END_MESSAGE_MAP()

/////////////////////////////////////////////////////////////////////////////
// Dispatch map

BEGIN_DISPATCH_MAP(CAxDMFCControlFirstCtrl, COleControl)
   //{{AFX_DISPATCH_MAP(CAxDMFCControlFirstCtrl)
   DISP_PROPERTY_EX(CAxDMFCControlFirstCtrl, "xRes", GetXRes, SetXRes, VT_I2)
   DISP_PROPERTY_EX(CAxDMFCControlFirstCtrl, "yRes", GetYRes, SetYRes, VT_I2)
   //}}AFX_DISPATCH_MAP
   DISP_FUNCTION_ID(CAxDMFCControlFirstCtrl, "AboutBox",
DISPID_ABOUTBOX, AboutBox, VT_EMPTY, VTS_NONE)
END_DISPATCH_MAP()

/////////////////////////////////////////////////////////////////////////////
// Event map

BEGIN_EVENT_MAP(CAxDMFCControlFirstCtrl, COleControl)
   //{{AFX_EVENT_MAP(CAxDMFCControlFirstCtrl)
   // NOTE - ClassWizard will add and remove event map entries
   //    DO NOT EDIT what you see in these blocks of generated code !
   //}}AFX_EVENT_MAP
END_EVENT_MAP()

/////////////////////////////////////////////////////////////////////////////
// Property pages
// TODO: Add more property pages as needed.  Remember to increase
// the count!

BEGIN_PROPPAGEIDS(CAxDMFCControlFirstCtrl, 1)
   PROPPAGEID(CAxDMFCControlFirstPropPage::guid)
END_PROPPAGEIDS(CAxDMFCControlFirstCtrl)

/////////////////////////////////////////////////////////////////////////////
// Initialize class factory and guid

IMPLEMENT_OLECREATE_EX(CAxDMFCControlFirstCtrl, "AXDMFCCONTROLF-
IRST.AxDMFCControlFirstCtrl.1",
   0xbd7b05fd, 0xd5dd, 0x11d1, 0xb8, 0x90, 0xb5, 0x2a, 0x27, 0xc4, 0x87,
```

```
0x24)

/////////////////////////////////////////////////////////////////////////////
// Type library ID and version

IMPLEMENT_OLETYPELIB(CAxDMFCControlFirstCtrl, _tlid, _wVerMajor,
_wVerMinor)

/////////////////////////////////////////////////////////////////////////////
// Interface IDs

const IID BASED_CODE IID_DAxDMFCControlFirst =
   { 0xbd7b05fb, 0xd5dd, 0x11d1, { 0xb8, 0x90, 0xb5, 0x2a, 0x27, 0xc4,
     0x87, 0x24 } };

const IID BASED_CODE IID_DAxDMFCControlFirstEvents =
      { 0xbd7b05fc, 0xd5dd, 0x11d1, { 0xb8, 0x90, 0xb5, 0x2a, 0x27,
        0xc4, 0x87, 0x24 } };

/////////////////////////////////////////////////////////////////////////////
// Control type information

static const DWORD BASED_CODE _dwAxDMFCControlFirstOleMisc =
   OLEMISC_ACTIVATEWHENVISIBLE |
   OLEMISC_SETCLIENTSITEFIRST |
   OLEMISC_INSIDEOUT |
   OLEMISC_CANTLINKINSIDE |
   OLEMISC_RECOMPOSEONRESIZE;

IMPLEMENT_OLECTLTYPE(CAxDMFCControlFirstCtrl, IDS_AXDMFCCONTROLFIRST,
_dwAxDMFCControlFirstOleMisc)

/////////////////////////////////////////////////////////////////////////////
// CAxDMFCControlFirstCtrl::CAxDMFCControlFirstCtrlFactory::
// UpdateRegistry -
// Adds or removes system registry entries for CAxDMFCControlFirstCtrl

BOOL CAxDMFCControlFirstCtrl::CAxDMFCControlFirstCtrlFactory::Updat-
eRegistry(BOOL bRegister)
{
   // TODO: Verify that your control follows apartment-model
   // threading rules.
   // Refer to MFC TechNote 64 for more information.
   // If your control does not conform to the apartment-model
   // rules, then
   // you must modify the code below, changing the 6th parameter from
   // afxRegInsertable | afxRegApartmentThreading to afxRegInsertable.

   if (bRegister)
      return AfxOleRegisterControlClass(
            AfxGetInstanceHandle(),
            m_clsid,
```

```
            m_lpszProgID,
            IDS_AXDMFCCONTROLFIRST,
            IDB_AXDMFCCONTROLFIRST,
            afxRegInsertable | afxRegApartmentThreading,
            _dwAxDMFCControlFirstOleMisc,
            _tlid,
            _wVerMajor,
            _wVerMinor);
    else
        return AfxOleUnregisterClass(m_clsid, m_lpszProgID);
}

/////////////////////////////////////////////////////////////////////////////
// CAxDMFCControlFirstCtrl::CAxDMFCControlFirstCtrl - Constructor

CAxDMFCControlFirstCtrl::CAxDMFCControlFirstCtrl()
{
    InitializeIIDs(&IID_DAxDMFCControlFirst,
&IID_DAxDMFCControlFirstEvents);

    // TODO: Initialize your control's instance data here.

    m_xRes = ::GetSystemMetrics(SM_CXSCREEN);
    m_yRes = ::GetSystemMetrics(SM_CYSCREEN);
}

/////////////////////////////////////////////////////////////////////////////
// CAxDMFCControlFirstCtrl::~CAxDMFCControlFirstCtrl - Destructor

CAxDMFCControlFirstCtrl::~CAxDMFCControlFirstCtrl()
{
    // TODO: Cleanup your control's instance data here.
}

/////////////////////////////////////////////////////////////////////////////
// CAxDMFCControlFirstCtrl::OnDraw - Drawing function

void CAxDMFCControlFirstCtrl::OnDraw(
            CDC* pdc, const CRect& rcBounds, const CRect& rcInvalid)
{
    // TODO: Replace the following code with your own drawing code.
    pdc->FillRect(rcBounds, CBrush::FromHandle((HBRUSH)
                                GetStockObject(WHITE_BRUSH)));
    pdc->Ellipse(rcBounds);

    CString strTmp;
    strTmp.Format("%d * %d", m_xRes, m_yRes);
    pdc->ExtTextOut(rcBounds.left, (rcBounds.top + rcBounds.bottom)/2,
            ETO_CLIPPED, rcBounds, strTmp, strTmp.GetLength(), NULL);

}
```

```
/////////////////////////////////////////////////////////////////////
// CAxDMFCControlFirstCtrl::DoPropExchange - Persistence support

void CAxDMFCControlFirstCtrl::DoPropExchange(CPropExchange* pPX)
{
   ExchangeVersion(pPX, MAKELONG(_wVerMinor, _wVerMajor));
   COleControl::DoPropExchange(pPX);

   // TODO: Call PX_ functions for each persistent custom property.

}

/////////////////////////////////////////////////////////////////////
// CAxDMFCControlFirstCtrl::OnResetState - Reset control to
// default state

void CAxDMFCControlFirstCtrl::OnResetState()
{
   COleControl::OnResetState();  // Resets defaults found in DoPropEx-
change

   // TODO: Reset any other control state here.
}

/////////////////////////////////////////////////////////////////////
// CAxDMFCControlFirstCtrl::AboutBox - Display an "About" box
// to the user

void CAxDMFCControlFirstCtrl::AboutBox()
{
   CDialog dlgAbout(IDD_ABOUTBOX_AXDMFCCONTROLFIRST);
   dlgAbout.DoModal();
}

/////////////////////////////////////////////////////////////////////
// CAxDMFCControlFirstCtrl message handlers

short CAxDMFCControlFirstCtrl::GetXRes()
{
   // TODO: Add your property handler here

   return m_xRes;
}
void CAxDMFCControlFirstCtrl::SetXRes(short nNewValue)
{
   // TODO: Add your property handler here

   SetModifiedFlag();
}
short CAxDMFCControlFirstCtrl::GetYRes()
{
   // TODO: Add your property handler here
```

```
    return m_yRes;
}
void CAxDMFCControlFirstCtrl::SetYRes(short nNewValue)
{
    // TODO: Add your property handler here
    SetModifiedFlag();
}
```

Listing 12.5: Implementieren der Klasse CAxDMFCControlFirstCtrl

Bei dem Implementieren finden wir den ersten Unterschied im Vergleich mit den üblichen Fensterklassen in der Nachrichtenkarte. Das Makro ON_OLEVERB ist für den Aufbau der Menüpunkte im objektspezifischen Menü (Objektmenü) zuständig. Das Objektmenü erscheint, wenn der Benutzer mit der rechten Maustaste auf das Objekt klickt (Abbildung 12.23). In verschiedenen Containern sieht das Menü verschieden aus. In einigen Containern muß das Objekt im Moment des Klicks nicht aktiviert sein.

Der erste Parameter des Makros ist die ID einer String-Ressource. Der zweite Parameter weist auf die Methode hin, die aufgerufen wird, wenn der entsprechende Menüpunkt ausgewählt wird.

Wenn die Methode (z.B. *OnEdit()*) nicht in die Klasse implementiert ist, wird diese Methode in der Basisklasse gesucht.

Wenn Sie eigene Punkte in das Objektmenü einfügen wollen, müssen Sie die String-Ressource und eine Klassenmethode definieren und sie mit Hilfe eines *ON_OLEVERB*-Eintrages in der Nachrichtenkarte miteinander verknüpfen. Wir machen eine solche Erweiterung in unserem nächsten Projekt *TeamRoom* in diesem Kapitel.

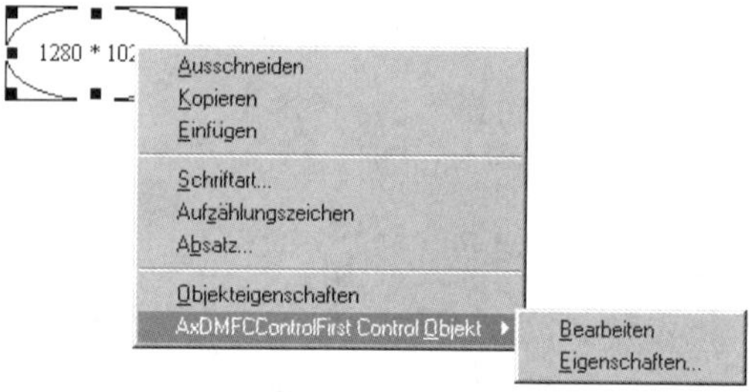

Abbildung 12.23: Objektspezifisches Menü

Die Konstruktion *BEGIN_DISPATCH_MAP .. END_DISPATCH_MAP* ist uns aus dem vorigen Kapitel bekannt. Außer zwei von uns eingefügten Eigenschaften enthält auch diese Karte den Aufruf des Infodialoges „AboutBox". Sie können diesen Dialog mit Hilfe des ActiveX Control Test-Containers aufrufen und anschauen (Menüpunkt EDIT | INVOKE METHODS).

Die Ereigniskarte (die Makros *BEGIN_EVENT_MAP* und *END_EVENT_MAP*) ist in unserem Projekt noch leer.

Die Makros *BEGIN_PROPPAGEIDS, PROPPAGEID* und *END_PROPPAGEIDS* definieren zusammen eine Eigenschaftsliste. Wenn Sie mehrere Eigenschaftsseiten in Ihrem Projekt haben wollen, müssen Sie eine Dialog-Ressource definieren, eine Eigenschaftsseiteklasse mit dieser Ressource verknüpfen und mit Hilfe des Makros PROPPAGEID diese Klasse in die Eigenschaftsliste einfügen.

Weiter finden Sie im Quellcode die Anwendung des Makros *IMPLEMENT_OLECREATE_EX*. Dieses Makro haben wir oben bei dem Erforschen der Eigenschaftsseitenklasse herausgefunden.

Das Makro *IMPLEMENT_OLETYPELIB* dient zusammen mit dem Makro *DECLARE_OLETYPELIB* dem Verknüpfen der Information in der Typenbibliothek mit der Implementation der Klasse.

Der MFC ActiveX ControlWizard fügt die Festlegung der GUIDs für die zwei Automatisierungsschnittstellen *IID_DAxDMFCControlFirst* und *IID_DAxDMFC-ControlFirst-Events* hinzu. Die erste Schnittstelle ist die „normale" Schnittstelle für die Automatisierungsmethoden und Eigenschaften. Die zweite Schnittstelle dient dem Implementieren der Ereignisse. (In unserem ersten Projekt wurde diese Schnittstelle noch nicht verwendet.)

Die Variable *_dwAxDMFCControlFirstOleMisc* definiert mit der Hilfe einer Kombination von *Stilbits* den Stil des Steuerelementes.

Ausführliche Information über die Bestimmung und die Werte einzelner Stilbits finden Sie in der Online-Hilfe unter dem Stichwort OLEMISC.

An dieser Stelle erkläre ich die Bedeutung der Stilbits, die der MFC ActiveX ControlWizard in unser Projekt eingefügt hat.

- *OLEMISC_ACTIVATEWHENVISIBLE* – Das Steuerelement will sich immer in aktivem Zustand befinden, wenn es sichtbar ist. Nicht alle Container unterstützen diese Anforderung.
- *OLEMISC_SETCLIENTSITEFIRST* – Das Steuerelement will zuerst auf die Umgebungseigenschaften des Containers zugreifen und analysieren und erst danach die eigenen Eigenschaften herunterladen.
- *OLEMISC_INSIDEOUT* – Das Steuerelement unterstützt die In-Place-Aktivierung.
- *OLEMISC_CANTLINKINSIDE* – Das Objekt unterstützt nicht die Verknüpfung während der Kopieren- und Einfügen-Aktionen in die Zwischenablage.
- *OLEMISC_RECOMPOSEONRESIZE* – Wenn der Container seine Präsentationsparameter (z.B. den Maßstab) ändert, versucht das Steuerelement, die eigene visuelle Darstellung im Container zu erneuern.

Die in der Variable *_dwAxDMFCControlFirstOleMisc* festgelegten Stileinstellungen werden im Makro *IMPLEMENT_OLECTLTYPE* und im Aufruf der Methode *UpdateRegistry()* verwendet.

Die Methode *UpdateRegistry()* aus der geschachtelten Klasse *CAxDMFCControlFirstCtrlFactory* dient der Registrierung und Deregistrierung des Steuerelementes in der Registrierdatenbank. Im nachfolgenden Kapitel „Einträge in die Registrierdatenbank" finden wir die „Spur" dieser Methode in den Einträgen der Datenbank.

Im Konstruktor der Klasse sehen wir den Aufruf der Methode *InitializeIIDs()*. Diese Methode weist der Basisklasse beide Automatisierungsschnittstellen zu. Das läßt die Methoden der Basisklasse viel Routinearbeit erledigen.

Der schattierte Teil des Quellcodes im Konstruktor zeigt die Zeile, die Sie selbst einfügen müssen. Mit Hilfe der globalen Funktion *::GetSystemMetrics()* ermitteln wir die vorläufige Auflösung Ihres Bildschirmes.

Die von MFC ActiveX ControlWizard generierte Implementierung der Zeichenmethode *OnDraw()* zeichnet eine Ellipse auf weißem Hintergrund. Wir ergänzen dies mit einer Textzeile. Den Zeichenvorgang werden wir bei der Entwicklung des Projektes *TeamRoom* in Kapitel 14 diskutieren.

Die Methode *DoPropExchange()* dient dem Sichern und Laden der *persistenten* Daten (Daten, die das Steuerelement zwischen den Sitzungen mit Hilfe des Containers speichern will). Der MFC ActiveX ControlWizard hat in diese Methode das Sichern/Laden der Versionsinformation hinzugefügt. Wie versprochen machen wir im nächsten Projekt dieses Teiles unser Steuerelement „persistenter".

Die Methode *OnResetState()* wird vom Anwendungsrahmen immer aufgerufen, wenn der Container die voreingestellten (default) Werte der Eigenschaften im Steuerelement wiederherstellen will. Der in der Basisklasse vordefinierte Vorgang lädt die persistenten Daten. In vielen Fällen ist das nicht genug oder nicht richtig. MFC ActiveX ControlWizard fügt diese Methode dem Skelett-Quellcode hinzu, um die Möglichkeit zu geben, diesen Vorgang zu korrigieren.

Die Methode *AboutBox()* ist eine vom MFC ActiveX ClassWizard vordefinierte Automatisierungsmethode.

Der Rest des Quellcodes ist uns bekannt.

13 Einträge in der Registrierdatenbank

In unserem Experiment mit dem Steuerelement AxDMFCControllerFirst haben wir herausgefunden, welche Einträge dieses Steuerelement in die Registrierdatenbank schreibt. Diese Einträge sind in Tabelle 12.2 aufgelistet. Jetzt widmen wir uns der Bedeutung der Einträge.

Jedes Steuerelement macht folgende Einträge in der Registrierdatenbank:

```
HKEY_CLASSES_ROOT
   CLSID
      {CLSID von Steuerelement}
   Control
   ProgID            =textueller Name
   InprocServer32    =<Pfad\Dateiname><ext>
                     ThreadingMode "<Model>"
   ToolBoxBitmap32   =<Path\Dateiname>.<ext>ressource ID
   MiscStatus
   TypeLib           = {TypeLib ID}
   Version           = Versionsnummer
```

Der Sinn der Einträge *InprocServer32* und *ProgID* ist uns aus dem vorigen Kapitel bekannt.

Der Eintrag *Control* kennzeichnet, daß dieses Objekt ein Steuerelement ist.

Der Schlüssel *Insertable* setzt voraus, daß das Steuerelement die Verfahren unterstützt, die die Container wie Winword oder WordPad von ihm verlangen. Solche Steuerelemente zeigt der Container auch in der Liste der einfügbaren Objekte an. Außerdem lassen solche Steuerelemente seine Große ändern, mit einem Klick sich aktivieren usw.

Der Eintrag *MiscStatus* ist eine Sammlung von „Stilbits", die verschiedene „feine" Aspekte von Steuerelementen beschreiben. Zum Beispiel können einige Steuerelemente nur mit ihren Icons im Container dargestellt werden. Für solche Steuerelemente muß der Container das Kontrollkästchen „Als Symbol anzeigen" (Abbildung 12.10) selbst ankreuzen und danach deaktivieren. Die Informationen über alle Werte von *MiscStatus* finden Sie in der Online-Hilfe unter dem Stichwort *OLEMISC*.

Der Eintrag *ToolboxBitma32* weist auf eine Bitmap hin, die das Steuerelement in der Symbolleiste darstellen muß. (Schauen Sie sich in der Abbildung 12.8 die Schaltfläche mit den Buchstaben „OCX" an.) Diese Bitmap ist kleiner als Windows-Standardbitmaps. Sie hat die Größe 16x15 Pixel. Mit dem Ressource-Editor können Sie diese Bitmap nach Ihrem eigenen Geschmack gestalten.

Das Steuerelement schreibt auch in die Registrierdatenbank die Einträge über seine Typenbibliothek und seine Eigenschaftenseiten. Diese Einträge sind so ähnlich wie der „Haupteintrag" organisiert. In dem Eintrag über die Typenbibliothek fügt das Steuerelement auch die Informationen über die Hilfedatei hinzu, mit der Beschreibung des Steuerelementes bzw. mit kontextsensitiver Hilfe über seine Subelemente.

13.1 Threading-Modelle und die Einträge in der Registrierdatenbank

Der Eintrag „Threading Model" enthält Informationen über das Threading-Model, das das Steuerelement unterstützt.

COM unterstützt folgende Threading-Modelle:

1. Einfaches Threading-Modell. Eine ActiveX-Komponente (OCX- oder DLL-Datei) hat nur einem einzigen Thread. Die Aufrufe von COM-Objekten sind über COM synchronisiert.
2. Apartment-Threading-Modell. Mehrere Threads arbeiten mit COM. Die Aufrufe sind über COM synchronisiert.

   Freies Threading-Modell. Mehrere Threads arbeiten mit COM. Die Aufrufe von COM-Objekten werden selbst synchronisiert.
   Gemischtes Threading-Modell. Einzelne Steuerelemente bzw. COM-Objekte einer Komponente unterstützen sowohl das Apartment- als auch das freie Threading-Modell.

Ein Steuerelement kennzeichnet sein Threading Model der Registrierdatenbank mit dem Unterschlüssel *ThreadingModel*. Damit sind folgende Werte gültig:

- Kein Wert: einfaches Threading-Model
- *Apartment*: nur Unterstützung des Apartment Threading Models
- *Both*: Unterstützung sowohl des Apartment-Threading-Models als auch des freien Threading-Models
- *Frei*: nur Unterstützung des freien Threading-Models

MFC ActiveX ControlWizard legt die Steuerelemente mit der Unterstützung des Apartment Threading-Models fest.

Die Berücksichtigung der Threading-Modelle ist wichtig, wenn die Steuerelemente bzw. COM-Objekte einer ActiveX-Komponente die gemeinsamen Daten im Arbeitsspeicher anwenden und korrigieren können. Nehmen wir an, daß mehrere Instanzen eines Steuerelementes *CSomeCtrl* eine globale Variable g_*iSomeValue* anwenden müssen. Abhängig vom vorläufigen Wert dieser Variable werden verschiedene Aktionen in jedem einzelnem Steuerelement durchgeführt. Um die Situation zu vermeiden, in der eine Instanz eine Aktion abhängig von g_*iSomeValue* durchführt, andere Instanzen aber inzwischen ihren Wert ändern, müssen Sie in Ihrer Klasse eine statische Variable von der Klasse *CCriticalSection* definieren und in den Methoden anwenden. Die Deklaration der Klasse sieht etwa so aus:

```
Class CSomeCtrl : public COleControl
{
  ...
  static CCritialSection critsect;
  ...
}
```

In der Implementation der Klasse müssen Sie folgende Konstruktionen anwenden:

```
int iSomeValue
CCriticalSection CSomeCtrl::critsec;
...
void CSomeCtrl::SomeMethod()
{
  critsec.Lock();
  if( iSomeValie == iOtherValue)
{
...
}
critsec.Unlock();
}
```

Diese Technik werden wir in unserem Projekt DCOMShare im Teil DCOM unseres Buches anwenden.

Weitere Informationen zum Thema „Threading-Modelle" finden Sie in der Technischen Notiz TN064, im Artikel Q15077 in der Microsoft Knowledge Base, im Buch von Adam Denning [5] und in Artikeln im Microsoft System Journal [9–12].

14 Projekt TeamRoom

In diesem Kapitel entwickeln wir ein Steuerelement, das eine praktische Bedeutung hat.

Die Außensicht des Steuerelementes können Sie in der Abbildung 14.3 anschauen. Das Steuerelement implementiert die Idee des „interaktiven Planens".

Stellen Sie sich vor, daß in den Zimmern auf einer Etage in einem Firmengebäude verschiedene Teams einer Firma sitzen. Um die Situation zu vereinfachen, nehmen wir an, daß ein Team ein Zimmer besitzt. Man kann für jedes Team irgendeine Ressource bestellen. Das können die elektronischen Bauelemente, Schreibpapier, Mittagessensspeisen oder sogar Geld (Prämie) sein. Die Bestellung macht man mit Hilfe eines Dialoges.

Mit Hilfe eines Mausklicks kann man danach ein Bestellungs-Fax oder eine WWW-Seite einrichten. Wie es geht, finden Sie beim Testen des Steuerelementes in den letzten Abschnitten dieses Kapitels heraus.

Die fertige Version des Steuerelementes finden Sie auf der Begleit-CD im Verzeichnis *VCPP\TeamRoom\Debug* (Datei *TeamRoom.ocx*). An dieser Stelle ist es zu empfehlen, diese Datei mit Hilfe von RegSvr32.exe auf Ihrem Computer zu registrieren und mit Hilfe eines Containers zu testen. So bekommen Sie ein besseres Verständnis von dem Ziel unserer Bemühungen.

Die Quellcodes des Projektes finden Sie ebenso im Verzeichnis *VCPP\TeamRoom* auf der Begleit-CD. Im Laufe des Kapitels wird das Steuerelement nach dem „embryonalen" Prinzip erweitert. Das heißt, daß mit jedem Abschnitt das Steuerelement neue Merkmale bekommt. Auf der Begleit-CD befindet sich allerdings der endgültige Zustand des Projektes. Seien Sie deswegen bitte nicht überrascht, wenn die gleichen Methoden im Laufe des Kapitels mehrmals überschrieben werden.

14.1 Anlegen des Projektes und die ersten Schritte

Legen Sie ein neues MFC ActiveX-Steuerelement nach der Art wie im Projekt *MFCControlFirst* an. Vergessen Sie bitte nicht, unser neues Steuerelement als „einfügbar" (*insertable*) zu kennzeichnen.

Unser Steuerelement stellt eine Sammlung von Zimmern auf einer Etage dar. Die Funktionalität des Steuerelementes ist besser zu verstehen, wenn wir zuerst die Merkmale der einzelnen Zimmer besprechen. Das Zimmer stellt in unserem Projekt die Klasse *CRoom* dar. Der folgende Abschnitt beschreibt die Entwicklung dieser Klasse.

14.2 Die Beschreibung der Klasse CRoom

Die Klasse *CRoom* stellt einzelne Zimmer dar. Die Beschreibung der Klassenvariablen und Methoden finden Sie im Laufe dieses Kapitels. Jetzt beschäftigen wir uns mit dem Anlegen der Klasse.

1. Fügen Sie dem Projekt die Klasse *CRoom* hinzu.

In Visual Studio rufen Sie mit Hilfe des Menüpunktes INSERT | NEW CLASS den *Dialog New Class* und füllen diesen Dialog, wie in der Abbildung 14.1 zu sehen ist.

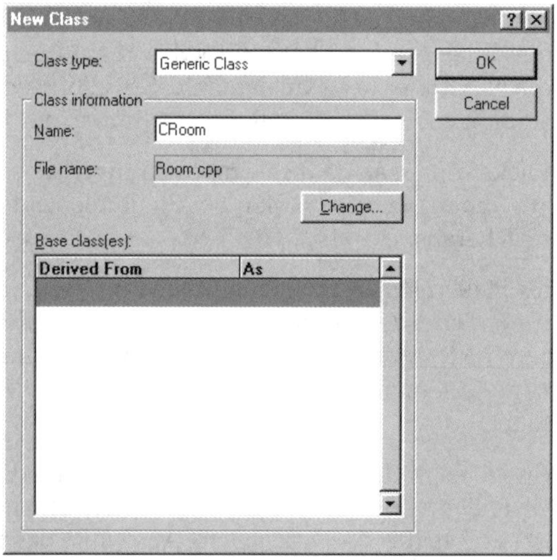

Abbildung 14.1: Einfügen der Klasse CRoom in ein Projekt

Die Kopfdatei *Room.h* und die Implementierungsdatei *Room.cpp* mit dem Skelett der Klasse *CRoom* werden in das Projekt eingefügt.

Nehmen wir zur Vereinfachung an, daß das Zimmer rechteckig ist. Wir können deswegen die Geometrie des Zimmers mit Hilfe der zwei Punkte *p0* und *p1* darstellen. Die Koordinaten werden in Metern gemessen. Wir nehmen zur Vereinfachung an, daß die Länge und die Breite jedes Zimmers mit einer Ganzzahl von Metern dargestellt werden kann. Das Zimmer hat eine Tür. In unserem Modell wird die Tür als Kreuz dargestellt.

Jedes Team besitzt in unserem Modell genau ein Zimmer. Das Zimmer hat deshalb einen Namen, der mit dem Namen des Teams übereinstimmt.

Ein Zimmer kann aber auch leerstehen. In diesem Fall hat das Zimmer eine Nummer als Namen.

Das Leben ist vielseitig und jede Modellierung stellt nur einige wenige Aspekte des Originals dar. In diesem Projekt interessieren uns die Bestellungen des Teams, nämlich die Anzahl, die Summe und die Beschreibung der Bestellungen.

2. Ergänzen Sie die Deklaration der Klasse *CRoom* mit den folgenden Zeilen

```
class CRoom
{
public:
   CRoom();
   CRoom(const CPoint& p0, const CPoint& p1, const CPoint& pointDoor);

   virtual ~CRoom();

   void SetColor(const COLORREF& color);
public:

   CString m_strName;
short m_iCount;
   float m_fSum;
   CString m_strInfo;
COLORREF m_color;
private:

   CPoint m_p0;
   CPoint m_p1;
   CPoint m_pDoor;

};
```

Wir ergänzen den Skelettcode der Klasse mit einem neuen Konstruktor, der bequem die Geometrie eines Zimmers festlegen läßt.

Die Klasse hat vier offensichtliche Klassenvariablen:

- *m_strName* – Name des Teams,
- *m_iCount* – Anzahl der Bestellungen,
- *m_iSum* – die Summe der Bestellungen,

m_strInfo – textuelle Beschreibung der Bestellungen.

Die Geometrie des Zimmers stellt man mit den Eckpunkten *m_p0* und *m_p1* dar. Die Position der Tür ist mit Hilfe der Klassenvariable *m_pDoor* dargestellt. Jedes Zimmer kann auf dem Plan mit einer eigenen Farbe dargestellt werden. Diese Farbe ist in der Variablen *m_color* gespeichert. Für das Festlegen der Farbe benutzt man die Methode *SetColor()*.

3. Ergänzen Sie die Implementierung der Klasse *CRoom* mit folgenden Zeilen

```
CRoom::CRoom()
{
}
UINT uN = 1;
CRoom::CRoom(const CPoint& p0, const CPoint& p1, const CPoint& pointDoor)
{
```

```
    m_p0 = p0;
    m_p1 = p1;
    m_pDoor = pointDoor;

    m_iCount = 0;
    m_fSum = 0;
    m_color = RGB(0, 255,5);
    m_strName.Format("%d", uN++);
}

CRoom::~CRoom()
{
}
void CRoom::SetColor(const COLORREF& color)
{
    m_color = color;
}
```

In der zweiten Version des Konstruktors speichern wir die geometrischen Informationen (die Eckpunkte und die Position der Tür) in entsprechenden Klassenvariablen. Wir initialisieren auch die andere Klassenvariable. Mit Hilfe der statischen Variable *uN* bekommt jedes der neuen angelegten Zimmer einen Namen, der mit seiner Nummer identisch ist. Als vordefinierte Farbe bekommen alle Zimmer die grüne Farbe.

Die Klasse *CRoom* wird im Laufe dieses Kapitels mit Zeichen, Serialisierung und anderen Funktionalitäten erweitert.

Jetzt gehen wir zur Beschreibung der Grundfunktionalität des Steuerelementes selbst über.

14.3 Grundgerüst des Steuerelementes

Nach dem Anlegen der Klasse CRoom können wir die Klasse *CTeamRoomCtrl* so erweitern, daß beide Klasse zusammenarbeiten werden.

1. Ergänzen Sie die Deklaration der Klasse

```
class CTeamRoomCtrl : public COleControl
{
    DECLARE_DYNCREATE(CTeamRoomCtrl)
// Constructor
public:
    CTeamRoomCtrl();
// Overrides
    // ClassWizard generated virtual function overrides
    //{{AFX_VIRTUAL(CTeamRoomCtrl)
    public:
    virtual void OnDraw(CDC* pdc, const CRect& rcBounds,
```

```
                        const CRect& rcInvalid);
   virtual void DoPropExchange(CPropExchange* pPX);
   virtual void OnResetState();
   //}}AFX_VIRTUAL
// Implementation
protected:
   CSize m_sizeInMetr;
   CPtrArray m_ptrarrRooms;
   ~CTeamRoomCtrl();

   DECLARE_OLECREATE_EX(CTeamRoomCtrl)     // Class factory and guid
   DECLARE_OLETYPELIB(CTeamRoomCtrl)       // GetTypeInfo
   DECLARE_PROPPAGEIDS(CTeamRoomCtrl)      // Property page IDs
   DECLARE_OLECTLTYPE(CTeamRoomCtrl)      // Type name and misc status
// Message maps
   //{{AFX_MSG(CTeamRoomCtrl)
   afx_msg void OnRButtonDown(UINT nFlags, CPoint point);
   //}}AFX_MSG
   DECLARE_MESSAGE_MAP()
// Dispatch maps
   //{{AFX_DISPATCH(CTeamRoomCtrl)
   //}}AFX_DISPATCH
   DECLARE_DISPATCH_MAP()

   afx_msg void AboutBox();
// Event maps
   //{{AFX_EVENT(CTeamRoomCtrl)
   //}}AFX_EVENT
   DECLARE_EVENT_MAP()
public:
   enum {
   //{{AFX_DISP_ID(CTeamRoomCtrl)
   //}}AFX_DISP_ID
   };
private:
   void SetRoom(const CPoint& p0, const CPoint& p1,
              const CPoint& pointDoor);
void SetSampleData();
};
```

Die Klassenvariable *m_sizeInMetr* speichert die Information über die Länge und Breite der Etage. Diese Information benötigen wir für das korrekte Ausführen der geometrischen Transformationen während des Zeichenvorganges.

Die Klassenvariable *m_ptrarrRoom* ist ein Feld (array) von Zeigern auf die Zimmer (auf die Instanzen der Klasse *CRoom*).

Falls Ihnen die Klasse *CPtrArray* nicht bekannt ist, hier eine kurze Erläuterung. Die Klasse funktioniert wie ein normales Feld. Sie müssen aber bei der Deklaration der

Klasse ihre Größe nicht wissen bzw. festlegen. Die Klasse läßt sich dynamisch vergrößern.

Die Methode *SetRoom()* fügt dem Steuerelement ein neues Zimmer hinzu. Dabei wird nur die Geometrie des Zimmers festgelegt. (Man kann diese Operation als Anlegen eines neuen leeren Zimmers interpretieren.) Andere Attribute, wie Name oder Bestellinformationen, können Sie später direkt festsetzen bzw. abfragen.

Die Methode *SetSampleData()* spart uns Testarbeit. Sie legt die drei leeren Zimmer an. In der fertigen Version des Steuerelementes wird diese Methode weggeschmissen.

2. Ergänzen Sie die Implementierung des Konstruktors der Klasse *CTeamRoomCtrl*

```
CTeamRoomCtrl::CTeamRoomCtrl()
{
   InitializeIIDs(&IID_DTeamRoom, &IID_DTeamRoomEvents);
   // TODO: Initialize your control's instance data here.
   m_sizeInMetr = CSize(0,0);
   SetSampleData();
}
```

Wir setzen die Länge und die Breite des Zimmers (Variable *m_sizeInMetr*) auf 0. Beim Einfügen jedes neuen Zimmers wird die Variable *m_sizeInMetr* angepaßt.

Außerdem rufen wir die Methode *SetSampleData()* auf, die die in der Abbildung 14.2 dargestellten drei Zimmer anlegt.

3. Implementieren Sie die Methode *SetSampleData()*

```
void CTeamRoomCtrl::SetSampleData()
{
   SetRoom(CPoint(0, 30), CPoint(15, 20), CPoint(7, 20));
   SetRoom(CPoint(15, 30), CPoint(35, 20), CPoint(20, 20));
   SetRoom(CPoint(25, 20), CPoint(35, 0), CPoint(25, 10));

}
```

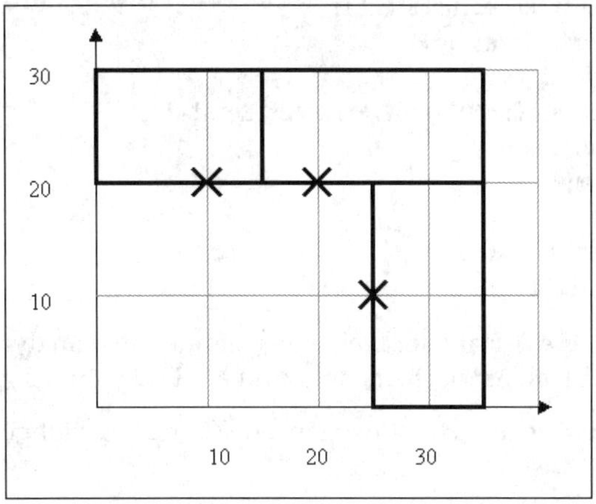

Abbildung 14.2: Geometrische Parameter der Testetage

Die Methode *SetSampleData()* ruft ihrerseits dreimal nacheinander die Methode *SetRoom()* auf. Bei jedem Aufruf wird in dem Modell ein neues Zimmer angelegt.

Merken Sie sich, daß wir die Koordinaten in einem Koordinatssystem festlegen, in dem Y nach oben orientiert ist. Diese Entscheidung benötigt bei dem Zeichnen der graphischen Primitiven eine Transformation in das Bildschirmkoordinatsystem, in dem Y nach unten orientiert ist.

4. Implementieren Sie die Methode *SetRoom*

```
void CTeamRoomCtrl::SetRoom(const CPoint& p0, const CPoint& p1,
                    const CPoint& pointDoor)
{
   CRoom* pRoom = new CRoom(p0, p1, pointDoor);
   ASSERT(pRoom);
   m_ptrarrRooms.Add((CObject*)pRoom);
   m_sizeInMetr.cx = max(m_sizeInMetr.cx, p1.x);
   m_sizeInMetr.cy = max(m_sizeInMetr.cy, p0.y);
}
```

Die Methode *SetRoom()* hat drei Parameter. Die ersten zwei Parameter stellen die Eckpunkte des Zimmers dar. Der dritte Parameter setzt die Position der Tür fest.

Mit Hilfe der Methode *Add()* von der Klasse *CPtrArray* fügen wir dem Feld den Zeiger auf der neuen Instanz der Klasse *CRoom* hinzu. Die nächsten zwei Zeilen passen die Größe und die Breite der gesamten Etage abhängig von der linken obersten Ecke des Zimmers an.

5. Ergänzen Sie den Destruktor der Klasse

```
CTeamRoomCtrl::~CTeamRoomCtrl()
{
   // TODO: Cleanup your control's instance data here.
```

```
    int iSize = m_ptrarrRooms.GetSize();
    for(int i = 0; i < iSize; i++)
    {
        CRoom* pRoom = (CRoom*)m_ptrarrRooms.GetAt(i);
        ASSERT(pRoom);
        delete pRoom;
    }
    m_ptrarrRooms.RemoveAll();
}
```

Wir ermitteln zuerst die Anzahl der Elemente (Zimmer) in dem dynamischen Feld. Ferner löschen wir die Elemente nacheinander und am Ende räumen wir das Feld.

Jetzt müssen wir die Zeichenmethode ergänzen. Zuerst beschäftigen wir uns ein wenig mit der Theorie.

Nach der Ergänzung der Zeichenmethode können wir unser Steuerelement zum ersten Mal testen.

14.4 Zeichnen in Steuerelementen

Man versteht das Steuerelement oft als Bestandteil einer WWW-Seite, eines Dialoges oder eines Formulars. Im Projekt *AxDMFCFirstControl* haben wir aber herausgefunden, daß das Steuerelement auch Bestandteil eines Dokumentes sein kann.

Somit kann das Steuerelement zusammen mit dem Dokument gespeichert werden. Dieses Dokument kann später auf einem anderem Computer angezeigt werden, wo das Steuerelement nicht installiert ist. Wie kann man das Steuerelement darstellen, wenn das Steuerelement auf einem Computer gar nicht existiert?

Das macht das Dokument selbst, weil es vorher die *Metadatei* (metafile) mit grafischen Befehlen gesichert hat.

Die Metadatei kann man sich als Liste (Protokoll) mit den Namen der aufgerufenen Methoden und ihrer Parameter vorstellen. Diese Datei ist intern im Dokument gespeichert.

Wenn das Dokument ein „gespeichertes" Steuerelement zeigen muß, und das Steuerelement auf dem Computer nicht installiert ist, spielt der Container die Metadatei ab.

Eigentlich ist der Ausdruck „gespeichertes Steuerelement" nicht richtig. Im Dokument ist nicht das Steuerelement selbst, sondern Information über es gespeichert. Zu diesen Informationen gehört die Kennung des Steuerelementes, Position und Größe seines Fensters, die Metadatei und die Daten, die das Steuerelement selbst speichern will. Wie ein Steuerelement seine Daten innerhalb eines Dokumentes bzw. im Auftrag des Containers speichert, erfahren wir in diesem Kapitel auch.

Widmen wir uns der Metadatei. Um die Metadatei einmal abzuspielen, muß der Container zuerst die Daten aufnehmen. Das macht er mit Hilfe der Methode *COleControl:OnDrawMetafile()*. Diese Methode ruft letztlich die Methode *OnDraw()* von der abgeleiteten Klasse auf. Sie müssen die Methode *OnDrawMetafile()* in der abgeleiteten

Klasse normalerweise nicht überschreiben. (Für „dynamische", z.B. zeitabhängige Steuerelemente, kann die Überschreibung aber Sinn haben.)

Die Methode *OnDraw()* kann also aus zwei Gründen aufgerufen werden: für das „normale" Zeichnen eines Steuerelementes und für die Aufnahme einer Metadatei. Ihre Implementation der Methode muß in beiden Fällen die gleichen Ergebnisse geben.

Die Methode ist folgendermaßen deklariert:

```
void CTeamRoomCtrl::OnDraw(CDC* pdc, const CRect& rcBounds,
        const CRect& rcInvalid)
```

Der Parameter *pdc* ist ein Zeiger auf dem *Gerätekontext* (*device context*). Das kann u.a. auch der Gerätekontext für die Aufnahme einer Metadatei sein. Wenn Sie mit diesem Gerätekontext arbeiten, dürfen Sie nicht alle, sondern nur einige wenige Methoden von der umfangreichen Klasse *CDC* anwenden, nämlich die Methoden, die in die Tabelle 14.1 aufgelistet sind.

Arc	Chord	Ellipse
Escape	BitBlt	ExcludeClipRect
ExtTextOut	FlootFill	IntersectClipRect
LineTo	MoveTo	OffsetClipRgn
OffsetViewportOrg	OffsetWindowOrg	PatBlt
Pie	Polygon	Polyline
PolyPolygon	RealizePalette	RestoreDC
RoundRect	SaveDC	ScaleViewportExt
ScaleWindowExt	SelectClipRgn	SelectObject
Selectpalette	SetBkColor	SetBkMode
SetMapMode	SetMapperFlags	SetPixel
SetPolyFillMode	SetROP2	SetStretchBltMode
SetTextColor	SetTexJustification	SetViewportExt
SetViewportOrg	SetWindowExt	SetWindowOrg
StretchBlt	TextOut	

Tabelle 14.1: Die Liste der mit der Metadatei kompatiblen Methoden der Klasse CDC

Bei der Aufnahme einer Metadatei dürfen Sie nicht von der Voraussetzung ausgehen, daß die Größe des Fensters des Steuerelementes in physikalischen Pixeln des Bildschirmes festgesetzt wird. Sie dürfen die Größe des Fensters also nicht mit Methoden von der Klasse *CDC*, wie *CDC::GetWindowExt()* oder *CWnd::GetClientRect()*, ermitteln.

Wie kann man dann das Steuerelement zeichnen? Erstens können Sie voraussetzen, daß das Koordinatensystem in logischen Pixeln festgesetzt ist. Das bedeutet, daß der Y-Pfeil des Koordinatsystems nach unten, wie beim Bildschirmkoordinatsystem, orientiert ist.

Zweitens ist die Größe des Fensters des Steuerelementes mit Hilfe des Parameters *rcBounds* in der Methode *OnDraw* geliefert.

Der dritte Parameter der Methode *rcInvalid* teilt mit, welcher Teil des Fensters neu gezeichnet werden muß.

Und das ist noch nicht alles über die Größe des Fensters des Steuerelementes. Ein Steuerelement kann sich innerhalb des Containers in verschiedenen optischen Zustände befinden. Den vorläufigen Zustand des Fensters können Sie durch die Form seiner Grenze ermitteln. (Die Grenze zeigt man entweder gar nicht, mit einer festen Linie oder mit einer schattierten Linie an.) Wenn Ihr Steuerelement inaktiv ist, muß der oberste linke sichtbare Punkt des Steuerelementes nicht unbedingt bei (0,0) liegen. Deshalb müssen Sie beim Zeichnen einen gewissen Abstand von dem Rand des Fensters einhalten.

Was passiert, wenn Sie sich nicht an diese Beschränkungen halten? Die Antwort auf diese Frage hängt vom Container ab. Im schlimmsten Fall stürzt der Benutzer Ihres Steuerelementes beim Einfügen des Steuerelementes oder beim Öffnen des Dokumentes ab. Manchmal kann sogar nichts passieren. In der Mitte liegen die Ergebnisse, falls Ihr Steuerelement nicht vollständig oder seltsam aussieht. Meiner Erfahrungen nach stellen die Microsoft Office-Anwendungen die größten Ansprüche an die eingebetteten Elemente.

Testen Sie Ihre Steuerelemente in verschiedenen Containern.

Weitere Informationen über Besonderheiten des Zeichenvorganges von Steuerelementen finden Sie in der Online-Hilfe unter dem Stichwort „Der Zeichenvorgang eines Steuerelementes". (Im Moment der Vorbereitung des Manuskriptes für dieses Buch war dieser Teil der Dokumentation auf Deutsch übersetzt.) Interessante Informationen zu diesem Thema finden Sie auch in der Technischen Notiz TN 40 „MFC/OLE in-Place Resizing and Zooming".

Jetzt widmen wir uns dem Implementieren der Zeichenmethode unseres Steuerelementes.

1. Korrigieren Sie die *OnDraw()-Methode* der Klasse *CTeamRoomCtrl*

```
#define MARGIN_IN_PERCENT 0.05
void CTeamRoomCtrl::OnDraw(
            CDC* pdc, const CRect& rcBounds, const CRect& rcInvalid)
{
   // TODO: Replace the following code with your own drawing code.

   //== Mit der Hintergrundfarbe von Container Fenster zuerst ausfüllen

   CBrush brAmientBcgr(TranslateColor(AmbientBackColor()));
   CBrush* pBrushOld = pdc->SelectObject(&brAmientBcgr);
   CPoint point(0,0);
   pdc->RoundRect(rcBounds, point);
   pdc->SelectObject(pBrushOld);
   if((m_sizeInMetr.cx == 0) || (m_sizeInMetr.cy == 0))
   {
```

```
        CString strTmp;
        strTmp.Format("Falsche oder keine Geometrie");
        pdc->ExtTextOut(rcBounds.left, (rcBounds.top +
                                   rcBounds.bottom)/2,
              ETO_CLIPPED|ETO_OPAQUE, rcBounds, strTmp,
            strTmp.GetLength(), NULL);
        return;
    }
    //Die Grenze mit der Punktierlinie zeichnen
    CRect rectTmp(rcBounds);
    rectTmp.DeflateRect((int)(rcBounds.Width() * MARGIN_IN_PERCENT),
        (int)(rcBounds.Height() * MARGIN_IN_PERCENT));
    CPen penDash(PS_DASH, 1, RGB(200, 200, 200));
    CPen* penOld = pdc->SelectObject(&penDash);
    pdc->RoundRect(rectTmp, point);
    pdc->SelectObject(penOld);
    //== Die Zimmer zeichnen
    int iSize = m_ptrarrRooms.GetSize();
    for(int i = 0; i < iSize; i++)
    {
        CRoom* pRoom = (CRoom*)m_ptrarrRooms.GetAt(i);
        ASSERT(pRoom);
        pRoom->Draw(pdc, rectTmp, m_sizeInMetr);
        }
}
```

Am Anfang füllt die Methode mit der Hintergrundfarbe des Containers das ganze Fenster des Steuerelementes aus. Sie merken vielleicht, daß ich das anders mache, als MFC ActiveX ControlWizard vorgeschlagen hat. Im Skelett-Quellcode besteht die Methode *OnDraw()* nur aus zwei Zeilen:

```
pdc->FillRect(rcBounds, CBrush::
            FromHandle((HBRUSH)GetStockObject(WHITE_BRUSH)));
  pdc->Ellipse(rcBounds);
```

Ich verwende die Methode *CDC::FillRect* nicht, weil diese Methode nicht in Tabelle 14.1 steht. (Diese Tabelle habe ich von der Online-Dokumentation übernommen. Warum der MFC ActiveX ControlWizard diese Methode benutzt, fragen Sie mich nicht). Außerdem will ich ein feineres optisches Ergebnis erreichen. Die Hintergrundfarbe des Containers muß über die Strichlinie treten.

Die Methode *COleControl::AmbientBackColor()* liefert die Hintergrundfarbe des Containers zurück. Wenn der Container diese Möglichkeit nicht unterstützt, liefert die Methode die in Windows systemdefinierte Hintergrundfarbe.

Der Typ des Rückgabewertes der Methode *COleControl::AmbientBackColor()* heißt *OLE_COLOR*. Mit Hilfe der Methode *COleControl::TranslateColor()* konvertieren wir diesen Wert in eine Variable mit dem Typ *COLORREF*. Diesen kann man bei dem Anlegen eines neuen Pinselinstrumentes (die Klasse *CBrush*) verwenden.

Die Methode *CDC::RoundRect()* zeichnet ein gerundetes Rechteck mit dem definierten Zeicheninstrument (in unserem Fall ist das ein Pinsel). Der zweite Parameter der Methode setzt die Abrundung fest. In unserem Fall haben wir also ein Rechteck ohne Abrundung.

Der nächster Abschnitt des Implementierens der Methode *OnDraw()* ist mit der Situation beschäftigt, wenn keine oder die falsche Geometrie festgelegt ist. In diesem Fall zeichnen wir eine textuelle Meldung auf dem Bildschirm.

Die Methode *ExtTextOut()* ist folgendermaßen in der Klasse *CDC* deklariert:

```
BOOL ExtTextOut( int x, int y, UINT nOptions, LPCRECT lpRect, const
CString& str, LPINT lpDxWidths );
```

Die ersten zwei Parameter der Methode setzen die Startposition für das Zeichnen des Textes fest. Der dritte Parameter der Methode legt die Zeichenoptionen fest. Wir verwenden zwei Optionen:

- ETO_CLIPPED – Der Text wird nur innerhalb eines Rechteckes gezeichnet. Die restlichen Teile des Textes werden abgeschnitten. Das Rechteck ist mit Hilfe des vierten Parameters der Methode festgesetzt.
- ETO_OPAQUE – Der Platz unter den Zeichenelementen wird mit einer Farbe ausgefüllt. Diese Farbe kann man mit Hilfe der Methode *CDC::SetBkColor* festlegen.

Der letzte Parameter der Methode *ExtTextOut()* läßt einen optischen Effekt erreichen, wenn die Buchstaben in der Textzeile auseinandergezogen werden. Mit dem Wert *NULL* lassen wir die in der Schriftart definierten Abstände zwischen den Buchstaben verwenden.

Außerdem verkleinern wir mit Hilfe der Methode *CRect::DeflateRect()* die Größe der Rechtecke auf 10% in jeder Richtung und zeichnen mit Hilfe der Strichlinie eine neue Grenze der Rechtecke.

Am Ende der Methode zeichnen wir nacheinander alle Zimmer. Für diesen Zweck verwenden wir die Methode *Draw* von der Klasse *CRoom*. Mit der Implementierung dieser Methode beschäftigen wir uns jetzt.

2. Fügen Sie der Klasse *CRoom* folgende Methode hinzu

```
void CRoom::Draw(CDC* pdc, const CRect& rcBound, const CSize& sizeInMetr)
{
   ASSERT(sizeInMetr.cx > 0);
   ASSERT(sizeInMetr.cy > 0);
   CRect rectTmp;
   double dMasX= (double)rcBound.Width()/sizeInMetr.cx;
   double dMasY= - (double)rcBound.Height()/sizeInMetr.cy;
   rectTmp.left= (int)(m_p0.x * dMasX) + rcBound.left;
   rectTmp.top        = (int)(m_p0.y * dMasY) + rcBound.bottom;
   rectTmp.right= (int)(m_p1.x * dMasX) + rcBound.left;
   rectTmp.bottom     = (int)(m_p1.y * dMasY) + rcBound.bottom;
   CPoint pointDoorCentre;
```

```
    pointDoorCentre.x = (int)(m_pDoor.x * dMasX) + rcBound.left;
    pointDoorCentre.y = (int)(m_pDoor.y * dMasY) + rcBound.bottom;
    //== Streichen
    CPoint point(0,0);
    pdc->SetBkColor(m_color);

    CBrush brush(m_color);
    CBrush* pOldBrus = pdc->SelectObject(&brush);
    pdc->RoundRect(rectTmp, point);
    pdc->SelectObject(pOldBrus);

    //Name zeichnen
    pdc->SetBkMode(TRANSPARENT);
    pdc->ExtTextOut((rectTmp.left + rectTmp.right)/2,
        (rectTmp.top + rectTmp.bottom)/2,
        ETO_CLIPPED, rectTmp, m_strName, m_strName.GetLength(), NULL);
    //== Grenze zeichnen
    CPen pen(PS_SOLID, 1, RGB(0, 0, 0));
    CPen* penOld = pdc->SelectObject(&pen);

    //== Tür zeichnen
    int d = (int)rcBound.Width()/100 + 2;
    CPoint p0, p1, p2, p3;
    p0 = CPoint(pointDoorCentre.x - d, pointDoorCentre.y - d);
    pdc->MoveTo(p0);
    p1 = CPoint(pointDoorCentre.x + d, pointDoorCentre.y + d);
    pdc->LineTo(p1);
    p2 = CPoint(pointDoorCentre.x - d, pointDoorCentre.y + d);
    pdc->MoveTo(p2);

    p3 = CPoint(pointDoorCentre.x + d, pointDoorCentre.y - d);
    pdc->LineTo(p3);
    pdc->SelectObject(penOld);
}
```

Wir übergeben in der Methode *Draw()* als ersten Parameter den Gerätekontext. Als zweiter Parameter ist ein verkleinertes Rechteck geliefert. Der dritte Parameter übergibt die Größe der Etage in Metern.

Beim Berechnen des Maßstabes *dMasY* berücksichtigen wir, daß der Pfeil Y im normalen Koordinatensystem und im Bildschirmkoordinatsystem in umgekehrte Richtungen orientiert ist.

Außerdem besteht die Methode aus der Konvertierung der Koordinaten der Punkte und aus den Zeichenaktionen mit Hilfe der Methoden aus der Klasse *CDC*.

3. Kompilieren und testen Sie jetzt das Steuerelement

Nach dem Kompilieren und Binden muß Ihr neues Steuerelement wie in der Abbildung 14.3 aussehen.

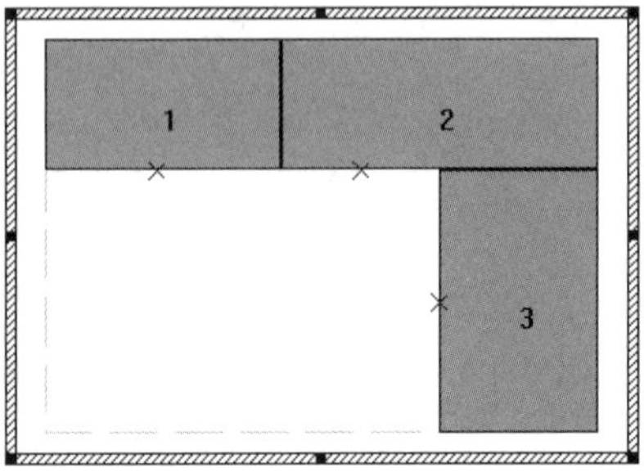

Abbildung 14.3: Aussehen des Steuerelementes TeamRoom

Versuchen Sie unser Steuerelement in ein Microsoft Word- oder anderes Dokument einzufügen. Rufen Sie das Werkzeug Spy++ auf und sehen Sie, daß sich das eingefügte Steuerelement tatsächlich als Fenster verhält. Speichern Sie das Dokument. Deinstallieren Sie mit Hilfe von *Regsvr32.exe* das Steuerelement (Schlüssel /u). Öffnen Sie jetzt das Dokument und testen Sie, wie das Dokument die Größe und die Position der Abbildung des Steuerelementes ändern läßt. Mit Hilfe von Spy++ testen Sie, daß die Abbildung des Steuerelementes nicht mehr die Nachrichten empfängt.

Sie sehen, das Dokument bearbeitet jetzt die Metadatei ohne Hilfe des Steuerelements.

Im nächsten Abschnitt dieses Kapitels widmen wir uns der Bearbeitung von Windows-Nachrichten in einem Steuerelement.

14.5 Bearbeitung von Windows-Nachrichten in einem Steuerelement

In diesem Abschnitt wollen wir einen MFC-Dialog erzeugen, der nach einem Mausklick auf das Steuerelement aufgerufen wird.

1. Legen Sie einen neuen Dialog an

Aktivieren Sie die Karte *ResourceView*. Klicken Sie mit der rechten Maustaste auf den Ordner *Dialog*. Im neuen Popup-Menü wählen Sie den Menüpunkt *Insert Dialog*.

Gestalten Sie den Dialog wie in Abbildung 14.4. Außer zwei vordefinierten Schaltflächen enthält der Dialog nur die Editierfelder. Die ID der Felder des Dialoges finden Sie in Tabelle 14.2.

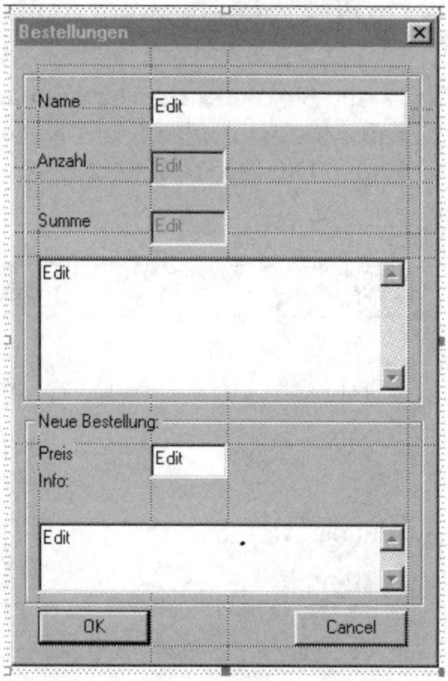

Abbildung 14.4: Layout des neuen Dialoges

Für zwei große Editierfelder setzen Sie die Möglichkeit fest, die Texte vertikal zu scrollen. Für diesen Zweck kreuzen Sie auf der Kartei *Style* der Karteikarte *Edit Properties* die Kontrollkästchen *Multiline* und *Vertikal scroll* (Abbildung 14.5) an.

Die Felder 2 und 3 (von oben nach unten gezählt) kennzeichnen Sie als *Disabled*.

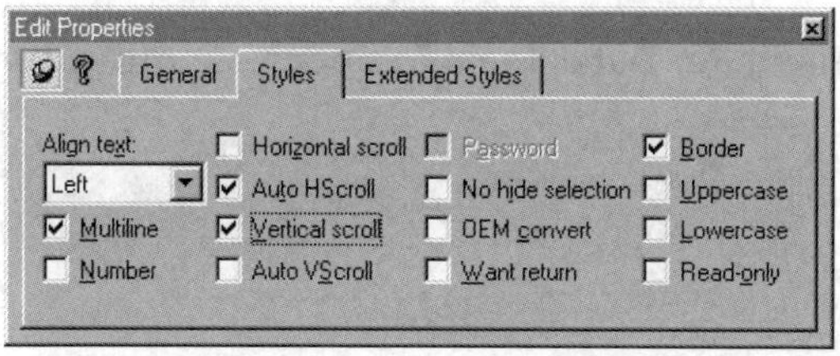

Abbildung 14.5: Einstellungen für die Felder mit den Informationen über Bestellungen

2. Legen Sie auf der Basis der definierten Dialog-Ressource eine neue Dialogklasse an

Klicken Sie mit der rechten Maustaste auf die Dialog-Ressource. Ein Popup-Menü erscheint. Wählen Sie in diesem Menü den Eintrag ClassWizard. Im neuen Dialog wählen Sie den Menüpunkt *Create new class*. Im Dialog *New class* setzen Sie den Namen der neuen Klasse *COrderDlg* fest.

3. Verknüpfen Sie die Felder in der Dialog-Ressource mit den Klassenvariablen der Klasse *COrderDlg*

Öffnen Sie ClassWizard. Aktivieren Sie die Karte *Member Variables*. Definieren und verknüpfen Sie die Felder der Dialog-Ressource mit den Klassenvariablen des Dialoges, wie das in Tabelle 14.2 zu sehen ist. Die Felder in 14.2 sind von oben nach unten in der Dialogressource aufgelistet.

ID	Typ	Klassenvariable
IDC_NAME	CString	m_strName
IDC_COUNT	UINT	m_uCount
IDC_SUM	double	m_dSum
IDC_INFO_ALL	CString	m_strInfoAll
IDC_PRICE	double	m_dPrice
IDC_INFO	CString	m_strInfo

Tabelle 14.2: Die Zuordnung der Felder der Dialog-Ressource und der Klasse COrderDlg

4. Fügen Sie der Klasse *CTeamRoomCtrl* die Nachrichtenbearbeitungsmethode für den rechten Mausklick hinzu

Rufen Sie ClassWizard auf. Aktivieren Sie die Kartei *Message map*. Wählen Sie im Feld *Class name* die Klasse *CTeamRoomCtrl*. Finden Sie in der Liste *Messages* den Eintrag *WM_RBUTTONDOWN* und fügen Sie mit der Schaltfläche *Add function* die neue Methode in die Klasse hinzu.

5. Fügen Sie am Anfang der Datei *TeamRoomCtrl* die Anweisung hinzu

```
#include "TeamRoomCtl.h"
#include "TeamRoomPpg.h"
#include "Room.h"
#include "OrderDlg.h"
```

6. Fügen Sie der Nachrichtenbearbeitungsmethode *OnRButtonDown()* folgende Zeilen hinzu

```
void CTeamRoomCtrl::OnRButtonDown(UINT nFlags, CPoint point)
{
   // TODO: Add your message handler code here and/or call default

   CRect rectClient;
   GetClientRect(&rectClient);

   rectClient.DeflateRect((int)(rectClient.Width() *
        MARGIN_IN_PERCENT),
        (int)(rectClient.Height() * MARGIN_IN_PERCENT));

   int iSize = m_ptrarrRooms.GetSize();
   for(int i = 0; i < iSize; i++)
```

```
	{
		CRoom* pRoom = (CRoom*)m_ptrarrRooms.GetAt(i);
		ASSERT(pRoom);

		if(pRoom->HitTest(rectClient, m_sizeInMetr, point))
		{
			COrderDlg dlg;

			dlg.m_strName = pRoom->m_strName;
			dlg.m_uCount = (UINT)pRoom->m_iCount;
			dlg.m_dSum = pRoom->m_fSum;
			dlg.m_strInfoAll = pRoom->m_strInfo;
			if(dlg.DoModal() == IDOK)
			{
				pRoom->m_strName = dlg.m_strName;
				pRoom->m_iCount++;
				pRoom->m_fSum += (float)dlg.m_dPrice;
				pRoom->m_strInfo += dlg.m_strInfo + CString("\r\n");
			}
			InvalidateControl();
			return;
		}
	}
	COleControl::OnRButtonDown(nFlags, point);
}
```

In der Methode *CTeamRoomCtrl::OnRButtonDown()* ermitteln wir zuerst mit Hilfe der Methode *CWnd:: GetClientRect()* die Größe des Fensters des Steuerelementes. (An dieser Stelle dürfen wir das machen, weil es nicht um die Aufnahme einer Metadatei geht.)

Außerdem berechnen wir ein schmaleres Rechteck, genau wie in der Methode *OnDraw()*.

Beim nächsten Schritt testen wir mit Hilfe der Methode *CRect::HitTest()* in einer Schleife, auf welche Zimmer geklickt wurde. Diese Methode wird weiter unten näher betrachtet.

Die Methode *CRoom::HitTest()* liefert *true* zurück, falls der Mausklick innerhalb des aktuellen Zimmers gemacht wurde. In diesem Fall öffnen wir den Dialog und setzen abhängig von den Klassenvariablen von *CRoom* die Variablen der Dialogklasse *COrderDlg* fest.

Wenn der Benutzer mit *OK* den Dialog schließt, korrigieren wir entsprechend die Variable in der Klasse *CRoom*. Außerdem kennzeichnen wir das Fenster des Steuerelementes als ungültig (Aufruf der Methode *InvalidateControl()*). (Merken Sie sich, daß man statt der in der MFC-Programmierung üblichen Methode *CWnd::Invalidate()* die Methode *COleControl::InvalidateControl()* verwendet. Das Fenster wird neu gezeichnet. Diesen Vorgang benötigen wir, weil der Benutzer mit Hilfe des Dialoges den Namen des Zimmers ändern kann.)

7. Fügen Sie der Klasse *CRoom* die Methode *HitTest* hinzu und implementieren Sie sie

```
bool CRoom::HitTest(const CRect& rectClient, const CSize& sizeInMetr,
                    const CPoint& point)
{
   ASSERT(sizeInMetr.cx > 0);
   ASSERT(sizeInMetr.cy > 0);

   double dMasX= (double)rectClient.Width()/sizeInMetr.cx;
   double dMasY= - (double)rectClient.Height()/sizeInMetr.cy;

   int x0= (int)(m_p0.x * dMasX) + rectClient.left;
   int y0= (int)(m_p0.y * dMasY) + rectClient.bottom;
   int x1= (int)(m_p1.x * dMasX) + rectClient.left;
   int y1= (int)(m_p1.y * dMasY) + rectClient.bottom;

   int x= point.x;
   int y= point.y;

   if((x0 <= x)&&(x <= x1)&&(y0 <= y)&&(y <= y1))
       return true;
   return false;
}
```

Die Methode *CRoom::HitTest()* hat drei Parameter. Der erste Parameter stellt die Rechtecke innerhalb der Client-Rechtecke des Steuerelementes dar, das alle Zimmer auf dem Plan abdeckt. Der zweite Parameter ist die Größe der Etage in Metern. Der dritte Parameter liefert die Koordinaten des Mausklicks.

Die Methode konvertiert die Koordinaten des Zimmers in Bildschirmkoordinaten und ermittelt, ob die Stelle des Mausklicks innerhalb der konvertierten Rechtecke liegt.

Die Implementierung beider in diesem Abschnitt beschriebenen Methoden kann optimiert werden. Wir haben das nicht getan, weil es unser Ziel ist, allgemeine Kenntnisse über ActiveX-Steuerelemente zu gewinnen.

8. Kompilieren und testen Sie die neue Version des Steuerelementes

Prüfen Sie, ob die Eingabe im Dialog eine Wirkung hat. Das Steuerelement muß den geänderten Namen sofort anzeigen und beim nächsten Öffnen des Dialoges die Anzahl und Summe der Bestellungen korrekt darstellen.

14.6 Persistenz und Serialisierung

Im vorigen Abschnitt haben wir gelernt, wie die Parameter eines Steuerelementes im Laufe einer Sitzung geändert werden können. Ich verwende an dieser Stelle den Begriff „Parameter" statt „Eigenschaften", weil der Begriff „Eigenschaften" auf Steuerelemente bezogen eine andere Bedeutung hat. Man versteht nämlich unter den Eigenschaften eines Steuerelementes ihre Automatisierungseigenschaften.

In dieser Phase der Entwicklung ist unser Steuerelement nicht in der Lage, seine Parameter zwischen den Sitzungen zu sichern. Wenn Sie zum Beispiel, unser Steuerelement in ein Word-Dokument einfügen, seine Parameter ändern und das Dokument speichern, bekommen Sie beim nächsten Öffnen des Dokumentes den Initialzustand des Steuerelementes.

Die Fähigkeit eines Steuerelementes, seine Parameter zwischen den Sitzungen zu sichern, heißt *Persistenz*. Der Sicherungs- und Ladenvorgang heißt *Serialisierung*.

Ein Steuerelement serialisiert seine Parameter im Auftrag des Containers. Damit weiß das Steuerelement nicht, in welche Ablage seine Daten geleitet werden.

Die Aufgabe des Containers ist es, die Daten des Steuerelementes physikalisch zu speichern oder zu lesen.

Der Container kann die Daten in einer binären oder in einer textuellen Form von dem Steuerelement anfordern. Im erstem Fall werden die Methoden der Schnittstelle *IPersistStream* und im zweiten Fall die von *IPersistStorage* verwendet. Es gibt auch andere *IPersistXXX*-Schnittstellen.

Wenn wir mit Hilfe von MFC unser Steuerelement erzeugen, übernimmt die Klasse *COleControl* einen großen Teil der Serialisierungsarbeit.

Der Entwickler muß für die Sicherung der Daten in der abgeleiteten Klasse die Methode *DoPropExcange()* entsprechend implementieren.

Zuerst muß der Entwickler entscheiden, welche Daten er durchaus serialisieren muß und welche Daten man als sekundäre betrachten kann. Eine denkbare Eigenschaft jedes Zimmers bzw. jeder Etage ist die Fläche. Dieser Parameter ist aber oft leichter zu berechnen als zu serialisieren, weil der Serialisierungsvorgang ziemlich aufwendig ist.

Sie müssen die Umgebungseigenschaften nicht sichern, weil die automatisch gesichert werden.

An dieser Stelle ist es besser, näher zur Serialisierung zu treten, die Methode *DoPropExchange()* unserer Klasse *CTeamRoomCtrl* zu korrigieren und danach über weitere Aspekte der Persistenz und Serialisierung zu diskutieren.

1. Korrigieren Sie die Methode *CTeamRoomCtrl::DoPropExchange()*

```
void CTeamRoomCtrl::DoPropExchange(CPropExchange* pPX)
{
   ExchangeVersion(pPX, MAKELONG(_wVerMinor, _wVerMajor));
   COleControl::DoPropExchange(pPX);

   // TODO: Call PX_ functions for each persistent custom property.

   PX_Long(pPX, "X in Meter", m_sizeInMetr.cx, 0);
   PX_Long(pPX, "Y in Meter", m_sizeInMetr.cy, 0);

   short sCountRoom;
   if((m_sizeInMetr.cx  == 0)&&(pPX->IsLoading()))
   {
```

```
        SetSampleData();
    }
    else
    {
        if(!pPX->IsLoading())
                sCountRoom = m_ptrarrRooms.GetSize();

        PX_Short(pPX, "Anzahl der Zimmer", sCountRoom, 0);

        for(short i = 0; i < sCountRoom; i++)
        {
                CRoom* pRoom;

                if(pPX->IsLoading())
                {
                        pRoom = new CRoom;
                        m_ptrarrRooms.Add((CObject*)pRoom);
                }
                else
                        pRoom = (CRoom*)m_ptrarrRooms.GetAt(i);

                ASSERT(pRoom);
                pRoom->DoPropExchange(pPX, (int)i);
        }
    }
}
```

Die Methode *CTeamRoomCtrl::DoPropExchange()* bekommt als einziger Parameter einen Zeiger auf die Instanz (Objekt) der Klasse *CPropExchange*. Dieses Objekt heißt *Serialisierungskontext*. Die Klasse kann sowohl zum Sichern als auch zum Laden der Daten dienen.

Die Methode

```
ExchangeVersion(pPX, MAKELONG(_wVerMinor, _wVerMajor));
```

serialisiert die Versionsinformation. Mit Hilfe der Methode *CPropExchange::GetVersion()* können Sie die Versioninformation von den geladenen Daten ermitteln. Das funktioniert aber nicht, wenn vorher keine Daten gesichert waren. Die meisten Container lassen die Methode *DoPropExchange()* sofort nach Einfügen des Steuerelementes laufen. In dieser Situation ist der Serialisierungskontext leer. Alle Aufrufe der Serialisierungsmethoden laufen reibungslos, liefern aber zufällige Daten. Um entsprechende Mißverständnisse zu vermeiden, verwenden Sie den Trick mit dem optionalen vierten Parameter in den Serialisierungsmethoden. Dieser Trick ist unten erklärt.

Der Aufruf der Methode

```
COleControl::DoPropExchange(pPX);
```

aus der Basisklasse serialisiert automatisch die Eigenschaften, die *COleControl* unterstützt. Sie können auf diesen Aufruf verzichten, um die Größe der gespeicherten Datei zu minimieren.

Ob es um das Sichern oder Laden von Daten geht, können Sie mit Hilfe der Methode *IsLoading()* von dieser Klasse ermitteln.

MFC bietet eine Reihe der Funktionen, die die Serialisierung einzelner Datentypen ermöglichen. Diese Funktionen sind unten aufgelistet:

1. PX_Bool()
2. PX_Double()
3. PX_Float()
4. PX_Long()
5. PX_Short()
6. PX_String()
7. PX_Blob()
8. PX_Currency()
9. PX_IUnknown()
10. PX_Picture()
11. PX_Font()
12. Merken Sie sich, daß das die Funktionen sind, nicht Klassenmethoden der Klasse *COleControl*.
13. Das Präfix „PX" in den Funktionen steht für „Property eXchange". Damit sind unter den „Properties" nicht nur die Automatisierungseigenschaften, sondern beliebige Daten des Steuerelementes gemeint.

Die Bestimmungen der ersten 6 Funktionen in der Liste oben erklären ihre Namen: Sie dienen der Serialisierung einfacher Datentypen. Die Funktion *PX_Blob()* serialisiert die „Binäre Large Object"-Daten aus einem großen Speicherblock ohne Betrachtung seiner Struktur. Die Funktion *PX_Currency()* dient der Serialisierung der Währung. Weitere Funktionen serialisieren die Daten der entsprechenden Typen. Vollständige Informationen über diese Funktionen finden Sie in der Online-Hilfe, In unserem Projekt verwenden wir nur die einfachen Serialisierungsfunktionen: *PX_Long, PX_Short* und *PX_String()*.

Jede einfache Serialisierungsfunktion ist folgendermaßen deklariert:

```
BOOL PX_Long( CPropExchange* pPX, LPCTSTR pszPropName, long& lValue );
BOOL PX_Long( CPropExchange* pPX, LPCTSTR pszPropName, long& lValue,
long lDefault );
```

Der erste Parameter der Funktion ist ein Zeiger auf dem *Serialisierungskontext*. Der zweite Parameter ist der textuelle Name des gespeicherten Datenelementes. Alle gespeicherten Datenelemente müssen verschiedene Namen haben, sonst bekommen Sie unangenehme Fehlermeldungen und der Serialisierungsvorgang wird unterbrochen.

Der dritte Parameter ist eine Referenz auf eine gesicherte bzw. geladene Variable.

Der vierte Parameter ist optional. Er definiert den Wert, den die Variable bekommt, wenn die Serialisierung scheitert. Das passiert zum Beispiel, wenn Sie versuchen, eine

Variable zu laden, die in der vorherigen Sitzung nicht gesichert war. Diese Technik erinnert an das Speichern und Laden von Dateien aus der Registrierdatenbank mit Hilfe der Methoden *CWinApp::WriteProfileInt()* und *CWinApp::GetProfileInt()*.

Mit Hilfe des dritten Parameters beim Aufruf von

```
PX_Long(pPX, "X in Meter", m_sizeInMetr.cx, 0);
PX_Long(pPX, "Y in Meter", m_sizeInMetr.cy, 0);
```

ermitteln wir, ob die Daten von der richtigen Quelle kommen. Wenn wir zum Beispiel unser Steuerelement mit Hilfe von ActiveX Control Test-Container testen, initiiert der Test-Container nach dem Einfügen des Steuerelementes einen Serialisierungsvorgang, liefert damit aber keine Daten. In diesem Fall bekommen *m_sizeInMetr.cx* und *m_sizeInMetr.cy* als „geladenen" Wert 0. Das läßt uns die Daten mit Hilfe der Methode *SetSampleData()* initiieren.

Ist das nicht der Fall, führen wir die Serialisierung weiter durch.

Wir sichern bzw. laden die Anzahl der Zimmer und lassen jedes Zimmer selbst serialisieren. Natürlich müssen wir dafür noch eine Methode der Klasse *CRoom* einfügen.

2. Fügen Sie der Klasse *CRoom* die Methode *DoPropExchange()* hinzu

Implementieren Sie diese Methode folgendermaßen.

```
void CRoom::DoPropExchange(CPropExchange* pPX, int i)
{
   PX_Long(pPX, MakeUName(i, "P0.X in Meter"), m_p0.x);
   PX_Long(pPX, MakeUName(i,"P0.Y in Meter"), m_p0.y);
   PX_Long(pPX, MakeUName(i,"P1.X in Meter"), m_p1.x);
   PX_Long(pPX, MakeUName(i,"P1.Y in Meter"), m_p1.y);
   PX_Long(pPX, MakeUName(i,"PDoor.X in Meter"), m_pDoor.x);
   PX_Long(pPX, MakeUName(i,"PDoor.Y in Meter"), m_pDoor.y);
   PX_Color(pPX, MakeUName(i,"Farbe"), m_color);
   PX_String(pPX, MakeUName(i,"Name"), m_strName);
   PX_String(pPX, MakeUName(i,"Info"), m_strInfo);
   PX_Float(pPX, MakeUName(i,"Summe"), m_fSum);
   PX_Short(pPX, MakeUName(i,"Anzahl der Bestellungen"), m_iCount);
}

CString CRoom::MakeUName(int i, LPCSTR strName)
{
   CString strTmp;
   strTmp.Format("%d:%s", i, strName);
   return strTmp;
}
```

Die Methode *CRoom::DoPropExchange()* ruft nacheinander mehrmals die MFC-Funktionen für die Serialisierung einfacher Datentypen auf. Um allen serialisierten Datenelementen in verschiedenen Exemplaren der Klasse *CRoom* verschiedene Namen zu geben, verwenden wir einen primitiven „Namengenerator”. Dieser Generator fügt vor den Namen der Variablen noch einen Präfix aus der Nummer der Instanz hinzu.

Vor dem Testen der neuen Variante des Steuerelementes betrachten wir noch eine interessante Frage. Was passiert, wenn die Anzahl der gesicherten Daten und die „Erwartung” des Steuerelementes nicht übereinstimmen? Zum Beispiel, wenn eine alte Variante eines Steuerelementes in einem Dokument zwei Zahlen eingefügt hat, die neue Version aber drei Werte lesen will? Um diese Situationen korrekt zu lösen, müssen Sie den Trick mit dem vierten Parameter verwenden und rechtzeitig entscheiden, daß die Daten nicht mehr geladen werden, sondern intern initiiert werden müssen.

Das ist eine Schwachstelle der Persistenz von Steuerelementen. Wenn Sie zum Beispiel statt des Aufrufs

```
PX_Short(pPX, "Anzahl der Zimmer", sCountRoom, 0);

for(short i = 0; i < sCountRoom; i++)
{
..
}
```

den Aufruf *PX_Short(pPX, "Anzahl der Zimmer", sCountRoom)* benutzen (ohne den vierten Parameter) und der Wert "Anzahl der Zimmer" nicht mit der vorigen Version des Steuerelements gesichert war, bekommen Sie beim Laden als *sCountRoom* ev. eine sehr große Zahl. Als Folge bekommen Sie eine endlose Schleife, die von dieser Zahl abhängt.

Wenn bei der Sicherung mehr Daten gesichert waren, als das Steuerelement später laden will, passiert nichts Schlimmes. Natürlich muß der gemeinsame Teil der Daten und das Aufrufen der Serialisierungsmethoden stimmen.

3. Kompilieren und testen Sie das Steuerelement

Fügen Sie das Steuerelement einem Word- oder Excel-Dokument hinzu. Versuchen Sie, ein paar Bestellungen zu machen und einige Namen der Zimmer auch zu ändern. Speichern und schließen Sie das Dokument. Öffnen Sie das Dokument und überzeugen Sie sich, daß die Daten zwischen den Sitzungen gesichert waren.

Rufen Sie den ActiveX Control Test-Container auf und fügen Sie das Steuerelement *TeamRoom* hinzu. Machen Sie wieder einige Bestellungen bzw. Namenänderungen und sichern Sie die Daten (Menüpunkt *File | Save Property Set* des Containers). Nach der Auswahl des Menüpunktes *File | Load Property Set* erzeugt der Test-Container das neue Exemplar des Steuerelementes mit den gleichen Daten.

Sie können die von ActiveX Controler Test-Container gesicherten Daten in der Datei *TMP.DFL* finden. Diese Datei legt der Test-Container im Arbeitsverzeichnis, das normalerweise im Projektverzeichnis ist (in unserem Fall *VCPP\TeamRoom*), an. Diese Datei können Sie einfach im Visual Studio öffnen und anschauen. In der Abbildung 14.6 sehen Sie die Ergebnisse meiner Untersuchung.

In der Entwicklungsabteilung unserer imaginären Firma ist heute eine Feier. (Haben Sie noch nicht vergessen, daß alle Beispiele in unserem Buch mit einer imaginären Firma zu tun haben?) Ein großes Projekt wurde erfolgreich abgeschlossen. Aus diesem Anlaß bestellt der Abteilungsleiter mit Hilfe des Steuerelementes *TeamRoom* fünf Flaschen Sekt. Die Spur dieser Bestellung finden wir in der Datei *TMP.DFL*.

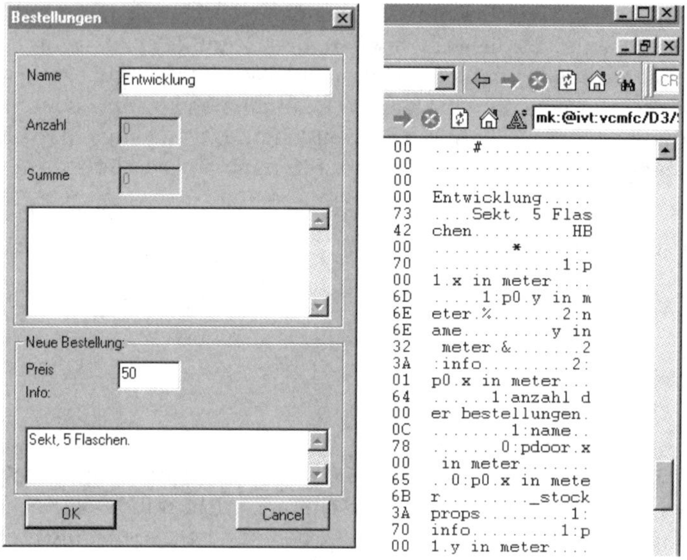

Abbildung 14.6: Die Spur der persistenten Daten des Steuerelementes TeamRoom

14.7 Automatisierungsmethoden

Jedes ActiveX-Steuerelement bietet zwei Automatisierungsschnittstellen: die erste für die Automatisierungsmethoden und Automatisierungseigenschaften und die zweite für Ereignisse. In diesem Abschnitt legen wir die Elemente der ersten Automatisierungsschnittstelle fest. Die zweite Schnittstelle finden wir im Abschnitt „Ereignisse" dieses Kapitels heraus.

Mit der Automatisierung haben wir uns in einem der vorigen Kapitel beschäftigt. Die Automatisierung in den Steuerelementen bringt nicht viel Neues.

Widmen wir uns zuerst den Automatisierungsmethoden, bezogen auf die Steuerelemente.

Die Klasse *COleControl* bietet zwei sog. *Standardmethoden* (*stock methods*). Die Standardmethoden unterscheiden sich von den benutzerdefinierten Automatisierungsmethoden in dem Punkt, daß sie in der Klasse *COleControl* schon implementiert sind. Beim Einfügen einer Standardmethode macht der ClassWizard einen speziellen Eintrag in die Implementierungsdatei. Im Moment unterstützt die Klasse *COleControl* nur zwei Methoden: *DoClick()* und *Refresh()*.

Die erste Methode simuliert die Benutzeraktion Mausklick. So kann ein Schaltfläche-Steuerelement auf eigene Initiative einen Vorgang im Container initiieren, den normalerweise der Benutzer mit einem Mausklick initiiert hat. In unserem Projekt verwenden wir die Standardmethoden nicht.

Alle andere Automatisierungsmethoden müssen Sie selbst implementieren. Um diese Methoden von den Standardmethoden eines Steuerelementes zu unterscheiden, nennt man sie *benutzerdefinierte* Methoden (*custom methods*).

1. Fügen Sie in das Steuerelement die Methode *Room()* hinzu

Klicken Sie mit der rechten Maustaste auf den Eintrag *_DTeamRoom* im ClassView. Ein Popup-Menü erscheint. Im Popup-Menü wählen Sie den Menüpunkt *Add Method.* Ein neuer Dialog erscheint. Im Dialog legen Sie den Namen der Methode *SetRoom*, den Rückwert-Typ *BOOL* und 6 Parameter, alle vom Typ *short: x0, y0, x1, y1, xDoor, yDoor,* gelistet fest.

Die Methode legt ein neues Zimmer auf einer Etage an. Die Parameter bedeuten die Eckkoordinaten des Zimmers und die Position der Tür.

In der Deklaration der Klasse fügt ClassWizard der DISPATCH-Karte eine neue Zeile hinzu:

```
// Dispatch maps
   //{{AFX_DISPATCH(CTeamRoomCtrl)
   afx_msg BOOL Room(short x0, short y0, short x1, short y1,
                short xDoor, short yDoor);
   //}}AFX_DISPATCH
   DECLARE_DISPATCH_MAP()
```

Die Methode bekommt ihre Nummer in der enum-Liste der DISP-IDs:

```
enum {
   //{{AFX_DISP_ID(CTeamRoomCtrl)
   dispidRoom = 1L,
   //}}AFX_DISP_ID
   };
```

ClassWizard fügt der Implementierungsdatei ClassWizard in der DISPATCH-Karte den Aufruf der Methode *Room()* hinzu:

```
// Dispatch map
BEGIN_DISPATCH_MAP(CTeamRoomCtrl, COleControl)
   //{{AFX_DISPATCH_MAP(CTeamRoomCtrl)
   DISP_FUNCTION(CTeamRoomCtrl, "Room", Room, VT_BOOL, VTS_I2
            VTS_I2 VTS_I2 VTS_I2 VTS_I2 VTS_I2)
   //}}AFX_DISPATCH_MAP

   DISP_FUNCTION_ID(CTeamRoomCtrl, "AboutBox", DISPID_ABOUTBOX,
                  AboutBox, VT_EMPTY, VTS_NONE)
END_DISPATCH_MAP()
```

ClassWizard fügt der Implementierungsdatei auch das Skelett der Methode *Room()* hinzu.

2. Füllen Sie das Skelett der Automatisierungsmethode *Room()* aus

```
BOOL CTeamRoomCtrl::Room(short x0, short y0, short x1, short y1,
                          short xDoor, short yDoor)
{
    // TODO: Add your dispatch handler code here

    SetRoom(CPoint(x0, y0), CPoint(x1, y1), CPoint(xDoor, yDoor));
    InvalidateControl();
    return TRUE;
}
```

Die Methode ruft einfach die vorhandene Methode *SetRoom()* auf und kündigt das Steuerelement mit Hilfe der Methode *InvalidateControl()* als ungültig an. Das bedeutet, daß das Steuerelement neu gezeichnet wird.

Unabhängig von den eingegebenen Parametern liefern wir als Ergebnis *TRUE*. Man sollte aber an dieser Stelle die Parameter prüfen (z.B. x1 < x0 usw.). Das überlasse ich Ihnen, wenn Sie dieses Steuerelement anwenden bzw. erweitern wollen.

3. Kompilieren und testen Sie das Steuerelement

Versuchen Sie zuerst, das Steuerelement mit Hilfe des ActiveX Control Test-Containers zu testen. Nach dem Einfügen des Steuerelementes in dem Container wählen Sie den Menüpunkt CONTROL | INVOKE METHODS aus. Im Dialog *Invoke Methods* wählen Sie den Namen der Methode *Room* aus. Der Dialog erweitert sich entsprechend (Abbildung 14.7). Füllen Sie den Dialog mit den Daten und testen Sie, ob nach dem Klick auf die Schaltfläche *Invoke* tatsächlich ein neues Zimmer auf der Etage auftaucht.

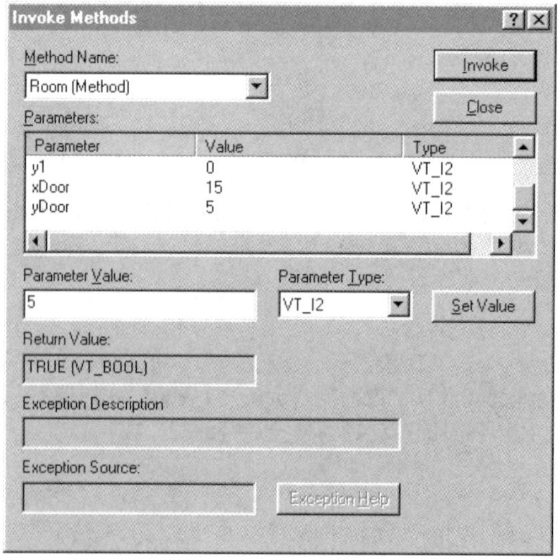

Abbildung 14.7: Aufruf der Methode Room im ActiveX Control Test-Container

4. Versionsvergrößerung des Steuerelementes

Jetzt haben wir einen Mechanismus, der Daten von außen festlegt. Der Aufruf der Methode *SetSampleData()* muß jetzt verschwinden. Stellen Sie sich vor, daß die aktuelle Version des Steuerelementes schon bei den Kunden verbreitet ist. Die neue Version des Steuerelementes muß die von der vorigen Version gesicherten Daten reibungslos laden.

Machen Sie ein paar Bestellungen mit Hilfe des Steuerelementes und sichern Sie die persistenten Daten des Steuerelementes mit der Auswahl des Menüpunktes **FILE | SAVE PROPERTY SET.**

Um den Übergangstest zu vertiefen, öffnen Sie ein Dokument mit Hilfe von Microsoft Word oder WordPad, fügen in das Dokument unser Steuerelement ein (Menüpunkt **EINFÜGEN | OBJEKT**), machen ein paar Bestellungen und speichern das Dokument auf der Festplatte.

Vergrößern Sie die Versionsnummer des Steuerelementes folgendermaßen:

```
CTeamRoomApp NEAR theApp;
const GUID CDECL BASED_CODE _tlid =
      { 0xd2df0e63, 0xdc6b, 0x11d1, { 0xb8, 0x90, 0x83, 0xb4, 0xb7,
        0xf8, 0, 0x22 } };
const WORD _wVerMajor = 2;
const WORD _wVerMinor = 0;
```

Korrigieren Sie entsprechend die Versionsnummer in der Typenbibliothek:

```
#include <olectl.h>
#include <idispids.h>
[ uuid(D2DF0E63-DC6B-11D1-B890-83B4B7F80022), version(2.0),
  helpfile("TeamRoom.hlp"),
  helpstring("TeamRoom ActiveX Control module"),
  control ]
```

Korrigieren Sie die Methode *CTeamRoomCtrl::DoPropExchange()* folgendermaßen:

```
void CTeamRoomCtrl::DoPropExchange(CPropExchange* pPX)
{
   ExchangeVersion(pPX, MAKELONG(_wVerMinor, _wVerMajor));
   COleControl::DoPropExchange(pPX);

   // TODO: Call PX_ functions for each persistent custom property.

   PX_Long(pPX, "X in Meter", m_sizeInMetr.cx, 0);
   PX_Long(pPX, "Y in Meter", m_sizeInMetr.cy, 0);

   short sCountRoom;
   if((m_sizeInMetr.cx  == 0)&&(pPX->IsLoading()))
   {
       if(pPX->GetVersion()  == MAKELONG(0,1))
       {
              SetSampleData();
       }
```

```
    }
    else
    {
        if(!pPX->IsLoading())
            sCountRoom = m_ptrarrRooms.GetSize();

        PX_Short(pPX, "Anzahl der Zimmer", sCountRoom, 0);

        for(short i = 0; i < sCountRoom; i++)
        {
            CRoom* pRoom;

            if(pPX->IsLoading())
            {
                pRoom = new CRoom;
                m_ptrarrRooms.Add((CObject*)pRoom);
            }
            else
                pRoom = (CRoom*)m_ptrarrRooms.GetAt(i);

            ASSERT(pRoom);
            pRoom->DoPropExchange(pPX, (int)i);
        }
    }
}
```

Kompilieren und testen Sie die Version des Steuerelementes. Nach dem Einfügen des Steuerelementes in den ActiveX Control Test-Container oder in einen OLE-Container taucht eine leere Etage auf. Der Benutzer sieht die Zeile „Falsche oder keine Geometrie vorhanden". Laden Sie die alten Daten (Menüpunkt FILE | LOAD PROPERTY SET). Es sieht wie früher aus.

Microsoft Word muß auch das Dokument mit dem gespeicherten Steuerelement problemlos öffnen können.

Löschen Sie dieses Dokument noch nicht. Wir werden es in weiteren Experimenten verwenden.

14.8 Eigenschaften

Die Klasse *COleControl* unterstützt drei Arten von Automatisierungseigenschaften in den Steuerelementen:

- Standardumgebungseigenschaften (ambient property)
- Standardeigenschaften (stock property)
- Benutzerdefinierte Eigenschaften (custom property).

Alle drei Arten von Eigenschaften erforschen wir in den folgenden Abschnitten.

14.8.1 Standardumgebungseigenschaften

Mit Hilfe von Standardumgebungseigenschaften kann ein Steuerelement eine Information über einen bestimmten Aspekt des Containers ermitteln. In der Implementation unseres Steuerelementes verwenden wir schon eine solche Eigenschaft – die Information über die Hintergrundfarbe. Wir rufen nämlich in der Zeichenmethode die Methode *AmbientbackColor()*der Klasse *COleControl* auf.

Nicht alle Container unterstützen die Standardumgebungseigenschaften vollständig.

In Tabelle 14.3 sind die Informationen über die Standardumgebungseigenschaften zusammengefaßt.

Name	**Die Methode der Klasse COleControl**	**Symbolischer Bezeichner (alle fangen mit DISP_AMBIENT_ an)**	**Dispid**
BackColor	AmbientBackColor()	BACKCOLOR	-701
DisplayName	AmbientDisplayName()	DISPLAYNAME	-702
Font	AmbientFont()	FONT	-703
ForeColor	AmbientForeColor()	FORECOLOR	-704
LocaleID	AmbientLocaleID()	LOCALEID	-705
ScaleUnits	AmbientScaleUnits()	SCAEUNITS	-707
TextAlign	AmbientTextAlign()	TEXTALIGN	-708
UserMode	AmbientUserMode()	USERMODE	-709
UIDead	AmbientUIDead()	UIDEAD	-710
DisplayHatching		SHOWHATCHING	-712
GrabHandles		SHOWGRABHANDLES	-711
DisplyaAsDefaultButton		DISPLAYDEFAULT	-713
SupportsMnemonics		SUPPORTSMNEMONICS	-714
AutoClip		AUTO_CLIP	-715
Appereance		APPEREANCE	-716
Palette		PALETTE	-726
TransferPriority		TRANSFERPRIOPITY	-728
MessageReflect		MESSAGEREFLECT	-706

Tabelle 14.3: Tabelle 14.8: Umgebungseigenschaften in ActiveX-Steuerelementen

Unten werden die Bedeutungen einzelner Standardumgebungseigenschaften erläutert. Zuerst aber ein paar Anmerkungen zur Tabelle 14.3.

Sie sehen, daß nicht alle Standardumgebungseigenschaften mit Hilfe von Methoden aus der Klasse *COleControl* direkt erreichbar sind.

Die Klasse *COleControl* bietet aber eine universelle Zugriffsmethode, mit der man auf eine beliebige Standardumgebungseigenschaft zugreifen kann: *GetAmbientProperty()*.

Der Prototyp der Methode sieht so aus:

```
BOOL GetAmbientProperty( DISPID dwDispid, VARTYPE vtProp, void* pvProp );
```

Mit Hilfe dieser Methode kann das Steuerelement ermitteln, ob der Container eine bestimmte Standardumgebungseigenschaft unterstützt. Nach dem Aufruf

```
BOOL bUserMode = GetAmbientProperty(DISPLAY_USERMODE, VT_BOOL,
     &bUserMode);
```

zum Beispiel, bekommt die Variable *bUserMode* den Wert TRUE, wenn der Container diese Eigenschaft unterstützt.

Wenn Sie trotzdem eine *Ambient*-Methode von der Klasse *COleControl* für einen Container aufrufen, der die entsprechende Standardumgebungseigenschaft nicht unterstützt, liefert die Methode einen vordefinierten (default) Wert zurück.

Jetzt erläutere ich kurz die Bestimmung der wichtigsten Standardumgebungseigenschaften.

- *BackColor, ForeColor*. Hintergrundfarbe und Vordergrundfarbe. Die zweite Farbe interpretiert man oft auch als eine „aktive Farbe". Zum Beispiel kann nach dem Anklicken ein Zimmer mit einer besonderen Farbe hervorgehoben werden.
- *DisplayName*. Ein Name, den der Container für die Identifikation des Steuerelementes (zum Beispiel in den Fehlermeldungen) verwenden kann.
- *Font*. Vom Container für das Steuerelement empfohlene Schriftart.
- *LocaleID*. Kennzeichnung der Sprache, die bei der Gestaltung des Steuerelementes verwendet werden muß.
- *ScaleUnits*. Informationen über Einheiten des Koordinatensystem des Containers, z.B. twips.
- *TextAlign*. Information über das Ausrichten des Textes im Container (links, rechts, zentriert, Blocksatz usw.).
- *UserMode*. Einige Container (Visual Basic) bieten zwei Arbeitsmodi an: den Entwicklungsmodus und den Benutzermodus. Im Entwicklungsmodus kann man verschiedene zusätzliche Werkzeuge und Möglichkeiten anwenden, die die Eigenschaften der Objekte (z.B. Farben, Liniengröße usw.) ändern. Das fertige Produkt liefert man normalerweise nur mit dem Benutzermodus.
- *UIDead*. Mit dieser Eigenschaft teilt der Container mit, daß er im Moment für Benutzereingaben nicht erreichbar ist. Das ist die Zeit, zum Beispiel, wenn der Container heruntergefahren wird, aber noch eine gewisse Zeit auf dem Bildschirm sichtbar bleibt.

Weitere Informationen über die restlichen Eigenschaften finden Sie in der Online-Hilfe.

Der Container informiert das Steuerelement über die Änderungen seiner Umgebungseigenschaften mit Hilfe der Methode *OnAmbientPropetyChanged()*. Als einzigen Parameter bekommt diese Methode die Kennung (d*ispid*) der geänderten Standardumgebungseigenschaft. In einigen Fällen kann dieser Parameter den Wert *DISPID_UNKNOWN* haben. Dieser Wert bedeutet, daß eine oder mehrere Eigenschaften geändert wurden, genaue Information muß das Steuerelement aber selbst abfragen.

Das Steuerelement muß sofort auf die Änderungen jeder Standardumgebungseigenschaft reagieren. Weil unser Steuerelement beim Zeichnen die Umgebungseigenschaft *BackColor* verwendet, müssen wir das Steuerelement neu zeichnen, wenn es geändert wird. Wir lassen Sie das Steuerelement jedes Mal übermalen, wenn die Standardumgebungseigenschaft *BackColor* geändert wird.

1. Mit Hilfe von *ClassWizard* fügen Sie der Klasse *CTeamRoomCtrl* die Methode *OnAmbientPropertyChange()* hinzu

Füllen Sie die folgende Zeile der Methode aus:

```
void CTeamRoomCtrl::OnAmbientPropertyChange(DISPID dispid)
{
   // TODO: Add your specialized code here and/or call the base class

   InvalidateControl();
   COleControl::OnAmbientPropertyChange(dispid);
}
```

2. Kompilieren Sie das Steuerelement und testen Sie die neue Variante des Steuerelementes

Rufen Sie den ActiveX Control Test-Container auf und fügen Sie unser Steuerelement ein. Wählen Sie den Menüpunkt **CONTAINER | AMBIENT PROPERTIES AUS.** Im Dialog setzen Sie in der Kombinationsbox Standard Property „BackColor" (Abbildung 14.8) ein (ActiveX Control Test-Container nennt die Standardumgebungseigenschaften, die man in der Microsoft-Dokumentation *ambient* nennt, *Standard Property*. In unserem Buch benutzen wir den Begriff *Standardeigenschaften* als Vertreter für den englischen Begriff *stock property*).

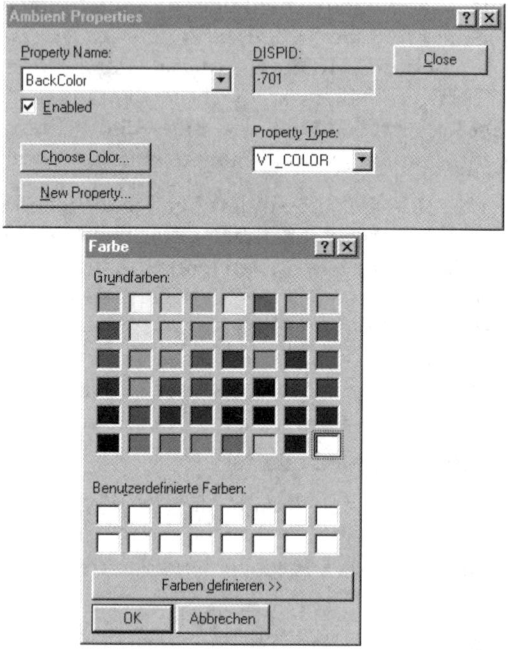

Abbildung 14.8: Festlegen der Umgebungseigenschaft BackColor im ActiveX Control Test-Container

Klicken Sie auf das Optionsfeld „Special" und danach auf die Schaltfläche „Choose". Im Farbendialog wählen Sie eine neue Farbe. Das Steuerelement zeigt eine neue Hintergrundfarbe zwischen der Strichlinie und der Grenze des Steuerelementes.

Ein ähnliches Experiment mit Microsoft Word klappt nicht. Mit einem Haltepunkt können Sie im Debug-Modus feststellen, daß Word die Methode *OnAmbientPropertyChange()* bei der Änderung der Hintergrundfarbe einer Seite nicht aufruft.

Als eine Erklärung kann ich mir vorstellen, daß wegen sehr komplizierten Gestaltungsaktionen, die Word mit einer Seite durchführen kann (zum Beispiel das Ausfüllen eines Musters), in Word das eingefügte Steuerelement nicht viel machen kann.

In diesem Abschnitt haben wir über die Standardumgebungseigenschaften diskutiert, die Informationen über die Eigenschaften der Umgebung des Steuerelementes (d.h. des Containers) festlegen.

Ein Steuerelement kann den Container über mehrere Dinge abfragen. Die in Tabelle 14.3 beschriebene Menge der Eigenschaften ist in den ActiveX-Spezifikationen („OCX94", „OCX96" und in [5]) für die Implementierung empfohlen.

Im nächsten Abschnitt finden wir die Eigenschaften heraus, die man Standardeigenschaften (stock property) nennt.

14.8.2 Standardeigenschaften

Die *Standardeigenschaften* (stock property) sind die Eigenschaften des Steuerelementes, die man so häufig verwendet, daß sie festgelegt (standardisiert) wurden. Dabei geht es um die Eigenschaften des Steuerelementes, nicht des Containers.

Die Standardeigenschaften sind in Tabelle 14.4 aufgelistet.

Die Klasse *COleControl* unterstützt nur eine kleine Untermenge der Standardeigenschaften. ClassWizard fügt für jede Standardeigenschaft der DISPATCH-Karte einen speziellen Eintrag hinzu.

Name	Eintrag in der DISPATCH-Karte (fängt mit DISP_STOCKPROP_ an)	Dispid	Beschreibung
BackColor	BACKCOLOR	-501	Hintergrundfarbe des Steuerelementes.
ForeColor	FORECOLOR	-513	Vordergrundfarbe des Steuerelementes.
BordeStyle	BORDERSTYLE	-504	Typ des Rahmens des Steuerelementes.
Caption	CAPTION	-518	Titel des Steuerelementes.
Text		-518	Identisch mit der Eigenschaft Caption.
Enabled	ENABLED	-514	Gibt an, ob das Steuerelement aktiv ist. (Wie die Eigenschaft einer Schaltfläche).
Font	FONT	-512	Schriftart
HWnd	HWND	-515	Handler für das Fenster des Steuerelementes.
AutoSize		-500	Wenn TRUE, kann das Steuerelement automatisch seine Größe im Container so verändern, daß sein gesamter Inhalt angezeigt werden kann.
BackStyle		-502	Legt die Undurchsichtigkeit bzw. Transparenz des Hintergrundes des Steuerelementes fest.
BorderColor		-503	Farbe für den Rahmen des Steuerelementes.
BorderWidth		-505	Rahmenbreite des Steuerelementes.

Name	Eintrag in der DISPATCH-Karte (fängt mit DISP_STOCKPROP_ an)	Dispid	Beschreibung
DrawMode		-507	Das Verhalten zwischen Farben des Steuerelementes und darunter liegenden Elementen (z.B. Farbenmischung).
DrawStyle		-508	Linienstil beim Zeichnen, z.B. Strichlinie.
DrawWidth		-509	Stiftbreite beim Zeichnen.
FillColor		-510	Farbe für das Ausfüllen der Flächen.
FillStyle		-511	Muster für das Ausfüllen der Flächen.
TabStop		-516	Legt fest, ob das Steuerelement in der Tabulationsreihenfolge des Containers eingefügt werden muß.
BorderVisible		-519	Bestimmt, ob der Rahmen des Steuerelementes sichtbar ist.
Appereance		-520	Aussehentyp des Steuerelementes.
MausePointer		-521	Legt fest, welche Standard-Windows-Symbole für die Darstellung des Mauszeigers verwendet werden. (Für die Situationen, wenn sich der Mauszeiger auf dem Steuerelement befindet.)
MouseIcon		-522	Falls die Eigenschaft MousePointer den Wert 99 hat, wird ein spezifisches Icon für den Mauszeiger definiert.
Picture		-523	Legt das verbunden mit dem Steuerelement Bild fest.
IsValid		-524	Bestimmt, ob die Daten des Steuerelementes als gültig betrachtet werden können.
ReadState		-525	Zeigt den Zustand des Steuerelementes während eines (ev. asynchronen) Ladevorganges an.

Tabelle 14.4: Standardeigenschaften eines Steuerelementes

Die Klasse *COleControl* unterstützt im Moment nicht die Eigenschaften, die keinen Eintrag in der zweiten Spalte in Tabelle 14.4 haben.

In unserem Steuerelement werden wir die Standardeigenschaft *Font* anwenden. Mit dieser Eigenschaft wird festgelegt, welche Schriftart für das Anzeigen der Namen der Zimmer verwendet wird. Der Container kann diese Eigenschaft direkt festsetzten. Diese Standardeigenschaft unterscheidet sich im folgenden Aspekt von Standardumgebungseigenschaften mit dem gleichen Namen: Die Standarumgebungseigenschaft *Font* teilt mit, welche Schriftart der Container ev. für das Steuerelement empfiehlt. Nicht alle Container machen solche Empfehlungen. Nicht alle Steuerelemente folgen solchen Empfehlungen.

1. Fügen Sie dem Steuerelement eine Standardeigenschaft hinzu

Klicken Sie mit der rechten Maustaste auf den Eintrag *_DTeamRoom* im ClassView. Ein Popup-Menü erscheint. Im Popup-Menü wählen Sie den Menüpunkt *Add property*. Der Dialog *Add property* erscheint. Im Dialog wählen Sie im Kombinationsfeld *External name* den Eintrag *Font*. Nach dieser Auswahl werden andere Felder des Dialoges festgelegt und als inaktiv gezeichnet (Abbildung 14.9). Bestätigen Sie die Auswahl mit der Schaltfläche OK.

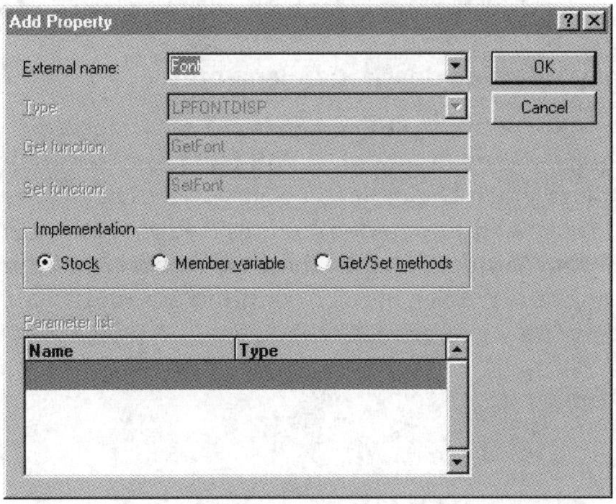

Abbildung 14.9: Einfügen der Standardeigenschaft Font

ClassWizard fügt der Deklaration der Klasse in der DISPATCH-Karte die folgende Zeile hinzu:

```
BEGIN_DISPATCH_MAP(CTeamRoomCtrl, COleControl)
  //{{AFX_DISPATCH_MAP(CTeamRoomCtrl)
  DISP_FUNCTION(CTeamRoomCtrl, "Room", Room, VT_BOOL,
             VTS_I2 VTS_I2 VTS_I2 VTS_I2 VTS_I2 VTS_I2)
  DISP_STOCKPROP_FONT()
  //}}AFX_DISPATCH_MAP
  DISP_FUNCTION_ID(CTeamRoomCtrl, "AboutBox", DISPID_ABOUTBOX,
               AboutBox, VT_EMPTY, VTS_NONE)
END_DISPATCH_MAP()
```

Ab jetzt besitzt unser Steuerelement die Automatisierungseigenschaft *Font*.

Die *Informierungsfunktion* (*notification function*) über die Änderung jeder Standardeigenschaft müssen Sie in Ihr Projekt extra einfügen.

2. Fügen Sie dem Projekt die Informierungsfunktion über die Änderung der Standardeigenschaft Font hinzu

Rufen Sie ClassWizard auf. Stellen Sie im Feld *Class name* den Namen *CTeamRoom* ein. In der Liste *Messages* finden Sie den Eintrag *OnFontChanged*. Klicken Sie auf die Schaltfläche *Add Function*.

Im Quellcode der Methode fügen Sie folgende Zeile hinzu:

```
void CTeamRoomCtrl::OnFontChanged()
{
   // TODO: Add your specialized code here and/or call the base class
   InvalidateControl();
   COleControl::OnFontChanged();
}
```

Nach der Änderung der Schriftart muß das Steuerelement neu gezeichnet werden.

3. Testen sie die neue Version des Steuerelementes

Rufen Sie den ActiveX Control Test-Container auf und fügen Sie das Steuerelement hinzu. Legen Sie ein paar neue Zimmer fest. Mit Hilfe des Menüpunktes CONTROL | INVOKE METHODS öffnen Sie den Dialog *Invoke Methods*. Im Dialog öffnen Sie das Kombinationsfeld *Method Name* und finden den Eintrag *Font(PropPut)*. Setzen Sie Parameter type auf *VT_FONT* fest. Mit der Schaltfläche *Choose Font* (Abbildung 14.10) rufen Sie den Schriftartendialog auf. Wählen Sie eine Schriftart aus und schauen Sie sich die Wirkung dieser Änderung im Steuerelement an.

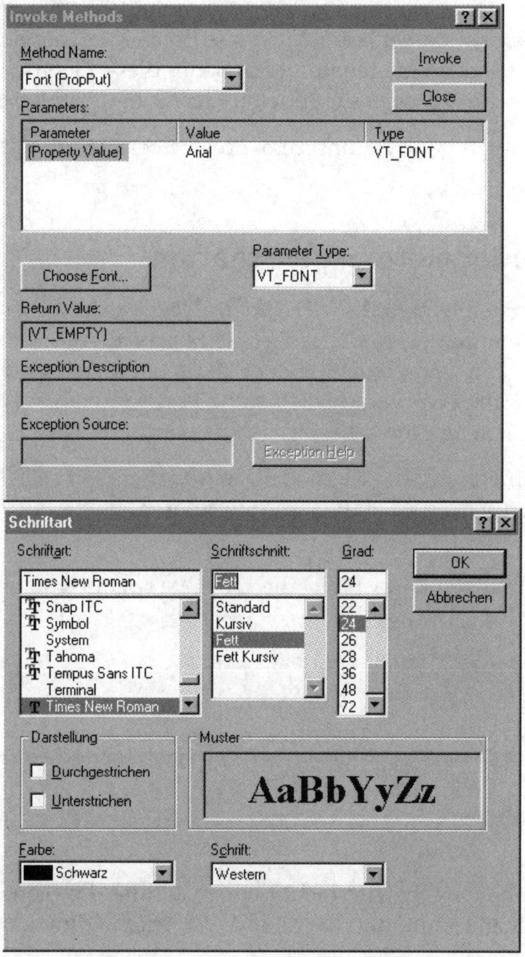

Abbildung 14.10: Testen der Standardeigenschaft Font

In diesem Abschnitt haben wir eine Standardeigenschaft (*stock property*) in das Steuerelement eingefügt. Der Container betrachtet diese Eigenschaft als eine der Automatisierungseigenschaften des Steuerelementes. Man nennt diese Eigenschaft Standardeigenschaft, weil sie zu den häufig verwendendeten Eigenschaften gehört.

Im nächsten Abschnitt fügen wir unserem Projekt benutzerdefinierte Eigenschaften hinzu.

14.8.3 Benutzerdefinierte Eigenschaften

In unserem ersten Steuerelement *AxDMFCControlFirst* haben wir die zwei benutzerdefinierten Eigenschaften *xRes* und *yRes* eingefügt. Diese Eigenschaften darf der Client nur lesen. Deshalb haben wir versucht, diese Eigenschaften als schreibgeschützt implementieren. Und das haben wir gerade nicht ganz korrekt getan, weil die Eigenschaften nur wegen ihrer Implementation schreibgeschützt sind.

Die Klasse *COleControl* bietet die Methoden *SetNotSupported(), GetNotSupported()* und *SetNotPermitted()* an, um den Container zu informieren, daß er im Moment bestimmte Zugriffsrechte hat.

Mit Hilfe dieser Funktionen können Sie diese Rechte sogar dynamisch festlegen. Zum Beispiel:

```
void CSomeControl::SetSomeProperty( int iValue)
{
   if(m_bGoodSituation)
       m_iSomeProperty = iVal;
   else
       SetNotSupported();
}
```

Wenn der eingegebene Eingabewert nicht richtig ist, muß das Steuerelement den Container bzw. Benutzer mit Hilfe der Methode *COleControl::ThrowError()* darüber informieren.

Die Eigenschaften können wie die Methoden Parameter haben. Die Anzahl der Parameter ist in der MFC-Implementierung der Automatisierungsschnittstellen auf 14 beschränkt. Diese Möglichkeit verwenden wir unten für den Zugriff auf die Eigenschaften der einzelnen Zimmer.

Zuerst fügen wir dem Steuerelement folgende Eigenschaften hinzu:

- *Area* – Fläche der Etage
- *CountRoom* – Anzahl der Zimmer
- *CountOrderAll* – Anzahl der Bestellungen in allen Zimmern
- *SumOrderAll* – Summe aller Bestellungen
- *InfoOrderAll* – gesamte Information über die Bestellungen

5. Fügen Sie dem Steuerelement die schreibgeschützte Eigenschaft *Area* hinzu

Beim Einfügen der Eigenschaft löschen Sie das Feld *Set function* (Abbildung 14.11).

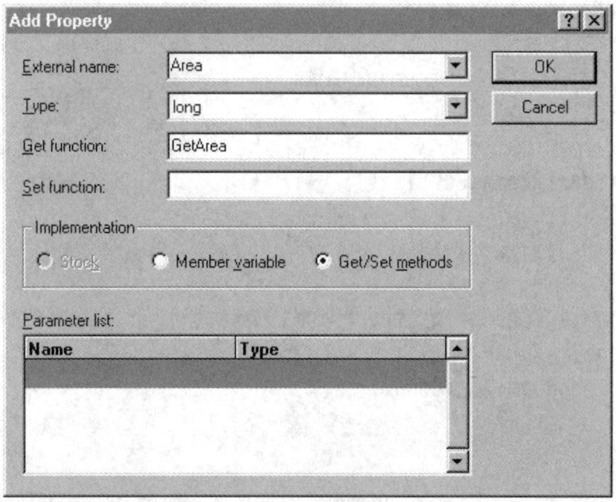

Abbildung 14.11: Die eingefügte Eigenschaft wird automatisch schreibgeschützt

In diesem Fall fügt ClassWizard automatisch auf der Stelle Set…Funktion in der DISPATCH-Karte den Aufruf der Funktion *SetNotSupported()* hinzu:

```
BEGIN_DISPATCH_MAP(CTeamRoomCtrl, COleControl)
   //{{AFX_DISPATCH_MAP(CTeamRoomCtrl)
   DISP_PROPERTY_EX(CTeamRoomCtrl, "Area", GetArea, SetNotSupported, VT_I4)
   DISP_FUNCTION(CTeamRoomCtrl, "Room", Room, VT_BOOL,
                 VTS_I2 VTS_I2 VTS_I2 VTS_I2 VTS_I2 VTS_I2)
   DISP_STOCKPROP_FONT()
   //}}AFX_DISPATCH_MAP
   DISP_FUNCTION_ID(CTeamRoomCtrl, "AboutBox", DISPID_ABOUTBOX,
                    AboutBox, VT_EMPTY, VTS_NONE)
END_DISPATCH_MAP()
```

Nur eine einzige Get-Methode wird in diesem Fall der Implementierendatei hinzufügt. Korrigieren Sie diese Methode folgendermaßen:

```
long CTeamRoomCtrl::GetArea()
{
   // TODO: Add your property handler here
   return m_sizeInMetr.cx * m_sizeInMetr.cy;
}
```

Fügen Sie der Klasse die Eigenschaften *CountRoom, CountOrderAll, SumOrderAll, InfoOrderAll* hinzu. Alle diese Eigenschaften müssen schreibgeschützt werden.

Implementieren Sie die Get-Funktionen folgendermaßen:

```
short CTeamRoomCtrl::GetCountRoom()
{
   // TODO: Add your property handler here
   return m_ptrarrRooms.GetSize();
}
short CTeamRoomCtrl::GetCountOrderAll()
{
   // TODO: Add your property handler here
   int iSize = m_ptrarrRooms.GetSize();
   short sCountAll = 0;
   for(int i = 0; i < iSize; i++)
   {
        CRoom* pRoom = (CRoom*)m_ptrarrRooms.GetAt(i);
        ASSERT(pRoom);
        sCountAll += pRoom->m_iCount;
   }
   return sCountAll;
}
float CTeamRoomCtrl::GetSumOrderAll()
{
   // TODO: Add your property handler here
   int iSize = m_ptrarrRooms.GetSize();
   float fSumtAll = 0;
   for(int i = 0; i < iSize; i++)
   {
        CRoom* pRoom = (CRoom*)m_ptrarrRooms.GetAt(i);
        ASSERT(pRoom);
        fSumtAll += pRoom->m_fSum;
   }
   return fSumtAll;
}
BSTR CTeamRoomCtrl::GetInfoOrderAll()
{
   CString strResult;
   // TODO: Add your property handler here
   int iSize = m_ptrarrRooms.GetSize();
   for(int i = 0; i < iSize; i++)
   {
        CRoom* pRoom = (CRoom*)m_ptrarrRooms.GetAt(i);
        ASSERT(pRoom);
        CString strTmp("Bestellungen für Team ");
        strTmp += pRoom->m_strName + CString("\r\n");
        strResult += strTmp + pRoom->m_strInfo;
   }
   return strResult.AllocSysString();
}
```

6. Kompilieren und testen Sie die neue Variante des Steuerelementes

Sie können außer *InfoOrderAll* alle neuen Eigenschaften mit Hilfe von ActiveX Control Test-Container testen.

Die Eigenschaft *InfoOrderAll* ist schwierig zu testen, weil die Rückwertzeile ziemlich lang ist. Warten Sie deswegen bis zu dem nächstem Abschnitt, wo wir das Steuerelement mit Hilfe einer HTML-Seite testen werden.

14.8.4 Parametrisierte Eigenschaften

Eigenschaften können, wie die Methoden, Parameter haben. In der MFC-Implementation der Automatisierungsschnittstelle ist die Anzahl der Parameter auf 14 beschränkt.

In unserem Projekt werden wir parametrisierte Eigenschaften für den Zugang zu Eigenschaften einzelner Zimmer verwenden. Als Parameter wird dabei der numerische Index des Zimmers benutzt.

1. Fügen Sie die parametrisierte Eigenschaft *Name* dem Steuerelement hinzu

Um eine parametrisierte Eigenschaft in einem Projekt einzufügen, wiederholen Sie den oben beschriebenen Vorgang für das Einfügen der nicht parametrisierten Eigenschaften. Im Dialog „Add Property" setzen Sie auch die Parameter fest. In der Abbildung 14.12 ist der Dialog beim Anlegen der parametrisierten Eigenschaft *Name* zu sehen.

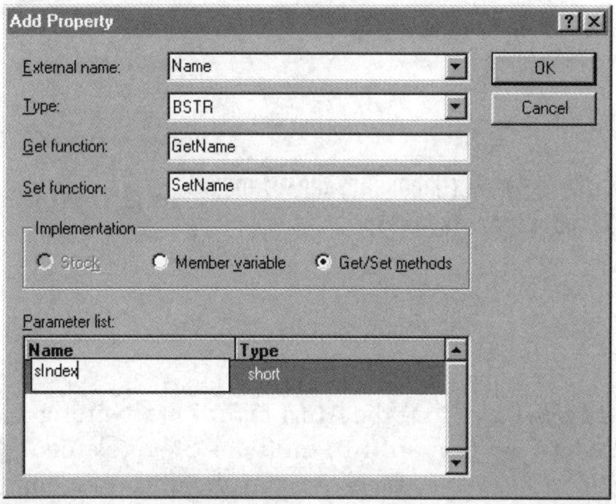

Abbildung 14.12: Anlegen einer parametrisierten Eigenschaft Name

2. Implementieren Sie die Implementierungsmethoden der parametrisierten Eigenschaft

```
BSTR CTeamRoomCtrl::GetName(short sIndex)
{
   CString strResult;
   // TODO: Add your property handler here
```

```
    int iSize = m_ptrarrRooms.GetSize();
    if((0 <= sIndex)&&(sIndex < iSize))
    {
        CRoom* pRoom = (CRoom*)m_ptrarrRooms.GetAt(sIndex);
        ASSERT(pRoom);
        strResult = CString(pRoom->m_strName);
    }
    else
    {
        ThrowError(CTL_E_INVALIDPROPERTYARRAYINDEX,
                ("Ungültiger Index");
    }

    return strResult.AllocSysString();
}

void CTeamRoomCtrl::SetName(short sIndex, LPCTSTR lpszNewValue)
{
    // TODO: Add your property handler here
    int iSize = m_ptrarrRooms.GetSize();
    if((0 <= sIndex)&&(sIndex < iSize))
    {
        CRoom* pRoom = (CRoom*)m_ptrarrRooms.GetAt(sIndex);
        ASSERT(pRoom);
        pRoom->m_strName = CString(lpszNewValue);
        InvalidateControl();
    }
    else
    {
        ThrowError(CTL_E_INVALIDPROPERTYARRAYINDEX,
                "Ungültiger Index");
    }

    SetModifiedFlag();
}
```

Interessant sind in diesem Quellcode die Aufrufe für Verarbeitung der Fehler. Wenn ein Fehler in einer Set/Get-Funktion auftritt, muß das Steuerelement den Container mit Hilfe der Methode *COleControl:: ThrowError()* darüber informieren.

Die Methode ist folgendermaßen deklariert:

```
void ThrowError( SCODE sc, UINT nDescriptionID, UINT nHelpID = -1 );
void ThrowError( SCODE sc, LPCTSTR pszDescription = NULL,
                 UINT nHelpID = 0 );
```

Als ersten Parameter verwendet man einen Fehler-CODE vom Typ *SCODE*. In den meisten Fällen sind diese Codes in der Datei *OLECTL.H* definiert. Die Beschreibung der Codes finden Sie in der Online-Dokumentation. Die vordefinierten Fehler-Codes fangen mit dem Präfix *CTL_E.*, z.B. *CTL_E_OUTOFMEMORY*, an.

Bei einem logischen Fehler und in anderen ähnlichen Situationen muß das Steuerelement ein spezielles Ereignis mit dem Namen *Error* auslösen. Diesen Mechanismus lernen wir im Abschnitt „Ereignisse" kennen.

3. Testen Sie die neue Variante des Steuerelementes mit Hilfe des ActiveX Control Test-Containers

Die parametrisierten Eigenschaften müssen Sie nicht mit dem Dialog *Properties*, sondern mit dem Dialog *Invoke Control Method* (Abbildung 14.13) testen.

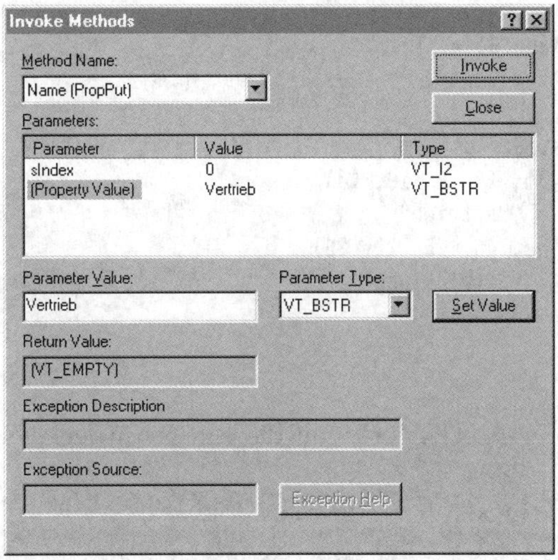

Abbildung 14.13: Testen der parametrisierten Eigenschaften im ActiveX Control Test-Container

4. Testen Sie mit Hilfe einer HTML-Seite die neue Version des Steuerelementes

Wie im Projekt *AxDMFCControlFirst* legen Sie eine neue HTML-Seite an. Füllen Sie die Seite wie unten im Listing zu sehen ist.

```
<HTML>
<HEAD>
<META NAME="GENERATOR" Content="Microsoft Developer Studio">
<META HTTP-EQUIV="Content-Type" content="text/html; charset=iso-8859-1">
<TITLE>Document Title</TITLE>
</HEAD>
<BODY>
<!-- Insert HTML here -->
<OBJECT
CLASSID="clsid:D2DF0E66-DC6B-11D1-B890-83B4B7F80022"
ID=TeamRoom
WIDTH = 400 HEIGHT = 300
>
</OBJECT>
<P>
```

```
<INPUT TYPE=BUTTON
VALUE = "Gesamte Information über Bestellungen"
NAME="BtnInfo"
ONCLICK = "alert(TeamRoom.InfoOrderAll);"
LANGUAGE="JavaScript" >
</P>
<P>
<INPUT TYPE=BUTTON
VALUE = "Extreme Test"
NAME="ExTest"
ONCLICK = TeamRoom.Name(5) = "Test"
LANGUAGE="JavaScript" >
</P>
<SCRIPT LANGUAGE="JavaScript">
   TeamRoom.Room(0, 10, 20, 0, 10, 10)
   TeamRoom.Name(0) = "Vertrieb"
   TeamRoom.Room(0, 40, 40, 25, 20, 25)
   TeamRoom.Name(1) = "Entwicklung"
</SCRIPT>
</BODY>
</HTML>
```

Nach dem Aufruf im Internet Explorer muß die Seite wie in der Abbildung 14.4 aussehen.

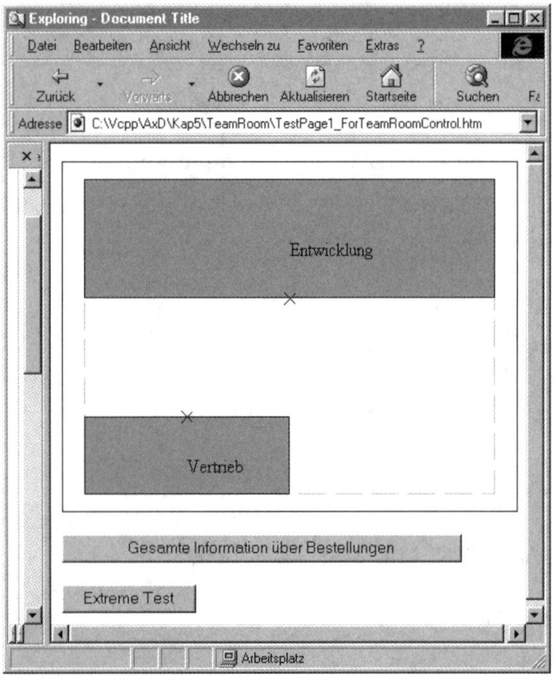

Abbildung 14.14: HTML-Testseite für das Steuerelement TeamRoom

Nach dem Klick auf die Schaltfläche „Extreme Test" versucht der Explorer, den Codeabschnitt auszuführen:

```
TeamRoom.Name(5) = "Test"
```

Der Index 5 ist in dieser Situation nicht geeignet, weil im Moment nur 2 Zimmer angelegt sind. Im Auftrag des Steuerelements zeigt der Internet Explorer eine Fehlermeldung (Abbildung 14.15).

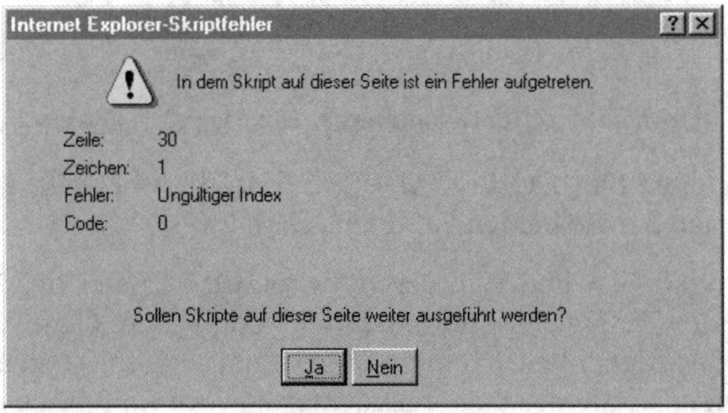

Abbildung 14.15: Fehlermeldung beim Versuch, einen falschen Index in parametrisierter Eigenschaft zu verwenden

14.9 Eigenschaftsseiten

Die Eigenschaftsseiten eines Steuerelementes lassen die wichtigsten Merkmale des Steuerelementes unabhängig vom Container anschauen und einstellen.

Beim Erzeugen eines Steuerelementes fügt der MFC ActiveX Control Wizard eine Eigenschaftsseite in das Projekt ein. Wenn Sie mehrere Eigenschaftsseiten in Ihrem Projekt haben wollen, müssen Sie zusätzliche Zeilen manuell in das Projekt einfügen.

Für drei bestimmte Standardeigenschaftten (Farbe, Font und Quelle der Abbildungen) sind in MFC Eigenschaftsseiten vorhanden. Andere zusätzliche Seiten müssen Sie manuell gestalten und programmieren.

Die Eigenschaftsseiten sind in MFC mit Hilfe der Klasse *CPropertyPageDialog* implementiert. Beim Anlegen einer neuen eigenen Eigenschaftsseite müssen Sie eine neue Klasse von dieser Klasse ableiten.

Die Klasse *CPropertyPageDialog* haben wir schon in diesem Teil des Buches kennengelernt. Jetzt beschäftigen wir uns mit dem praktischen Einsatz der Eigenschaftsseiten in unserem Projekt.

14.9.1 Gestaltung der Haupteigenschaftsseite

Beim Anlegen eines neuen Steuerelementes erzeugt der MFC ActiveX Control Wizard auch eine Eigenschaftsseite. Diese Seite nennen wir Haupteigenschaftsseite.

1. Gestalten Sie die Dialog-Ressource der Haupteigenschaftsseite

Öffnen Sie die Ressource-View. Im Ordner *Dialog* finden Sie den Eintrag *IDD_PROPPAGE_TEAMROOM*. Mit einem Klick auf ihn öffnen Sie die Dialog-Ressource. Gestalten Sie die Dialog-Ressource, wie in der Abbildung 14.16 zu sehen ist.

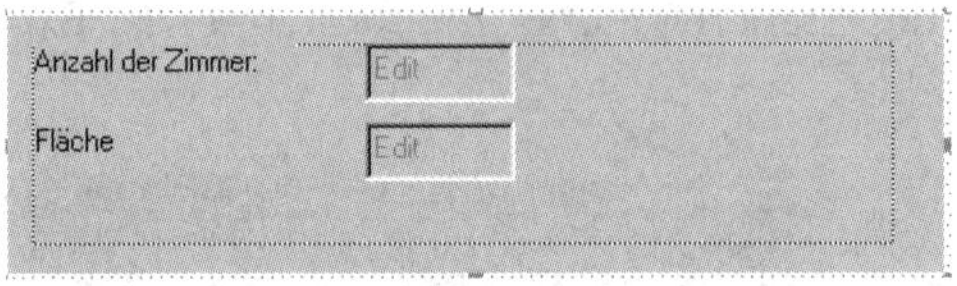

Abbildung 14.16: Gestaltung der Haupteigenschaftsseite

Das obere Feld nennen Sie *IDC_ROOM_COUNT* und das zweite Feld *IDC_ROOM_AREA*. Kennzeichnen Sie die beiden Felder als *Disabled*.

Wie in MFC-Dialogklassen üblich, müssen Sie jetzt die Felder des Dialoges und die Klassenvariablen der Dialogklasse miteinander verknüpfen. ClassWizard bietet aber noch die zusätzliche Möglichkeit, in einem Zug die oben beschrieben Elemente in einem „Trio" mit einer Eigenschaft des Steuerelementes zu verknüpfen. Zu diesen Zweck füllen Sie das untere Feld *Optional property name* aus, wie es in Abbildung 14.17 zu sehen ist.

Führen Sie diesen Vorgang für die Eigenschaften *m_sCountRoom* und *m_fArea* durch.

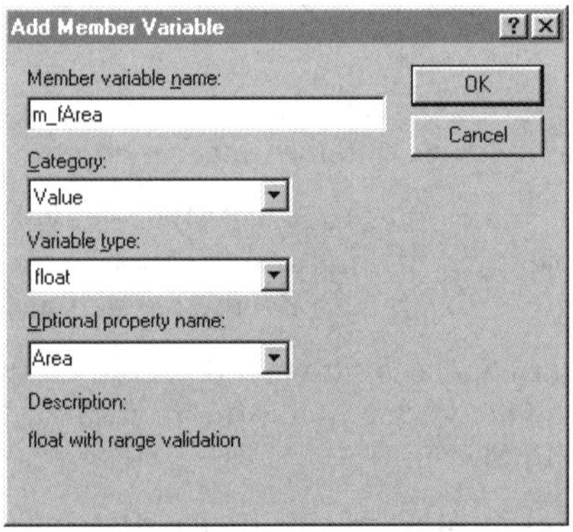

Abbildung 14.17: Verknüpfung der Felder der Eigenschaftsseite, der Klassenvariable, der Eigenschaftsseitenklasse und einer Eigenschaft des Steuerelementes

Diese Klassenvariable fügt ClassWizard in die Deklaration der Klasse hinzu:

```
class CTeamRoomPropPage : public COlePropertyPage
{
...
// Dialog Data
   //{{AFX_DATA(CTeamRoomPropPage)
   enum { IDD = IDD_PROPPAGE_TEAMROOM };
   floatm_fArea;
```

```
    shortm_sCountRoom;
    //}}AFX_DATA
...
}
```

Außerdem korrigiert ClassWizard die Quellcodes des Konstruktors und der Methode *CTeamRoomPropPage::DoDataExchange()* folgendermaßen:

```
CTeamRoomPropPage::CTeamRoomPropPage() :
    COlePropertyPage(IDD, IDS_TEAMROOM_PPG_CAPTION)
{
    //{{AFX_DATA_INIT(CTeamRoomPropPage)
    m_fArea = 0.0f;
    m_sCountRoom = 0;
    //}}AFX_DATA_INIT
}


//////////////////////////////////////////////////////////////////////////
// CTeamRoomPropPage::DoDataExchange - Moves data between page and
// properties


void CTeamRoomPropPage::DoDataExchange(CDataExchange* pDX)
{
    //{{AFX_DATA_MAP(CTeamRoomPropPage)
    DDP_Text(pDX, IDC_ROOM_AREA, m_fArea, _T("Area") );
    DDX_Text(pDX, IDC_ROOM_AREA, m_fArea);
    DDP_Text(pDX, IDC_ROOM_COUNT, m_sCountRoom, _T("CountRoom") );
    DDX_Text(pDX, IDC_ROOM_COUNT, m_sCountRoom);
    //}}AFX_DATA_MAP
    DDP_PostProcessing(pDX);
}
```

Die Methode *DoDataExchange()* führt den Datenaustausch zwischen den Eigenschaften des Steuerelementes, den Klassenvariablen der Eigenschaftsseitenklasse und den Feldern der Eigenschaftsseite durch.

Jede *DDP_Text()*-Funktion in dem schattierten Abschnitt oben verknüpft ein solches Trio miteinander. Es gibt mehrere solcher *DDP_*- Funktionen. Die vollständige Liste dieser Funktionen finden Sie in der Online-Hilfe.

ClassWizard hat uns viel beim Gestalten und der Programmierung der Haupteigenschaftssseite geholfen. Im nächsten Abschnitt erzeugen wir eine neue Eigenschaftsseite für die Eigenschaften eines einzelnen Zimmers. In diesem Fall müssen wir ein bißchen mehr von Hand arbeiten.

14.9.2 Anlegen einer neuen Eigenschaftsseite.

Um eine neue Eigenschaftsseite anzulegen und mit dem Steuerelement zu verknüpfen, müssen Sie folgende Schritte durchführen:

1. Dialog-Ressource erzeugen und gestalten.
2. Dialogklasse auf der Basis der Dialogressource anlegen.
3. Dialogvariablen mit Daten des Steuerelementes verknüpfen.
4. Eigenschaftsseite registrieren.
5. Neue Eigenschaftsseiten in die Liste der Eigenschaftsseiten des Steuerelementes einfügen.

Unten finden wir heraus, wie man konkret bei jedem Schritt vorgehen muß.

1. Erzeugen und gestalten Sie die Dialog-Ressource

Die Dialog-Ressource der Eigenschaftsseiten darf nur zwei Größen haben: entweder 250 * 100 DLU oder 250 * 62 DLU (DLU ist eine Abkürzung für Dialog Units. Mehr Informationen zu diesem Thema finden Sie in der Online-Hilfe unter dem Eintrag „About Arranging Controls on Dialog Boxes").

Erzeugen Sie eine neue Dialog-Ressource mit der Größe 250 * 110 DLU. Die Größe der Dialog-Ressource können Sie in einem Feld in der unteren rechten Ecke des Visual Studios beim Gestalten sehen (Abbildung 14.18).

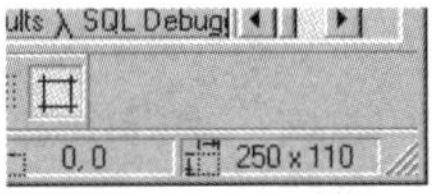

Abbildung 14.18: Die Größe eines Dialoges kann man in einem Feld in der unterem rechten Ecke des Developer Studios sehen

Kennzeichnen Sie den neuen Dialog mit ID *IDD_PROPPAGE_TEAMROOM1*. Gestalten Sie den Dialog so, wie es in der Abbildung 14.19 zu sehen ist.

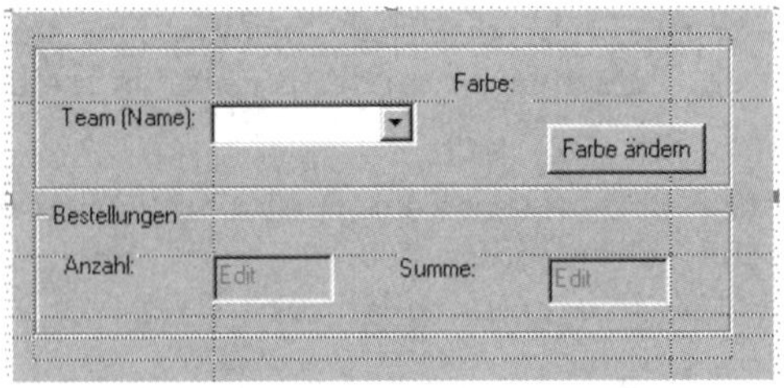

Abbildung 14.19: Zweite Eigenschaftsseite des Steuerelementes

Legen Sie die einfachen Steuerelemente auf der Dialogressource fest. Die Liste der Elemente finden Sie in der Tabelle 14.5 unten. Kennzeichnen Sie die zwei unteren Editierfelder als *Disabled*.

2. Legen Sie eine Dialogklasse auf der Basis der Dialogressource an

Legen Sie eine neue Klasse auf der Basis der erzeugten Dialogressource an. Als Basisklasse wählen Sie die Klasse *COlePropertyPage* aus. Nennen Sie die neue Klasse *CTeamRoomDetails*.

3. Verknüpfen Sie die Dialogvariablen mit den Daten des Steuelementes

Mit Hilfe von ClassWizard legen Sie neue Klassenvariablen fest und verknüpfen sie mit den Elementen des Dialoges (Tabelle 14.5).

Typ des Steuerelementes	ID des Steuerelementes	Typ der Klassenvariable	Name der Klassenvariable
Kombinationsfeld	IDC_TEAMS	CcomboBox	
Schaltfläche	IDC_CHANGE_CRL		
Editierfeld	IDC_ORD_COUNT	Int	m_iCurCount
Editierfeld	IDC_ORD_SUM	Float	m_fCurSum

Tabelle 14.5: Verknüpfen der Elemente des Dialoges und der Klassenvariablen der Eigenschaftsseitenklasse

Nach dem Verknüpfen der Elemente des Dialoges mit den Klassenvariablen sieht die Methode so aus.

```
void CTeamRoomDetails::DoDataExchange(CDataExchange* pDX)
{
    // NOTE: ClassWizard will add DDP, DDX, and DDV calls here
    //    DO NOT EDIT what you see in these blocks of generated code !
    //{{AFX_DATA_MAP(CTeamRoomDetails)
    DDX_Control(pDX, IDC_TEAMS, m_comboxRoomList);
    DDX_Text(pDX, IDC_ORD_COUNT, m_iCurCount);
    DDX_Text(pDX, IDC_ORD_SUM, m_fCurSum);
    //}}AFX_DATA_MAP
    DDP_PostProcessing(pDX);
}
```

Merken Sie sich, daß wir dieses Mal die Elemente der Eigenschaftsseite nicht mit den Eigenschaften des Steuerelementes verknüpfen. Das wird indirekt gemacht. Das Kombinationsfeld wird für die Auswahl des Zimmers verwendet. Abhängig von dem ausgewählten Zimmer werden in anderen Feldern entsprechende Werte gezeichnet.

Die Gestaltung solcher Eigenschaftsseiten ist ziemlich aufwendig.

Um einen einfachen Zugriff auf die Daten des Steuerelementes von unserer neuen Eigenschaftsseite zu ermöglichen, fügen Sie der Deklaration der Klasse *CTeamRoomApp* folgende Zeilen hinzu:

```
class CTeamRoomCtrl;
class CTeamRoomApp : public COleControlModule
{
```

```
public:
   BOOL InitInstance();
   int ExitInstance();
   CTeamRoomCtrl* m_pTeamRoomCtrl;
};
extern const GUID CDECL _tlid;
extern const WORD _wVerMajor;
extern const WORD _wVerMinor;
extern CTeamRoomApp NEAR theApp;
```

Initiieren Sie die Klassenvariable *m_pTeamRoomCtrl* im Konstruktor der Steuerelementklasse folgendermaßen:

```
CTeamRoomCtrl::CTeamRoomCtrl()
{
   InitializeIIDs(&IID_DTeamRoom, &IID_DTeamRoomEvents);

   // TODO: Initialize your control's instance data here.
   theApp.m_pTeamRoomCtrl = this;
}
```

Fügen Sie der Deklaration der Klasse *CTeamRoomDetails* folgende Zeilen hinzu:

```
class CTeamRoomDetails : public COlePropertyPage
{
...:
   COLORREF m_clrCurrColor;
   int m_iCurrRoom;
}
```

Diese Variable benötigen wir für das Speichern der vorläufigen Werte.

Mit Hilfe von ClassWizard fügen Sie der Klasse *CTeamRoomDetails* die Methode *OnInitDialog()* hinzu und implementieren diese Methode folgendermaßen:

```
BOOL CTeamRoomDetails::OnInitDialog()
{
   COlePropertyPage::OnInitDialog();
   // TODO: Add extra initialization here
   int iSize = theApp.m_pTeamRoomCtrl->m_ptrarrRooms.GetSize();
   for(int i = 0; i < iSize; i++)
   {
       CRoom* pRoom = (CRoom*)theApp.m_pTeamRoomCtrl->m_ptrarrRooms.GetAt(i);
       ASSERT(pRoom);
       m_comboxRoomList.AddString(pRoom->m_strName);
   }
   SetParamsOfRoom(0);
   return TRUE;  // return TRUE unless you set the focus to a control
                 // EXCEPTION: OCX Property Pages should return FALSE
}
```

Der Anwendungsrahmen ruft die Methode *OnInitDialog()* kurz vor dem Anzeigen des Dialoges auf dem Bildschirm auf. In diesem Zeitpunkt sind alle Elemente vom Dialog schon vorhanden, aber noch nicht sichtbar. In unserer Implementation füllen wir in einer Schleife die Namen der Zimmer mit Hilfe der Methode *AddString()* im Kombinationsfeld aus. Weitere Parameter legen wir mit Hilfe der Methode *SetParamsOfRoom()* fest.

Die Implementation dieser Methode sieht so aus:

```
void CTeamRoomDetails::SetParamsOfRoom(int iIndex)
{
   int iSize = theApp.m_pTeamRoomCtrl->m_ptrarrRooms.GetSize();

   if((0 > iIndex)||(iIndex > iSize))
   {
      TRACE("Falsche iIndex in CTeamRoomDetails::SetParamsOfRoom\n");
      return;
   }

   m_iCurrRoom = iIndex;
   CRoom* pRoom =
     (CRoom*)theApp.m_pTeamRoomCtrl->m_ptrarrRooms.GetAt(m_iCurrRoom);
   ASSERT(pRoom);
   m_comboxRoomList.SetCurSel(m_iCurrRoom);
   m_clrCurrColor = pRoom->GetColor();
   m_iCurCount = pRoom->m_iCount;
   m_fCurSum = pRoom->m_fSum;
   UpdateData(FALSE);
   Invalidate();
}
```

Die Methode *CTeamRoomDetails::SetParamsOfRoom()* wird jedesmal aufgerufen, wenn die Daten eines neuen Zimmes auf der Eigenschaftsseite dargestellt werden müssen. Das passiert entweder nach dem Öffnen der Eigenschaftsseite oder nach der Auswahl einen neuen Zimmers mit Hilfe des Kombinationsfeldes.

Die Methode schreibt einfach die Werte der entsprechenden Instanz der Klasse *CRoom* in die Klassenvariablen, initiiert das Anzeigen der neuen Werte im Dialog (Aufruf von *UpdateData()*) und kündigt den Dialog als ungültigen Zeichenbereich (Aufruf von *Invalidate()*) an.

Fügen Sie der Klasse die Nachrichtenverarbeitungsmethode für die Auswahl im Kombinationsfeld hinzu und implementieren Sie sie folgendermaßen:

```
void CTeamRoomDetails::OnSelchangeTeams()
{
   // TODO: Add your control notification handler code here
   int iInd = m_comboxRoomList.GetCurSel();
   SetParamsOfRoom(iInd);
}
```

Die Schaltfläche *Farbe ändern* dient der Änderung der Darstellungsfarbe für das aktuelle Zimmer auf dem Plan. Mit Hilfe von ClassWizard fügen Sie der Klasse die Nachrichtenbearbeitungsmethode für den Mausklick auf diese Schaltfläche hinzu und implementieren diese Methode folgendermaßen:

```
void CTeamRoomDetails::OnChangeCrl()
{
   // TODO: Add your control notification handler code here
   CColorDialog dlg;
   if(dlg.DoModal() == IDOK)
   {
       m_clrCurrColor = dlg.GetColor();
       CRoom* pRoom = (CRoom*)
            theApp.m_pTeamRoomCtrl->m_ptrarrRooms.GetAt(m_iCurrRoom);
       ASSERT(pRoom);
       pRoom->SetColor(m_clrCurrColor);
       Invalidate();
       theApp.m_pTeamRoomCtrl->InvalidateControl();
   }
}
```

Die Methode ruft den Standardfarbendialog von MFC (Abbildung 14.20) auf. Wenn der Benutzer diesen Dialog mit OK schließt, legt die Methode die neue Farbe für die Darstellung des Zimmers auf dem Plan fest und kündigt die Eigenschaftsseite und das Steuerelement als ungültigen Zeichenbereich an. Die Eigenschaftsseite und das Steuerelement werden neu gezeichnet.

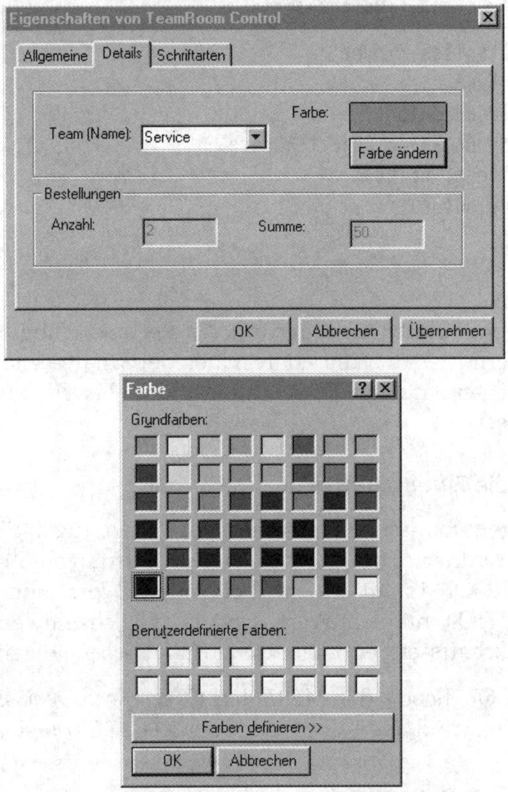

Abbildung 14.20: Mit Hilfe der Eigenschaftsseite kann man die Farbe für die Darstellung der einzelnen Zimmer auf dem Plan ändern. (Die Kartei „Schriftarten" wird in dem nächsten Abschnitt im Projekt eingefügt.)

Fügen Sie der Klasse die Methode *OnPaint()* hinzu und implementieren Sie sie folgendermaßen:

```
void CTeamRoomDetails::OnPaint()
{
   CPaintDC dc(this); // device context for painting

   // TODO: Add your message handler code here

   CWnd* pWnd = GetDlgItem(IDC_CHANGE_CRL);
   ASSERT(pWnd);

   //== Koordinaten rechnen
   CRect rcClient;
   pWnd->GetWindowRect(&rcClient);
   ScreenToClient(rcClient);

   long lHeight = rcClient.bottom - rcClient.top;
   rcClient.top -= (long)(lHeight*1.2);
```

```
    rcClient.bottom -= (long)(lHeight*1.2);

    //== Farbe für aktuelles Zimmer
    CPoint point(5,5);
    CBrush brush(m_clrCurrColor);
    CBrush* pOldBrus = dc.SelectObject(&brush);
    dc.RoundRect(rcClient, point);
    dc.SelectObject(pOldBrus);

    // Do not call COlePropertyPage::OnPaint() for painting messages
}
```

Die Methode zeichnet die farbigen abgerundeten Rechtecke oberhalb der Schaltfläche *Farbe ändern*. Zuerst ermitteln wir die Koordinaten der Schaltfläche und verschieben sie nach oben. Danach legen wir einen Pinsel mit der aktuellen Farbe an und zeichnen die abgerundeten Rechtecke.

4. Registrieren Sie die Eigenschaftsseite

Um unsere neue Eigenschaftsseite registrieren zu lassen, fügen Sie zuerst in der Ressource View im Ordner String zwei neue Ressourcen-Strings hinzu: IDD_PROPPAGE_TEAMROOM1 mit einem beliebigen Wert und IDD_PROPPAGE_TEAMROOM1_CAPTION mit dem Wert „Details". Gleichzeitig empfehle ich, den Namen der Haupteigenschaftsseite einzudeutschen (statt *General* fügen Sie *Allgemeine* ein).

Korrigieren Sie den Quellcode der Methoden *CTeamRoomDetails::CTeamRoomDetailsFactory::UpdateRegistry()* und den Konstruktor der Klasse *CTeamRoomDetails* folgendermaßen:

```
BOOL CTeamRoomDetails::CTeamRoomDetailsFactory::
     UpdateRegistry(BOOL bRegister)
{
    // TODO: Define string resource for page type; replace '0' below with ID.

    if (bRegister)
        return AfxOleRegisterPropertyPageClass(AfxGetInstanceHandle(),
               m_clsid, IDD_PROPPAGE_TEAMROOM1);
    else
        return AfxOleUnregisterClass(m_clsid, NULL);
}
```

```
////////////////////////////////////////////////////////////////////////////
// CTeamRoomDetails::CTeamRoomDetails - Constructor
// TODO: Define string resource for page caption;
// replace '0' below with ID.

CTeamRoomDetails::CTeamRoomDetails() :
   COlePropertyPage(IDD, IDD_PROPPAGE_TEAMROOM1_CAPTION)
{
   //{{AFX_DATA_INIT(CTeamRoomDetails)
   m_iCurCount = 0;
   m_fCurSum = 0.0f;
   //}}AFX_DATA_INIT
}
```

5. Fügen Sie die neue Eigenschaftsseite in die Liste der Eigenschaftsseiten des Steuerelementes

Wir fügen die neue Eigenschaftsseite in die Liste der Eigenschaftsseiten des Steuerelementes zusammen mit einer Standardeigenschaftsseite ein. Das machen wir im folgenden Abschnitt.

14.9.3 Verwenden der Standardeigenschaftsseiten

MFC bietet drei vordefinierte Standardeigenschaftsseiten (*stock property pages*) für die Verwendung bei der Entwicklung von Steuerelementen an. Das sind:

- *Schriftart-Standardeigenschaftsseite*,
- *Farben-Standardeigenschaftsseite* (mit dieser Seite könnten wir die Vordergrundfarbe oder Hintergrundfarbe für das ganze Steuerelement ändern, deswegen haben wir in dem oberen Abschnitt eine eigene Methode für das Festlegen der Farbe eines einzelnen Zimmers benutzt).
- *Graphicsauswahl-Standardeigenschaftsseite* (Für die Auswahl grafischer Dateien).

In unser Steuerelement fügen wir nur die Schriftarteigenschaftsseite ein.

Es gibt nichts Einfacheres. Korrigieren Sie die Liste der Eigenschaftsseiten des Steuerelementes folgendermaßen:

```
BEGIN_PROPPAGEIDS(CTeamRoomCtrl, 3)
   PROPPAGEID(CTeamRoomPropPage::guid)
   PROPPAGEID(CTeamRoomDetails::guid)
   PROPPAGEID(CLSID_CFontPropPage)
END_PROPPAGEIDS(CTeamRoomCtrl)
```

Die Liste der Eigenschaftsseiten des Steuerelementes befindet sich in der Datei TeamRoomCtl.cpp zwischen den Makros *BEGIN_PROPPAGEIDS* und *END_ PROPPAGEIDS*. Der zweite Parameter des Makros *BEGIN_PROPPAGEIDS* legt die Anzahl der Eigenschaftsseiten fest. Diesen Parameter müssen Sie korrigieren. Mit Hilfe des Makros *PROPPAGEID()* fügt man der Liste die Klassen hinzu.

Sie müssen sich nicht um den Datenaustausch mit der Schriftart-Eigenschaftsseite kümmern. Das macht MFC unter der Haube.

Testen Sie die neue Version des Steuerelementes

Testen Sie mit Hilfe von ActiveX Control Test-Container die neue Version des Steuerelementes. Das Steuerelement muß sich in einem aktivierten Zustand befinden. Wählen Sie den Menüpunkt EDIT | TEAMROOM CONTROL OBJECT | EIGENSCHAFTEN aus. Wählen Sie eine neue Schriftart, und schauen Sie sich nach dem Schließen des Eigenschaftsdialoges das neue Aussehen des Steuerelementes an (Abbildung 14.21).

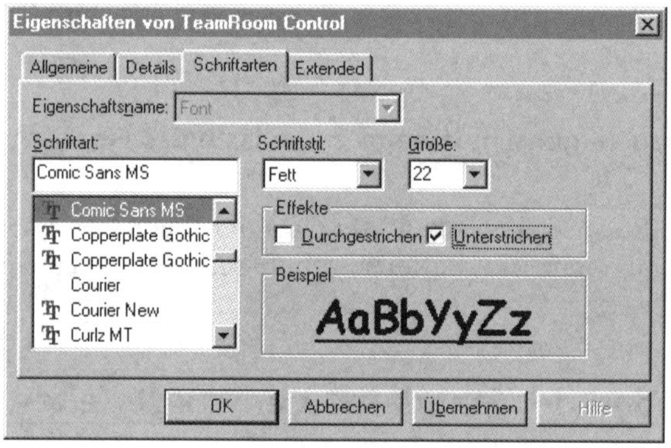

Abbildung 14.21: Änderung der Schriftart des Steuerelementes mit Hilfe der Schriftart-Standardeigenschaftsseite

14.10 Ereignisse

Die Ereignisse (events) informieren den Container asynchron, daß im Steuerelement etwas Interessantes bzw. Wichtiges geschehen ist. Rein technisch gesehen sind die Ereignisse in einem Steuerelement mit Hilfe von speziellen Ereignisschnittstellen implementiert. In unserem Steuerelement heißt diese Schnittstelle *_DTeamRoomEvents.*

Anstelle von üblichen Automatisierungsschnittstellen arbeitet diese Schnittstelle in der umgekehrten Richtung. Nicht der Container (Client) setzt die Eigenschaften fest (fragt ab) und ruft die Methoden von dem Steuerelement auf, sondern das Steuerelement macht das.

Den Vorgang für die Verarbeitung eines Ereignisses nennt man *„Auslösen eines Ereignisses"* (*even fire*).

Es gibt keine Garantie, daß der Container auf ein Ereignis reagiert. Es gibt auch keine Garantie, daß der Container ein Ereignis wirklich asynchron bzw. in einem separaten Thread auslöst.

MFC und ClassWizard unterstützen die Standardereignisse, die in der Tabelle 14.6 gelistet sind:

Name	Dispid (numerisch)	Dispid (symbolisch)
Click	-600	DISPID_CLICK
DblClicl	-601	DISPID_DBLCLICK
Error	-608	DISPID_ERROREVENT
KeyDown	-602	DISPID_KEYDOWN
KeyPress	-603	DISPID_KEYPRESS
KeyUp	-604	DISPID_KEYUP
MouseDown	-605	DISPID_MOUSEDOWN
MouseMove	-606	DISPID_MOUSEMOVE
MouseUp	-607	DISPID_MOUSEUP

Tabelle 14.6: MFC-Standardereignisse

Die Namen der Ereignisse sind, hoffentlich, selbsterklärend.

Einige Steuerelemente „simulieren" oft in der Tabelle 14.6 beschriebene Ereignisse, um den Container zu zwingen, einen Vorgang durchzuführen, der normalerweise nach der entsprechenden Aktion des Benutzers erledigt werden sollte. Stellen Sie sich vor, daß ein Container beim Start ein paar Sekunden lang ein Steuerelement mit einer Animation zeigt. Nach einem Klick mit der Maus oder einem Druck auf eine beliebige Taste oder nach dem Ablauf der Zeitscheibe sollte das Steuerelement geschlossen sein. Der Benutzer kann damit entweder auf das Steuerelement oder auf den Container selbst drücken. Um die Situation mit dem Schließen zu vereinfachen, kann das Steuerelement den Container beim Schließen über das Ereignis „Click" informieren. In der Tat kann das, zum Beispiel, der Ablauf der Zeitscheibe für Anzeige der Animation sein.

Außer Standardereignissen kann der Entwickler auch benutzerdefinierte Ereignisse in sein Steuerelement programmieren.

In unserem Projekt verwenden wir ein Standardereignis und ein benutzerdefiniertes Ereignis.

Das *Standardereignis Error()* werden wir verwenden, um den Container zu informieren, daß ein Team seine Bestellungsquote gerade überschritten hat. (Eigentlich ist das Ereignis *Error()* für andere Angelegenheiten gedacht, wir verwenden es aber aus Lehrzwecken so.)

Das *benutzerdefinierte* Ereignis *NewOrder()* werden wir verwenden, um den Container zu informieren, daß ein Team eine Bestellung gemacht hat.

1. Fügen Sie dem Steuerelement das Standardereignis *Error* hinzu

Klicken Sie mit der rechten Maustaste auf den Eintrag *_DTeamRoomEvents* im *ClassView*. Im erscheinem Popup-Menü wählen Sie den Eintrag *Add Event*. Im neuen Dialog *Add Event* finden Sie im Kombinationsfeld *External name* den Eintrag *Error*. Der Name und der Typ des Parameters erscheinen in der Liste unten. Bestätigen Sie die Wahl mit der Schaltfläche OK.

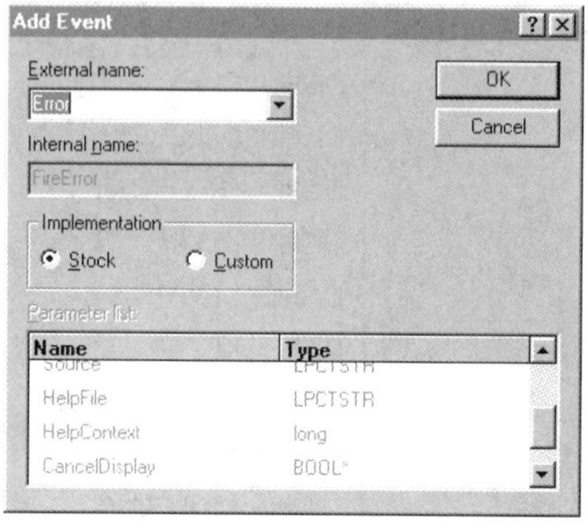

Abbildung 14.22: Einfügen eines Standardereignis Error

2. Fügen Sie dem Projekt das benutzerdefinierte Ereignis *NewOrder()* hinzu

Wiederholen Sie die oben beschriebenen Schritte. Füllen Sie am Ende den Dialog *Add Event*, wie es in der Abbildung 14.23 zu sehen ist, aus.

Nach dem Einfügen des Steuerelementes wird die ODL-Datei Ihres Projektes folgendermaßen geändert:

```
...
dispinterface _DTeamRoomEvents
{
        properties:
                //  Event interface has no properties

        methods:

                // NOTE - ClassWizard will maintain event information here.
                //    Use extreme caution when editing this section.
                //{{AFX_ODL_EVENT(CTeamRoomCtrl)

                [id(DISPID_ERROREVENT)] void Error(short Number, BSTR* Description,
SCODE Scode, BSTR Source, BSTR HelpFile, long HelpContext, boolean* CancelDisplay);

                [id(1)] void NewOrder(short sIndex);
                //}}AFX_ODL_EVENT
   };
...
```

Laut Microsoft-Dokumentation müssen wir die Typbeschreibung *SCODE* manuell durch *long* ersetzen, um es dem Visual Basic Container zu ermöglichen, mit diesem Ereignis umzugehen.

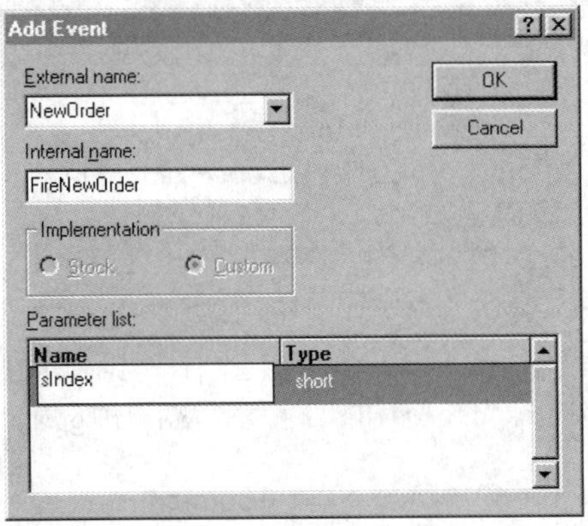

Abbildung 14.23: Einfügen des benutzerdefinierten Ereignisses

In der Datei mit der Deklaration der Steuerelementklasse finden Sie folgende Zeilen:

```
// Event maps
   //{{AFX_EVENT(CTeamRoomCtrl)
   void FireNewOrder(short sIndex)
   {FireEvent(eventidNewOrder,EVENT_PARAM(VTS_I2), sIndex);}
   //}}AFX_EVENT
   DECLARE_EVENT_MAP()
```

Folgende Zeilen werden in die Implementationsdatei eingefügt:

```
// Event map
BEGIN_EVENT_MAP(CTeamRoomCtrl, COleControl)
   //{{AFX_EVENT_MAP(CTeamRoomCtrl)
   EVENT_CUSTOM("NewOrder", FireNewOrder, VTS_I2)
   EVENT_STOCK_ERROREVENT()
   //}}AFX_EVENT_MAP
END_EVENT_MAP()
```

3. Korrigieren Sie die Methode *OnRButtonDblClk()*

```
void CTeamRoomCtrl::OnRButtonDblClk(UINT nFlags, CPoint point)
{
   // TODO: Add your message handler code here and/or call default
   CRect rectClient;
   GetClientRect(&rectClient);

   rectClient.DeflateRect((int)(rectClient.Width() * MARGIN_IN_PERCENT),
       (int)(rectClient.Height() * MARGIN_IN_PERCENT));

   int iSize = m_ptrarrRooms.GetSize();
   for(int i = 0; i < iSize; i++)
   {
       CRoom* pRoom = (CRoom*)m_ptrarrRooms.GetAt(i);
       ASSERT(pRoom);
```

```
        if(pRoom->HitTest(rectClient, m_sizeInMetr, point))
        {
                COrderDlg dlg;
                dlg.m_strName = pRoom->m_strName;
                dlg.m_uCount = (UINT)pRoom->m_iCount;
                dlg.m_dSum = pRoom->m_fSum;
                dlg.m_strInfoAll = pRoom->m_strInfo;
                if(dlg.DoModal() == IDOK)
                {
                        pRoom->m_strName = dlg.m_strName;
                        if((dlg.m_dPrice > 0)&&(!dlg.m_strInfo.IsEmpty()))
                        {
                                pRoom->m_iCount++;
                                pRoom->m_fSum += (float)dlg.m_dPrice;
                                pRoom->m_strInfo += dlg.m_strInfo +
                                                    CString("\r\n");
                                FireNewOrder(i);
                        }
                        else
                                FireError(0, "Falsche oder nicht
                                              vollständige Eingabe");

                }
                InvalidateControl();
                return;
        }
    }
    COleControl::OnRButtonDblClk(nFlags, point);
}
```

4. Testen Sie die neue Variante des Steuerelementes

Testen Sie mit Hilfe des ActiveX Control Test-Containers, ob das Steuerelement die Ereignisse wirklich auslöst. Nach der Auswahl des Menüpunktes *View | Event Log* öffnet sich ein Fenster, in den die vom Steuerelement ausgelösten Ereignisse aufgelistet sind.

Korrigieren Sie die Test-HTML-Datei folgendermaßen:

```
<!-- Insert HTML here -->

<OBJECT
CLASSID="clsid:D2DF0E66-DC6B-11D1-B890-83B4B7F80022"
ID=TeamRoom
WIDTH = 400 HEIGHT = 300
>
</OBJECT>

<P>
<INPUT TYPE=BUTTON
VALUE = "Gesamte Information über Bestellungen"
```

```
NAME="BtnInfo"
ONCLICK = "alert(TeamRoom.InfoOrderAll);"
LANGUAGE="JavaScript" >
</P>

<P>
<INPUT TYPE=BUTTON
VALUE = "Extreme Test"
NAME="ExTest"
ONCLICK = TeamRoom.Name(5) = "Test"
LANGUAGE="JavaScript" >
</P>

<SCRIPT LANGUAGE="JavaScript">
   TeamRoom.Room(0, 10, 20, 0, 10, 10)
   TeamRoom.Name(0) = "Vertrieb"
   TeamRoom.Room(0, 40, 40, 25, 20, 25)
   TeamRoom.Name(1) = "Entwicklung"
</SCRIPT>

<SCRIPT LANGUAGE="JavaScript" FOR="TeamRoom" EVENT="NewOrder(i)">
   alert("Neue Bestellung in Team " + TeamRoom.Name(i))
</SCRIPT>

</BODY>
</HTML>
```

Merken Sie sich, daß wir selbst nur die Auslösung von benutzerdefinierten Ereignissen programmieren müssen. Das Standardereignis *Error()* löst den Internet Explorer selbst aus.

14.11 Sicherung bei Initialisierung und Scripting

Bei allem Testen mit dem IE (Internet Explorer) von den in diesem Teil des Buches entwickelten Steuerelementen haben Sie auf dem Bildschirm einen Sicherheitshinweis wie in der Abbildung 12.15 gesehen. Jetzt ist es an der Zeit zu lernen, was das eigentlich ist und wie man damit umgehen kann.

Mit Hilfe des HTML- bzw. DHTML-Sprachelementes *OBJECT* kann man auf einer WWW-Seite ein beliebiges ActiveX-Objekt plazieren. In Kapitel 12 haben wir zwei Möglichkeiten ausprobiert. Im ersten Test war das Steuerelement schon auf dem Computer installiert. Im zweiten Test wurde das Steuerelement aus dem „Intranet" geladen.

Der Benutzer kann seinen Browser (z.B. Internet Explorer) so einrichten, daß kein Steuerelement ohne explizites Bestätigen auf dem Computer vom Internet geladen wird. So beschränkt der Benutzer seine Surfing-Möglichkeiten, hat aber eine Garantie, daß kein potentiell gefährliches Objekt vom Internet auf dem Computer installiert wird. (Diese Strategie kann mit einer Kaufstrategie verglichen werden. Wenn Sie Hausgeräte oder Lebensmittel von bekannten Firmen bzw. in bekannten Geschäften kaufen, minimieren Sie einigermaßen Ihr Risiko.)

Was aber ist mit den Objekten, die auf Ihrem Computer schon installiert sind? Können diese Objekte gefährlich sein? Können COM-Objekte aus MS Word, die auf Ihrem Computer installiert sind, gefährlich sein? Theoretisch – Ja. Und sehr sogar.

Die schrecklichsten Computerviren der letzten Jahre sind die Word-Viren. Diese Viren sind als Word-Makro oder als eingefügte Objekte implementiert.

Die Makro-Viren können zum Beispiel alle Dateien von Ihrer Festplatte löschen. Sie können das aber vermeiden, wenn Sie keine Dokumente öffnen, die aus einer nicht vertrauenswürdigen Quelle stammen und die Makros bzw. COM- oder ActiveX-Objekte enthalten.

Was aber ist mit Skripten auf einer WWW-Seite? Stellen Sie sich folgendes Szenario vor. Sie öffnen im IE eine WWW-Seite, die kein ActiveX-Objekt aus den Internet laden will. Die Seite enthält aber eine OBJECT-Verknüpfung mit einem schon auf Ihrem Computer installiertem Objekt (z.B. von MS Word) und versucht dieses Objekt zu zwingen, die Dateien von Ihrer Festplatte zu löschen. Wie geht das? Die Antwort lautet – mit Hilfe der Automatisierungsschnittstelle und JavaScript oder VBScript.

Gerade gegen solche Eingriffsmöglichkeiten kämpfen die Sicherheitsmechanismen der IE und anderen Browsern. Sie lassen ohne bestimmte Voraussetzungen die ActiveX-Objekte nicht initialisieren oder steuern. Entweder das Objekt selbst oder der Anwender müssen dem IE erlauben, ein ActiveX-Objekt von einer WWW-Seite zu initialisieren und mit dem Skript steuern zu lassen.

Die Bestätigung vom Benutzer nach der Erscheinung des Sicherheitshinweises haben wir schon mehrere Male im Laufe dieses Kapitels ausprobiert. Wie kann das Objekt selbst erlauben, sich vom Internet Browser zu initialisieren und durch die Automatisierungsschnittstelle steuern?

Dafür gibt es die zwei folgenden Möglichkeiten:

- Implementierung der Schnittstelle *IObjectSafety*
- Einfügen der bestimmten Einträge in die Registrierdatenbank

Eine erste Möglichkeit lernen wir im Kapitel „*Project AxDATLCircui*" im Teil „ATL" unseres Buches kennen. Die erste Möglichkeit läßt feinere Ereignisse erreichen, ist aber mit MFC-Auffassung komplizierter zu implementieren als die zweite. Wenn Sie die erste Möglichkeit ausprobieren wollen, finden Sie die nötigen Informationen in der technischen Notiz Q161873 und in der Beschreibung der *IObjectSafetyImpl*.

In diesem Kapitel erforschen wir nur die zweite Möglichkeit.

Um festzustellen, daß ein Steuerelement sicher für die Initialisierung und das Scripting ist, fragt der Internet Explorer die Registrierdatenbank ab, ob dieses Steuerelement die Komponentkategorien mit ID *CATID_SafeForInitializing* und *CATID_SafeForScripting* unterstützt. Rein technisch formuliert, schaut der IE sich an, ob im Registrierdatenbank-Ordner

```
My Computer\HKEY_CLASSES_ROOT\Component Categories\{CLSID vom Objekt}
```

die Einträge mit der bestimmten CLSID vorhanden sind. (Die CLSID für die Komponentenkategorien *CATID_SafeForInitializing* und *CATID_SafeForScripting* können Sie in der Abbildung 14.24 sehen).

Jetzt erweitern wir den Quellcode so, daß bei der Registrierung des Objektes die oben besprochenen Komponentenkategorien in der Registrierdatenbank eingetragen und bei der Deregistrierung gelöst werden.

Zuerst müssen wir aber einige Vorbereitungen machen.

1. Fügen Sie dem Projekt die Dateien *CompCat.cpp* und *CompCat.h* hinzu

Diese Dateien finden Sie auf der Begleit-CD im Projektverzeichnis *vcpp\TeamRoom*.

Die Dateien enthalten die Deklaration und die Implementation der Funktionen

```
HRESULT CreateComponentCategory(CATID catid, WCHAR* catDescription);
HRESULT RegisterCLSIDInCategory(REFCLSID clsid, CATID catid);
HRESULT UnRegisterCLSIDInCategory(REFCLSID clsid, CATID catid);
```

Die Funktion *CreateComponentCategory()* erzeugt eine Komponentenkategorie. Diese Komponentenkategorie können Sie mit Hilfe der Funktion *RegisterCLSIDInCategory()* für Ihr Objekt in die Registrierdatenbank eintragen oder mit Hilfe der Funktion *UnRegisterCLSIDInCategory()* löschen. Den Quellcode der Funktionen habe ich aus dem Dokument „Safe Initialization and Scripting for ActiveX Controls" (Online-Buch „Component Development") kopiert.

2. Fügen Sie am Anfang der Implementierungsdatei *TeamRoom.cpp* folgende Zeilen hinzu

```
#include "stdafx.h"
#include "TeamRoom.h"
#include "TeamRoomCtl.h"
#include "TeamRoomPpg.h"
#include "Room.h"
#include "OrderDlg.h"
#include "TeamRoomDetails.h"
#include <objsafe.h>
#include "CompCat.h"
```

Die Kopfdatei *objsafe.h* enthält die für uns nötigen Deklarationen.

3. **Erweitern Sie die Methode *CTeamRoomCtrl::CteamRooCtrlFactory::UpdateRegistry()***

```
BOOL CTeamRoomCtrl::CTeamRoomCtrlFactory::UpdateRegistry(BOOL bRegister)
{
   // TODO: Verify that your control follows apartment-model
   // threading rules.
   // Refer to MFC TechNote 64 for more information.
   // If your control does not conform to the apartment-model rules, then
   // you must modify the code below, changing the 6th parameter from
   // afxRegInsertable | afxRegApartmentThreading to afxRegInsertable.

   HRESULT hr1 = CreateComponentCategory(CATID_SafeForScripting,
            L"Steuerelement sicher für Scripting");
   HRESULT hr2 = CreateComponentCategory(CATID_SafeForInitializing,
            L"Steuerelement sicher für Initialisierung von persistenten Daten");

   if (bRegister)
   {
      BOOL bRes = AfxOleRegisterControlClass(
            AfxGetInstanceHandle(),
            m_clsid,
            m_lpszProgID,
            IDS_TEAMROOM,
            IDB_TEAMROOM,
            afxRegInsertable | afxRegApartmentThreading,
            _dwTeamRoomOleMisc,
            _tlid,
            _wVerMajor,
            _wVerMinor);

      if (SUCCEEDED(hr1))
            RegisterCLSIDInCategory(m_clsid, CATID_SafeForScripting);

      if (SUCCEEDED(hr2))
            RegisterCLSIDInCategory(m_clsid, CATID_SafeForInitializing);

      return bRes;
   }
   else
   {
      if (SUCCEEDED(hr1))
            UnRegisterCLSIDInCategory(m_clsid, CATID_SafeForScripting);

      if (SUCCEEDED(hr2))
            UnRegisterCLSIDInCategory(m_clsid, CATID_SafeForInitializing);

      return AfxOleUnregisterClass(m_clsid, m_lpszProgID);
   }
}
```

Die Methode wird mit dem Parameter TRUE aufgerufen, wenn das Steuerelement registriert werden muß. Bei der Deregistrierung wird die Methode mit dem Parameter FALSE aufgerufen.

Die gemachten Ergänzungen sind hoffentlich klar.

4. Kompilieren und testen Sie mit der Test-HTML-Seite die Anwendung

Der Sicherheitshinweis sollte nicht mehr auftauchen. In der Registrierdatenbank können Sie sehen, daß die Komponentenkategorien für das Steuerelement *TeamRoom* eingetragen sind (Abbildung 14.24).

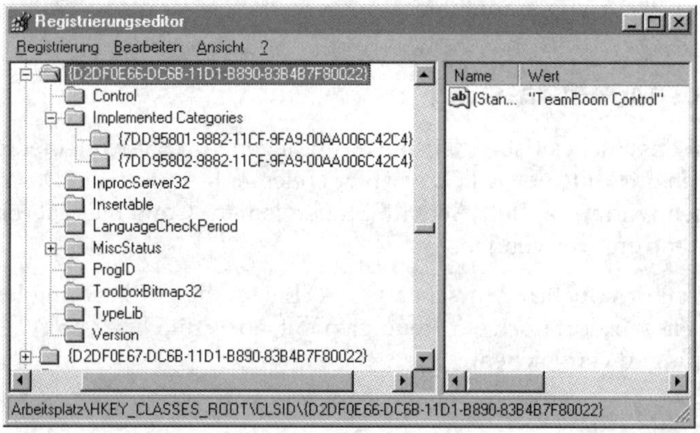

Abbildung 14.24: Die Einträge in der Registrierdatenbank für das erweiterte Steuerelement TeamRoom

14.12 Ressourcen

Online-Hilfe

In der Online-Dokumentation finden Sie unter dem Suchbegriff „ActiveX Control" zahlreiche Artikel zu diesem Thema. Einige von ihnen sind aktualisiert, auf Deutsch übersetzt und heißen deshalb ungefähr „ActiveX-Steuerelemente und …". Einige Artikel zu diesem Thema tragen bis jetzt noch altmodische Namen wie „OLE Controls".

Viele Informationen über ActiveX-Steuerelemente finden Sie im Internet-SDK.

Das MFC Tutorial *Circle* ist ein gut erklärtes Vorbild für die Entwicklung eines ActiveX-Steuerelementes. Sie finden auch mehrere andere Beispiele, die verschiedene Aspekte von ActiveX-Steuerelementen umfassen.

WWW

Auf der Site *www.news.com* finden Sie täglich neue Informationen u.a. zum Thema ActiveX Controls. Dort finden Sie eine Liste neuer Steuerelemente von verschiedenen Anbietern. Sie können sich sogar ein kostenloses Abo für die Neuigkeiten in diesem

Bereich bestellen. (Senden Sie eine Email an die Adresse *listserv@dispatch.cnet.com* mit dem Text „subscribe activex-dispatch"). Und natürlich, schauen Sie sich regelmäßig die Microsoft WWW-Seiten an. (Leider ändert Microsoft die WWW-Adresse so oft, daß ich Ihnen nur die Hauptadresse *www.microsoft.com* sicher empfehlen kann.)

Literatur

Das Buch von Adam Denning [5] beschäftigt sich nur mit ActiveX-Steuerelementen. Im Buch von David Kruglinski [3] finden Sie einige Beispiele zu diesem Thema. Es gibt mehrere Bücher auf dem Markt, die die Zusammenarbeit von ActiveX-Steuerelementen und HTML- bzw. DHTML-Seiten erklären. Zwei von Ihnen ([8] und [19]) kann ich Ihnen aus eigener Erfahrung empfehlen.

14.12.1 Zusammenfassung

In diesem Teil des Buches haben wir die Grundlagen von Steuerelementen kennengelernt. Wir haben mit Hilfe von MFC zwei Steuerelemente entwickelt. Das zweite Steuerelement werden wir im Kapitel „ActiveX-Steuerelement-Container" als einen Bestandteil einer Anwendung verwenden.

Im nächsten Teil des Buches erforschen wir ATL. Um diese Forschung leichter zu machen, entwickeln wir dort noch ein Steuerelement, aber mit Hilfe von ATL. Das läßt Sie beide Auffassungen vergleichen.

Teil E: ATL

In diesem Teil des Buches beschäftigen wir uns mit der ActiveX Template Library-ATL.

Dieser Teil besteht aus drei Kapiteln. Im Kapitel „ATL-Grundlagen" gewinnen wir einen Überblick über ATL und ihre allgemeinen Merkmale.

Eine einfache Komponente können Sie mit Hilfe von ATL ziemlich schnell programmieren. Mit komplizierten Objekten geht das schwer, weil man dafür ziemlich viele Vorkenntnisse und praktische Erfahrungen benötigt. Im Kapitel „Projekt *AxDATLCircuit*" führen wir alle Schritte zum Erstellen eines realistischen Projektes mit ATL durch.

In einer gewissen Weise entwickeln wir in diesem Kapitel ein Steuerelement, das dem Steuerelement *TeamRoom* sehr ähnlich ist (obwohl sie verschiedene Aufgaben erledigen). Eine solche Ähnlichkeit läßt uns beide Entwicklungsauffassungen vergleichen.

Im letzten Kapitel dieses Teils werden einige zusätzliche Fragen erklärt, die sich besser nach dem Erledigen des Projektes erläutern lassen.

Einige Dinge in ATL werden für Sie vielleicht überraschend neu sein. In mehreren Aspekten spricht die ATL-Philosophie gegen die objektorientierte Programmierung (OOP). Es gibt aber auch eine andere Meinung, daß STL (Standard Template Library) und seine kleine Tochter ATL neue Möglichkeiten bringen.

Am Ende dieses Teiles machen wir einen kurzen Vergleich zwischen den Ansätzen von MFC und ATL.

15 ATL-Grundlagen

In den vorigen Teilen des Buches haben wir mehrere Visual C++-Projekte auf der Basis von MFC entwickelt. Unser letzter Erfolg war das Projekt *TeamRoom* – ein ActiveX MFC-Steuerelement. Warum schlägt der Autor jetzt vor, plötzlich ATL kennenzulernen?

MFC ist eine sehr umfangreiche Bibliothek. Als Belohnung für das Entwicklungstempo und den Komfort haben wir große ausführbare Dateien.

Bei der Übertragung per Internet ist dieser Parameter kritisch. Und es scheint, daß die durchschnittliche Übertragungsgeschwindigkeit im WWW noch lange ohne großen Fortschritt verbleibt.

Das Problem bleibt aber. Den Platz belegen die Funktionen von MFC-Basisklassen, die wir in unserem Programm meistens nicht verwenden. Egal, ob eine Kinderklasse eine Basisfunktion verwendet oder nicht, die Funktion bleibt in der kompilierten Datei oder in der MFC DLL vorhanden.

Kann ein Compiler so klug sein, daß er alle unbenutzten Funktionen von Basisklassen ausscheiden kann? Im Moment ist das in Visual C++ und MFC wirklich sehr schwierig zu schaffen, weil ursprünglich MFC für andere Ziele gedacht war.

Aber es gibt eine Lösung. Und diese Lösung heißt *ATL – ActiveX Template Library*. Mit Hilfe von ATL können Sie recht kleine (schlanke) binäre ausführbare Dateien entwikkeln, die ohne Laufzeit-DLLs funktionieren.

Die Aufgabe von ATL, die Größe der ausführbaren Datei zu verkleinern, ist nicht die einzige und nicht die wichtigste für ATL. ATL wurde geschaffen, um die Entwicklung diverser COM-Objekte in C++ /Visual C++ einfach, schnell und flexibel zu machen.

ATL beschleunigt das Einfügen bzw. Implementieren neuer Schnittstellen in einem COM-Objekt dramatisch. Sie werden das an unserem nächstem Projekt sehen.

ATL ist stark von STL (Standard Template Library) beeinflußt. (Wenn Sie STL noch nicht gut kennen, empfehle ich Ihnen, diesen Namen mindesten in der Online-Hilfe zu erforschen. Eine vollständige Einführung mit mehreren diversen Beispielen finden Sie im Buch von Nicolai Josuttis [13].

Mit Visual C++ ist ATL 3.0 mitgeliefert. Wir sprechen weiter im Buch über dieser Version von ATL.

ATL enthält eine Mantelklasse für klassische Windows-API (API für Arbeiten mit Fenster, Zeichnen im Fenster usw.) und eine eigene Implementierung von Dialogklassen und einigen anderen Windows-Klassen. ATL verzichtet aber damit auf das Dokument/Sicht-Modell von MFC.

Visual Studio unterstützt ATL fast genausogut wie MFC.

Genau wie mit MFC AppWizard können Sie in ein paar Minuten ein rudimentäres lauffähiges ATL-Projekt mit Hilfe von ATL – COM AppWizard erzeugen.

Statt mit ClassWizard arbeiten Sie in einem ATL-Projekt mit einem ATL Object Wizard.

Es gibt aber noch viel zu erweitern und zu verbessern. Davon können Sie sich am Ende unseres ATL-Projektes im nächsten Kapitel überzeugen.

Meiner Erfahrung nach ist ATL viel empfindlicher für Entwickler-Fehler als MFC. Die Fehlersuche ist in ATL-Projekten eine viel kompliziertere Aufgabe als in MFC, weil die Compiler-Fehler oft an anderen Stellen als an der Stelle mit dem falschen Code auftauchen.

Trotzdem lohnt es sich, ATL kennenzulernen. Wird ATL verbessert und erweitert oder kommt eine neue Auffassung für die COM-Programmierung (vielleicht als Erweiterung der C++-Programmiersprache), gehört solchen Werkzeugen die Zukunft der COM-Programmierung.

ATL ist ziemlich vielseitig und umfaßt mehrere Anwendungsgebiete. ATL verdient ein eigenes Buch. Während meiner Arbeit an diesem Buch waren einige solcher Bücher in der Vorbereitungsphase.

Wir werden in unserem Buch nicht tief in die Theorie von ATL gehen. Ich hoffe aber, daß das für Ihren Einstieg in die ATL-Welt reicht.

15.1 Wie ATL funktioniert

In diesem Abschnitt verschaffen wir uns einen ersten Überblick über die Architektur und Funktionalität von ATL. Diese Kenntnisse werden dann erweitert und vertieft.

15.1.1 Architektur von ATL und Kompilationsvorgang

Sie können sich ATL als ein grandioses Makro vorstellen, das letztlich minimalen Quellcode und ausführbare Dateien generiert. Diese Analogie geht aber nicht weit, weil ATL viel intelligenter als ein Makro funktioniert.

Der Makrogenerator fügt statt formeller Parameter einfach ihre Werte ein. ATL generiert eine neue Klasse auf der Basis einer ATL-Klasse. Damit werden die Parameter mit der Prüfung der Typen (type safe) eingefügt.

Wenn eine Methode von der Klasse irgendwo im Projekt aufgerufen ist, wird ihre Implementation von der Basisklasse in Ihre Klasse übernommen. Wenn Sie aber schon selbst diese Methode implementiert haben, wird im Projekt Ihre Implementation angenommen.

Lassen Sie mich diese wichtigen Merkmale von ATL noch einmal mit anderen Worten formulieren. MFC kann man sich als einen Eisberg vorstellen. Sie verwenden in Ihrem Projekt nur einen kleinen „sichtbaren" Teil. Mit Hilfe des Debuggers können Sie tief durch den Eisberg „gehen". Sie können feststellen, daß Ihre Methoden ihrerseits die Methoden von MFC-Basisklassen aufrufen (die meistens als Quellcode in MFC vorhanden sind), bis zum Aufruf einer API-Funktion oder bis zur Grenze, wo es keine Quellcodes mehr gibt. Die MFC-Hierarchie enthält mehrere Schichten. Auf jeder Schicht finden Sie mehrere Methoden, insbesondere in Dokument/Sicht-Klassen, z.B. in *CWnd*. Alle diese Methoden werden in ihrem MFC-Projekt direkt oder indirekt (durch MFC DLL) angenommen. Es ist so, weil MFC-Methoden stark miteinander verflochten sind. Der Compiler ist nicht in der Lage, dieses Knäuel zu entwirren. Er kompiliert und bindet deswegen alles.

ATL dagegen nimmt in Projekten von ATL-Klassen die Methoden als Quellcode-Fragmente. Sie bekommen also eine flache, praktisch einstufige Struktur. Letztlich wird alles in Ihrem Projekt als Quellcode dargestellt. Es gibt keine Basisklasse und keine Klassenhierarchie.

Die meisten Quellcodes sind aber in ATL unter Ihren diversen Makros versteckt.

Die Liste unten zeigt zum Beispiel, welche Schnittstellen eines COM-Objektes mit Hilfe von *QueryInterface()* von außen erreichbar sind:

```
BEGIN_COM_MAP(CIntCircuitCtl)
   COM_INTERFACE_ENTRY(IIntCircuitCtl)
   COM_INTERFACE_ENTRY(IDispatch)
   COM_INTERFACE_ENTRY_IMPL(IViewObjectEx)
   ...
END_COM_MAP()
```

Jeder *COM_INTERFACE_ENTRY(..)*- oder *COM_INTERFACE_ENTRY_IMPL()*-Eintrag in dieser Liste ist praktisch ein Befehl für den ATL-Generator, entsprechende Quellcode-Fragmente im Projekt einzufügen. Wenn Sie sich eine Funktion der Schnittstelle selbst implementieren, entstehen keine Probleme, weil nur Ihre Implementierung berücksichtigt wird.

15.2 ATL und Visual Studio

Wie erwähnt, ATL und Visual Studio arbeiten ziemlich gut zusammen.

Die ATL-Klassen und Schnittstellen Ihres Projektes sowie die Ressourcen und Dateien können Sie sich im Workspace Ihres Projektes anschauen. Statt MFC AppWizard zu verwenden, erzeugen Sie ein rudimentäres Projekt mit Hilfe von ATL COM AppWizard (Abbildung 16.1 im nächsten Kapitel).

Der ATL COM App Wizard kann für Sie eine der drei folgenden Projektarten erzeugen: DLL, EXE oder NT-Dienste. Zusammen mit dem Grundgerüst des Projektes wird ein Registrierungsskript für das Anmelden Ihres COM-Objektes beim System erzeugt. Für einige Objektarten wird auch eine HTML-Seite automatisch im Projektverzeichnis angelegt. Diese Seite läßt die Objekte Ihres Projektes mit Hilfe eines Browsers testen.

Nach dem Anlegen eines Projektes können Sie in diesem Projekt die ATL-(COM-) Objekte hinzufügen. Dazu dient ATL Object Wizard (Abbildung 16.2 im nächsten Kapitel).

ATL Object Wizard hilft beim Erzeugen von Objekten aus drei Kategorien:

- Steuerelemente
- Verschiedene Objekte (Miscellaneous)
- ATL-Objekte
- Datenzugriff-Objekte.

Diese Kategorien enthalten zur Zeit folgende Objektarten:

Steuerelemente

- Vollständiges Steuerelement (full control) mit der Unterstützung aller benötigten Schnittstellen für den Standard-Controller
- Vereinfachtes Steuerelement mit der Unterstützung der für den Internet Explorer spezifischen und benutzerdefinierten Schnittstellen
- Eigenschaftsseiten
- Zusammengesetztes Steuerelement, das andere Steuerelemente enthalten kann
- Vereinfachtes zusammengesetzten Steuerelement mit der Unterstützung nur Internet Explorer spezifischen Schnittstellen
- HTML Steuerelement mit der Unterstützung von DHTML-Funktionalität
- Vereinfachtes HTML Steuerelement mit der Unterstützung nur Internet Explorer spezifischen Schnittstellen

Verschiedene Objekte

- Dialog

ATL-Objekte

- Einfaches COM-Objekt (Platzhalter für Erweiterung)
- Internet Explorer Steuerelement ohne Unterstützung von benutzerdefinierten Schnittstellen
- Add-In-Objekt für Visual Studio
- ActiveX Server-Komponente für die Anwendung in ASP (Active Server Pages) und IIS (Internet Information Server)
- Microsoft Transaktion Server-Komponente
- Registrator-Objekt, das Ihre COM-Objekte beim System individuell registrieren und deregistrieren läßt

- *SnapIn_Objekt* für Microsoft Management Console (ein Teil von Microsoft Backoffice)

Datenzugriff-Objekte

- OLE DB-Anbieter
- OLE DB- Nutzer

Jetzt haben Sie erste, sehr allgemeine Überblicke über ATL bekommen. Ein praktisches Projekt läßt uns unsere ATL-Kenntnisse vertiefen. Nach dem Beenden des Projektes erforschen wir noch einige theoretische Fragen, die während der Projektentwicklung entstehen.

16 Projekt AxDATLCircuit

In diesem Kapitel entwickeln wir ein ATL-Projekt namens *AxDATLCircuit*. Dieses Projekt ist in einer gewissen Weise dem Projekt *TeamRoom* ähnlich. Sie können deswegen selbst vergleichen, welche Möglichkeit Ihnen zur Erstellung von COM-Objekten mehr gefällt. In diesem Projekt führen wir alle Schritte der Entwicklung eines typischen ATL COM-Steuerelementes durch.

Unser nächstes Projekt beschäftigt sich mit dem täglichen Bedarf unserer Firma.

Der Manager unserer Firma hat entschieden, daß die Beschreibungen der elektronischen Schemata interaktiv und sogar in einer gewissen Weise intelligent sein müssen. Diese Schemen müssen über sich „erzählen", aktuelle Informationen über gefundene Vorteile und Schwächen sammeln und sich online bestellen lassen.

In Abbildung 16.13 ist ein kleines Fragment eines elektronischen Schemas dargestellt. (Nehmen Sie dieses Fragment elektrotechnisch nicht ernst, es ist nur irgendein Schema.)

Ein Mitarbeiter, der sich gerade mit diesem Bereich beschäftigt, hat die Vermutung, daß ein Element auf dem Schema die Ursache der Fehler ist, die in einem Gerät auftauchen.

Nach einem Klick auf dieses Element kann er auf das Firmen-Know-how zugreifen. Die Abfrage zur Datenbank wird unter der Haube erzeugt. Als Ergebnis der Abfrage bekommt der Mitarbeiter einen Verweis auf eine WWW-Seite im Intranet, wo die Informationen von Kollegen und von anderen Firmen zu diesem Thema (elektronisches Element) zusammengefaßt sind. Der Mitarbeiter kann auch gleich dieses elektronische Element bestellen. Wenn es kein solches Steuerelement im Moment im Firmenlager gibt, wird der Mitarbeiter benachrichtigt, wenn das Element da ist.

Widmen wir uns den beschränkten Spezifikationen.

16.1 Anlegen des Projektes

Man legt ein ATL-Projekt mit Hilfe von ATL App Wizard an.

1. Im Visual Studio wählen Sie den Menüpunkt FILE | NEW aus, oder klicken Sie auf die entsprechende Schaltfläche in der Symbolleiste.
2. Im Dialog wählen Sie ATL COM AppWizard.
3. Nennen Sie das neue Projekt *AxDATLCircuit* (Abbildung 16.1).
4. Im neuen Dialog vom ATL COM AppWizard lassen Sie die Voreinstellungen.

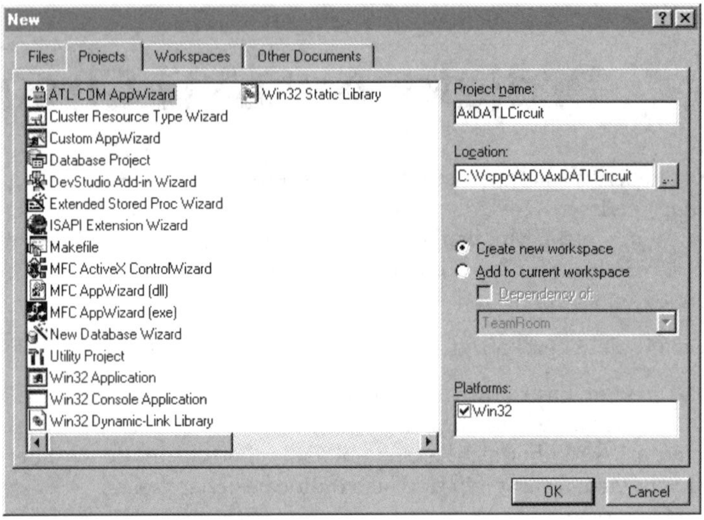

Abbildung 16.1: Anlegen eines neuen ATL-Projektes

Wir wollen ein Steuerelement in unserem Projekt erzeugen. Deshalb wählen wir als Serverart Dynamic Link Library (DLL) (Abbildung 16.2).

Beenden Sie mit der Schaltfläche *Finisch* die Erstellung des Projektes.

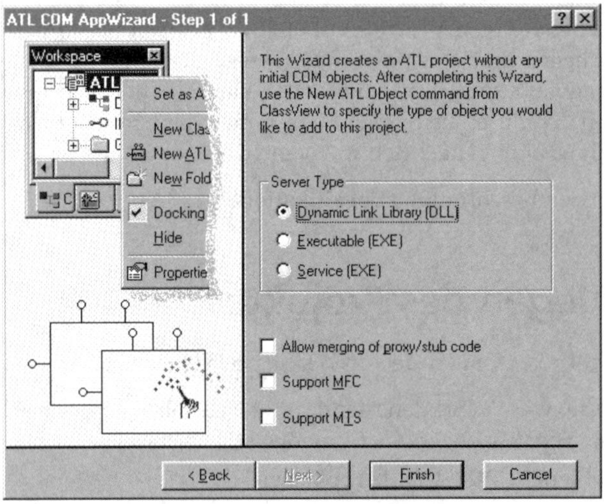

Abbildung 16.2: Konfigurationsdialog von ATL COM AppWizard

Nach dem Beenden des AppWizards können Sie im ClassView des Visual Studio nur die globalen Funktionen und Variablen sehen (Abbildung 16.3). Das Projekt enthält noch keine Klassen. An dieser Stelle ist es sinnlos, das Projekt zu kompilieren, weil Sie es ohne angelegte Objekte sowieso nicht testen können.

Wenn Sie es sich im Projektverzeichnis anschauen, finden Sie dort bekannte und einige neue Namen, zum Beispiel die Datei *AxDATLCircuit_i.c.* Die Datei *AxDATLCircuit.h* ist keine Kopfdatei mit der Deklaration der Funktionen, die sich in der Implementierungsdatei *AxDATLCircuit.cpp* befinden. Die Bestimmung dieser Datei lernen wir in diesem Kapitel kennen.

An dieser Stelle bringen wir einen Ausblick auf die Dateitypen, die im Vergleich mit MFC-Projekten neu sind.

Die Datei *AxDATLCircuit.idl* enthält in einem ATL-Projekt eine Beschreibung der zur Verfügung gestellten Objekte und ihrer Schnittstellen. Diese Beschreibung ist in der IDL-(Interface Definition Language-)Sprache geschrieben. IDL ist ein Nachfolger von ODL, wie wir im vorigen Teil herausgefunden haben.

Die Datei *AxDATLCircuitps.mk* ist eine *make*-Datei, die Anweisungen für das Kompilieren und Binden einer proxy/stub-DLL für unseren Server enthält. Die zwei letzten Buchstaben *ps* kennzeichnen das Proxy/Stub. Für das Erzeugen einer solchen DLL verwendet man auch die Datei *AxDATLCircuit_i.c.* Diese Datei ihrerseits ist auf der Basis der IDL-Beschreibung mit Hilfe des MIDL-Compilers generiert. In unserem Projekt werden wir keine Proxy/Stub erzeugen. Deshalb werden in diesem Absatz aufgelistete Dateien sowie die Datei *AxDATLCircuitps.def* mit der Definition der Eintrittspunkte nicht verwendet.

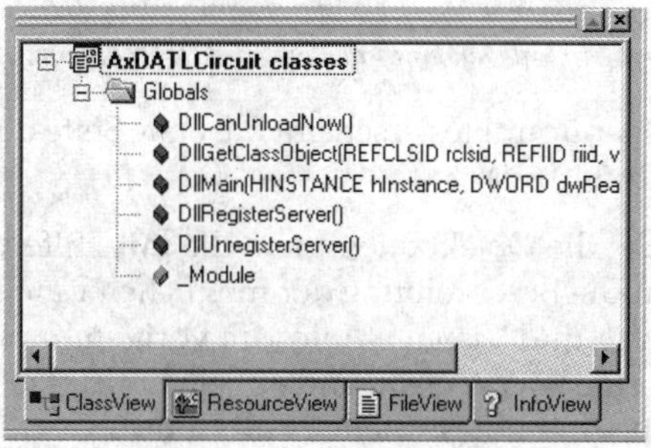

Abbildung 16.3: Nach dem Anlegen des neuen ATL-Projektes enthält das Projekt keine Klassen

16.2 Anlegen eines neuen Steuerelementes im Projekt

Mit dem rechten Mausklick im ClassView auf den Eintrag *AxDATLCircuit Classes* rufen Sie das Popup-Menü auf. In diesem Menü wählen Sie den Menüpunkt *New ATL Objekt* (Abbildung 16.4) aus.

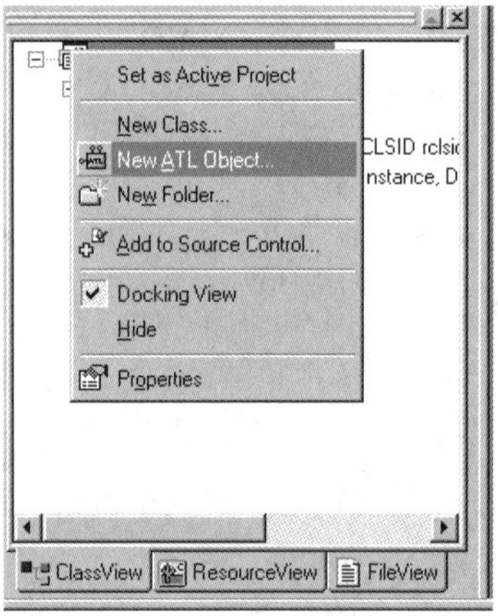

Abbildung 16.4: Anlegen eines neuen Objektes in einem ATL-Projekt

Nach der Auswahl des Menüpunktes erscheint die erste Seite des *ATL Object Wizard* auf dem Bildschirm (Abbildung 16.5).

Auf dieser Seite sehen Sie die Objektkategorien, die mit Hilfe von ATL Object Wizard erzeugt werden können. Die Beschreibung der möglichen Kategorien (Objektarten) finden Sie im Abschnitt „ATL und Visual Studio" im vorigen Kapitel. Wir wollen ein Objekt entwickeln, das auf eine WWW-Seite und auf ein Office-Dokument plaziert werden kann. Deswegen wählen wir an diese Stelle „Full Control".

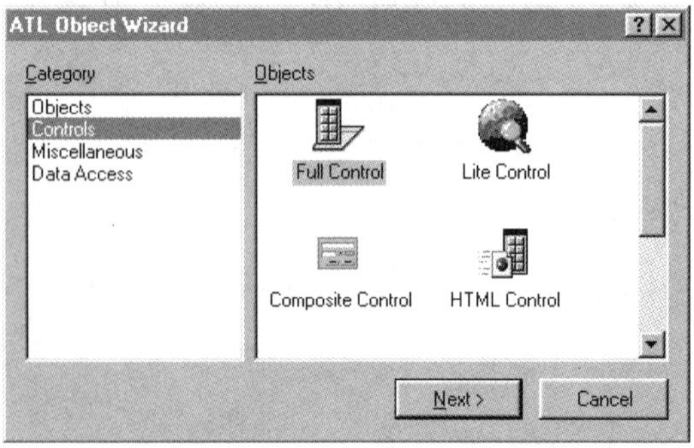

Abbildung 16.5: Objektkategorien in ATL Object Wizard

Nach einem Klick auf die Schaltfläche „Next>" gehen wir weiter.

Die nächste Seite des ATL Object Wizard ist in der Tat ein Karteikasten mit vier Karteien (Abbildung 16.6). Merken Sie sich, daß wir jetzt mehr mögliche Einstellungen mit Hilfe dieser Karteien festlegen müssen. Wenn wir jetzt den Wizard beenden, ohne eine Einstellung festzulegen, müssen wir später entsprechenden Quellcode manuell korrigieren bzw. ergänzen.

Auf der Seite „Names" füllen Sie das Feld „Short Name" mit dem Namen *IntCircuitCtl*. Die Werte in den anderen Feldern werden damit automatisch korrigiert.

Die Bedeutung der Felder ist, hoffe ich, aufgrund der Kenntnisse aus den vorigen Kapiteln bekannt.

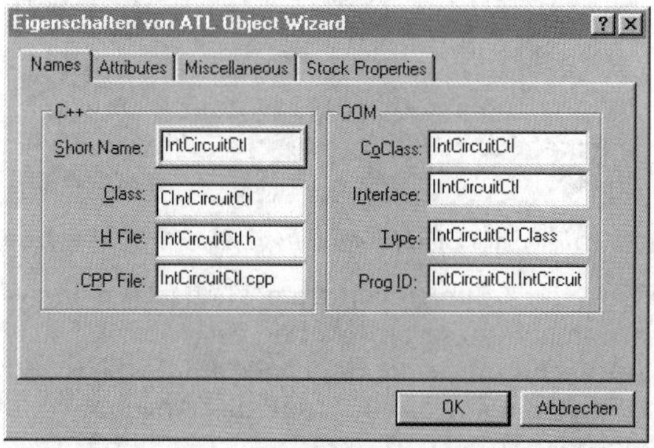

Abbildung 16.6: Allgemeine Einstellung für ein neues ATL-Steuerelement

Auf der Seite „Attributes" des ATL Object Wizard kreuzen Sie das Kontrollkästchen *Support IsupportErrorInfo* an. Das läßt uns später eine einfache Bearbeitung der Fehlersituationen in unserem Steuerelement organisieren.

Außerdem bestätigen Sie die Unterstützung von Kommunikationspunkt-Schnittstellen mit dem Ankreuzen des Kontrollkästchen *Support Connection Points*.

Andere Voreinstellungen lassen Sie ohne Änderungen.

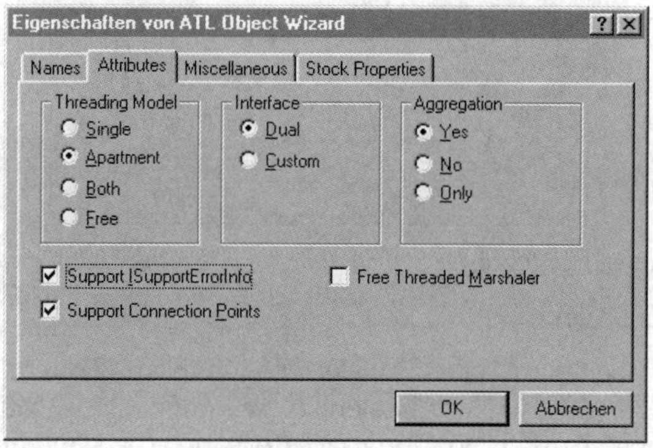

Abbildung 16.7: Festlegen der Unterstützung der Schnittstelle IsupportErrorInfo im Steuerelement

Auf der Seite „Miscellaneous" kreuzen Sie das Kontrollkästchen „Insertable" (Abbildung 16.8) an. Das bringt dem Steuerelement die Fähigkeit des OLE- bzw. ActiveX-Containers. Solche Steuerelemente können z.B. in einem Microsoft Word-Dokument eingefügt werden.

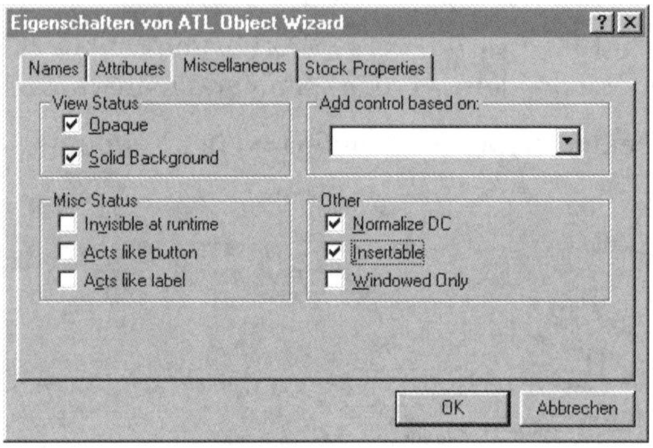

Abbildung 16.8: Festlegen des Objektes als einfügbar in OLE- oder ActiveX-Container

Ähnlich wie in MFC ActiveX-Steuerelementen können wir in ATL-Steuerelementen verschiedene Standardumgebungseigenschaften verwenden. Die Liste der Eigenschaften, die Ihnen ATL zur Verfügung stellt, finden Sie auf der Seite „Stock Properties" des ATL Object Wizard. Sie können feststellen, daß das Angebot von ATL Object Wizard breiter ist, als das Angebot von MFC.

Markieren Sie die Eigenschaft *Background Color* in der Liste links, und mit Hilfe der Schaltfläche „>" verschieben Sie sie in die rechte Liste (Abbildung 16.9).

Mit der Schaltfläche OK beenden Sie die Arbeit mit dem ATL Object Wizard.

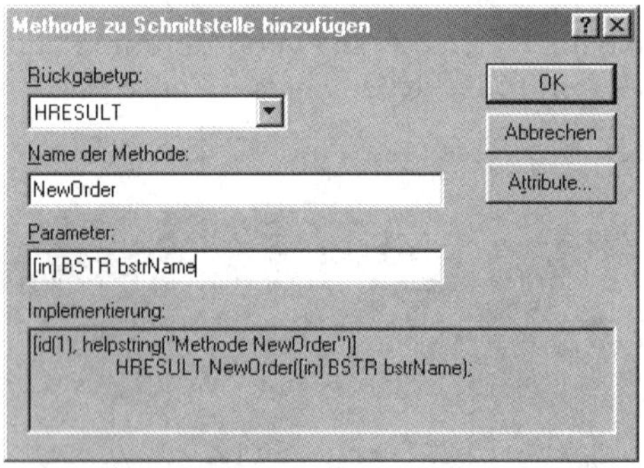

Abbildung 16.9: Einfügen der Standardumgebungseigenschft im Steuerelement

Kompilieren Sie das Projekt.

Wenn Sie sich jetzt noch einmal das Projektverzeichnis anschauen, finden Sie dort die neuen Implementierungs- und Kopfdateien, die wir auf der Seite *Names* des ATL Object Wizard definiert haben. Außerdem finden Sie dort auch die Datei mit der Endung *RGS* mit dem Registrierungsskript und die Datei HTM, die das Steuerelement mit einem Internet Browser testen läßt.

Mehrere andere Dateien des Projektes werden entweder automatisch korrigiert oder neu erzeugt. ATL Object Wizard hat uns viel Arbeit erspart.

Jetzt müssen wir in unser Steuerelement „Leben einhauchen". Wir fangen mit dem Einfügen der Eigenschaften und Methoden an.

16.3 Einfügen einer C++-Klasse in ein ATL-Projekt

Unser Steuerelement stellt ein elektronisches Schema dar. Dieses Schema enthält eine gewisse Anzahl von elektronischen Steuerelementen (Chips).

Für die Implementierung eines Chips benötigen wir eine Klasse (wie im Projekt *TeamRoom* für die Implementation des einzelnen Zimmers).

In unserem ATL-Projekt wollen wir keine MFC-Klassen anwenden. Deswegen leiten wir unsere neue Klasse von der Struktur RECT ab. Das läßt uns einfacher mit der Geometrie eines einzelnen Chips umgehen.

Wählen Sie den Menüpunkt INSERT | NEW CLASS im Visual Studio. Der Dialog *New Class* erscheint. Am Anfang ist dieser Dialog für das Anlegen einer neuen ATL-Klasse voreingestellt und sieht deswegen nicht neu für Sie aus. Wenn Sie aber im Kombinationsfeld *Class type* den Eintrag *Generic Class* auswählen, ändert der Dialog seine Darstellung. Füllen Sie den Dialog, wie es in der Abbildung 16.10 zu sehen ist. Mit OK schließen Sie den Dialog. Ignorieren Sie die kommende Warnung, daß Sie die Deklaration der Basisklasse manuell in die neue Klasse einfügen müssen.

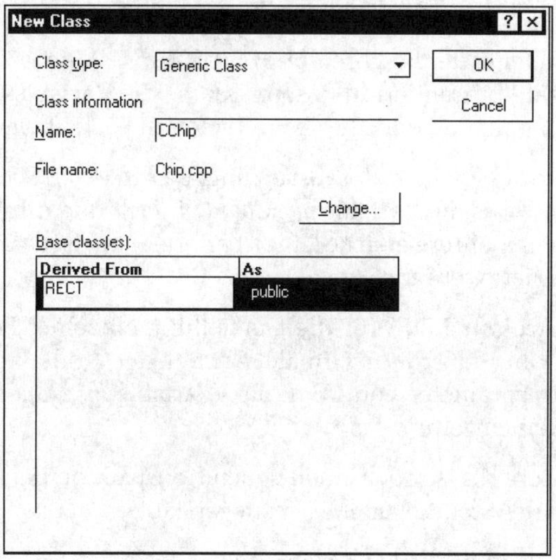

Abbildung 16.10: Anlegen einer neuen C++-Klasse in das Projekt

Nach dem Anlegen der Klasse erweitern Sie ihre Deklaration, wie es im Listing unten zu sehen ist:

```
typedef struct tagLINE
{
   POINT p0;
   POINT p1;
} LINE;
class CChip : public RECT
{
public:
   CChip();
   CChip(short x0, short y0, short x1, short y1, char* strName = NULL,
        LINE* pLine1 = NULL, LINE* pLine2 = NULL, LINE* pLine3 = NULL,
        LINE* pLine4 = NULL);

   virtual ~CChip();

//== Attributes:
public:
   char m_strName[10];
   short m_sCount; //== m_sCount < 0 : ist bestellt

protected:
   LINE m_contact[4];
   UINT m_uCountContact;
};
```

Die Variable *m_strName* enthält den Namen (Typ) des Steuerelementes. Wir setzen voraus, daß die maximale Länge eines Namens zehn Symbole hat.

Ein wichtiger Parameter in der Beschreibung eines Chips ist die Anzahl der Erzatzchips im Lager. Diese Anzahl präsentiert in unserer Klasse die Variable *m_sCount*. Ein negativer Wert bedeutet somit, daß der Chip beim Lieferant bestellt werden muß.

Unsere Implementierung hat eine Voraussetzung, daß in jeden Schema alle Chips verschieden sind. Das läßt uns die Variable *m_sCount* einfach und direkt anwenden. Wenn sich auf einem Schema mehrere gleiche Chips befinden, müssen die Informationen der gleichen Chips summiert werden.

Wir benötigen die Struktur LINE für die Darstellung einzelner Beine (Kontakte) des Chips. Wir nehmen an, daß die maximale Anzahl der Kontakte vier ist. Das Feld *m_contact* enthält die Parameter von LINE. Die Variable *m_uCountContact* enthält die Anzahl der Beine in einem Chip.

Wir besorgen für unsere Klasse auch einen neuen Konstruktor, der bequem die Geometrie und den Namen des Steuerelementes festlegen läßt.

Die Implementation des Konstruktors sieht so aus:

```
CChip::CChip(short x0, short y0, short x1, short y1, char* strName,
      LINE* pLine1, LINE* pLine2, LINE* pLine3, LINE* pLine4)
{
   m_sCount = 0;

   left = x0;
   top = y0;
   right = x1;
   bottom = y1;

   ::strncpy(m_strName, strName, 10);
   m_uCountContact = 0;

   if(pLine1 != NULL)
   {
       m_contact[0] = *pLine1;
       m_uCountContact++;
   }

   if(pLine2 != NULL)
   {
       m_contact[1] = *pLine2;
       m_uCountContact++;
   }

   if(pLine3 != NULL)
   {
       m_contact[2] = *pLine3;
       m_uCountContact++;
   }

   if(pLine4 != NULL)
   {
       m_contact[3] = *pLine4;
       m_uCountContact++;
   }
}
```

Für das korrekte Funktionieren der Funktion *::strncpy()*, die die Symbolkette von einer Stelle auf eine andere kopiert, müssen wir auch die folgende Anweisung in den Beginn der Implementierungsdatei einfügen:

```
#include "stdafx.h"
#include "AxDATLCircuit.h"
#include "Chip.h"
#include <string.h>
```

Jetzt müssen wir einige Erweiterungen in der Klasse *CIntCircuitCtl* unseres Steuerelementes erledigen.

16.4 Erweiterung der Klasse CIntCircuitCtl

1. Fügen Sie zuerst am Beginn der Datei *IntCircuitCtl.h* die folgende Anweisung ein

```
// IntCircuitCtl.h : Declaration of the CIntCircuitCtl
#ifndef __INTCIRCUITCTL_H_
#define __INTCIRCUITCTL_H_
#include "resource.h"       // main symbols
class CChip;
...
```

2. Deklarieren Sie am Ende der Datei *IntCircuitCtl.h* folgende Variablen und Methoden

```
// IIntCircuitCtl
public:
   HRESULT OnDraw(ATL_DRAWINFO& di);
   OLE_COLOR m_clrBackColor;
//== Attributes:
private:
   CChip* m_pChipsArr[5];
   UINT m_uCountChip;
   RECT m_rectGabarit;
...
public:
//== Operations:
   void FinalRelease();
   void SetSampleData();
   void UpdateGabRect(const RECT& newRect);
};
```

Die Variablen *m_uCountChp* und *m_pChipArr* enthalten die Anzahl der Chips und die Zeiger auf die Chips. (Wir verwenden da keine elegante Lösung, z.B. STL-Listen usw., um uns auf die Merkmale von ATL zu konzentrieren.)

Die Variable *m_rectGabarit* enthält die Gabarit-Rechtecke des Steuerelementes.

Die Methode *FinalRelease()* dient dem Auslösen der Objekte in der Halde.

Um das Testen des Steuerelementes zu vereinfachen, benötigen wir die Methode *SetSampleData()*, wie im Projekt *TeamRoom*. Diese Methode legt die Chips fest, die in Abbildung 16.13 zu sehen sind. In der endgültigen Version sollte diese Methode verschwinden. (So weit gehen wir in diesem Projekt nicht.)

Die Methode *UpdateGabRect()* paßt die Gabarit-Rechtecke des Schemas beim Anlegen jedes neuen Chips an.

3. Erweitern Sie den Konstruktor der Klasse *CintCircuitCtl*

Der Konstruktor der Klasse *CIntCircuitCtl* befindet sich nicht in einer CPP-Datei, sondern in der Kopfdatei (in unserem Projekt *IntCircuitCtl.h*). Die Implementierung des Konstruktors der Klasse sieht dann so aus:

```
CIntCircuitCtl()
   {
        m_clrBackColor = RGB(240, 240, 240);
        m_rectGabarit.left = 0;
        m_rectGabarit.top = 0;
        m_rectGabarit.right = 0;
        m_rectGabarit.bottom = 0;
        SetSampleData();
   }
```

In dem Konstruktor initiieren wir zuerst die Hintergrundfarbe mit einer hellgrauen Farbe. Danach initiieren wir die Gabarit-Rechtecke und rufen die Methode *SetSampleData()* auf.

4. Fügen Sie das Implementieren der Methode *CIntCircuitCtl::SetSampleData()* in der Datei *IntCircuitCtl.cpp*

Die Implementierung dieser Methode sieht so aus:

```
void CIntCircuitCtl::SetSampleData()
{
   m_uCountChip = 0;

   LINE line1, line2, line3, line4;

//== Chip 1
   line1.p0.x = line1.p1.x = 15;
   line1.p0.y = 40;
   line1.p1.y = 30;
   line2.p0.x = line2.p1.x = 20;
   line2.p0.y = 40;
   line2.p1.y = 30;

   line3.p0.x = line3.p1.x = 25;
   line3.p0.y = 40;
   line3.p1.y = 30;

   line4.p0.y = line4.p1.y = 55;
   line4.p0.x = 30;
   line4.p1.x = 40;

   CChip* pNewChip = new CChip(5, 65, 30, 40, "AE120", &line1, &line2,
                                        &line3, &line4);

   pNewChip->m_sCount = 2;
```

```
    m_pChipsArr[m_uCountChip++] = pNewChip;

    UpdateGabRect(*pNewChip);

//== Chip 2
    line1.p0.x = line1.p1.x = 45;
    line1.p0.y = 45;
    line1.p1.y = 30;

    line2.p0.x = line2.p1.x = 55;
    line2.p0.y = 45;
    line2.p1.y = 30;

    pNewChip = new CChip(40, 60, 65, 45, "CN14", &line1, &line2);

    pNewChip->m_sCount = 0;

    m_pChipsArr[m_uCountChip++] = pNewChip;

    UpdateGabRect(*pNewChip);

//== Chip 3
    line1.p0.x = line1.p1.x = 20;
    line1.p0.y = 0;
    line1.p1.y = 5;

    line2.p0.x = line2.p1.x = 25;
    line2.p0.y = 0;
    line2.p1.y = 5;

    line3.p0.x = line3.p1.x = 30;
    line3.p0.y = 0;
    line3.p1.y = 5;

    line4.p0.x = line4.p1.x = 35;
    line4.p0.y = 0;
    line4.p1.y = 5;

    pNewChip = new CChip(10, 30, 60, 5, "DK0509", &line1, &line2, &line3,
                         &line4);

    pNewChip->m_sCount = -1;

    m_pChipsArr[m_uCountChip++] = pNewChip;

    UpdateGabRect(*pNewChip);

//== Vergroesserung

    long lDx = (long)((m_rectGabarit.right - m_rectGabarit.left)/20.);
    long lDy = (long)((m_rectGabarit.bottom - m_rectGabarit.top)/20.);

    m_rectGabarit.right += lDx;
    m_rectGabarit.left -= lDx;
    m_rectGabarit.top -= lDy;
```

```
    m_rectGabarit.bottom += lDy;
}
```

Die Methode ist in drei Teile geteilt. In jedem Teil definiert man einen Chip. Zuerst sind die Beine (Kontakte) des Chips festgelegt. Danach ruft man den Konstruktor auf, legt die Anzahl der Chips dieser Art auf dem Lager fest und fügt den neuen Chip in das Feld *m_ChipsArr* ein. Am Ende jedes Teils korrigiert man die Gabarit-Rechtecke des Schemas mit Hilfe der Methode *UpdateGabRect()*.

Am Ende der Methode *SetSampleData()* erweitert man die Gabarit-Rechtecke in jeder Richtung auf 5%.

5. Fügen Sie das Implementieren der Methode *CIntCircuitCtl::UpdateGabRect()* in die Datei *IntCircuitCtl.cpp ein*

Die Methode *UpdateGabRect ()* sieht so aus:

```
void CIntCircuitCtl::UpdateGabRect(const RECT& newRect)
{
    if(m_rectGabarit.top < newRect.top)
        m_rectGabarit.top = newRect.top;

    if(m_rectGabarit.right < newRect.right)
        m_rectGabarit.right = newRect.right;
}
```

Die Methode ist mit der Voraussetzung implementiert, daß die linke, untere Ecke des Schemas in (0,0) liegt und der Pfeil Y nach oben orientiert ist.

Die angelegten Chips vernichten wir mit Hilfe der Methode *CIntCircuitCtl::FinalRelease()*.

6. Fügen Sie das Implementieren der *CIntCircuitCtl::FinalRelease()* in die Datei *IntCircuitCtl.cpp* ein

```
void CIntCircuitCtl::FinalRelease()
{
    for(UINT i= 0; i < m_uCountChip; i++)
    {
        delete m_pChipsArr[i];
    }
}
```

7. Fügen Sie am Anfang der Datei *IntCircuitCtl.cpp* die *#include* – Anweisung ein

```
#include "stdafx.h"
#include "AxDATLCircuit.h"
#include "IntCircuitCtl.h"
#include "Chip.h"
```

Widmen wir uns jetzt dem Anlegen der Automatisierungs-Methoden und Eigenschaften.

16.5 Automatisierungs-Methoden und Eigenschaften

Das Anlegen der Automatisierungs-Methoden und Eigenschaften in einem ATL-Projekt unterscheidet sich nicht sehr von den gleichen Vorgängen in einem MFC-Projekt.

Wir fügen unserem Steuerelement die unparametrisierte Eigenschaft *IsStockOK* und die Methode *Count()* für die Ermittlung der Anzahl der Ersatzchips der entsprechenden Art hinzu.

16.5.1 Anlegen einer Automatisierungseigenschaft in einem ATL-Objekt

Die Eigenschaft *IsStockOk* unseres Steuerelementes zeigt, ob es im Lager noch die Ersatzelemente für alle elektronischen Elemente des Schemas gibt.

1. Fügen Sie dem Steuerelement die Automatisierungseigenschaft *IsStockOk* zu

Mit der rechten Maustaste klicken Sie auf den Eintrag *IintCircuitCtl*. Ein Popup-Menü erscheint. In diesem Popup-Menü wählen Sie den Eintrag *Add Property*. Ein Dialog *Add Property to Interface* erscheint.

Diese Eigenschaft muß schreibgeschützt sein. Deswegen füllen Sie die Felder des Dialoges, wie es in der Abbildung 16.11 zu sehen ist.

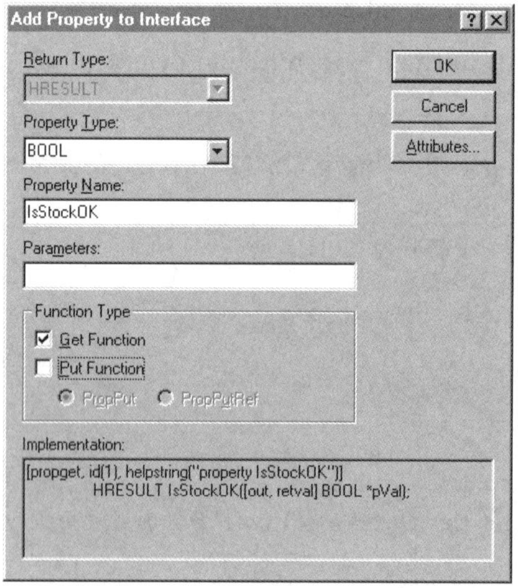

Abbildung 16.11: Einfügen einer parametrisierten Eigenschaft in ein Steuerelement

Im Feld *Implementation* des Dialoges sehen Sie Informationen über die Eigenschaft, die in die Typenbibliothek (IDL-Datei) eingefügt wird. Das Kennwort *propget* kennzeichnet die Eigenschaft als lesbar. Die Eigenschaft hat die ID 1. Einige Werkzeuge, zum Beispiel

Visual Basic, sind in der Lage, eine kurze Beschreibung einer Eigenschaft bzw. einer Methode zu anzuzeigen. Wenn Sie die Beschreibung informativer machen wollen, müssen Sie auf den entsprechenden Text entweder mit Hilfe der Schaltfläche *Attributes* zugreifen oder später manuell in der Typenbibliothek korrigieren. Der Rest der Beschreibung ist der Prototyp für die Klassenmethode, die diese Eigenschaft implementiert.

Wenn Sie jetzt das Projekt kompilieren, finden Sie in der Datei *IntCircuitCtl*.h die Deklaration der Eigenschaft:

```
STDMETHOD(get_IsStockOK)(/*[out, retval]*/ BOOL *pVal);
```

In der Datei *IntCircuitCtl.cpp* befindet sich das Skelett für die Implementierung der Eigenschaft:

```
STDMETHODIMP CIntCircuitCtl::get_IsStockOK(BOOL * pVal)
{
  // TODO: Add your implementation code here
  return S_OK;
}
```

Sie sehen, daß die Eigenschaft mit Hilfe einer Methode aus der Klasse *IntCircuitCtl* mit dem Namen *get_IsStockOK()* implementiert wird. Die Methode liefert den HRESULT-Wert zurück. Den logischen Wert, den diese Eigenschaft darstellt, muß man durch einen Zeiger festlegen.

Den Hinweis auf eine solche Implementierung hat der Compiler aufgrund der *[out, retval]* Anweisung in der Beschreibung der Eigenschaft in der Typenbibliothek gefunden.

Das Kennwort *retval* weist darauf hin, daß der Parameter als Wert (Value) vorausgesetzt ist. Eine andere Möglichkeit besteht in der Verwendung einer Referenz auf Parameter.

2. Erweitern Sie die Implementierung der Methode *CIntCircuitCtl::get_IsStockOK()*

```
STDMETHODIMP CIntCircuitCtl::get_IsStockOK(BOOL * pVal)
{
   // TODO: Add your implementation code here
   for(UINT i= 0; i < m_uCountChip; i++)
   {
        if(m_pChipsArr[i]->m_sCount < 0)
        {
                *pVal = FALSE;
                return S_OK;
        }
   }
   *pVal = TRUE;
   return S_OK;
}
```

Die Methode prüft innerhalb einer Schleife, ob es einen Chip gibt, der die negative Anzahl der Ersatzelemente auf Lager hat. In diesem Fall wird der Wert der Eigenschaft auf FALSE gesetzt und der Vorgang wird unterbrochen. Sonst bekommt die Eigenschaft den Wert TRUE.

Die Methode liefert einen HRESULT-Wert zurück. Nach den OLE- und ActiveX-Richtlinien muß dieser Rückwert auf *S_OK* festgelegt werden, falls keine technischen Probleme (z.B. Speichermangel) beim Ausführen der Methode aufgetreten sind. Mit anderen Worte kann man das so formulieren: Der Rückwert der Methode spielt eine Servicerolle und hat mit dem Wert der Eigenschaft nichts zu tun.

Eine ähnliche Regel ist auch für die Implementierung der Methoden im ATL-Projekt gültig.

16.5.2 Anlegen einer Automatisierungsmethode in einem ATL-Objekt

Unser Steuerelement enthält eine gewisse Anzahl von elektronischen Elementen (Chips). Jede Chipart hat einen eigenen Namen. (Auf unserem Schema haben die Chips verschiedene Typen, das kann aber leicht korrigiert werden.) Die entscheidende Frage ist damit, wie viele Chips noch im Lager bleiben.

Der Anwender des Steuerelementes kann einen Chip interaktiv bestellen. Wie das geht, finden wir unten in diesem Kapitel heraus. Der Container oder ein anderes Programm kann die Anzahl der Chips jedes Typs mit Hilfe der Methode *GetCount()* der Automatisierungsschnittstelle ermitteln. Die Methode liefert eine Ganzzahl zurück. Ein negativer Wert bedeutet, daß ein Chip beim Lieferant bestellt werden muß.

Als Parameter hat die Methode den symbolischen Namen des Elementes.

1. Legen Sie dem Steuerelement die Automatisierungsmethode *Count()* an

Mit der rechten Maustaste klicken Sie auf den Eintrag *IintCircuitCtl*. Ein Popup-Menü erscheint. In diesem Popup-Menü wählen Sie den Eintrag *Add Method*. Der Dialog *Add Method to Interface* erscheint. Füllen Sie den Dialog, wie es in Abbildung 16.12 zu sehen ist.

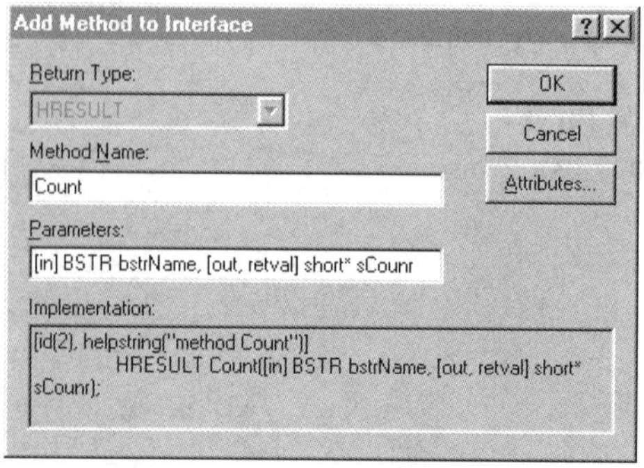

Abbildung 16.12: Einfügen einer Methode in einem Steuerelement

Sie sehen, daß die Methode einen Eingabeparameter *bstrName* und einen Rückwertparameter *sCount* vom Typ *short** hat.

Zur Zeit müssen Sie die Parameterliste einer Methode bzw. einer parametrisierten Eigenschaft manuell eintippen. Das ist gefährliche Stelle, weil der Assistent manchmal eine Methode mit einer falscher Parameterliste doch im Projekt einfügen kann. Über den Fehler wissen Sie erst nach dem Kompilieren Bescheid. Um mögliche Probleme zu vermeiden, kompilieren Sie das Projekt sofort nach Anlegen einer Methode bzw. parametrisierten Eigenschaft. Falls bei einem solchen Kompiliervorgang ein Fehler in der neuen Methode auftritt, versuchen Sie nicht, die einzelnen Zeilen in der Typenbibliothek, Kopf- und Quelldatei zu korrigieren, sondern löschen Sie alle Spuren der neuen Methode in diesen Dateien und legen Sie die Methode mit Hilfe des Dialoges neu fest.

Beim Festlegen der Parameterliste müssen Sie den Richtlinien der ODL bzw. IDL folgen. Ausführliche Informationen darüber finden Sie in der Online-Hilfe unter dem Titel „Type Libraries and the Object Description Language".

Zwei wichtige Regeln dürfen Sie dabei nicht vergessen:

1. Der Rückwert der Methode bzw. Eigenschaft steht immer an der letzten Stelle.
2. IDL akzeptiert nur eine beschränkte Menge von Parametertypen. Eine Liste akzeptierter Parametertypen finden Sie in der Tabelle 23.2 unseres Buches.

2. Implementieren Sie die Methode *CIntCircuitCtl::Count()*

```
STDMETHODIMP CIntCircuitCtl::Count(BSTR bstrName, short * sCount)
{
   // TODO: Add your implementation code here

STDMETHODIMP CIntCircuitCtl::Count(BSTR bstrName, short * sCount)
{
   // TODO: Add your implementation code here
   USES_CONVERSION;
   char* str = W2T(bstrName);
   for(UINT i= 0; i < m_uCountChip; i++)
   {
      if(::strcmp(m_pChipsArr[i]->m_strName, str) == 0)
      {
            *sCount = m_pChipsArr[i]->m_sCount;
            if(*sCount < - 2)
                  return Error(_T("Zu viel Chips fehlt!"));
            return S_OK;
      }
   }
   *sCount = -1000;
   return CTL_E_INVALIDPROPERTYVALUE;
}
```

Um die Konvertierung der Symbolkette *bstrName* in eine übliche Symbolkette mit Hilfe des Makros W2T zu ermöglichen, müssen Sie zuerst das Makro *USES_CONVERSION* aufrufen. Den Namen des Makro (W2T) übersetzt man als „Breite Symbole in Text". Das Wortspiel „two" (2) und „to" (in) weist möglicherweise darauf hin, daß jemand bei Microsoft dieses Makro implementiert hat, der aus der UNIX-Welt gekommen ist, wo diese Abkürzung sehr populär ist.

In der Methode vergleichen wir innerhalb einer Schleife den Namen der Chips mit dem eingegebenen Namen. Um das korrekte Funktionieren der Funktion *::strcmp()* zu gewährleisten, fügen Sie am Anfang der Quellcodedatei die Anweisung:

```
#include <string.h>
```

hinzu.

Wenn ein Chip mit dem entsprechenden Namen gefunden wurde, liefert die Methode die Anzahl der Ersatzchips dieses Typs zurück. Ist das nicht der Fall, wird der Aufrufer mit dem Rückwert *CTL_E_INVALIDPROPERTYVALUE* darüber informiert. Sie können statt diesen Wert Ihren eigenen festlegen.

Die Methode Error() leitet die Fehlerinformation zum Client. Das ist möglich, weil wir in unserem Objekt die Schnittstelle *ISupportErrorInfo* unterstützen.

An dieser Stelle können Sie das Steuerelement kompilieren und das Funktionieren seiner Methoden und Eigenschaften mit Hilfe des ActiveX Control Test-Container testen.

In dieser Phase der Entwicklung sieht das Steuerelement wie ein Text „ATL 3.0 IntCircuitCtl" innerhalb eines Rahmens aus. Um dem Steuerelement ein entsprechendes Aussehen zu geben, müssen wir den Zeichenvorgang neu implementieren. Im nächsten Ausschnitt werden wir uns mit dieser Aufgabe beschäftigen.

16.6 Zeichenvorgang

Für das Zeichnen eines ATL-Steuerelementes ist die Methode *OnDraw()* der Klasse *CComControl* verantwortlich. Eine rudimentäre Implementierung der Methode fügt den ATL COM AppWizard in Ihr Projekt ein. Die Methode *OnDraw()* wird mit einer Parameter-Referenz auf die Struktur *ATL_DRAWINFO* aufgerufen. Diese Struktur ist in der Kopfdatei *Atlctl.h* folgendermaßen definiert:

```
struct ATL_DRAWINFO
{
   UINT cbSize;
   DWORD dwDrawAspect;
   LONG lindex;
   DVTARGETDEVICE* ptd;
   HDC hicTargetDev;
   HDC hdcDraw;
   LPCRECTL prcBounds; //Rectangle in which to draw
   LPCRECTL prcWBounds; //WindowOrg and Ext if metafile
```

```
    BOOL bOptimize;
    BOOL bZoomed;
    BOOL bRectInHimetric;
    SIZEL ZoomNum;      //ZoomX = ZoomNum.cx/ZoomNum.cy
    SIZEL ZoomDen;
};
```

Uns interessieren nur zwei Felder dieser Struktur: *hdcDraw* (Gerätekontext) und *prcBounds* (Rechtecke für das Zeichnen).

1. Überschreiben Sie die Methode *CIntCircuitCtl::OnDraw()*

```
HRESULT CIntCircuitCtl::OnDraw(ATL_DRAWINFO& di)
{
    //== Konvertierung OLE Color in COLORREF
    COLORREF colBackg;
    OleTranslateColor(m_clrBackColor, NULL, &colBackg);
    //== Neue Malinstrumente einstellen
    HBRUSH hOldBrush, hBrush;
    hBrush = ::CreateSolidBrush(colBackg);
    hOldBrush = (HBRUSH)::SelectObject(di.hdcDraw, hBrush);

    HPEN hOldPen, hPen;
    hPen = (HPEN)::GetStockObject(BLACK_PEN);
    hOldPen = (HPEN)::SelectObject(di.hdcDraw, hPen);

    //== Rechtecke zeichnen
    RECT& rc = *(RECT*)di.prcBounds;
    ::Rectangle(di.hdcDraw, rc.left, rc.top, rc.right, rc.bottom);

    //== Alte Malinstrumente wiederherstellen
    ::SelectObject(di.hdcDraw, hOldBrush);
    ::SelectObject(di.hdcDraw, hOldPen);

    for(UINT i= 0; i < m_uCountChip; i++)
    {
        m_pChipsArr[i]->Draw(di, m_rectGabarit);
    }
    return S_OK;
}
```

Die Methode besteht aus zwei Teilen. Im ersten Teil füllen wir die Rechtecke mit einer Hintergrundfarbe aus und zeichnen mit einem schwarzen Pinsel die Grenzen der Rechtecke. Der zweite Teil besteht aus einer Schleife mit Aufrufen der Zeichenmethode für jeden Chip.

Die Funktion *OleTranslateColor()* konvertiert die OLE-spezifische Farbenkodierung in die COLORREF-Struktur, die in grafischen API-Funktionen verwendet werden kann.

Weil wir keine MFC-Klasse anwenden wollen, rufen wir die grafischen API-Funktionen direkt (statt dem Aufrufen ihrer „Mantelvertreter") aus der Klasse CDC auf, wie wir es im Projekt *TeamRoom* gemacht haben.

2. Fügen Sie der Klasse *CChip* die Zeichenmethode *Draw()* hinzu, und implementieren Sie diese Methode

```
bool CChip::Draw(ATL_DRAWINFO& di, const RECT& rcCircuit)
{
   long lCircWidth = rcCircuit.right - rcCircuit.left;
   long lCircHeight = rcCircuit.top - rcCircuit.bottom;

   if((lCircWidth <= 0)||(lCircHeight <= 0))
       return false;

   RECT rcBound = *(RECT*)di.prcBounds;
   long lBoundWidth = rcBound.right - rcBound.left;
   long lBoundHeight = rcBound.bottom - rcBound.top;

   if((lBoundWidth <= 0)||(lBoundHeight <= 0))
       return false;


   double dMasX= (double)lBoundWidth/lCircWidth;
   double dMasY= - (double)lBoundHeight/lCircHeight;

   RECT rectTmp;
   rectTmp.left= (int)(left * dMasX) + rcBound.left;
   rectTmp.top       = (int)(top * dMasY) + rcBound.bottom;
   rectTmp.right= (int)(right * dMasX) + rcBound.left;
   rectTmp.bottom    = (int)(bottom * dMasY) + rcBound.bottom;

   //== Streichen
   COLORREF colForgr;
   if(m_sCount < 0)
       colForgr = RGB(255, 0, 0);
   else if(m_sCount == 0)
       colForgr = RGB(255, 255, 0);
   else
       colForgr = RGB(0, 255, 0);

   HBRUSH hOldBrush, hBrush;
   hBrush = ::CreateSolidBrush(colForgr);
   hOldBrush = (HBRUSH)::SelectObject(di.hdcDraw, hBrush);
   ::Rectangle(di.hdcDraw, rectTmp.left, rectTmp.top, rectTmp.right,
     rectTmp.bottom);
   ::SelectObject(di.hdcDraw, hOldBrush);

//== Kontakten

   for(UINT i =0; i < m_uCountContact; i++)
   {
```

```
        LINE line = m_contact[i];

        int x0 = (int)(line.p0.x * dMasX) + rcBound.left;
        int y0 = (int)(line.p0.y * dMasY) + rcBound.bottom;
        int x1 = (int)(line.p1.x * dMasX) + rcBound.left;
        int y1 = (int)(line.p1.y * dMasY) + rcBound.bottom;

        ::MoveToEx(di.hdcDraw, x0, y0, NULL);
        ::LineTo(di.hdcDraw, x1, y1);
    }
//== Name
    ::SetBkMode(di.hdcDraw, TRANSPARENT);
    rectTmp.left += (rectTmp.right - rectTmp.left)/10;
    ::DrawText(di.hdcDraw, m_strName, -1, &rectTmp, DT_VCENTER |
            DT_SINGLELINE);
    return true;
}
```

Die Methode *Draw()* ähnelt der entsprechenden Methode aus der Klasse *CRoom* (Projekt *TeamRoom*).

Nach der Berechnung der Maßstäbe konvertieren wir die Koordinaten in das Koordinatsystem des Gerätekontextes. Für das Ausfüllen der Rechtecke des Chips legen wir abhängig von der Anzahl der Ersatzchips im Lager eine Farbe fest. Für die Chips, die beim Lieferant bestellt werden müssen, wählen wir eine rote Farbe. Für die Chips, die als Anzahl der Ersatzelemente 0 haben, wählen wir eine gelbe Farbe. Andere Chips zeichnen wir mit einer grünen Farbe.

Der Rest der Methode zeichnet die Beine (Kontakte) des Chips und ihre Namen (Art).

Kompilieren Sie das Projekt. Rufen Sie im Internet Explorer die HTML-Seite auf, die ATL COM Wizard erzeugt hat. Die Seite muß wie in der Abbildung 16.13 aussehen.

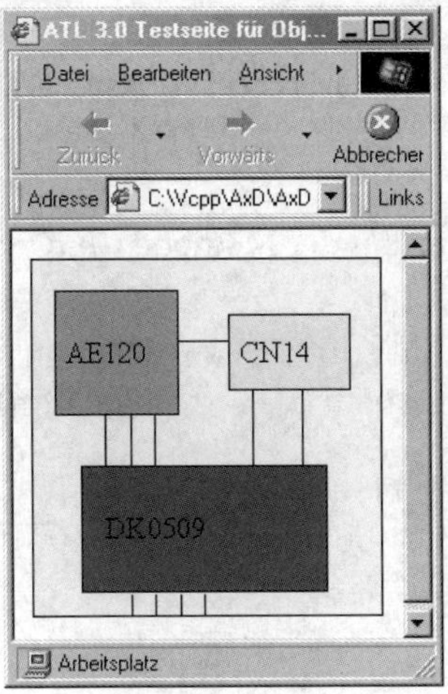

Abbildung 16.13: So sieht das Steuerelement aus

Unser nächstes Ziel ist, einen Vorgang zu implementieren, der nach einem Mausklick auf einem Chip einen Dialog auf dem Bildschirm öffnet. Die erste Station auf diesem Weg ist das Einfügen einer Nachrichtenbearbeitungsmethode für den Mausklick.

16.7 Implementierung der Mausaktionen in einem ATL-Steuerelement

Die ATL 3.0 (ClassView) kann mit den Nachrichtenbearbeitungmethoden genau so gut umgehen wie sein älterer Bruder MFC Class Wizard.

1. Fügen Sie dem Steuerelement Nachrichtenbearbeitungsmethode für die Nachricht *WM_LBUTTONDOWN*

Mit einem rechtem Mausklick auf dem Eintrag *CIntCircuit* im ClassView öffnen Sie ein Popup Menü. Wählen Sie den Menüpunkt für das Hinzufügung einer Nachrichtenbearbeitungsmethode. In neuem Dialog wählen Sie in der Liste der Nachrichten die Nachricht *WM_LBUTTONDOWN* und fügen den Bearbeiter in die Klasse.

Die Nachrichtenkarte der Klasse wird damit folgendermaßen erweitert:

```
BEGIN_MSG_MAP(CIntCircuitCtl)
   MESSAGE_HANDLER(WM_PAINT, OnPaint)
   MESSAGE_HANDLER(WM_SETFOCUS, OnSetFocus)
   MESSAGE_HANDLER(WM_KILLFOCUS, OnKillFocus)
   MESSAGE_HANDLER(WM_LBUTTONDOWN, OnLButtonDown)
END_MSG_MAP()
```

Außerdem finden Sie in der Deklaration der Klasse neue Zeilen:

```
// IIntCircuitCtl
public:
   HRESULT OnDraw(ATL_DRAWINFO& di);
   LRESULT CIntCircuitCtl::OnLButtonDown(UINT uMsg, WPARAM wParam,
                                         LPARAM lParam, BOOL& bHanled);
   OLE_COLOR m_clrBackColor;
```

Erweitern Sie die Implementierung der Methode *CIntCircuitCtl::OnLButtonDown()* folgendermaßen:

```
LRESULT CIntCircuitCtl::OnLButtonDown(UINT uMsg, WPARAM wParam,
                                      LPARAM lParam, BOOL& bHanled)
{
   WORD xPos = LOWORD(lParam);
   WORD yPos = HIWORD(lParam);

   RECT rect;
   GetClientRect(&rect);
   for(UINT i= 0; i < m_uCountChip; i++)
   {
```

```
        bool bRes = m_pChipsArr[i]->HitTestDraw(xPos, yPos, rect,
                                                m_rectGabarit);
        if(bRes)
        {
                //== Wird später implementiert
        }
    }
    return 0;
}
```

ATL sendet in die Nachrichtenbearbeitungsmethode alle Informationen, die mit der Nachricht empfangen werden. Die Parameterliste erinnert Sie sicher an die Parameterliste der Funktion *SendMessage()*, die wir im erstem Teil dieses Buches kennengelernt haben. Der erste Parameter bedeutet Message-Kennung (ID). Nützliche Informationen sind im zweiten und dritten Parameter zusammengepackt. In unserem Fall ist sowieso nur der dritte Parameter interessant. Mit Hilfe der Anweisungen

```
WORD xPos = LOWORD(lParam);
WORD yPos = HIWORD(lParam);
```

packen wir die Koordinaten des Mausklicks aus.

Der letzte Parameter der Methode weist ATL darauf hin, ob sie weitere Empfänger dieser Nachrichten suchen muß. Der voreingestellte Wert ist TRUE. Dieser Wert bedeutet, daß weitere Empfänger nicht gesucht werden müssen.

Die Klassenvariable *m_hWndCD* der Klasse *CComControl* verknüpft diese Klasse (Steuerelement) mit ihrem Fenster. Mit anderen Worten formuliert – m_hWndCD ist der Handler des Fensters des Steuerelementes. Mit diesem Handler können wir alle bekannten API-Funktionen für die Fensterverwaltung anwenden. Mit Hilfe der Funktion *:: GetClientRect()* ermitteln wir die Client-Rechtecke des Fensters.

Danach rufen wir innerhalb einer Schleife die Methode *CChip::HitTestDraw()* auf. Diese Funktion ermittelt, ob der gegebene Punkt innerhalb der Rechtecke eines Chips liegt.

2. Fügen Sie ein und implementieren Sie die Methode *CChip::HitTestDraw()*

```
bool CChip::HitTestDraw(WORD xPos, WORD yPos, const RECT& rcClientWnd,
                        const RECT& rcCircuit)
{
    long lCircWidth = rcCircuit.right - rcCircuit.left;
    long lCircHeight = rcCircuit.top - rcCircuit.bottom;

    if((lCircWidth <= 0)||(lCircHeight <= 0))
        return false;

    long lBoundWidth = rcClientWnd.right - rcClientWnd.left;
    long lBoundHeight = rcClientWnd.bottom - rcClientWnd.top;

    if((lBoundWidth <= 0)||(lBoundHeight <= 0))
        return false;
```

```
    double dMasX= (double)lBoundWidth/lCircWidth;
    double dMasY= - (double)lBoundHeight/lCircHeight;

    RECT rectTmp;
    rectTmp.left= (int)(left * dMasX) + rcClientWnd.left;
    rectTmp.top      = (int)(top * dMasY) + rcClientWnd.bottom;
    rectTmp.right= (int)(right * dMasX) + rcClientWnd.left;
    rectTmp.bottom   = (int)(bottom * dMasY) + rcClientWnd.bottom;

    if((rectTmp.left <= xPos)&&(xPos <= rectTmp.right)
        &&(rectTmp.top <= yPos)&&(rectTmp.bottom <= rectTmp.bottom))
        return true;

    return false;
}
```

Die Methode wiederholt in einer gewissen Weise die Konvertierung der Koordinaten aus der Methode *Draw()* und vergleicht die eingegebenen und konvertierten Koordinaten.

Wenn der Mausklick innerhalb eines Chips gemacht wurde, muß am Bildschirm ein Dialog auftauchen. Widmen wir uns jetzt dem Anlegen, Gestalten und Programmieren dieses Dialoges.

16.8 Dialoge in einem ATL-Projekt

Da wir unser Steuerelement ohne MFC implementieren wollen, werden wir die bekannte MFC-Klasse *CDialog* in unserem Projekt nicht verwenden. In diesem Abschnitt finden wir heraus, wie man einen Dialog in ein ATL-Projekt einfügt.

In einem ATL-Projekt müssen wir einen Dialog nicht nur als eine neue Klasse, sondern auch als ein neues COM-Objekt anlegen.

16.8.1 Anlegen eines Dialoges in einem ATL-Projekt

Mit einem rechten Mausklick auf den Eintrag *AxDIntCircuit Classes* rufen Sie das Popup-Menü auf (Abbildung 16.14). Wählen Sie den Menüpunkt *New Atl Objekt*. ATL Object Wizard erscheint.

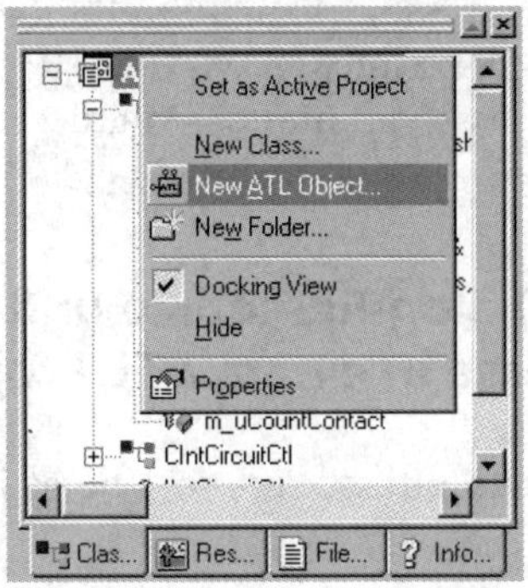

Abbildung 16.14: Anlegen eines neuen ATL-Objektes im Projekt

Im ATL Object Wizard wählen Sie die Objektkategorie *Miscellaneous* und dann Dialog.

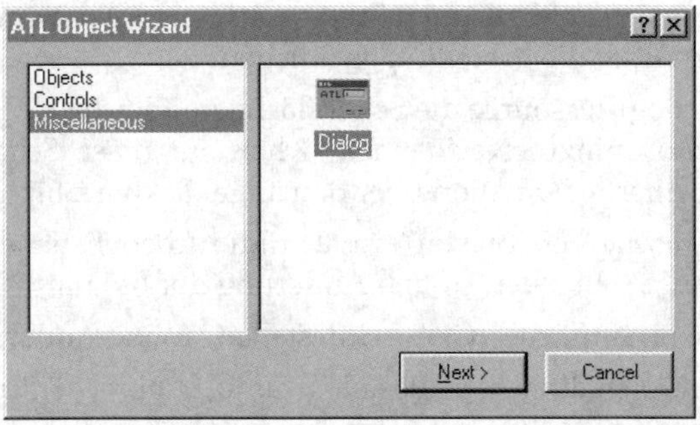

Abbildung 16.15: Anlegen eines Dialoges in einem ATL-Objekt

Mit der Schaltfläche *Next>* gehen Sie zum Dialog *Eigenschaften von ATL Object Wizard.* Legen Sie den Namen *ChoiceDlg* fest. Die restlichen Felder des Dialoges werden automatisch angepaßt (Abbildung 16.16). Mit der Schaltfläche OK beenden Sie Wizard.

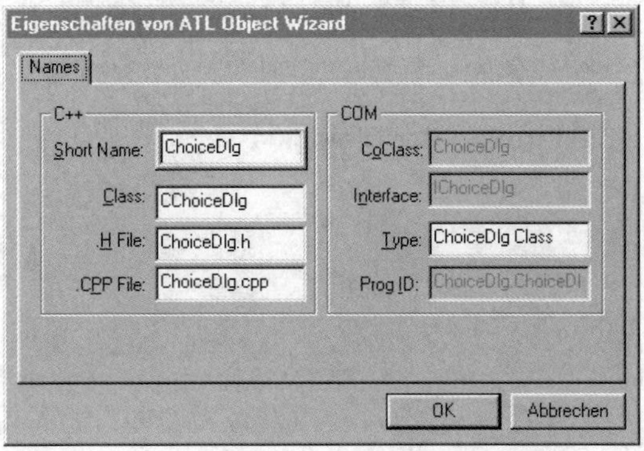

Abbildung 16.16: Festlegen des Namens des Dialoges

Nach Anlegen der Dialogklasse öffnet Visual Studio RessourceView mit der Dialog-Ressource *IDD_CHOICEDLG*. Jetzt müssen wir diese Ressource gestalten und mit der Klassenvariablen der Dialogklasse verknüpfen. Mit dieser Aufgabe werden wir uns im nächsten Abschnitt beschäftigen.

16.8.2 Gestalten der Dialog-Ressource und Programmierung einer Dialogklasse in einem ATL-Projekt

1. Gestalten Sie die neue Dialog-Ressource so, wie es in der Abbildung 16.17 zu sehen ist

Erledigen Sie dabei folgende Schritte:

1. Benennen Sie die Dialog-Ressource in „Chip-Bestellung".
2. Fügen Sie der Ressource ein statisches Textfeld mit der ID *IDC_ORDER_INFO* hinzu. Machen Sie das Feld ziemlich breit. An dieser Stelle werden wir dynamisch die Informationen über die Bestellungen anlegen.
3. Fügen Sie der Dialog-Ressource die Schaltfläche mit der ID *IDC_INFO* und mit der Beschriftung „Info" hinzu. Nach einem Klick auf diese Schaltfläche wird eine HTML-Seite mit einer Information über den angeklickten Chip gezeigt.
4. Wenn Sie mit englische Version von Visual Studio arbeiten, benennen Sie die Schaltfläche „Cancel" in „Abbrechen" (ohne Änderung der ID) um.
5. Benennen Sie die Schaltfläche „OK" in „Bestellen" (ohne Änderung der ID) um.
6. Verschieben Sie die Schaltflächen „Bestellen" und „Abbrechen" neben der Schaltfläche „Info" und passen Sie die Größe der Dialog-Ressource an.

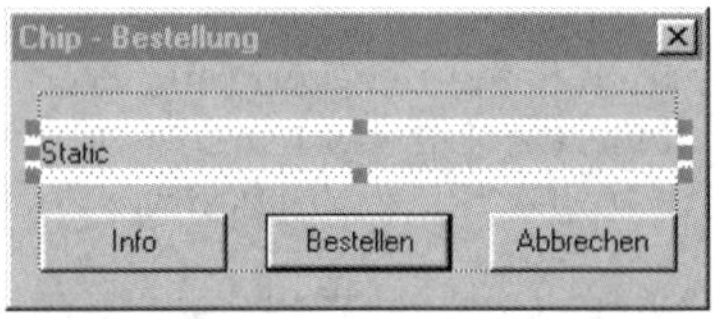

Abbildung 16.17: Gestaltung neuen Dialog-Ressource

2. Erweitern Sie die Deklaration der Dialogklasse

```
#ifndef __CHOICEDLG_H_
#define __CHOICEDLG_H_

#include "resource.h"        // Hauptsymbole
#include <atlhost.h>
#include "Chip.h"

/////////////////////////////////////////////////////////////////////////////
// CChoiceDlg

class CChoiceDlg :
   public CDialogImpl<CChoiceDlg>
```

```
{
...
BEGIN_MSG_MAP(CChoiceDlg)
   MESSAGE_HANDLER(WM_INITDIALOG, OnInitDialog)
   COMMAND_ID_HANDLER(IDOK, OnOK)
   COMMAND_ID_HANDLER(IDCANCEL, OnCancel)
   COMMAND_ID_HANDLER(IDC_INFO, OnInfo)
END_MSG_MAP()
   ...
   LRESULT OnCancel(WORD wNotifyCode, WORD wID, HWND hWndCtl,
                    BOOL& bHandled)
{
...
}
   LRESULT OnInfo(WORD wNotifyCode, WORD wID, HWND hWndCtl,
                  BOOL& bHandled);
   CChip* m_pChip;
};
```

Wir erweitern die Nachrichtenkarte mit der Bearbeitung für den Klick auf die Schaltflächen „Info" (*IDC_INFO*). Natürlich muß diese Methode auch deklariert werden.

In unserer Dialogklasse werden wir mit einem Chip arbeiten. Deshalb fügen wir der Klasse die Klassenvariable *m_pChip* hinzu, die auf den angeklickten Chip verweist.

3. Erweitern Sie die Methode *CChoiceDlg::OnInitDialog()*

```
LRESULT CChoiceDlg::OnInitDialog(UINT uMsg, WPARAM wParam,
                                 LPARAM lParam, BOOL& bHandled)
{
   if(m_pChip == NULL)
        return -1;
   char cTmp[100];
   ::wsprintf(cTmp, "%s : %d Ersatzchips vorhanden\n",
           m_pChip->m_strName, m_pChip->m_sCount);
   HWND hWnd = GetDlgItem(IDC_ORDER_INFO);
   if(hWnd == NULL)
        return -1;
   ::SetWindowText(hWnd, cTmp);
   return 1;  // Let the system set the focus
}
```

ATL ruft die Methode *CChoiceDlg::OnInitDialog()* mit der allgemeinen Parameterliste auf. Diese Liste ist für alle ATL-Nachrichtenbearbeitungsmethoden gleich. In unserer Implementierung verwenden wir die Parameter sowieso nicht.

Die Methode wird vor dem Erscheinen des Dialoges auf dem Bildschirm aufgerufen. Mit Hilfe der Funktion *::wsprintf()* erzeugen wir die Informationszeile über die vorhandenen Ersatzchips.

Danach ermitteln wir mit Hilfe der Methode *GetDlgItem()* von der Klasse *CWindow* den Händler des Fensters in der Mitte des Dialoges.

Wie erwähnt, verwendet man in ATL die Mehrfachvererbung. Mit anderen Worten, eine ATL-Klasse holt ihre Funktionalität nicht von einzelnen Basisklassen, sondern von mehreren. Eine solche Klasse ist für unsere Dialogklasse die ATL-Klasse *CWindow*.

Diese Klasse stellt einen sehr dünnen Mantel für die Windows API-Funktionen, die mit dem Fenster umgehen, zur Verfügung. Diese Funktionen haben einen Parameter mit dem Typ *HWND*. Die Mantelfunktionen der Klasse *CWindow* rufen einfach die entsprechende API-Funktion mit dem Händler des eigenen Fensters *CWindow::m_hWnd* auf. Zum Beispiel hat der Aufruf

```
HWND hWnd = GetDlgItem(IDC_ORDER_INFO);
```

die gleiche Wirkung wie der direkte Aufruf der API-Funktion

```
HWND hWnd = ::GetDlgItem(m_hWnd, IDC_ORDER_INFO);
```

Weitere Einzelheiten über die Klasse *CWindow* finden Sie in der Online-Hilfe.

Am Ende des Initialisierungsvorganges setzen wir den Text für das statische Textfeld in die Mitte des Dialoges. Wir machen das mit Hilfe der API-Funktion *::SetWindowText()*. Nach dem Kompilieren muß unser Text in der Mitte wie in der Abbildung 16.18 aussehen.

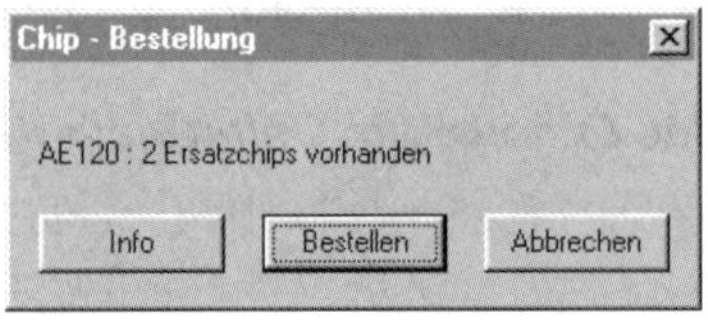

Abbildung 16.18: ATL-Dialog im Einsatz

4. Korrigieren Sie die Methode *OnOK()*

```
LRESULT CChoiceDlg::OnOK(WORD wNotifyCode, WORD wID, HWND hWndCtl,
                         BOOL& bHandled)
{
   if(m_pChip == NULL)
       return 0;
   m_pChip->m_sCount--; //== Bestellen

   EndDialog(wID);
   return 0;
}
```

Die Methode wird aufgerufen, wenn der Benutzer auf die Schaltfläche *Bestellen* (vormals OK) klickt. In diesem Fall verkleinern wir einfach die Anzahl der Ersatzchips auf 1.

5. Implementieren Sie die Methode *LRESULT CChoiceDlg::OnInfo()*

```
LRESULT CChoiceDlg::OnInfo(WORD wNotifyCode, WORD wID, HWND hWndCtl,
                           BOOL& bHandled)
{
   char cTmp[100];
   ::wsprintf(cTmp, "c:\\AxDATLCircuitHTMLs\\%s.htm",
            m_pChip->m_strName);
   HINSTANCE hInstRes = ::ShellExecute(NULL, "open", cTmp, NULL, NULL,
                                       SW_SHOW);
   EndDialog(wID);
   return 0;
}
```

Sie müssen die Methode in die Datei *ChoiceDlg.cpp* einfügen.

Die Methode wird aufgerufen, wenn der Benutzer auf die Schaltfläche „Info" des Dialoges klickt. Als Ergebnis sollte in diesem Fall eine HTML-Seite mit den Namen, die mit dem Typ des Chips übereinstimmen, aufgerufen werden. Wir setzen voraus, daß sich diese Seite im Verzeichnis *C:\AxDATLCircuitHTMLs* befindet. Für Testzwecke habe ich die rudimentären HTML-Seiten vorbereitet, die sich im Projektverzeichnis auf der Begleit-CD befinden. Zum Beispiel muß für den Chip AE120 die Seite *C:\AxDATLCircuitHTMLs\AE120.htm* aufgerufen werden. Sie müssen das Verzeichnis *AxDATLCircuitHTMLs* vor dem ersten Test auf der Festplatte c:\ kopieren.

Die API-Funktion *::ShellExecute()* unterstützt einen sehr intelligenten Aufrufvorgang, der dem Vorgang, der nach einem Benutzerklick auf eine Datei im Windows-Explorer ausgeführt wird, ähnlich ist. Abhängig von der Endung der Datei (in unserem Fall HTML) wird in der Registrierdatenbank die Anwendung gefunden, die für das Öffnen dieser Dateiarten zuständig ist. In unserem Fall wird also ein WWW-Browser aufgerufen, und die Datei wird in diesem Browser geöffnet.

Die Funktion *::ShellExecute()* nimmt als ersten Parameter den Zeiger auf dem Elternfenster. Bei NULL wird ein neues Fenster als „selbständiges Fenster" geöffnet. Der zweite Parameter beschreibt in textueller Form die Aktion, die durchgeführt werden muß. In unserem Fall ist das *open*. Eine weitere interessante Möglichkeit ist mit *print* verbunden. Der dritte Parameter der Funktion weist auf die Datei hin, die in der Aktion beteiligt werden muß. Die nächsten zwei Parameter beschreiben die zusätzlichen Parameter der Aktion und das Standardverzeichnis (*default*). Der letzte Parameter weist darauf hin, in welchem Zustand das Fenster der zuständigen Anwendung auf dem Bildschirm erscheinen muß. In unserem Fall wählen wir den „normalen" Zustand. Bei der Analyse des Rückwertes der Funktion müssen Sie prüfen, ob er kleiner als 33 ist. Das bedeutet, daß es beim Aufruf ein Problem gab. Die genaue Beschreibung der Rückwerte finden Sie in der Online-Hilfe.

Jetzt sind wir mit dem Dialog fertig.

Um den Aufruf des Dialoges zu ermöglichen, müssen wir noch ein paar Ergänzungen in das Hauptsteuerelement einfügen.

Fügen Sie am Anfang der Datei *IntCircuitCtl.h* die folgende Zeile hinzu:

```
#ifndef __INTCIRCUITCTL_H_
#define __INTCIRCUITCTL_H_

#include "resource.h"        // Hauptsymbole
#include <atlctl.h>
#include "Chip.h"
#include "ChoiceDlg.h"
```

Korrigieren Sie die Methode *CIntCircuitCtl::OnLButtonDown()* folgendermaßen:

```
LRESULT CIntCircuitCtl::OnLButtonDown(UINT uMsg, WPARAM wParam,
                                   LPARAM lParam, BOOL& bHanled)

{
   WORD xPos = LOWORD(lParam);
   WORD yPos = HIWORD(lParam);
   RECT rect;
   ::GetClientRect(m_hWndCD, &rect);
   for(UINT i= 0; i < m_uCountChip; i++)
   {
       bool bRes = m_pChipsArr[i]->HitTestDraw(xPos, yPos, rect,
                                         m_rectGabarit);
       if(bRes)
       {
CChoiceDlg dlg;
             dlg.m_pChip = m_pChipsArr[i];
             dlg.DoModal();
             Invalidate();

       }
   }
   return 0;
}
```

Im Listing oben zeigen die fettgedruckten Zeilen, welche Änderungen im Vergleich zur vorherigen Version der Methode durchgeführt werden müssen.

Sie sehen, daß der Aufruf eines modalen Dialoges in einem ATL-Projekt genauso aussieht, wie der Aufruf in einem MFC-Projekt. Nach dem Schließen des Dialoges geben wir mit Hilfe der Mantel-Methode *Invalidate()* von der Klasse *CWindow* den Befehl, das Fenster des Steuerelementes neu zu zeichnen. Das müssen wir machen, weil nach der Bestellung die Anzahl der Ersatzschips eines Typen sich so ändern kann, daß er mit einer neuen Farbe dargestellt werden muß.

16.8.3 Anmerkung zum Begriff „fensterlos"

Wenn Sie jetzt versuchen, das Steuerelement zu kompilieren und zu testen, stellen Sie fest, daß das Steuerelement auf die Mausklicke im ActiveX Control Test-Container und in Microsoft Word reagiert, im Internet Explorer 4 bzw. Windows Explorer jedoch nicht. Wenn Sie die Situation mit dem Spy++ erforschen, stellen Sie fest, daß unser Steuerelement im Explorer kein eigenes Fenster beherrscht (im Gegensatz zur Situation mit dem Test-Container und Word).

Die Erklärung dafür ist folgende. IE akzeptierter die Voreinstellung von ATL COM Object Wizard (Seite 2, Kartei Miscellaneous, Gruppe Other, Kontrollkästchen *Windowed* Only). Diese Voreinstellung kennzeichnet unser Objekt als „potentiell fensterlos".

Ein fensterloses Objekt besitzt natürlich kein Fenster. Deswegen liefert die Ermittlung des Client-Rechtecks in der Methode *CIntCircuitCtl::OnLButtonDown()* ein falsches Ergebnis.

Um die Situation zu verbessern, müssen Sie im Konstruktor die folgende Zeile einfügen:

```
CIntCircuitCtl()
   {

        m_bWindowOnly = TRUE;

...
```

Das gleiche Ergebnis können wir am Anfang mit der Aktivierung der oben genannten Kontrollkästchen erreichen.

16.9 Ereignisse

Die Ereignisse informieren den Client (Container) über wichtige Änderungen im Objekt. Wir werden ein Ereignis mit dem Namen *NewOrder* in unserem Projekt anwenden, um den Container über eine neue Bestellung eines Chips zu informieren.

Im allgemeinen besteht dieser Vorgang aus folgenden Schritten:

1. Erweiterung der Ereignis-Schnittstelle des Steuerelementes
2. Implementieren der Kommunikationspunkt-Schnittstelle und der Kommunikationspunktcontainer-Schnittstelle des Steuerelementes
3. Implementieren des Aufrufes einer Ereignismethode von Server

Diese Schritte führen wir in diesem Abschnitt durch.

1. Erweitern Sie die Ereignis-Schnittstelle des Steuerelementes

Mit dem rechten Mausklick auf dem Eintrag *_IintCircuitCtlEvents* rüfen Sie Popup Menü auf. Wählen Sie den Menüpunkt *Add Method*. Füllen Sie den neuen Dialog wie auf der Abbildung 16.19 zu sehen ist.

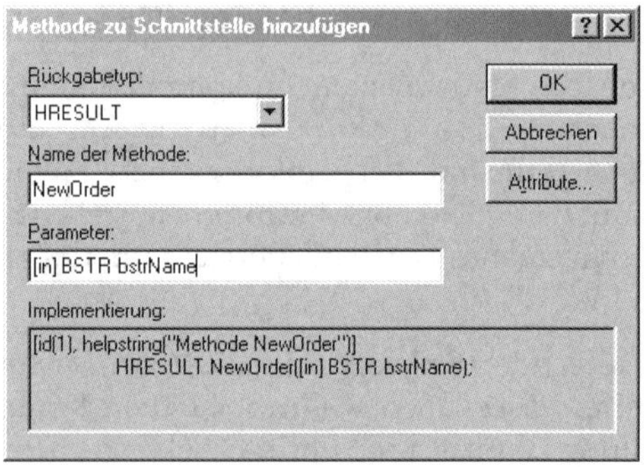

Abbildung 16.19: Einfügen einer Methode in die Ereignisschnittstelle

Damit wird den Quellcode der IDL-Datei des Projektes folgendermaßen erweitert:

```
import "oaidl.idl";
import "ocidl.idl";
#include "olectl.h"

   [
       object,
       uuid(E365E58D-563F-11D2-B890-0000B45EEBF9),
       dual,
       helpstring("IIntCircuitCtl-Schnittstelle"),
       pointer_default(unique)
   ]
   interface IIntCircuitCtl : IDispatch
   {
       [propput, id(DISPID_BACKCOLOR)]
       HRESULT BackColor([in]OLE_COLOR clr);
       [propget, id(DISPID_BACKCOLOR)]
       HRESULT BackColor([out,retval]OLE_COLOR* pclr);
       [propget, id(1), helpstring("Eigenschaft IsStockOK")]
                       HRESULT IsStockOK([out, retval] BOOL *pVal);
       [id(2), helpstring("Methode Count")] HRESULT Count([in]
                       BSTR bstrName, [out, retval] short* sCount);
   };

[
   uuid(E365E581-563F-11D2-B890-0000B45EEBF9),
   version(1.0),
   helpstring("AxDATLCircuit 1.0 Typbibliothek")
]
library AXDATLCIRCUITLib
{
   importlib("stdole32.tlb");
   importlib("stdole2.tlb");
```

```
    [
        uuid(E365E58E-563F-11D2-B890-0000B45EEBF9),
        helpstring("_IIntCircuitCtlEreignisschnittstelle")
    ]
    dispinterface _IIntCircuitCtlEvents
    {
        properties:
        methods:

        [id(1), helpstring("Methode NewOrder")] HRESULT NewOrder([in] BSTR bstrName);

    };

    [
        uuid(335B94EF-5609-11D2-B890-0000B45EEBF9),
        helpstring("IntCircuitCtl Class")
    ]
    coclass IntCircuitCtl
    {
        [default] interface IIntCircuitCtl;
        [default, source] dispinterface _IIntCircuitCtlEvents;
    };
};
```

Betrachten wir kurz diese Datei.

Das Stichwort *dispinterface* vor dem Namen der Schnittstelle *_IIntCircuitCtlEvents* kennzeichnet die beschriebene Schnittstelle als Automatisierungsschnittstelle.

Das Stichwort *source* kennzeichnet, daß die Schnittstelle eine Quelle für die Notifikation ist. Das Steuerelement bietet diese Schnittstelle nicht selbst an, sondern ruft die Methoden und Eigenschaften der Schnittstelle auf, die auf der Container-Seite implementiert werden müssen.

Vor dem Ausführen der nächsten Schritte kompilieren Sie das Projekt, um die Typeninformation in der TLB-Datei zu aktualisieren.

2. Fügen Sie das Implementieren der Kommunikationspunkt-Schnittstelle und der Kommunikationspunktcontainer-Schnittstelle des Steuerelementes hinzu

Mit dem rechten Mausklick auf den Eintrag *CCIntCircuitCtl* rufen Sie ein Popup Menü an. Wählen Sie den Menüpunkt *Implement Connection Point.*In neum Dialog (Abbildung 16.20) kreuzen Sie das Kontrollkästschen am den Eintrag *_IintCircuitCtlEvents*.

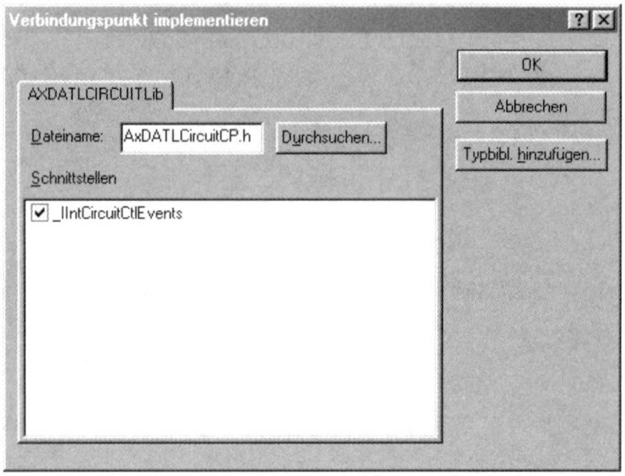

Abbildung 16.20: Einfügen der Kommunikationspunkt-Schnittstelle

Nach dem Klick auf der OK- Schaltfläche des Dialoges finden Sie in ClassView eine neue Klasse mit der einzigen Methode *Fire_NewOrder()* (Abbildung 16.21).

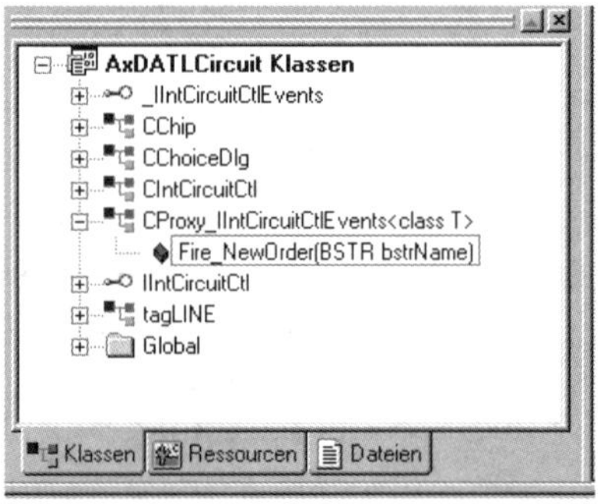

Abbildung 16.21: Neue Klasse in ClassView mit der Implementierung der Kommunikationspunktenschnittstelle

Wenn Sie sich jetzt die neu generierte Datei *AxDATLCircuitCP.h* anschauen, finden Sie die Deklaration der Klasse *CProxy_IntCircuitCtlEvents* und die Implementation der Methode *Fire_NewOrder()*:

```
template <class T>
class CProxy_IIntCircuitCtlEvents : public IConnectionPointImpl<T,
      &DIID__IIntCircuitCtlEvents, CComDynamicUnkArray>

{
   //Warning this class may be recreated by the wizard.

public:
   HRESULT Fire_NewOrder(BSTR bstrName)
   {
      ...
```

```
    }
};
#endif
```

Die Implementation der Ereignisse basiert in COM auf einem Mechanismus mit dem Namen Kommunikationspunkte (*connection points*). Ein COM-Objekt kann mehrere Kommunikationspunkte unterstützen, deshalb gibt es eine „Zentrale", die sich um Informationen über die Kommunikationspunkte des Objektes kümmert. Diese Zentrale heißt Kommunikationspunktcontainer (*connection point container*).

Die Kommunikationspunkte unterstützen in einem COM-Objekt die Schnittstelle *IConnectionPoint*.

Die „Zentrale" wird in einem COM-Objekt mit Hilfe der Schnittstelle *IConnectionPointContainer* unterstützt.

Mit Hilfe dieser Schnittstelle ermittelt der (Client) Container zum Beispiel, welche Kommunikationspunkte das Steuerelement (COM-Objekt) unterstützt.

Am Anfang der Deklaration der Klasse *CintCircuitCtl* finden wir jetzt folgende Liste der Schnittstellen, auf die die Klasse ihre Funktionalität erbt:

```
class ATL_NO_VTABLE CIntCircuitCtl :
   public CComObjectRootEx<CComSingleThreadModel>,
   public CStockPropImpl<CIntCircuitCtl, IIntCircuitCtl,
          &IID_IIntCircuitCtl, &LIBID_AXDATLCIRCUITLib>,
   public CComControl<CIntCircuitCtl>,
   public IPersistStreamInitImpl<CIntCircuitCtl>,
   public IOleControlImpl<CIntCircuitCtl>,
   public IOleObjectImpl<CIntCircuitCtl>,
   public IOleInPlaceActiveObjectImpl<CIntCircuitCtl>,
   public IViewObjectExImpl<CIntCircuitCtl>,
   public IOleInPlaceObjectWindowlessImpl<CIntCircuitCtl>,
   public ISupportErrorInfo,

   public IConnectionPointContainerImpl<CIntCircuitCtl>,

   public IPersistStorageImpl<CIntCircuitCtl>,
   public ISpecifyPropertyPagesImpl<CIntCircuitCtl>,
   public IQuickActivateImpl<CIntCircuitCtl>,
   public IDataObjectImpl<CIntCircuitCtl>,

   public IProvideClassInfo2Impl<&CLSID_IntCircuitCtl, &DIID__IIntCircuitCtlEvents,
          &LIBID_AXDATLCIRCUITLib>,

   public IPropertyNotifySinkCP<CIntCircuitCtl>,
   public CComCoClass<CIntCircuitCtl, &CLSID_IntCircuitCtl>,

   public CProxy_IIntCircuitCtlEvents< CIntCircuitCtl >

{
```

Zeilen in der Liste, die mit den Kommunikationspunkten zu tun haben, sind fett gedruckt.

Überspitzt formuliert, zeigen die erste und die letzte Zeile, daß unser Steuerelement jetzt seine Funktionalität von der Kommunikationspunkt-Schnittstelle und der Kommunikationspunktencontainer-Schnittstelle erbt.

Die fette Zeile kündigt die Schnittstelle *IID__IintCircuitCtlEvents* als Standard-Ereignisschnittstelle des Objektes an.

Die oberen Erweiterungen deklarieren neue Schnittstellen in unserem Steuerelement. Die Schnittstelle *IConnectionPointContainer* sollte auch mit Hilfe von *QueryInterface()* zugreifbar sein. Für diesen Zweck muß man diese Schnittstelle in die COM-Karte eintragen.

ATL hat das für uns auch getan. (Früher mußte man diese und vorige Aktionen manuell machen). Jetzt sieht die COM-Karte des Objektes so aus.

```
BEGIN_COM_MAP(CIntCircuitCtl)
   COM_INTERFACE_ENTRY(IIntCircuitCtl)
   COM_INTERFACE_ENTRY(IDispatch)
   COM_INTERFACE_ENTRY(IViewObjectEx)
   COM_INTERFACE_ENTRY(IViewObject2)
   COM_INTERFACE_ENTRY(IViewObject)
   COM_INTERFACE_ENTRY(IOleInPlaceObjectWindowless)
   COM_INTERFACE_ENTRY(IOleInPlaceObject)
   COM_INTERFACE_ENTRY2(IOleWindow, IOleInPlaceObjectWindowless)
   COM_INTERFACE_ENTRY(IOleInPlaceActiveObject)
   COM_INTERFACE_ENTRY(IOleControl)
   COM_INTERFACE_ENTRY(IOleObject)
   COM_INTERFACE_ENTRY(IPersistStreamInit)
   COM_INTERFACE_ENTRY2(IPersist, IPersistStreamInit)
   COM_INTERFACE_ENTRY(ISupportErrorInfo)
   COM_INTERFACE_ENTRY(IConnectionPointContainer)
   COM_INTERFACE_ENTRY(ISpecifyPropertyPages)
   COM_INTERFACE_ENTRY(IQuickActivate)
   COM_INTERFACE_ENTRY(IPersistStorage)
   COM_INTERFACE_ENTRY(IDataObject)
   COM_INTERFACE_ENTRY(IProvideClassInfo)
   COM_INTERFACE_ENTRY(IProvideClassInfo2)

   COM_INTERFACE_ENTRY_IMPL(IConnectionPointContainer)

END_COM_MAP()
```

Man muß die Schnittstelle *CProxy_IntCircuitCtlEvents* nicht in die Karte der Schnittstellen einfügen, weil man alle Kommunikationspunkte des Objektes mit Hilfe der „Kommunikations-Zentrale" (Schnittstelle *IConnectionPointContainer*) von außerhalb ermittelt.

Jetzt ist die „Kommunikationszentrale" für den Rest der Welt erreichbar. Welche Kommunikationspunkte betreut diese Zentrale? Um einen Kommunikationspunkt mit der

„Zentrale" zu verbinden, muß die Kommunikationspunkt-Schnittstelle in die Karte der Kommunikationspunkte eingefügt werden. Und das hat ATL auch getan! Die Schnittstelle *DIID__IintCircuitCtlEvents* ist auch in die Liste der Kommunikationspunkte des Objektes eingetragen.

```
BEGIN_CONNECTION_POINT_MAP(CIntCircuitCtl)
   CONNECTION_POINT_ENTRY(IID_IPropertyNotifySink)
   CONNECTION_POINT_ENTRY(DIID__IIntCircuitCtlEvents)
END_CONNECTION_POINT_MAP()
```

Jetzt sind wir mit der Erweiterung der Klasse mit den Ereignissen fast fertig.

Das einzige, was noch zu tun ist: den Quellcode so zu erweitern, daß das Ereignis *Fire_NewOrder()* nach jeder Bestellung ausgelöst wird.

3. Implementieren Sie den Aufruf der Ereignismethode

Erweitern Sie die Methode *CIntCircuitCtl::OnLButtonDown()* folgendermaßen:

```
LRESULT CIntCircuitCtl::OnLButtonDown(UINT uMsg, WPARAM wParam,
      LPARAM lParam, BOOL& bHanled)
{
   WORD xPos = LOWORD(lParam);
   WORD yPos = HIWORD(lParam);
   RECT rect;
   GetClientRect(&rect);
   for(UINT i= 0; i < m_uCountChip; i++)
   {
      bool bRes = m_pChipsArr[i]->HitTestDraw(xPos, yPos, rect,
                                          m_rectGabarit);
      if(bRes)
      {
               CChoiceDlg dlg;
               dlg.m_pChip = m_pChipsArr[i];

               short sOldCount = m_pChipsArr[i]->m_sCount;
               dlg.DoModal();

               if(sOldCount != m_pChipsArr[i]->m_sCount)
               {
                        //== Gab es eine Bestellung
                        CComBSTR bstrName(m_pChipsArr[i]->m_strName);
                        Fire_NewOrder(bstrName);
                        Invalidate();

               }

      }
   }
   return 0;
}
```

Wir ermitteln mit Hilfe der Variable *sOldCount*, ob der Benutzer mit Hilfe des Dialoges eine Bestellung gemacht hat. Ist das der Fall, erzeugen wir mit Hilfe der ATL Service-Klasse *CComBSTR* eine *BSTR*-Symbolkette mit dem Namen des Chips und lassen die Ereignisse auslösen.

16.10 Testen des Projektes mit Test-Container

Testen Sie die neue Variante des Steuerelementes mit Hilfe des Test-Container. Nach jeder neuen Bestellung taucht die entsprechende Zeile im Unterfenster des Containers auf (Abbildung 16.22).

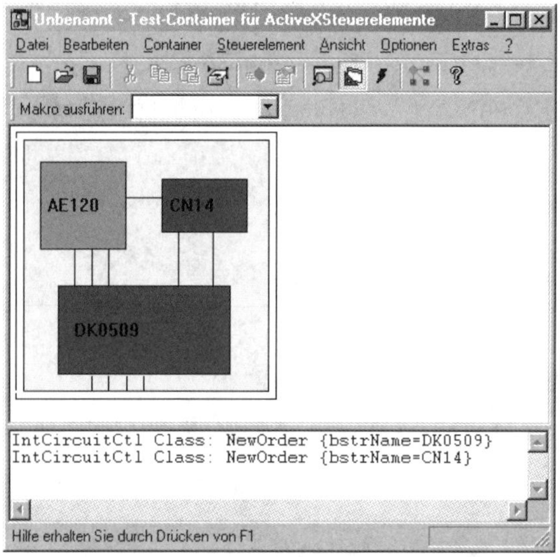

Abbildung 16.22: Testen des Steuerelementes mit Test-Container. Im Unterfenster unten sieht man die Liste der ausgelösten Ereignissen

16.11 Erweiterung des Quellcodes und Testen der HTML Test-Seite

Vergessen Sie nicht, daß ATL in unserem Projektverzeichnis auch eine HTML-Seite anlegt.

Der Quellcode der Seite sieht so aus:

```
<HEAD>
<TITLE>ATL 2.0 test page for object IntCircuitCtl</TITLE>
</HEAD>
<BODY>
<OBJECT ID="IntCircuitCtl" <
```

```
 CLASSID="CLSID:90BB18C2-EF5E-11D1-B890-E90CF092812B">
>
</OBJECT>
</BODY>
</HTML>
```

Wenn Sie versuchen, diese Seite im Internet Explorer aufzurufen, sollten die Mausklicke, Dialoge und die Farbenänderungen genau wie im ActiveX Control Test-Container funktionieren.

Was noch fehlt, ist die Ereignisbearbeitung und das Informieren des Containers mit Hilfe von Ereignissen.

Erweitern wir den Quellcode der Seite, wie es unten zu sehen ist:

```
<HTML>
<HEAD>
<TITLE>ATL 2.0 test page for object IntCircuitCtl</TITLE>
</HEAD>
<BODY>
<OBJECT ID="IntCircuitCtl" <
 CLASSID="CLSID:90BB18C2-EF5E-11D1-B890-E90CF092812B">
>
</OBJECT>

<SCRIPT LANGUAGE="VBScript">
Sub IntCircuitCtl_NewOrder(strName)
   alert "Neue Bestellung von "&strName
   Count = IntCircuitCtl.Count(strName)
   alert Count
End Sub

</SCRIPT>
</BODY>
</HTML>
```

In der ersten Zeile des Skriptes lassen wir eine Meldung mit Informationen über die Bestellung erscheinen. In der zweiten und dritten Zeile ermitteln wir, wie viele Ersatzchips noch im Lager bleiben.

Nach der Bestellung eines Ersatzchipes bekommen wir am Bildschirm den bekannten Sicherheitshinweis. (Abbildung 16.23).

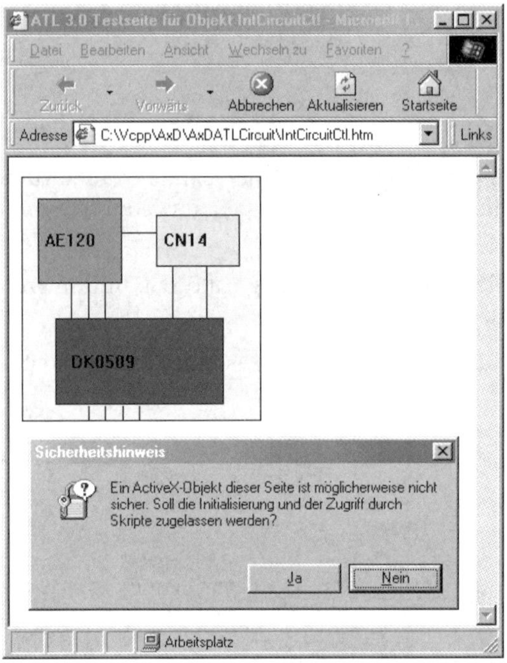

Abbildung 16.23: Sicherheitshinweis bei der Bestellung

Eine genaue Erklärung über diese Fehlermeldung und andere Sicherheitsmaßnahmen des Internet Explorers finden Sie im letzten Abschnitt des Kapitels „Projekt *TeamRoom*". An dieser Stelle klicken Sie auf die Schaltfläche *Ja*, um weitere Experimente zu lassen.

Wir können diese Fehlermeldung aber vermeiden, wenn wir das Steuerelement als „sicher für Scripting" kennzeichnen. Erforschen wir jetzt, wie man das machen kann.

Solche Steuerelemente müssen die Schnittstelle *IObjectSafeImpl* implementieren. (Im Projekt *TeamRoom* haben wir einen anderen Mechanismus verwendet. Wir haben damals nötige Einträge in der Registrierdatenbank eingefügt.)

Erweitern Sie den Quellcode folgendermaßen:

```
class ATL_NO_VTABLE CIntCircuitCtl :
   public CComObjectRootEx<CComSingleThreadModel>,
   public CStockPropImpl<CIntCircuitCtl, IIntCircuitCtl,
          &IID_IIntCircuitCtl, &LIBID_AXDATLCIRCUITLib>,
   public CComControl<CIntCircuitCtl>,
   public IPersistStreamInitImpl<CIntCircuitCtl>,
   public IOleControlImpl<CIntCircuitCtl>,
   public IOleObjectImpl<CIntCircuitCtl>,
   public IOleInPlaceActiveObjectImpl<CIntCircuitCtl>,
   public IViewObjectExImpl<CIntCircuitCtl>,
   public IOleInPlaceObjectWindowlessImpl<CIntCircuitCtl>,
   public ISupportErrorInfo,
```

```
    public IConnectionPointContainerImpl<CIntCircuitCtl>,
    public IPersistStorageImpl<CIntCircuitCtl>,
    public ISpecifyPropertyPagesImpl<CIntCircuitCtl>,
    public IQuickActivateImpl<CIntCircuitCtl>,
    public IDataObjectImpl<CIntCircuitCtl>,
    public IProvideClassInfo2Impl<&CLSID_IntCircuitCtl,
           &DIID__IIntCircuitCtlEvents, &LIBID_AXDATLCIRCUITLib>,
    public IPropertyNotifySinkCP<CIntCircuitCtl>,
    public CComCoClass<CIntCircuitCtl, &CLSID_IntCircuitCtl>,
    public CProxy_IIntCircuitCtlEvents< CIntCircuitCtl >,

    public IObjectSafetyImpl<CIntCircuitCtl, INTERFACESAFE_FOR_UNTRUSTED_CALLER>

{
public:
    CIntCircuitCtl()
    {
…
    }

DECLARE_REGISTRY_RESOURCEID(IDR_INTCIRCUITCTL)
DECLARE_PROTECT_FINAL_CONSTRUCT()
BEGIN_COM_MAP(CIntCircuitCtl)
    COM_INTERFACE_ENTRY(IIntCircuitCtl)
    COM_INTERFACE_ENTRY(IDispatch)
    COM_INTERFACE_ENTRY(IViewObjectEx)
    COM_INTERFACE_ENTRY(IViewObject2)
    COM_INTERFACE_ENTRY(IViewObject)
    COM_INTERFACE_ENTRY(IOleInPlaceObjectWindowless)
    COM_INTERFACE_ENTRY(IOleInPlaceObject)
    COM_INTERFACE_ENTRY2(IOleWindow, IOleInPlaceObjectWindowless)
    COM_INTERFACE_ENTRY(IOleInPlaceActiveObject)
    COM_INTERFACE_ENTRY(IOleControl)
    COM_INTERFACE_ENTRY(IOleObject)
    COM_INTERFACE_ENTRY(IPersistStreamInit)
    COM_INTERFACE_ENTRY2(IPersist, IPersistStreamInit)
    COM_INTERFACE_ENTRY(ISupportErrorInfo)
    COM_INTERFACE_ENTRY(IConnectionPointContainer)
    COM_INTERFACE_ENTRY(ISpecifyPropertyPages)
    COM_INTERFACE_ENTRY(IQuickActivate)
    COM_INTERFACE_ENTRY(IPersistStorage)
    COM_INTERFACE_ENTRY(IDataObject)
    COM_INTERFACE_ENTRY(IProvideClassInfo)
    COM_INTERFACE_ENTRY(IProvideClassInfo2)
    COM_INTERFACE_ENTRY_IMPL(IConnectionPointContainer)

    COM_INTERFACE_ENTRY(IObjectSafety)

END_COM_MAP()
```

Schattierte Anweisungen zwingen ATL, eine Standard-Implementation der Schnittstelle *IObjectSafety* im Projekt einzufügen.

Kompilieren und testen Sie die neue Version des Steuerelements. Sicherheitshinweise sollten nicht mehr erscheinen (Abbildung 16.24).

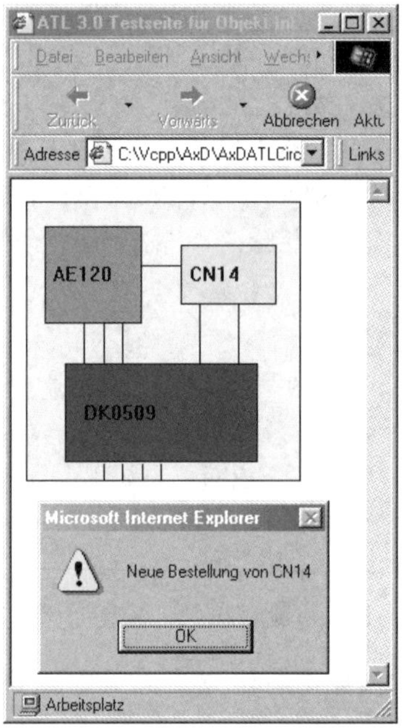

Abbildung 16.24: Testen eines ATL–Steuerelements mit Ereignissen

17 Fortgeschrittene ATL-Themen

Nach dem erfolgreichen Beenden unseres ATL-Projektes im vorigen Kapitel ist es eine gute Idee, auf der Basis von praktischer Erfahrung noch ein bißchen ATL-Theorie zu lernen. In diesem Kapitel betrachten wir einige ATL-Themen, die Ihr Verständnis von ATL erweitern und systematisieren müßten.

Zur Zeit ist ATL für Fehler während der Entwicklungsphase sehr empfindlich. Die Fehlersuche ist durch die ungewohnte Natur der Codes und der Compilierungsvorgänge erschwert. Die unten erläuterten Aspekte von ATL sollten Ihnen beim Umgang und bei der Fehlersuche in ATL-Projekten helfen.

17.1 Mehrfachvererbung, Klassen und Schnittstellen in einem ATL-Projekt

Das Thema Mehrfachvererbung ist nur in fortgeschrittenen C++-Büchern dargestellt. In den meisten dieser Bücher steht, daß man mit Mehrfachvererbung in C++ schon sehr aufpassen muß.

Ein potentielles Problem besteht in der Situation, in der zwei Methoden mit den gleichen Namen und Parameterlisten, aber mit verschiedenen Inhalten in verschiedenen Basisklassen implementiert sind. Andere Programmiersprachen enthalten spezielle Sprachelemente für das Auslösen solcher Konflikte.

Im allgemeinen kann Ihnen niemand garantieren, daß eine Basisklasse nicht erweitert wird. Da versteckt sich die Gefahr, daß plötzlich ein Konflikt beim nächsten Kompilieren des Projektes entsteht.

Diese Gefahr wird aber vermieden, wenn alle Klassen entsprechend durchdacht sind und von demselben Hersteller kommen. Genau so ist das im Fall von ATL.

ATL geht aber weiter. Statt der klassischen mehrstufigen Vererbung, die das Implementieren der Basisklassen als Quellcode oder als kompilierte Bibliothek in Ihr Projekt einfügt, schneidet ATL vom Quellcode nur die nötigen Abschnitte aus und fügt sie Ihrem Projekt hinzu.

17.1.1 Schnittstellen eines ATL COM-Objekts

ATL fügt dem Projekt nur die Schnittstellen hinzu, die Sie mit dem ATL COM Wizard im Projekt deklariert haben. Dabei könnte die Schnittstelle von außen mit *QueryInterface()* erreicht werden, wenn die Schnittstellen auch in der COM-Karte (zwischen den Makros *BEGIN_COM_MAP* und *END_COM_MAP())* eingefügt werden.

Die Schnittstellen sind in ATL als die C++-Klassen implementiert. In ATL können auch „richtige" C++-Klassen implementiert werden, die von keinen Schnittstellen abgeleitet sind.

Wenn Sie die Zeilen mit den Deklarationen der Schnittstellen genauer betrachten, können Sie sich vielleicht vorstellen, wie ATL die Schnittstelle in Ihr Projekt einfügt.

ATL analysiert eine Zeile in der Deklaration:

```
public IObjectSafetyImpl<CIntCircuitCtl>
```

Ferner nimmt ATL die Quellcode-Fragmente aus der entsprechenden ATL-Kopfdatei (für die Schnittstelle *IObjectSafetyImpl* ist das die Datei *Atlctl.h*) und fügt sie in Ihrer Klasse hinzu. Den Namen Ihrer Klasse findet ATL in eckigen Klammern in der Deklaration-Zeile.

ATL führt diese Operationen intelligent durch. Für jede Methode jeder eingefügten Schnittstelle prüft ATL zuerst, ob vielleicht der Entwickler schon diese Methode im Quellcode des Projektes implementiert hat. Ist das der Fall, wird die Standardimplementation nicht in das Projekt übernommen.

Dabei kontrolliert ATL den Aufruf-Graph Ihres Programms. In der Datei *...vc\atl\include\Atlwin.h* finden Sie z. B. die Implementation der Klasse *CWindow*. Das ist eine „Mantelklasse" für die Windows-API. Eine typische Methode aus dieser Klasse sieht z.B. so aus:

```
HWND GetParent() const
{
        _ASSERTE(::IsWindow(m_hWnd));
        return ::GetParent(m_hWnd);
}
```

(Sie sehen keinen Klassennamen vor dem Namen der Methode, weil sich ATL um diese Dinge ein bißchen anders kümmert.)

Wenn Sie sich die Datei *AtlWin.h* anschauen, finden Sie dort mehrere Dutzende solcher Methoden. In jedem Projekt (zum Beispiel in unserem Projekt *AxDATLCircuit*) verwendet man nur einige wenige. ATL funktioniert intelligent und fügt dem Projekt nur die Methoden hinzu, die Sie tatsächlich in Ihrem Projekt aufrufen.

Sie erinnern sich aus unserem ATL-Projekt *AxDATLCircuit* sicher, daß das Einfügen einer neuen Schnittstelle in ein ATL-Projekt sehr leicht war. Man muß dabei nur zwei Zeilen in die Deklaration und die COM-Karte einfügen. Merken Sie sich, wenn Sie in einem COM-Objekt eine Schnittstelle implementieren wollen, dann müssen Sie alle Methoden dieser Schnittstelle unbedingt implementieren. Auf diese Weise bietet ATL mit der Standardimplementation der eingefügten Schnittstellen eine unglaubliche Erleichterung.

17.1.2 Fundamentalklassen von ATL

Eine besondere Aufgabe bei der Programmierung von COM-Objekten ist die Programmierung der *QueryInterface()* und der Referenzenzahlungen. Dieses Problem hatten wir in unserem MFC-Steuerelement nicht, weil die Funktionalität der Klasse *COleControl* uns gereicht hat. Wenn Sie die Bücher [4] und [5] oder Kapitel 23, „Das Komponentobjektmodell", aus dem Buch [3] gelesen haben, erinnern Sie sich an die umfangreichen Aufrufe der Methoden *QueryInterface(), AddRef()* und *Release()*.

Der Umgang mit dem Schnittstellenzeiger ist zwar nicht kompliziert, aber ziemlich langweilig, aufwendig und fehlerhaft.

ATL übernimmt diesen Teil der Entwicklung mit der vordefinierten Implementierung von sog. Fundamentalklassen, die unten aufgelistet sind.

- Die Klassen *CComObject, CComAggObject* oder *CComPolyObject* implementieren die Methoden der *Iunknown*-Schnittstelle.
- Die Klassen *CComObjectRoot* und / oder *CComObjectRootEx* implementieren die vordefinierte Klassenfabrik und das Aggregationsmodell.
- Die Klasse *IDispatchImpl* stellt eine Implementierung von der *IDispatch* für duale Schnittstellen zur Verfügung.

Eine Erläuterung dieser Schnittstellen ist im Rahmen unseres Buches nicht vorgesehen. Genaue Information zu diesem Thema finden Sie in der Online-Hilfe unter der Suchmaske „Fundamentals of ATL COM Objects".

17.2 Windows-Klassen in einem ATL-Projekt

ATL COM-Objekte, die die Fenster beherrschen, müssen auf diverse Benutzeraktionen (Aktivieren, Eingabefokus, Position- und Großenänderung usw.) entsprechend reagieren. Außerdem braucht man auch eine Implementation des Zeichenvorganges.

ATL enthält folgende wichtige Windows-Klassen, die diese Funktionalität zur Verfügung stellen:

- Die Klasse *CWindow* verknüpft den Windows-Handler (HWND) mit einem C++-Objekt. Diese Klasse ist in der Tat eine ziemlich dünne Hülle für Windows API-Funktionen.
- Die Klasse *CWindowImpl* implementiert die Windows-Nachrichtenbearbeitung. Diese Klasse läßt Sie auch eine existierende Windows-Klasse (Fensterart), zum Beispiel Editfenster, ableiten. (Verwechseln Sie an dieser Stelle die Fensterklasse von Windows (Fensterarten) nicht mit der Fensterklasse von MFC. Die Windows-Fensterklassen unterscheiden sich voneinander durch Ihre Stileinstellungen. Diese Einstellungen setzen fest, ob diese Art von Fenster einen Fensterrand hat, ob man die Fenstergroße ändern kann usw. Man kann einige fixierte Fensterarten mit Hilfe von MFC-Fensterklassen, wie z.B. *CFormView* oder *CeditView*, implementieren.) Die Nachrichtenverarbeitung in *CWindowImpl* sieht ähnlich wie entsprechende Teile der

MFC aus. Erinnern Sie sich an die Bearbeitung der Mausklicks in unserem Projekt *AxDATLCircuit*.

- Die Klasse *CDialogImpl* dient für die Implementierung der modalen und nicht-modalen Dialoge in Ihrem ATL-Projekt. Der Dialog wird damit als selbständiges Objekt hergestellt. Der Dialog beherrscht eine eigene Nachrichtenkarte. In unserem Projekt *AxDATLCircuit* haben wir einen solchen Dialog hergestellt.
- Die Klasse *CContainedWindow* läßt die Nachrichtenbearbeitung mehrerer COM-Objekte mit eigenen Fenstern auf einer Stelle zentral durchführen.

17.3 Registrierungsvorgang in einem ATL-Projekt

Bei der Entwicklung eines MFC-Steuerelementes haben wir uns mit der Registrierung wenig befaßt, weil MFC das automatisch mit Hilfe der Klasse *COleObjectFactory* macht. Wenn Sie den Registrierungsvorgang beeinflussen wollen, müssen Sie diese Klasse überschreiben, was nicht gerade einfach ist. ATL stellt eine neue Komponente zur Verfügung, die die Registrierung mit einem Skript gestalten läßt. Beim Kompilieren des Projektes legt ATL im Projektverzeichnis eine Datei mit der Endung RGS an. In unserem Projekt *AxDATLCircuit* hat ATL die folgende Datei angelegt:

```
HKCR
{
   AxDATLCircuit.IntCircuitCtl.1 = s 'IntCircuitCtl Class'
   {
       CLSID = s '{335B94EF-5609-11D2-B890-0000B45EEBF9}'
       'Insertable'
   }
   AxDATLCircuit.IntCircuitCtl = s 'IntCircuitCtl Class'
   {
       CLSID = s '{335B94EF-5609-11D2-B890-0000B45EEBF9}'
       CurVer = s 'AxDATLCircuit.IntCircuitCtl.1'
   }
   NoRemove CLSID
   {
       ForceRemove {335B94EF-5609-11D2-B890-0000B45EEBF9} =
                 s 'IntCircuitCtl Class'
       {
              ProgID = s 'AxDATLCircuit.IntCircuitCtl.1'
              VersionIndependentProgID = s 'AxDATLCircuit.
                                        IntCircuitCtl'
              ForceRemove 'Programmable'
              InprocServer32 = s '%MODULE%'
              {
                     val ThreadingModel = s 'Apartment'
```

```
            }
            ForceRemove 'Control'
            ForceRemove 'Insertable'
            ForceRemove 'ToolboxBitmap32' = s '%MODULE%, 101'
            'MiscStatus' = s '0'
            {
                '1' = s '131473'
            }
            'TypeLib' = s '{E365E581-563F-11D2-B890-0000B45EEBF9}'
            'Version' = s '1.0'
        }
    }
}
```

Das ATL-Registrierungsskript und der Registrierungsvorgang sind flexibler als MFC-Skript, weil man die Schlüssel und die Werte auch löschen und abhängig von der Situation korrigieren kann.

ATL legt eine Registrierungsdatei mit dem Registrierungsskript beim Erzeugen einer neuen *CoClass* an. Dieses Skript wird in die ausführbare Datei des Projektes als eine Ressource der neuen Art *REGISTRY* übernommen. Das Registrierungsskript ist eine einfache Textdatei. Diese Datei (in unserem Fall *IntCircuitCtl.rgs*) können Sie mit Hilfe des Visual Studio öffnen und korrigieren.

Erforschen wir jetzt das Skript vom Listing oben. Vergleichen Sie dieses Skript mit den Einträgen in der Registrierdatenbank (Abbildung 17.1).

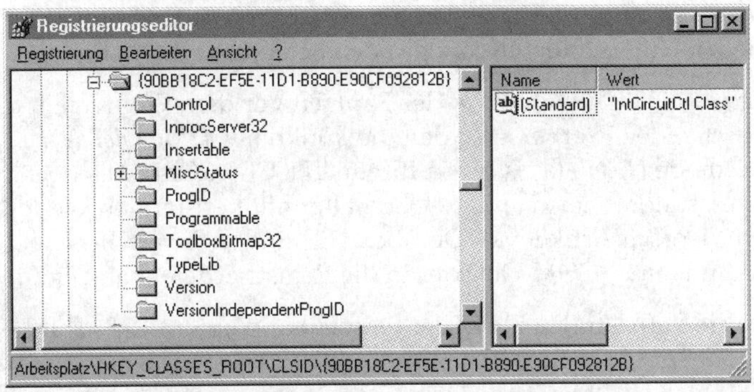

Abbildung 17.1: Einträge in der Registrierdatenbank für das Steuerelement IntCircuitCtl

Die Abkürzung *HKCR* weist darauf hin, daß die Werte unter dem Schlüssel *HKEY_CLASSES_ROOT* eingetragen werden.

Die nächste Zeile setzt einen Standardwert (default) für die weitere Arbeit fest.

Die nächste Zeile weist darauf hin, daß für den Unterschlüssel CLSID ein neuer Wert eingefügt werden muß.

Das Skript hat einen rekursiven Charakter. Die nächste Anweisung schreibt einen Eintrag unter den Unterschlüssel *HKEY_CLASSES_ROOT\IntCircuitCtl.IntCircuitCtl\CurVer* (Abbildung 17.2).

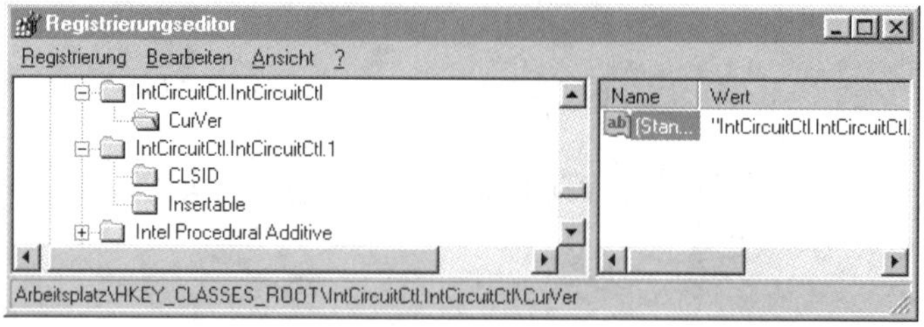

Abbildung 17.2: Noch einige Einträge in der Registrierdatenbank

Der Eintrag *NoRemove CLSID* weist darauf hin, daß man in der Registrierdatenbank eine Ebene nach oben gehen und sich dort mit dem Schlüssel CLSID beschäftigen muß. Das Präfix *NoRemove* sagt, daß der Unterschlüssel während dieses Registrierungsvorganges ohne Änderungen bleiben muß.

Das Präfix *ForceRemove*, das wir im Skript sehen, weist darauf hin, daß dieser Schlüssel zuerst mit allen seinen Unterschlüsseln entfernt werden muß. Danach muß dieser Schlüssel mit einem neuem Wert (in unserem Fall *IntCircuitCtl Class)* eingetragen werden. Dabei werden alle unten in Figurenklammer stehenden Schlüsseln mit Ihren Werten eingetragen.

Die Wertpräfixe *s* und *d* bedeuteten *REG_SZ* und *REG_DWORD.*

Das Präfix *val* weist darauf hin, daß bei der rekursiven Bearbeitung die aktuelle Zeile nicht einen neuen Unterschlüssel, sondern den benannten Wert bedeutet.

Der Parameter %MODULE% wird in der Laufzeit vor dem Einfügen in die Registrierdatenbank durch einen Wert ersetzt, den die Funktion *GetModuleFileName()* liefert. Sie können die Methode *UpdateRegistry()* in Ihrem ATL COM-Objekt so überschreiben, daß nicht nur dieser, sondern auch andere Platzhalter mit bestimmten Werten in der Laufzeit ersetzt werden. Im Artikel von Don Box [14] finden Sie ein Beispiel, wie man das Installationsdatum eines COM-Objektes in die Registrierdatenbank einfügen kann.

Weitere Beispiele dafür finden Sie in der Online-Hilfe unter der Suchmaske „The ATL Registry Component (Registrar)".

17.4 Einstellungen des ATL Object Wizard

In diesem Abschnitt werden die Einstellungen (Optionen) des ATL Object Wizard beschrieben. Diese Einstellungen lassen Sie bestimmte Merkmale in einem COM-Objekt von Anfang an anlegen und viel Entwicklungszeit in nachfolgenden Phasen sparen. In unserem Projekt *AxDATLCircuit* haben wir einige solcher Einstellungen verwendet. Dieser Abschnitt gibt Ihnen einen Überblick.

Die erste Kartei (Seite) „Names" des ATL Object Wizard ist in der Abbildung 17.3 dargestellt. Diese Seite erinnert Sie an die Einstellungen unseres Steuerelementes vom Projekt *AxDATLCircuit*.

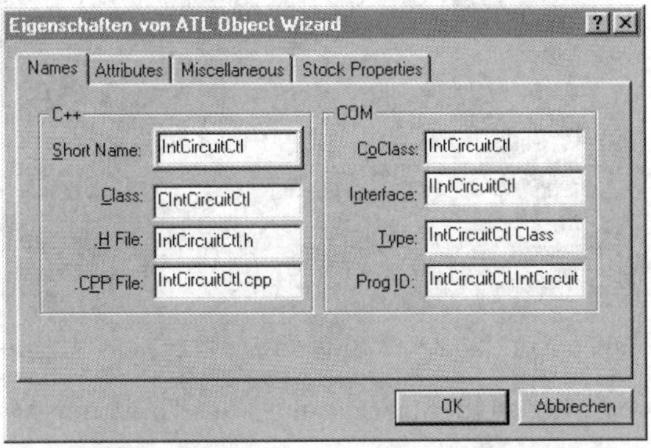

Abbildung 17.3: Kartei „Names" des ATL Object Wizard

Normalerweise muß der Entwickler nur im Eingabefeld *Short Name* den Namen des Objektes eintippen. Andere Felder dieser Kartei ändern ihren Inhalt abhängig von diesem Feld.

Sie sehen, daß die Namen auf zwei Gruppen verteilt sind: C++-Namen und COM-Namen. Bei C++-Namen ist Ihnen sicher alles klar. Beschäftigen wir uns mit COM-Namen.

Das Feld *CoClass* zeigt den Namen der sog. *Component Class* oder des COM-Objektes, das die Liste der unterstützten Schnittstellen enthält. Dieser Name wird in die Typenbibliothek eingetragen.

Das Feld *Interface* enthält den Namen der benutzerdefinierten Automatisierungsschnittstellen mit den spezifischen Methoden und Eigenschaften Ihres Projektes. Für die Eigenschaftsseite (Property Page) Objekt wird an dieser Stelle *IUnknown* automatisch eingefügt. Man setzt auch voraus, daß das Dialog-Objekt keine benutzerdefinierte Schnittstelle hat.

Das Feld *Type* beschreibt den Definition-Text Ihres COM-Objektes, der in der Registrierdatenbank mit dem CLSID Ihres Objektes verknüpft wird (schauen Sie sich Abbildung 17.1 an). Für das einfügbare (insertable) Steuerelement kennzeichnet dieser Text das Objekt in der Liste der einfügbaren Objekte.

Das Feld *ProgID* beschreibt den lesbaren Namen des Objektes, der beim Anlgen des Objektes statt der CLSID verwendet werden kann.

Die Kartei Attributes des ATL Object Wizard ist in Abbildung 17. 4 dargestellt.

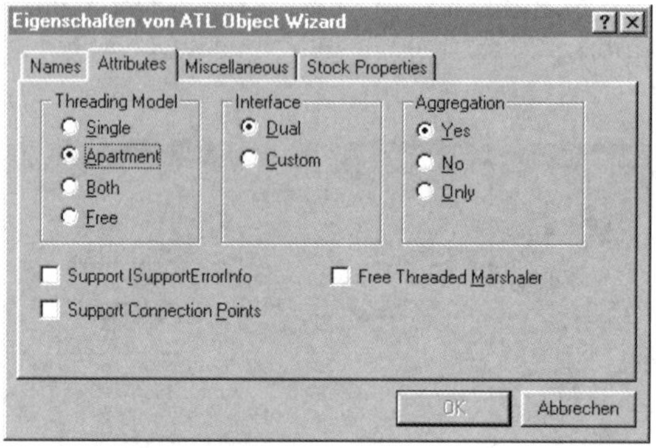

Abbildung 17.4: Kartei Attributes des ATL Object Wizard

Die linke Gruppe der Optionsfelder läßt Sie eines der Threading-Modelle auswählen.

Die Gruppe *Interface* legt fest, welche Schnittstellenart in Ihrem Projekt unterstützt wird.

Die Schnittstellenart *Dual* bedeutet, daß das Objekt *vtable* sowohl die Spätbindung (latebinding) als auch Kommunikationsmechanismen unterstützt.

Bei der Auswahl der *Custom*-Schnittstellenart werden die *Idispatch*-Methoden in Ihrem Objekt nicht verwendet. Das beschleunigt den Kommunikationsvorgang, insbesondere, wenn es um verteilte Systeme geht. Sie müssen aber in diesem Fall eine eigene Proxy/Stub-DLL erzeugen und auf jedem Computer mit Ihren Komponenten installieren.

Die rechte Gruppe oben zeigt, ob die aktuelle Objekt-Aggregatierung unterstützen muß. In Projekten unseres Buches verwenden wir die Aggregatierung nicht.

Das Ankreuzen des Kontrollkästchens *Support ISupportErrorInfo* fügt Ihrem COM-Objekt eine allgemeine Schnittstelle für das Informieren über die Fehlersituationen hinzu. Diese Möglichkeit haben wir in unserem Projekt *AxDATLCircuit* verwendet.

Das Kontrollkästchen *Support IConnection Points* weist den Wizard an, daß die Klasse *IConnectionPointContainerImpl* Ihres Objekts hinzugefügt werden muß. Diese Schnittstelle benötigt man u.a. bei der Implementierung der Ereignisse.

Das Ankreuzen des Kontrollkästchens *FreeThreaded Marshaler* erzeugt ein spezielles Objekt, das das Marshaling zwischen den verschiedenen Threads im gleichen Prozeß beschleunigt.

Die Kartei *Miscellaneous* des ATL Object Wizard ist in der Abbildung 17.5 dargestellt.

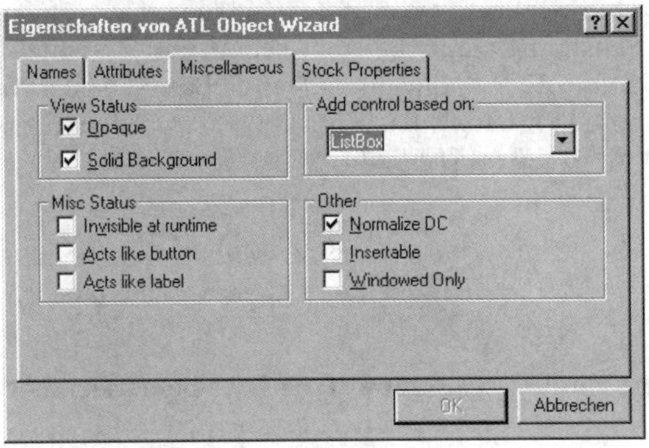

Abbildung 17.5: Kartei Miscellaneous von ATL Object Wizard

Die Einstellungen dieser Kartei haben folgende Bestimmung:

- Das Kontrollkästchen *Opaque* legt fest, daß der Container nicht versucht, innerhalb der Rechtecke des Objektes zu zeichnen. Das beschleunigt den Zeichenvorgang, macht aber verschiedene Zeichentricks mit Durchsichtigkeit unmöglich.
- Das Ankreuzen des Kontrollkästchens *Solid Background* legt fest, daß der Hintergrund mit einer Farbe und nicht mit einem Muster (pattern) gezeigt werden muß. Wenn ein Steuerelement, zum Beispiel feine Linien oder Texte enthält, kann das auf einem Muster schlecht erkennbar sein. Die Einstellung *Solid Background* vermindert diese Möglichkeit.
- Das Kontrollkästchen *Invisble at runtime* weist den Container darauf hin, daß das Steuerelement im Betriebsmodus (runtime) nicht angezeigt werden soll. Solche Objekte führen normalerweise irgendwelche reinen Rechen- oder Kommunikationsarbeiten durch. Einige Container können aber solche Objekte im sog. *Entwicklungsmodus* anzeigen.
- Das Ankreuzen des Kontrollkästchens *Acts like button* weist den Container darauf hin, daß das Objekt bzw. Steuerelement als eine Schaltfläche betrachtet werden muß. Das Objekt muß u.a. in die Tabulationsreihenfolge des Containers eingefügt werden. Das Steuerelement muß sich auch entsprechend zeichnen. Erhält das Steuerelement den Fokus, muß es einen Rahmen mit einem Abstand von seiner Grenze nachzeichnen. Eine entsprechende Funktionalität ist in der Klasse *CComControl* implementiert. Unser Steuerelement *AxDATLCircuit* basiert auch auf dieser Klasse.
- Das Kontrollkästchen *Acts like label* legt fest, daß das aktuelle COM-Objekt im Container als Label funktioniert.
- Mit Hilfe des Kombinationsfeldes *Add control based on* können Sie leicht in Ihrem Steuerelement die Merkmale der bekannten „normalen" Steuerelemente bzw. Fensterarten erweitern oder anpassen. Das Ankreuzen dieses Kontrollkästchens hat die Wirkung, daß die Klasse *CContainedWindow* in der Liste der in Ihrem Objekt deklarierten Klassen auftaucht. Das bedeutet einerseits, daß die Nachrichtenbearbeitung vom aktuellen Objekt im Container delegiert wird. Außerdem bekommt der Contai-

ner nach einer Benutzeraktion mit dem Objekt spezifische Nachrichten für die ausgewählte Basis-Fensterart. Zum Beispiel sendet ein Listenfeld im Container die Nachrichten über eine neue Auswahl. Folgende Basis-Fensterklassen bzw. „normalen" Steuerelemente können als Basis ausgewählt werden: *Edit, Button, Static Text, ListBox, ComboBox, ScrollBar, RichEdit, SysListView32, SysTreeView32, SysAnimate32, SysHeader32, SysTabControl32.*

- Das Ankreuzen des Kontrollkästchens *Normalize DC* sollte den Gerätekontext des Steuerelementes *normalisieren*. In meinen Experimenten habe ich aber wenig Spuren der Normalisierung getroffen.
- Das Kontrollkästchen *Insertable* legt fest, daß das Steuerelement in der Liste **EINFÜGEN | OBJEKT** Insert des OLE -Containers erscheinen muß.
- Über die Wirkung des Kontrollkästchens *Windowed Only* haben wir beim Entwikkeln des Projektes *AxDATLCircuit* diskutiert. Diese Einstellung zwingt den Container immer, das Steuerelement als Fenster darzustellen. Dieses Fenster bekommen zum Beispiel alle Windows-Nachrichten. Moderne Container, z.B. Internet Explorer 4, versuchen, die Steuerelemente ohne eigene Fenster darzustellen, um den Nachrichten-Fluß im System zu verkleinern. In mehreren Fällen ist es möglich, mit Hilfe der Methoden der Klasse *CComControl*, ohne Nachrichtenbearbeitung vernünftige Steuerelemente aufzubauen.

Über die Kartei *Stock Properties* des ATL Object Wizard haben wir im Projekt *AxDATLCircuit* diskutiert.

17.5 Ressourcen

Online-Hilfe

Die Online-Hilfe (Ordner *ActiveX Template Library*) enthält eine vollständige Beschreibung über ATL. ATL Tutorial beschreibt schrittweise die Entwicklung eines ATL-Projektes. Diesen Teil können Sie ohne besondere Vorkenntnisse in ATL und STL lesen und ausprobieren.

Wenn Sie aber mehr mit ATL arbeiten wollen, benötigen Sie bestimmte theoretische Kenntnisse, die Sie von Informationsquellen gewinnen können, die in den Abschnitten „Bücher und Zeitschriften" und „WWWs" unten beschrieben sind.

Die Antworten auf bestimmte Fragen über ATL finden Sie in der Microsoft Knowledge Base im Artikel Q165259 „Info: Active Template Library (ATL) 2.0", Q167654 „HOWTO: Visual C++ 5.0 (Professional & Enterprise) Support FAQ", und im Artikel „Active Template Library (ATL) Programming: Frequently Asked Questins".

Es gibt mehrere ATL Samples, die Sie in Visual C++ im Ordner Samples/ATL finden. Die Liste der Samples finden Sie im „ATL Samples Index".

Bücher und Zeitschriften

Im Buch von Nicolai Josutti [13] finden Sie eine umfangreiche und vollständige Beschreibung der STL-Bibliothek. Obwohl das keine Beschreibung von STL in Visual C++ ist, können Sie mit kleinen Nachfragen in der Online-Hilfe erfolgreich die Ideen und Beispiele aus diesem Buch in Ihren eigenen Projekten anverwenden. STL ist die „ältere Schwester" von ATL. Wenn Sie die ATL in Ihrem Alltag einsetzen wollen, müssen Sie auch einmal STL kennenlernen.

Der Artikel von Don Box [15] gibt einen sehr scharfen Überblick über die Tiefe von ATL. Vor diesem Artikel finden Sie eine allgemeine Beschreibung von ATL im Artikel von George Sheperd [16]. Die Besonderheiten von ATL-Projekten bezüglich Threading-Model sind im Artikel von David Platt [12] beschrieben.

WWWs

ATL befindet sich im Moment noch in den Kinderschuhen. Sie wächst aber schnell. Sie erlebt inzwischen einige Kinderkrankheiten, die den Entwickler manchmal viel Zeit und Nerven kosten. Auf einige Ihrer Fragen finden Sie Antworten auf den folgenden WWW-Seiten:

www.WorldofATL.com

www.microsoft.com/visualc/prodinfo/archives/faq/atlfaq.htm

www.widgetware.com.faqatl.htm

Eine interessante kurze Beschreibung der Geschichte von ATL befindet sich auf der Seite *www.comdeveloper.com/Articles/200498.htm*

Zusammenfassung

Die Active Template Library (ATL) verkleinert die Größe der ausführbaren Datei und macht diese Datei unabhängig von MFC DLL. Für mehrere Internet/Intranet-Anwendungen ist das wegen der Ladezeit besonders wichtig.

ATL stellt neue Klassen zur Verfügung, die dem Umgang mit Standard COM-Schnittstellen drastisch erleichtern.

ATL ist im Visual Studio integriert. Für das Anlegen eines neuen ATL-Projektes stellt ATL einen eigenen Wizard zur Verfügung. Statt MFC ClassWizard fügen Sie neue Objekte in einem ATL-Projekt mit Hilfe eines ATL COM Object Wizard hinzu.

Microsoft plant die weitere Entwicklung von ATL und die Integration von ATL und COM+.

18 Projekt RoomWWW

Das fertige Projekt *RoomWWW* finden Sie auf der Begleit-CD im Verzeichnis *VCPP\RoomWWW*. Dieses Verzeichnis enthält die Projektdaten und ein Verzeichnis mit HTML-Dateien.

In diesem Projekt werden wir eine SDI-Anwendung entwickeln, die Sie in der Abbildung 18.7 sehen können. Das Fenster der Anwendung ist in zwei Spalten geteilt. In der linken Spalte sehen Sie das bekannte Steuerelement *TeamRoom* (in einer erweiterten Variante). Wie früher erscheint nach einem rechten Mausklick auf ein Zimmer ein Bestellungs-Dialog. Im Laufe dieses Kapitels wird das Steuerelement so erweitert, daß nach einem Klick mit der linken Maustaste in die rechte Spalte eine WWW-Seite erscheint. Das kann z.B. eine Seite mit einem Foto des ganzen Teams sein.

Sie erinnern sich sicher, daß alle unsere Projekte den Bedarf einer imaginären Firma abdecken. Für einen Manager einer großen Firma kann ein solches Steuerelement sicher hilfreich sein. Vielleicht hat dieser Manager das gleiche Problem wie ich. Ich kann mich, zum Beispiel, wenn ich ein Gesicht sehe, schnell erinnern, daß ich diesen Menschen schon einmal getroffen habe. An einen Namen kann ich mich auch schnell erinnern, ob er mir bekannt ist. Die „alphanumerischen" und „visuellen" Informationen existieren oft in meinem Kopf leider getrennt, bis ich die Person besser kennenlerne. Wie sieht Herr Kleine-Blüm aus, der die Finanzabteilung leitet? Auf diese Frage gibt unsere Anwendung eine schnelle Antwort.

Bevor wir die SDI Container-Anwendung entwickeln, müssen wir unser Steuerelement *TeamRoom* ein bißchen erweitern.

18.1 Erweiterung des Steuerelementes TeamRoom

1. Kopieren Sie das Projekt *TeamRoom* in ein neues Verzeichnis mit dem Namen *TeamRoom*

Das Verzeichnis hat diesen Namen, weil die neue Version des Steuerelementes die Nummer 3 hat.

2. Korrigieren Sie die Versionsnummer in der Datei *TeamRoom.odl*

```
...
[ uuid(D2DF0E63-DC6B-11D1-B890-83B4B7F80022), version(3.0),
...
```

3. Korrigieren Sie die Versionsnummer in der Datei *TeamRoom.cpp*

```
const WORD _wVerMajor = 3;
const WORD _wVerMinor = 0;
```

4. Fügen Sie der Klasse *CTeamRoomCtrl* die Nachrichtenbearbeitungsmethode für den linken Mausklick *(WM_LBUITTONUP)* hinzu, und implementieren Sie diese Methode *CTeamRoomCtrl::OnLButtonUp()*

```
void CTeamRoomCtrl::OnLButtonUp(UINT nFlags, CPoint point)
{
    // TODO: Add your message handler code here and/or call default

    CRect rectClient;
    GetClientRect(&rectClient);

    rectClient.DeflateRect((int)(rectClient.Width() * MARGIN_IN_PERCENT),
        (int)(rectClient.Height() * MARGIN_IN_PERCENT));

    int iSize = m_ptrarrRooms.GetSize();
    for(int i = 0; i < iSize; i++)
    {
        CRoom* pRoom = (CRoom*)m_ptrarrRooms.GetAt(i);
        ASSERT(pRoom);

        if(pRoom->HitTest(rectClient, m_sizeInMetr, point))
        {
                FireClickInRoom(LPCSTR(pRoom->m_strName));
        }
    }

    COleControl::OnLButtonUp(nFlags, point);
}
```

Die Methode wiederholt die Schritte, die wir in der Nachrichtenbearbeitungsmethode für den rechten Mausklick durchgeführt haben. Wenn der *HitTest()* zeigt, daß der Klick innerhalb des aktuellen Zimmers gemacht wurde, lösen wir das Ereignis *ClickInRoom* aus. Dieses Ereignis wird bei dem nächsten Schritt implementiert.

5. Fügen Sie dem Steuerelement das neue Ereignis *ClickInRoom* hinzu

Klicken Sie mit der rechten Maustaste auf den Eintrag *_DTeamRoomEvents* im ClassView. Ein Popup-Menü erscheint (Abbildung 18.1).

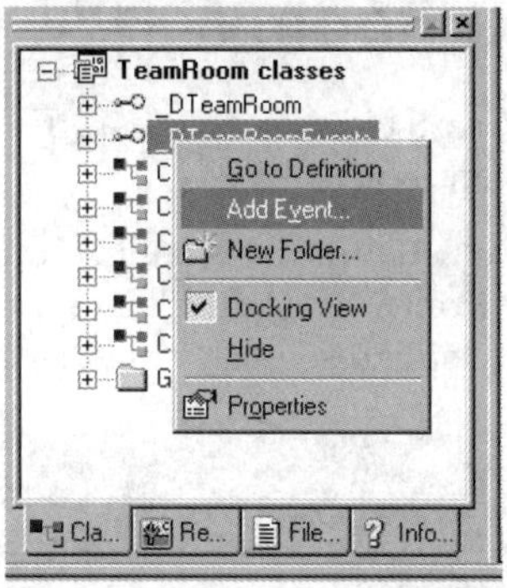

Abbildung 18.1: Einfügen eines neuen Ereignisses (Popup-Menü)

Wählen Sie in diesem Menü den Menüpunkt *Add Event*. Ein neuer *Add Event*-Dialog erscheint. Füllen Sie den Dialog, wie in Abbildung 18.2 zu sehen ist, aus.

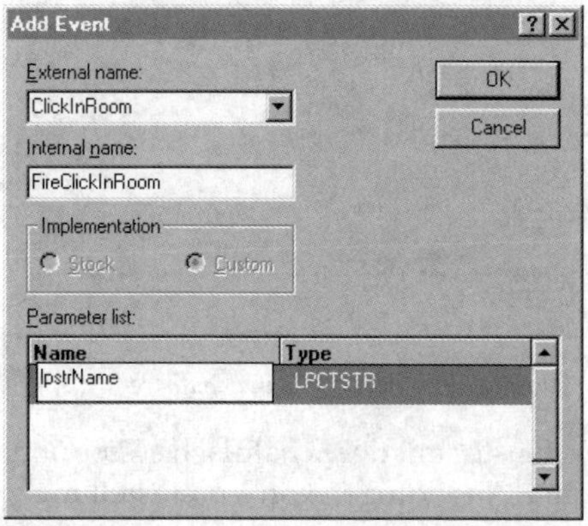

Abbildung 18.2: Einfügen eines neuen Ereignisses im Steuerelement (Dialog Add Event)

Sie sehen, daß das neue Ereignis nur einen einzigen Parameter namens *lpstrName* hat.

6. Kompilieren und testen Sie das neue Steuerelement mit Hilfe des ActiveX Control Test-Containers

Mit Hilfe von „Event Log" im Test-Container prüfen Sie, ob das Steuerelement tatsächlich die Ereignisse in den Container sendet.

18.2 SDI-Projekt RoomWWW

Legen Sie mit Hilfe des AppWizard ein neues MFC-EXE-Projekt an. Bei Schritt 1 wählen Sie *Single Document* (SDI-Anwendung) aus.

Bei Schritt 4 klicken Sie auf die Schaltfläche *Advanced* und kreuzen in neuen Dialog in der Kartei *Window Styles* das Kontrollkästchen *Use split window* (Abbildung 18.3) an. Das ist der einfachste Weg, ein teilbares Fenster in einer Anwendung zu organisieren.

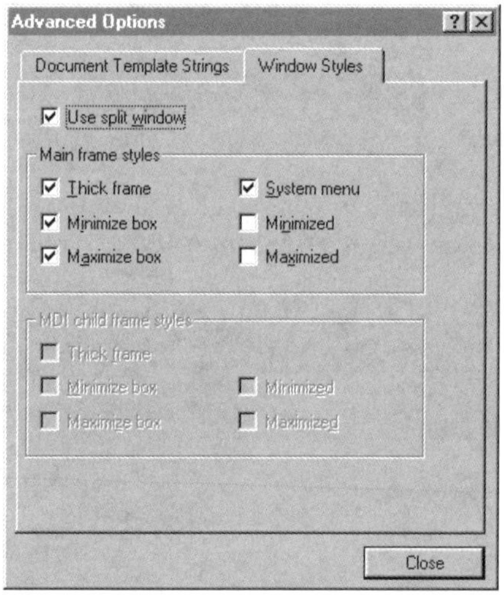

Abbildung 18.3: Festlegen einer teilbaren Fensterart

Schließen Sie das Optionsfenster mit der Schaltfläche *Close* und führen Sie den Rest des Erzeugungsvorganges ohne Änderungen von Voreinstellungen durch.

18.2.1 Anpassungen in der Rahmenfensterklasse

Die zusätzliche Einstellung von Abbildung 18.3 läßt den AppWizard die Rahmenfensterklasse *CMainFrame* folgendermaßen erweitern.

In die Deklaration der Klasse wird eine neue Variable eingefügt:

```
CSplitterWnd m_wndSplitter;
```

Die Klasse *CSplitterWnd* läßt Sie bequem mit geteilten Fenstern umgehen. Die Klasse ist sehr umfangreich und mächtig. Wir werden in unserem Projekt nur einen kleinen Teil ihrer Fähigkeit anwenden.

Außerdem fügt AppWizard folgende Methode in die Implementation der Klasse *CMainFrame* hinzu:

```
BOOL CMainFrame::OnCreateClient( LPCREATESTRUCT /*lpcs*/,
   CCreateContext* pContext)
{
   return m_wndSplitter.Create( this,
       2, 2,                // TODO: adjust the number of rows, columns
       CSize( 10, 10 ),      // TODO: adjust the minimum pane size
       pContext );
}
```

Diese Implementation reicht uns nicht, weil wir am Anfang zwei Unterfenster sehen wollen. Das erste Fenster muß somit eine bestimmte Breite haben – 200 Pixel. Deswegen überschreiben wir die Methode folgendermaßen:

```
BOOL CMainFrame::OnCreateClient( LPCREATESTRUCT /*lpcs*/,
   CCreateContext* pContext)
{
   if (!m_wndSplitter.CreateStatic(this, 1, 2))
   {
       TRACE0("Problem beim Erzeugen  Static Splitter\n");
       return FALSE;
   }
   //== Fügt erstes  Unterfenster (links)
   if (!m_wndSplitter.CreateView(0, 0,
       pContext->m_pNewViewClass, CSize(200, 50), pContext))
   {
       TRACE0("Problem beim Erzeugen erstes Unterfenster\n");
       return FALSE;
   }
   //== Fügt zweites  Unterfenster (rechts)
   if (!m_wndSplitter.CreateView(0, 1,
       pContext->m_pNewViewClass, CSize(0, 0), pContext))
   {
       TRACE0("Problem beim Erzeugen erstes Unterfenster\n");
       return FALSE;
   }
   return TRUE;
}
```

Die Variable vom Typ *CCreateContext* liefert nötige Information und läßt das Unterfenster innerhalb des geteilten „Elternfensters" anlegen. Das wichtigste Klassenmitglied für das Erzeugen eines Unterfensters ist *m_pNewViewClass*. Diese Variable liefert die Information über die Sicht-Klasse, die man beim Erzeugen eines neuen Unterfensters benötigt. Sie können zum Beispiel, in einer Spalte eine Listensicht und in einer anderen Spalte eine Tabellensicht einrichten (ein brillantes MFC Sample darüber ist *DAOVIEW*). Bei uns geht das aber einfacher.

Die Methode *CSplitterWnd::CreateStatic()* legt die Anzahl der Zeilen und Spalten im geteilten Fenster fest. Wir wollen also eine „Zeile" mit zwei Spalten haben. Der Benutzer kann diese Zahlen in der Laufzeit nicht vergrößern.

Die Methode *CSplitterWnd::CreateView()* legt eine neue Sicht (Unterfenster) fest. In unserem Fall ist jede Sicht eine Spalte. Die erste Spalte sollte damit die Breite 200 Pixel haben. Die Breite und die Höhe der zweiten Spalte rechnet der Anwendungsrahmen automatisch. Deshalb spielen andere Größen-Parameter keine Rolle.

18.2.2 Einfügen eines Steuerelements in ein MFC-Projekt

In der linken Spalte unseres Fensters wollen wir das Steuerelement *TeamRoom* sehen.

Für diesen Zweck muß man einen Proxy (Vertreter) des Steuerelementes mit Hilfe des Visual Studios einfügen.

1. Fügen Sie das Steuerelement-Proxy des Steuerelements *TeamRoom* dem Projekt hinzu

Mit Hilfe des Menüpunktes PROJECT | ADD TO PROJECT | COMPONENTS AND CONTROLS öffnen Sie den Dialog *Components and Controls*. Im Ordner *Registered ActiveX Controls* finden Sie den Eintrag *TeamRoom*, und mit Hilfe der Schaltfläche *Insert* fügen Sie diese Komponente dem Projekt hinzu (Abbildung 18.4).

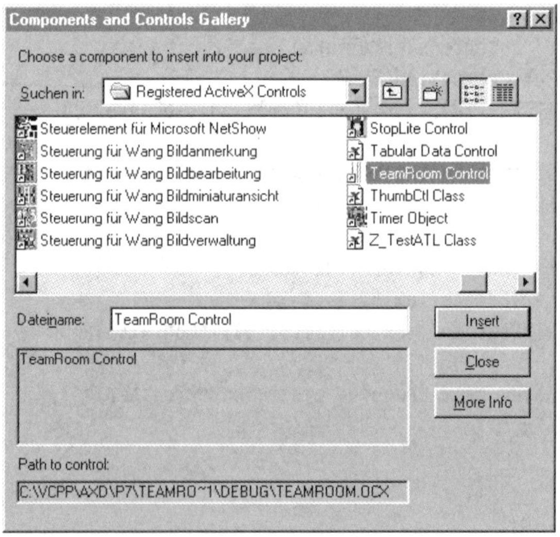

Abbildung 18.4: Einfügen des Steuerelementes TeamRoom in ein SDI-Projekt

Nach einem Klick auf die Schaltfläche *Insert* erscheint eine Abfrage-Meldung. Bestätigen Sie diese Abfrage und die Voreinstellungen im nächsten Dialog (Abbildung 18.5).

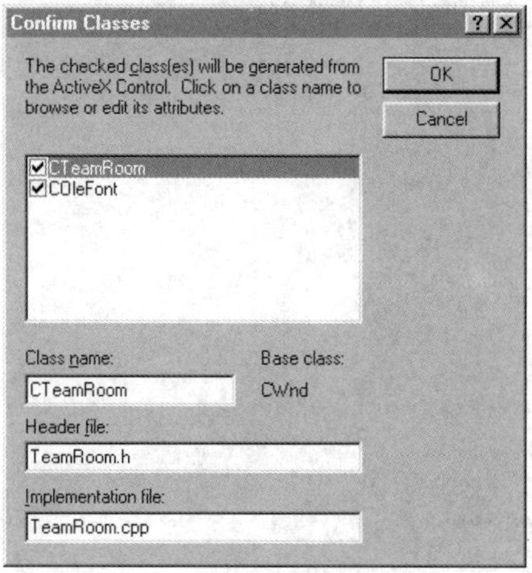

Abbildung 18.5: Voreinstellungen für den Proxy des Steuerelementes TeamRoom

Nach dem Einfügen der Proxy-Klasse finden Sie im Projekt eine neue Datei *TeamRom.h* mit der Deklaration der Klasse:

```
// CTeamRoom wrapper class
class CTeamRoom : public CWnd
{
protected:
   DECLARE_DYNCREATE(CTeamRoom)
public:
   CLSID const& GetClsid()
   {
      static CLSID const clsid
            = { 0xd2df0e66, 0xdc6b, 0x11d1, { 0xb8, 0x90, 0x83, 0xb4,
                0xb7, 0xf8, 0x0, 0x22 } };
      return clsid;
   }
   virtual BOOL Create(LPCTSTR lpszClassName,
      LPCTSTR lpszWindowName, DWORD dwStyle,
      const RECT& rect,
      CWnd* pParentWnd, UINT nID,
      CCreateContext* pContext = NULL)
   { return CreateControl(GetClsid(), lpszWindowName, dwStyle, rect,
         pParentWnd, nID); }

    BOOL Create(LPCTSTR lpszWindowName, DWORD dwStyle,
      const RECT& rect, CWnd* pParentWnd, UINT nID,
      CFile* pPersist = NULL, BOOL bStorage = FALSE,
      BSTR bstrLicKey = NULL)
   { return CreateControl(GetClsid(), lpszWindowName, dwStyle, rect,
         pParentWnd, nID,
```

```
        pPersist, bStorage, bstrLicKey); }

// Attributes
public:
   COleFont GetFont();
   void SetFont(LPDISPATCH);
   long GetArea();
   void SetArea(long);
   short GetCountRoom();
   void SetCountRoom(short);
   short GetCountOrderAll();
   void SetCountOrderAll(short);
   float GetSumOrderAll();
   void SetSumOrderAll(float);
   CString GetInfoOrderAll();
   void SetInfoOrderAll(LPCTSTR);

// Operations
public:
   BOOL Room(short x0, short y0, short x1, short y1, short xDoor,
             short yDoor);
   CString GetName(short sIndex);
   void SetName(short sIndex, LPCTSTR lpszNewValue);
   void AboutBox();
};
```

Merken Sie sich, daß die Klasse nicht von *COleDispatch,* sondern von der Klasse *CWnd* abgeleitet ist. Das bedeutet, daß wir mit der Klasse wie mit einem Fenster umgehen können.

Der Aufbau der Klasse setzt dynamisches zweischrittiges Erzeugen voraus. Zuerst müssen wir eine Instanz der Klasse anlegen und danach für diese Instanz ein Fenster mit Hilfe einer der zwei *Create()*-Methoden besorgen.

Wenn Sie sich die Implementierungsdatei anschauen, finden Sie dort mehrere Aufrufe wie

```
CString CTeamRoom::GetName(short sIndex)
{
   CString result;
   static BYTE parms[] =
       VTS_I2;
   InvokeHelper(0x7, DISPATCH_PROPERTYGET, VT_BSTR, (void*)&result,
                parms, sIndex);
   return result;
}
```

Die Methode *InvokeHelper()* von der Klasse *COleDispatch* ist uns aus dem Kapitel „Automatisierung" bekannt. Die Klasse *CWnd* enthält auch eine Methode mit dem Namen *InvokeHelper*. Diese Methode dient dem Umgehen mit der Automatisierungsmethoden- und Eigenschaften, wenn dem Fenster ein ActiveX-Steuerelement bzw. OLE-Steuerelement ist.

2. Fügen Sie das Steuerelement-Proxy des Steuerelements *WebBrowser* dem Projekt hinzu

Auf die gleiche Art und Weise, wie für das Steuerelement *TeamRoom* fügen Sie dem Projekt das Steuerelement *Microsoft WebBrowser* hinzu.

Mit ein paar Mausklicken haben Sie ein mächtiges Objekt in das Projekt übernommen. Dieses Objekt stellt die Basisfunktionalität des Internet Explorer zu Verfügung. Die Beschreibung dieses Objektes finden Sie in der Online-Hilfe unter dem Eintrag *WebBrowser*. Wir verwenden in unserem Projekt nur die Fähigkeit des Web-Browsers, eine beliebige WWW-Seite darzustellen.

18.3 Erweiterung der Sichtklasse

Im vorigen Abschnitt dieses Kapitel haben wir ein MFC SDI-Projekt mit dem geteilten Fenster eingerichtet. Außerdem haben wir in unserem Projekt die Proxy-Klassen für die zwei Steuerelemente – WebBrowser-Steuerlement von Microsoft und unser Steuerelement *TeamRoom* – eingefügt. In diesem Abschnitt erläutere ich die Schritte, die eine Zusammenarbeit beider Steuerelemente und der Anwendung ermöglichen.

Beim ersten Schritt erweitern wir die Sichtklasse mit zwei neuen Klassenvariablen, die die eingefügten Steuerelemente darstellen.

1. Erweitern Sie die Sichtklasse der Anwendung

```
#include "TeamRoom.h"
#include "WebBrowser2.h"
class CRoomWWWView : public CView
{
...
// Attributes
public:
   CRoomWWWDoc* GetDocument();

   CTeamRoom m_teamroom;
   CWebBrowser2 m_webbrowser;
..
```

2. Definieren Sie die zwei Ressourcensymbole für die beiden Steuerelemente

Wählen Sie den Menüpunkt *View | Ressource Symbols* aus. Ein Dialog-Ressource-Symbol erscheint. Mit Hilfe des neuen Dialoges definieren Sie die zwei Symbole – *ID_TEAM_ROOM* und *ID_WEBBROWSER* (Abbildung 18.6).

Eine andere Möglichkeit die Ressourcebsymbole zu definieren, besteht aus dem Festlegen der Symbole als String-Ressourcen.

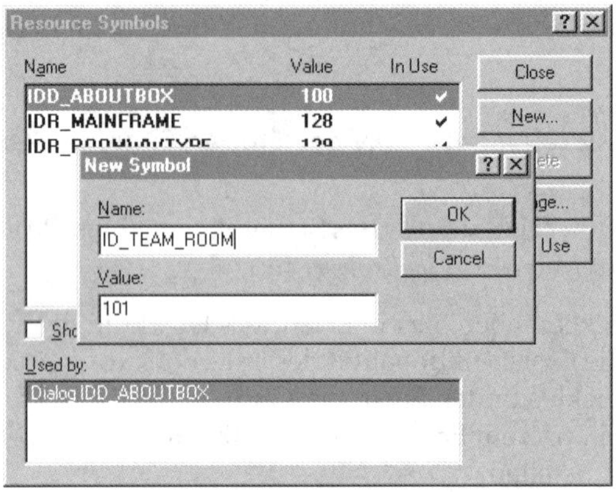

Abbildung 18.6: Definition der Ressourcensymbole

3. Fügen Sie der Klasse *CRoomWWWView* die Nachrichtenbearbeitungsmethode für die Windows-Nachricht *WM_CREATE* hinzu

Implementieren Sie diese Methode folgendermaßen:

```
CString g_strWWWPath("C:\\AxDWWWRoomHTMLs\\");
CRoomWWWView* pViewWithBrowsr = NULL;
int CRoomWWWView::OnCreate(LPCREATESTRUCT lpCreateStruct)
{
   if (CView::OnCreate(lpCreateStruct) == -1)
      return -1;

   // TODO: Add your specialized creation code here

   static UINT uViewNumb = 0;

   DWORD dwStyle = WS_VISIBLE|WS_CHILD;

   //== TeamRoom Spalte

   if( uViewNumb++ == 0)
   {
      if (m_teamroom.Create(NULL, dwStyle, CRect(0, 0, 200, 300),
               this, ID_TEAM_ROOM) == 0)
      {
               TRACE("Problem beim Anlegen TeamRoom\n");
               return -1;
      }

      //== Festlegen der Geometrie
      m_teamroom.Room(0, 10, 20, 0, 20, 5);
      m_teamroom.SetName(0, "Vertrieb");
```

```
        m_teamroom.Room(0, 40, 40, 25, 35, 25);
        m_teamroom.SetName(1, "Entwicklung");

        m_teamroom.Room(0, 25, 20, 10, 20, 17);
        m_teamroom.SetName(2, "Leiter");

        return 0;

    }

    //== WebBrowser Control Spalte

    if (m_webbrowser.Create(NULL, dwStyle, CRect(0, 0, 2000, 2000),
                this, ID_WEBBROWSER) == 0)
        {
                TRACE("Problem beim Anlegen WebBrowser\n");
                return -1;
        }


    pViewWithBrowser = this;
    static CString strWWWdefault = g_strWWWPath +
                CString("default.htm");
    m_webbrowser.Navigate(strWWWdefault, NULL, NULL, NULL, NULL);
    return 0;
}
```

Die globale Variable *g_strWWWPath* enthält den Namen des Verzeichnisses mit den HTML-Dateien, die Informationen über die Teams enthalten.

Für beide Spalten der Sicht (Fenster) werden in unserem Projekt verschiedene Instanzen der gleichen Klasse *CRoomView* zugeordnet. Die Instanzen unterscheiden sich aber dramatisch. In der ersten Instanz ist nur das Steuerelement TeamRoom mit einem Fenster eingerichtet, in der zweiten Instanz nur das WebBrowser-Steuerelement. Die statische Variable *uViewNumber* läßt beim Anlegen jedes neuen Unterfensters die Instanzen unterscheiden.

Die globale Variable *pViewWithBrowser* muß einen Zeiger für die Instanz einer Sichtklasse enthalten, die das *WebBrowser*-Steuerelement enthält. Wir verwenden diesen Zeiger ferner, um auf das *WebBrowser*-Steuerelement auf dieser Sicht zuzugreifen.

Die Methode *CRoomWWWView::OnCreate()* wird vom Anwendungsrahmen zweimal aufgerufen. Beide Aufrufe unterscheiden wir mit Hilfe der statischen Variablen *uViewNumb*. Beim ersten Aufruf legen wir auf der Sicht das Steuerelement *TeamRoom*. Damit werden auch die Geometrie und der Namen der Zimmer festgelegt. (In einer reellen Anwendung muß man natürlich eine allgemeinere Lösung vorschlagen. In diesem Projekt konzentrieren wir uns nur auf die ActiveX-spezifischen Aspekte des Problems.)

Die Parameterlisten in beiden Aufrufen unterscheiden sich nur im Gabariten-Rechteck und der ID. Beim Erzeugen des Fensters für das Steuerelement *WebBrowser* setzen wir seine Gabariten-Rechtecke absichtlich ziemlich groß fest, um das Erscheinen der Laufleisten innerhalb des zweiten Unterfensters zu vermeiden.

Nach dem Anlegen des *TeamRoom*-Steuerelementes setzen wir auch die Geometrie und den Namen der Zimmer fest.

Nach dem Anlegen des Steuerelementes WebBrowser legen wir den Zeiger *pViewWithBrowser* fest. Beim nächsten Schritt verwenden wir diesen Zeiger, um auf den *WebBrowser* zuzugreifen.

In die Variable *strWWWdefault* packen wir den Namen der Standard-Datei, der am Anfang in der rechten Spalte gezeigt werden muß. Die einzige Methode von der Klasse *CWebBrowser2*, die wir in unserem Projekt verwenden, heißt *Navigate()*.

Die Methode nimmt als ersten Parameter den vollen Dateinamen (Path) bzw. *URL* einer HTML-Seite oder anderen Dokumentenart, die Internet Explorer darstellen kann. Andere Parameter sind eigentlich optional, und in anderen Programmiersprachen als C++ könnten sie ausgelassen werden. ClassWizard hat für uns die Klasse so in der Kopfdatei *WebBrowser2.h* deklariert, daß wir an dieser Stelle NULL eingeben müssen.

Wie erwähnt, genaue Spezifikationen von *WebBrowser* finden Sie in der Online-Hilfe in der Beschreibung des Internet Explorer. Damit ist *WebBrowser* eine gewisse Ausnahme. Normalerweise finden Sie die Dokumentation über ein Steuerelement in einer Hilfedatei, die zusammen mit der OCX-Datei auf dem Computer installiert werden muß. Man hat das für *WebBrowser* anders gemacht, weil dieses Steuerelement in der Internet/Intranet-Programmierung häufig verwendet wird.

Anmerkung: Unsere Anwendung sollte bei jedem Start testen, ob die richtige Version des Steuerelementes *TeamRoom* (ab Version 3) zur Verfügung steht. Diese Prüfung machen wir aus Gründen der Vereinfachung nicht.

18.3.1 Implementierung der Ereignisse im Container

In diesem Abschnitt machen wir eine entschiedene Erweiterung unserer Container-Anwendung. Wir implementieren die Reaktion des Containers auf das Ereignis des Steuerelementes *ClickInRoom*.

Beide in das Projekt eingefügte Steuerelemente enthalten mehrere Automatisierungs-Methoden, Eigenschaften und Ereignisse. Wir verwenden in unserem Projekt nur einen kleinen Teil von ihnen: das Ereignis *ClickInRoom()* vom *TeamRoom*-Steuerelement und die Automatisierungsmethode *Navigate()* vom Steuerelement *WebBrowser*. Der Container ruft nämlich während des Auslösens des Ereignisses *ClickInRoom()* vom Steuerelement *TeamRoom* die Methode *Navigate()* vom Steuerelement *WebBrowser* auf.

Beim Implementieren der Ereignisse stellt ClassWizard im Fall einer SDI-Anwendung keine Hilfe zur Verfügung. (In dialogbasierten Anwendungen sieht das besser aus, was wir bald im nächsten Projekt *DayOrder* sehen werden.) Sie müssen deswegen die Klassenerweiterungen manuell erledigen.

1. Erweitern Sie die Deklaration der Klasse

```
class CRoomWWWView : public CView
{
...
   afx_msg void OnFireClickInRoom(LPCTSTR strText);
   DECLARE_EVENTSINK_MAP();
...
}
```

Die Methode *OnFireClickInRoom()* muß aufgerufen werden, wenn der Container ein Ereignis vom Steuerelement empfängt. Diesen Vorgang betrachten wir beim nächsten Schritt genauer.

Frei übersetzt heißt der Begriff EVENTSINK auf Deutsch soviel wie „Steckdose für Ereignisse". In der Tat ist das sogar eine „Mehrfachsteckdose". Wir verwenden aber für dieses Objekt den Begriff *Ereigniskarte.* Das Makro *DECLARE_EVENTSINK_MAP()* müssen Sie in die Deklaration einer Klasse einfügen, wenn die Klasse die Ereignisse eines Objekts verarbeitet.

2. Fügen Sie der Klasse *CRoomWWWView* die Ereigniskarte hinzu

```
BEGIN_EVENTSINK_MAP(CRoomWWWView, CView)
   ON_EVENT(CRoomWWWView, ID_TEAM_ROOM, 2, OnFireClickInRoom, VTS_BSTR)
END_EVENTSINK_MAP()
```

Die Ereigniskarte ist so ähnlich wie andere MFC-Karten organisiert. Sie fängt mit einem *BEGIN...*-Makro an und endet mit einem *END...*-Makro.

Das Makro ON_EVENT dient dem Verknüpfen eines Ereignisses von einem Objekt bzw. Steuerelement mit einer Klassenmethode. Die Anweisung

```
ON_EVENT(CRoomWWWView, ID_TEAM_ROOM, 2, OnFireClickInRoom, VTS_BSTR)
```

kann man folgendermaßen interpretieren. Eine Instanz der Klasse *CRoomWWWView* (erster Parameter) empfängt das Ereignis vom Steuerelement *ID_TEAM_ROOM* (zweiter Parameter). In diesem Fall geht es um das Ereignis mit der ID 2 (dritter Parameter). Nach dem Empfang dieses Ereignisses muß die Methode *OnFireClickInRoom()* (vierter Parameter) aufgerufen werden. Diese Methode hat einen Parameter vom Typ BSTR (fünfter Parameter).

3. Implementieren Sie die Methode *CRoomWWWView::OnFireClickInRoom()*

```
void CRoomWWWView::OnFireClickInRoom(LPCTSTR strText)
{
   CString strWWW = g_strWWWPath + CString(strText) + CString(".htm") ;
   ASSERT(pViewWithBrowser);
   pViewWithBrowser->m_webbrowser.Navigate(strWWW, NULL, NULL, NULL, NULL);
}
```

Beim Aufruf der Methode konvertiert der Anwendungsrahmen automatisch den Parameter der Methode vom Typ *BSTR* in den Typ *LPCTSTR.*

Zuerst konstruieren wir den vollen Dateinamen. Wir setzen damit voraus, daß alle Dateien in einem Verzeichnis legen. Der Path des Verzeichnisses ist in der globalen Variable *g_strWWWPath* festgelegt. Alle Dateien haben die Endung HTM. Der Namen der Datei stimmt mit dem Teamnamen überein.

Obwohl das Steuerelement *TeamRoom* und das Steuerelement *WebBrowser* Klassenmitglieder von der gleichen Klasse *CRoomWWWView* sind, sind die initialisierten Objekte (Exemplare der Steuerelemente mit den Fenstern) auf verschiedenen Instanzen der Klasse *CRoomWWWView* angelegt. Das Auslösen des Ereignisses geschieht in der Methode *OnFireClickInRoom()* in der ersten Instanz der Klasse. Das *WebBrowser*-Steuerelement gehört zur zweiten Instanz der Klasse. Auf diese Instanz weist der Zeiger *pViewWithBrowser* hin. Deshalb rufen wir die Methode *Navigate()* mit Hilfe der Anweisung:

```
pViewWithBrowser->m_webbrowser.Navigate(strWWW, NULL, NULL, NULL, NULL);
```

auf.

18.3.2 Testen der Anwendung

Kopieren Sie das Verzeichnis ..\Vcpp\RoomWWW\AxDWWWRoomHTMLs\ mit allen Dateien von CD auf das Laufwerk C. Rufen Sie die Anwendung auf. Nach dem Klick auf ein Zimmer muß Ihre Anwendung etwa wie in Abbildung 18.7 aussehen.

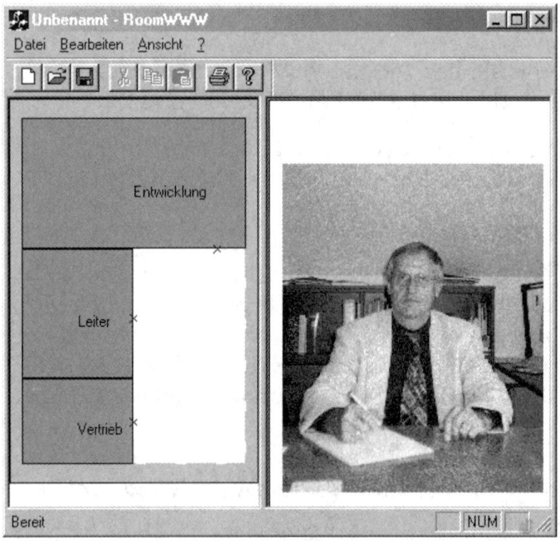

Abbildung 18.7: Nach einem Klick auf das Zimmer sehen Sie, wer dort sitzt

Teil F: ActiveX-Steuerelement-Container

In diesem Teil unseres Buches lernen wir die ActiveX-Container kennen.

In den vorigen Teilen des Buches haben wir uns mit den verschiedenen Arten von Steuerelementen beschäftigt. Dabei haben wir zwei realistische Steuerelemente entwickelt. Beide Steuerelemente haben wir mit diversen Standardcontainern getestet: ActiveX Control-Container, Microsoft Word und Internet Explorer.

Es spricht nichts dagegen, ein Steuerelement mit einem OLE-Container wie Microsoft Word zu verwenden. Der OLE-Container findet in solchen Steuerelementen die Schnittstellen und akzeptiert das Steuerelement als ein Teil eines Verbunddokumentes.

Einige ActiveX-Container gehen mit den ActiveX-Steuerelementen nach dem gleichen Szenario wie die OLE-Container um. Wenn Sie einen solchen Container selbst entwickeln wollen, empfehle ich Ihnen das Beispiel CONTAINER von den Tutorial-Beispielen zu erforschen. Dieses Beispiel finden Sie auf der Visual C++-CD im Verzeichnis *...\SAMPLES\MFC\TUTORIAL\CONTAIN.*

In diesem Teil unseres Buches finden Sie zwei andere Szenarios für das Verwenden von Steuerelementen in einem Container.

In unserem ersten Projekt *DayOrder* verknüpfen wir zwei Steuerelemente in einem Dialog miteinander (Standardsteuerelement Kalender und unser Steuerelement *AxDCircuit).* Durch diese Zusammenarbeit gewinnt unsere imaginäre Firma die Möglichkeit, nachzuvollziehen, an welchem Tag welche Ersatzchips bestellt wurden.

In unserem zweiten Projekt wählen wir als Umgebung für das Steuerelement eine SDI-Anwendung. Diese Anwendung hat ein gespaltenes Fenster. In einem Teil des Fensters sieht man unser Steuerelement *TeamRoom.* Dieses Steuerelement wird so erweitert, daß nach einem Klick auf ein Zimmer im Container ein Ereignis ausgelöst wird. Der Container befiehlt danach dem zweiten Steuerelement, in seinem Fenster eine WWW-Seite zu zeigen. Diese Seite zeigt, wer im Moment in diesem Zimmer sitzt. Das zweite Steuerelement ist das Web-Browser-Steuerelement, das als Basis im Internet Explorer 4 dient.

Dieser Teil des Buches besteht aus drei Kapiteln. Die ersten zwei Kapitel sind den zwei oben geschilderten Projekten gewidmet. Im dritten Teil werden minimale Grundlagen der Theorie der Steuerelement-Container gegeben. Meiner Meinung nach ist diese Anordnung besser als die umgekehrte (zuerst Theorie), weil unsere beiden Container auf mächtigen MFC-Klassen basieren und deshalb praktisch ohne theoretische Erfahrung entwickelt werden können. Andererseits kann man sich nach der Bekanntschaft mit realistischen Steuerelement-Containern besser vorstellen, welche Probleme beim Entwickeln solcher Container auftauchen können.

19 Projekt DayOrder

In diesem Kapitel behandeln wir das Thema ActiveX-Steuerelement-Container. In unserem neuen Projekt finden wir heraus, wie zwei Steuerelemente in einer Formular-Anwendung zusammen funktionieren können. Außerdem erforschen wir eine Möglichkeit, die Daten aus Steuerelementen anzunehmen und mit Hilfe des Standard-Serialisierungs-Mechanismus zu sichern.

Die in diesem Kapitel entwickelte Anwendung hilft dem Manager unserer imaginären Firma, die Informationen über die Bestellungen abhängig vom Tag der Bestellung zu sichern und später zu analysieren.

Die Anwendung enthält in einem Formular zwei Steuerelemente. Ein Steuerelement ist AxDATLCircuit vom Teil „ATL" unseres Buches. Das zweite Steuerelement ist das Kalender-Standardsteuerelement. Wie unsere Anwendung aussieht, können Sie in der Abbildung 19.7 sehen.

19.1 Erweiterung des Steuerelementes IntCircuit

Um die Anwendung des Steuerelementes *IntCircuitCtl* aus dem Teil „ATL" unseres Buches im neuen Projekt zu vereinfachen, müssen wir dieses Steuerelement ein bißchen erweitern. Dabei werden wir den Mechanismus für das Aktualisieren der Version eines COM-Objektes kennenlernen.

1. Kopieren Sie das Projekt *AxDATLCircuit* in ein neues Verzeichnis mit dem Namen *AxDATLCircuit2*

2. Fügen Sie dem Steuerelement *IntCircuitCtl* die neue indizierte Eigenschaft *CountByIndex* hinzu

Klicken Sie mit der rechten Maustaste auf den Eintrag *IIntCircuitCtl*. Im Popup-Menü wählen Sie den Menüpunkt *Add Property*. Ein neuer Dialog erscheint. Füllen Sie den Dialog, wie es in Abbildung 19.1 zu sehen ist.

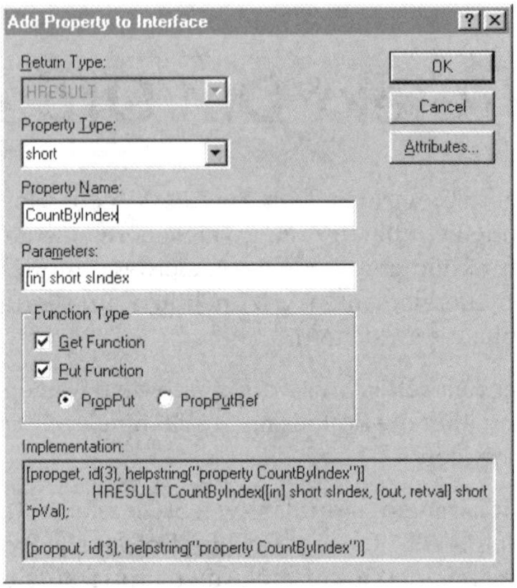

Abbildung 19.1: Erweiterung des Steuerelementes mit einer Eigenschaft

3. Implementieren Sie die *get_*- und *put_*-Methoden für die eingefügte Eigenschaft

```
STDMETHODIMP CIntCircuitCtl::get_CountByIndex(short sIndex, short * pVal)
{
   // TODO: Add your implementation code here

   if((sIndex < 0)||((UINT)sIndex > m_uCountChip))
   {
       return CTL_E_INVALIDPROPERTYVALUE;
   }

   *pVal = m_pChipsArr[sIndex]->m_sCount;

   return S_OK;
}

STDMETHODIMP CIntCircuitCtl::put_CountByIndex(short sIndex, short newVal)
{
   // TODO: Add your implementation code here

   if((sIndex < 0)||((UINT)sIndex > m_uCountChip))
   {
       return CTL_E_INVALIDPROPERTYVALUE;
   }

   m_pChipsArr[sIndex]->m_sCount = newVal;

   return S_OK;
}
```

4. Vergrößern Sie die Versionsnummer des Steuerelements

Korrigieren Sie das Registrierungsskript in der Datei folgendermaßen:

```
HKCR
{
  ...
        ForceRemove {90BB18C2-EF5E-11D1-B890-E90CF092812B} =
                s 'IntCircuitCtl Class'
        {
                ...
                'TypeLib' = s '{17EEE381-EDCF-11D1-B890-F8ED05E1952C}'
                'Version' = s '2.0'
        }
    }
}
```

5. Testen Sie die neue Variante des Steuerelementes mit dem ActiveX Control Test-Container.

19.2 Anlegen des Projektes

Legen Sie ein neues SDI-Projekt mit dem Namen *DayOrder* an. Lassen Sie bis zu Schritt 6 alle Voreinstellungen des AppWizard ohne Änderungen. Bei Schritt 6 wählen Sie als Basisklasse für die Sichtklasse Ihres Projektes *CFormView* (Abbildung 19.2).

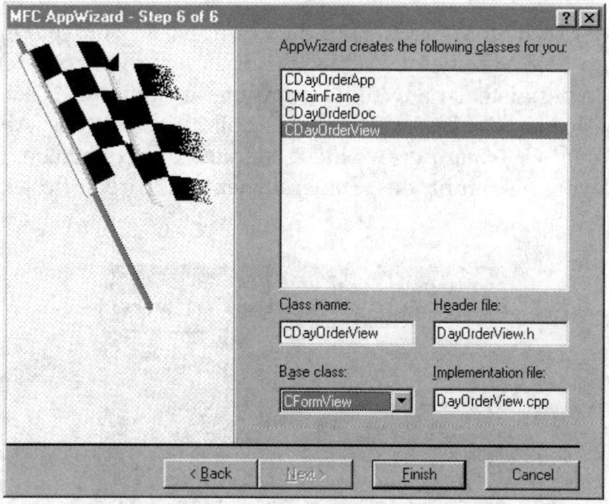

Abbildung 19.2: Auswählen von CFormView als Basisklasse für die Sichtklasse der Anwendung

Erweitern Sie die Methode folgendermaßen:

```
BOOL CMainFrame::PreCreateWindow(CREATESTRUCT& cs)
{
   // TODO: Modify the Window class or styles here by modifying
   //  the CREATESTRUCT cs

   cs.cx = 300;
   cs.cy = 500;

   return CFrameWnd::PreCreateWindow(cs);
}
```

Diese Erweiterung gewährleistet bestimmte Größen des Fensters der Anwendung.

19.3 Anlegen der Steuerelemente auf der Formular-Ressource

1. Löschen Sie das statische Textelement aus der Formular-Ressource

Aktivieren Sie die Kartei *RessourceView* im Workspace des Visual Studios. Öffnen Sie den Ordner Dialog. Öffnen Sie mit einem Klick die Formular-Ressource (Dialog-Ressource) *IDD_DAYORDER_FORM*. Löschen Sie das Textelement *IDC_STATIC*. Erweitern Sie das Steuerelement nach unten.

2. Legen Sie das Standard-Steuerelement *Kalender* auf der Formularvorlage an

Klicken Sie mit der rechten Maustaste auf die Formular-Ressource *IDD_DAYORDER_FORM*. Ein Popup-Menü erscheint. Wählen Sie in diesem Menü den Menüpunkt *Insert ActiveX Control*. In der Liste der auf Ihrem Computer installierten Steuerelemente wählen Sie das Steuerelement *Calender Control 8* (Abbildung 19.3) aus. Abhängig von der Version Ihres Visual C++ kann dieses Steuerelement anders heißen, z.B. Kalender 8. Nach dem Anlegen bekommt das Steuerelement in Ihrem Projekt die ID *IDC_CALENDAR1*.

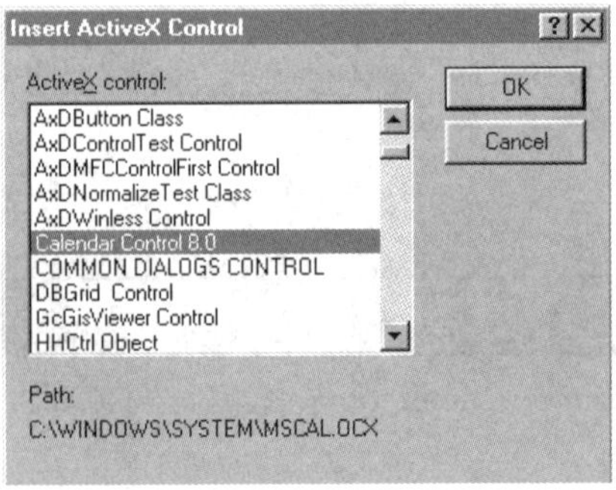

Abbildung 19.3: Anlegen des Steuerelementes Calender Control 8.0

Vergrößen Sie das Steuerelement, wie es in Abbildung 19.7 zu sehen ist.

3. Legen Sie eine Mantelklasse für das Steuerelement an, und verknüpfen Sie die ID des Steuerelements mit einer Klassenvariable

Öffnen Sie ClassWizard. Aktivieren Sie die Kartei Member–Variables. Aktivieren Sie den Eintrag *IDC_CALENDAR1* und klicken Sie auf die Schaltfläche *Add Variable.* ClassWizard zeigt eine Meldung, daß er zuerst eine Mantelklasse für das Steuerelement *Calendar* erzeugen muß. Bestätigen Sie das mit *OK.* Nach dem Bestätigen erscheint ein neuer Dialog mit den Namen der in Ihrem Projekt eingefügten Klassen (Abbildung 19.4). Schließen Sie den Dialog mit der Schaltfläche OK.

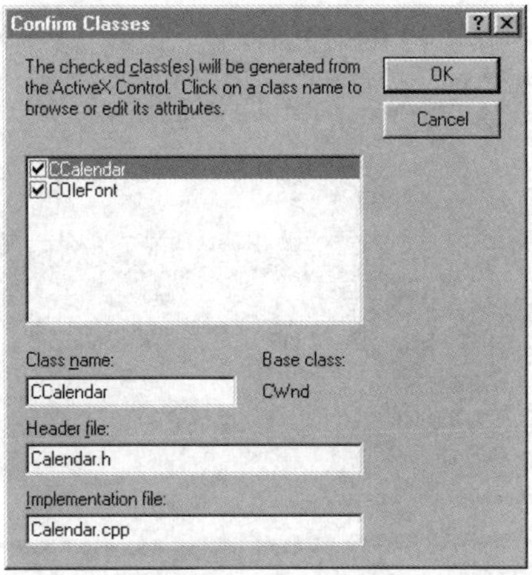

Abbildung 19.4: Einfügen der Mantelklassen für das Kalender-Steuerelement im Projekt

Der nächste Dialog (Abbildung 19.5) erscheint.

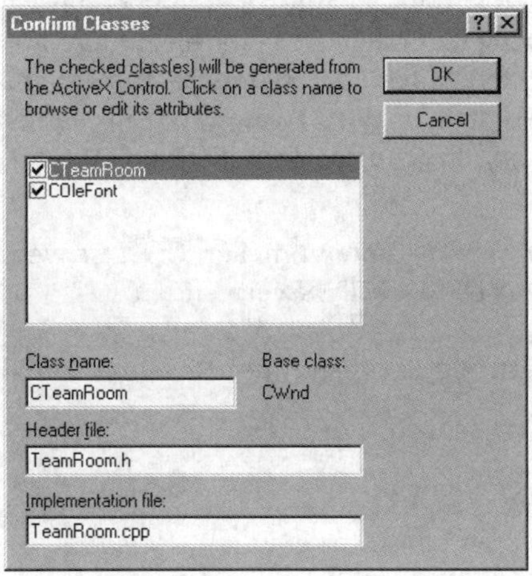

Abbildung 19.5: Verknüpfen eines Steuerelementes aus der Formular-Ressource mit einer Klassenvariable

4. Legen Sie das Steuerelement *IntCircuit* auf der Dialogressource an und verknüpfen Sie es mit einer Variable

Wiederholen Sie die Schritte 1–3 für das Steuerelement *IntCircuit*. Nennen Sie die mit dem Steuerelement verknüpfte Klassenvariable *m_circuit*.

19.4 Erweiterung der Dokumentenklasse

Wir verwenden die Dokumentenklasse, um den MFC-Datenaustausch Standard-Mechanismus für die Serialisierung der Daten zu verwenden.

1. Erweitern Sie die Deklaration der Klasse

```
struct DAY_ORDER{
    short sJahr;
    short sMonat;
    short sTag;
    short sVals[3];
};

class CDayOrderDoc : public CDocument
{
protected: // create from serialization only
    CDayOrderDoc();
    DECLARE_DYNCREATE(CDayOrderDoc)

// Attributes
public:
    CObList m_oblistDayOrder;
}
```

Die Struktur *DAY_ORDER* enthält die Information über das Datum und die Anzahl der Ersatzteile. (An dieser Stelle kann man sich eine elegantere Lösung vorstellen. Statt des Feldes *sVals* mit der fixierten Anzahl der Elemente muß in einem professionellem Projekt ein dynamisches Feld stehen. Wie erwähnt, wir implementieren keine allgemeine Lösung vor. Unser Ziel ist, Ihre Aufmerksamkeit auf ActiveX-spezifische Aspekte zu konzentrieren.)

Die Klassenvariable *m_oblistDayOrder* vom Typ *CObList* werden wir für die Haltung der Instanzen der Struktur *DAY_ORDER* verwenden.

2. Erweitern Sie die Methode *Serialize()* der Dokumentenklasse

```
void CDayOrderDoc::Serialize(CArchive& ar)
{
int iCount;
    if (ar.IsStoring())
    {
        iCount = m_oblistDayOrder.GetCount();
```

```
        ar << iCount;
        if(!m_oblistDayOrder.IsEmpty())
        {
                DAY_ORDER* pDAY_ORDER;
                POSITION pos, posOld;
                posOld = pos = m_oblistDayOrder.GetHeadPosition();
                for(pos; pos != NULL; posOld = pos)
                {
                    pDAY_ORDER = (DAY_ORDER*)m_oblistDayOrder.GetNext(pos);
                    ASSERT(pDAY_ORDER);

                    ar << pDAY_ORDER->sTag;
                    ar << pDAY_ORDER->sMonat;
                    ar << pDAY_ORDER->sJahr;

                    for(UINT j = 0; j < 3; j++)
                    {
                                ar << pDAY_ORDER->sVals[j];
                    }
                }
        }
    }
    else
    {
        ar >> iCount;

        for(int i = 0; i < iCount; i++)
        {
                DAY_ORDER* pDAY_ORDER = new DAY_ORDER;
                ASSERT(pDAY_ORDER);

                ar >> pDAY_ORDER->sTag;
                ar >> pDAY_ORDER->sMonat;
                ar >> pDAY_ORDER->sJahr;

                for(int j = 0; j < 3; j++)
                {
                        ar >> pDAY_ORDER->sVals[j];
                }
                m_oblistDayOrder.AddHead((CObject*)pDAY_ORDER);
        }
    }
}
```

3. Erweitern Sie den Destruktor der Dokumentenklasse

```
CDayOrderDoc::~CDayOrderDoc()
{
   if(!m_oblistDayOrder.IsEmpty())
   {
        DAY_ORDER* pDAY_ORDER;
        POSITION pos, posOld;
        posOld = pos = m_oblistDayOrder.GetHeadPosition();
        for(pos; pos != NULL; posOld = pos)
        {
                pDAY_ORDER = (DAY_ORDER*)m_oblistDayOrder.GetNext(pos);
                m_oblistDayOrder.RemoveAt(posOld);

                ASSERT(pDAY_ORDER);
                delete pDAY_ORDER;
        }
   }
   m_oblistDayOrder.RemoveAll();
}
```

Dieser Quellcode ist eine leicht angepaßte Version der Beispiel-Codes für die Vernichtung einer Liste der Objekte auf der Beschreibung der Klasse *CObList*.

19.5 Implementierung der Zusammenarbeit der Steuerelemente in der Sichtklasse

Im vorigen Abschnitt haben wir die Struktur *DAY_ORDER* definiert, die u.a. die aktuellen Zustände beider Steuerelemente miteinander verknüpft. Die ersten drei Elemente der Struktur stellen Informationen über den Zustand des Kalender-Steuerelementes dar, das letzte Feld (array) speichert die Anzahl der Ersatzchips im Lager.

1. Deklarieren Sie die neue Klassenvariable *m_pDAY_ORDER* in der Sichtklasse

```
struct DAY_ORDER;
class CDayOrderView : public CFormView
{

// Attributes
public:
   CDayOrderDoc* GetDocument();

private:
   DAY_ORDER* m_pDAY_ORDER;
...
}
```

2. Fügen Sie mit Hilfe des ClassWizard die Ereignisbearbeitungsmethode für die neue Bestellung der Sichtklasse hinzu

Öffnen Sie ClassWizard. Aktivieren Sie die Kartei *Message Maps*. Wählen Sie im Feld *Class name* den Namen der Sichtklasse. Im Feld *Object IDs* finden Sie den Eintrag IDC_INTCIRCUITCTL1. Im Feld Messages erscheint der Eintrag *NewOrder*. Klicken Sie auf die Schaltfläche *Add Funktion* (Abbildung 19.6). Bestätigen Sie mit OK den vorgeschlagenen Namen der Methode.

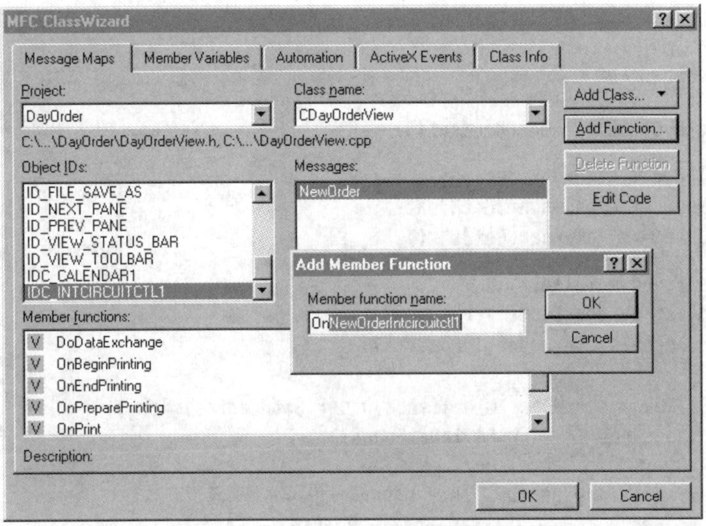

Abbildung 19.6: Einfügen einer Ereignisbearbeitungsmethode der Sichtklasse

Die Methode wird jedesmal aufgerufen, wenn der Benutzer im Steuerelement eine neue Bestellung macht.

Implementieren Sie die Methode folgendermaßen:

```
void CDayOrderView::OnNewOrderIntcircuitctl1(LPCTSTR bstrName)
{
   // TODO: Add your control notification handler code here

   for(int i = 0; i < 3; i++)
   {
      m_pDAY_ORDER->sVals[i] = m_circuit.GetCountByIndex(i);
   }
}
```

Sie sehen, daß wir in dieser Methode keine Analyse machen, sondern die Felder der Struktur einfach aktualisieren.

3. Fügen Sie mit Hilfe des ClassWizard die Ereignisbearbeitungsmethode für den neuen Klick im Kalender-Steuerelement der Sichtklasse hinzu

Wiederholen Sie Schritt 2 für den Eintrag *IDC_CALENDAR1*. Das Steuerelement schlägt mehrere Ereignisse vor. Andererseits sieht diese Menge für verschiedene Versionen dieses Steuerelements verschieden aus. Ich habe das Ergebnis Click ausgewählt, weil diese Lösung sicher ist.

Implementieren Sie die neue Methode folgendermaßen:

```
void CDayOrderView::OnClickCalendar1()
{
   // TODO: Add your control notification handler code here

   CDayOrderDoc* pDoc = GetDocument();

   short sTag = m_calendar.GetTag();
   short sMonat = m_calendar.GetMonat();
   short sJahr = m_calendar.GetJahr();

   bool bDayFound = false;
   //== Tag ist in der Liste vorhanden?
   if(!pDoc->m_oblistDayOrder.IsEmpty())
   {
      POSITION pos = pDoc->m_oblistDayOrder.GetHeadPosition();
      for(pos; pos != NULL && !bDayFound;)
      {
            m_pDAY_ORDER = (DAY_ORDER*)pDoc->
                  m_oblistDayOrder.GetNext(pos);
            ASSERT(m_pDAY_ORDER);

            if((m_pDAY_ORDER->sTag == sTag)&&
                  (m_pDAY_ORDER->sMonat == sMonat)&&
                  (m_pDAY_ORDER->sJahr == sJahr))
            {
                  bDayFound = true;
            }
      }
   }

   if(!bDayFound)
   {
      //== Tag in der Liste nicht gefunden
      m_pDAY_ORDER = new DAY_ORDER;
      ASSERT(m_pDAY_ORDER);

      m_pDAY_ORDER->sTag = sTag;
      m_pDAY_ORDER->sMonat = sMonat;
      m_pDAY_ORDER->sJahr = sJahr;

      for(int i = 0; i < 3; i++)
      {
```

```
                m_pDAY_ORDER->sVals[i] = 0;
            }
            pDoc->m_oblistDayOrder.AddHead((CObject*)m_pDAY_ORDER);
        }
        for(int i = 0; i < 3; i++)
        {
            m_circuit.SetCountByIndex(i, m_pDAY_ORDER->sVals[i]);
        }
        m_circuit.Invalidate();
        pDoc->SetModifiedFlag();
}
```

Die Methode wird aufgerufen, wenn der Benutzer irgendwo auf das Steuerelement klickt. Es muß nicht unbedingt der Klick auf eine Tag-Schaltfläche sein. Auf diese Weise ist unsere Implementierung nicht effizient. Wie erwähnt, diese Implementierung ist sicher, weil sie mit verschiedenen Varianten des Steuerelementes funktioniert.

Wenn das Steuerelement auf dem Bildschirm auftaucht, sieht der heutige Tag (Schaltfläche) „versenkt" aus. Nach einem Klick auf eine Tag-Schaltfläche „versenkt" man eine andere Schaltfläche. Dieser Tag ist der aktuelle.

Am Anfang ermitteln wir, ob die Daten über den aktuellen Tag in der Liste vorhanden sind. Ist das nicht der Fall, legen wir eine neue Instanz der Struktur an, füllen ihre Elemente aus und fügen den Zeiger der Struktur der Liste hinzu.

Danach aktualisieren wir die Schemata.

Schließlich kündigen wir das Dokument als geändert an.

19.6 Ermittlung der Versionsnummer des COM-Objekts

Vor dem Start der Anwendung müssen wir die Versionsnummer unseres eigenen Steuerelementes ermitteln. Das ist sehr wichtig, weil in der Version 1.0 des Steuerelementes die Eigenschaft *CountByIndext* nicht vorhanden ist. Der Versuch, diese Eigenschaft mit dieser installierten Version aufzurufen, führt zum Abbruch der Anwendung.

Das Problem der Installation alter Versionen von OCX und DLL haben wir im ersten Teil des Buches diskutiert. Wenn heute auf einem Computer eine bestimmte Version eines COM-Objektes installiert ist, gewährleistet das nicht, daß morgen eine alte Version des gleichen Objektes nicht installiert wird.

Wenn Sie ein Objekt verwenden, dessen Version „jünger" (großer) als 1.0 sein sollte, müssen Sie unbedingt bei jeder Aktivierung des Objektes seine Version testen.

Die Entwickler der COM-Objekte (u.a. ActiveX-Steuerelemente) müssen die Funktionalität von älteren Versionen bei der Weiterentwicklung beibehalten.

Fügen Sie mit Hilfe von ClassWizard der Sichtklasse die Methode *OnInitialUpdate()* hinzu. Implementieren Sie die Methode folgendermaßen:

```
void CDayOrderView::OnInitialUpdate()
{
   CFormView::OnInitialUpdate();

   // TODO: Add your specialized code here and/or call the base class

char szBuf[200];
   CString strFind("CLSID\\{90BB18C2-EF5E-11D1-
                        B890-E90CF092812B}\\Version");

   LONG lSize = sizeof(szBuf);
    if (RegQueryValue( HKEY_CLASSES_ROOT, strFind, (char*)(&szBuf),
                              &lSize) == ERROR_SUCCESS)
    {
       CString strValue = CString(szBuf);

       if(strValue.Find("1.") == 0)
       {
              CString strTmp("Auf Ihrem Computer ist Version 1 vom
                     Steuerelemnt IntCircuitCtl istalliert.\r\n");
              strTmp += CString("Instalieren Sie eine neue Version des
                     Steuerelementes.\r\n");
              strTmp += CString("Anwendung wird geslossen.");
              MessageBox(strTmp);
              AfxGetMainWnd()->PostMessage(WM_CLOSE);
              return;
       }
   }
   OnClickCalendar1();
}
```

Wie erwähnt, kann man sich die Windows–Registrierdatenbank als eine Baumstruktur oder als eine Menge von verschachtelten Ordnern vorstellen. Die Funktion *RegQueryValue()* dient dem Ermitteln der Werte eines „Ordners". Den ersten Parameter der Funktion bezeichnen wir als „Hauptordner" (in unserem Fall ist das *HKEY_CLASSES_ROOT*). Der zweite Parameter zeigt den „Path" zum Ordner, wo der ermittelte Wert liegt. In unserem Fall ist das der Ordner *CLSID\{90BB18C2-EF5E-11D1-B890-E90CF092812B}\Version*. Nach der Visual C++-Konvention müssen wir innerhalb der Symbolketten statt „\" „\\" schreiben, weil „\" als ein spezielles Symbol betrachtet wird. Der dritte Parameter der Funktion ist ein Puffer für den Wert, und der letzte Parameter teilt die Größe des Puffers mit.

Nach der Feststellung, daß auf dem Computer die Version 1.* (1.0, 1.1 usw.) des Steuerelementes installiert ist, zeigt die Anwendung eine Meldung am Bildschirm und schließt sich.

Wenn auf dem Computer die Version 2.0 oder höher installiert ist, imitieren wir einen Klick auf das Kalender-Steuerelement. Damit wird indirekt das Schema-Steuerelement aktualisiert. (Im Schema wird der Zustand der Bestellungen gezeigt, die dem aktuellen Tag entsprechen.)

5. Testen Sie die Anwendung

Testen Sie, ob beide Steuerelemente richtig miteinander kommunizieren (Abbildung 19.7).

Versuchen Sie, mehrere Bestellungen für mehrere Tage zu machen, in einer Datei alles zu speichern und danach diese Datei wieder zu öffnen.

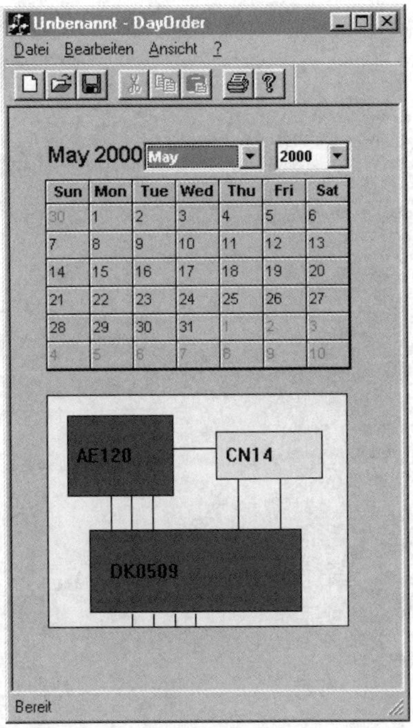

Abbildung 19.7: Eine Formular-Anwendung mit zwei ActiveX-Steuerelementen

20 ActiveX-Steuerelement-Container: Wiederholung und Vertiefung

MFC unterstützt die Entwicklung des ActiveX-Steuerelement-Containers sehr gut. Das läßt Ihnen Gelegenheit, sich nur auf problempezifische Aspekte zu konzentrieren, ohne auf die technischen Einzelheiten einzugehen.

Die MFC-Funktion *AfxEnableControlContainer()* ermöglicht, eine „normale" MFC-Anwendung in einen „ActiveX-Steuerelement-Container" umzuwandeln. Den Aufruf dieser Methode hat der AppWizard für uns in die Methode *InitInstance()* der Anwendungsklasse eingefügt.

Die Beschreibung, die Anforderungen und die Richtlinien zur Implementierung eines ActiveX-Steuerelement-Containers finden Sie in der Online-Hilfe unter der Suchmaske „ActiveX Control Container".

Ich vermute, daß Sie in Zukunft eher ActiveX-Steuerelemente als Container entwickeln werden. Der Grund für meine Vermutung ist mit die wachsende Macht der existierenden freien Container, insbesondere des Internet Explorers. Mit dem Konzept *Active Desktop* und der Kopplung mit dem Windows-Explorer ist seine Fähigkeit noch größer geworden. Deshalb konzentrieren wir uns in diesem Abschnitt auf das Wissen über den ActiveX-Steuerelement Controler, der für die Entwickler von ActiveX-Steuerelementen interessant ist.

Wir sprechen in diesem Abschnitt über den Container, der den erwähnten Spezifikationen des „ActiveX Control Containers" entspricht. Mit anderen Worten, wenn Sie unten in diesem Abschnitt „Container" lesen, verstehen Sie „ActiveX-Steuerelement-Container, die nach Spezifikation implementiert sind".

Der Container erwartet von einem Steuerelement lediglich, daß das Steuerelement die Schnittstelle *IUnknown* unterstützt. Wenn der Container merkt, daß im Steuerelement etwas fehlt, versucht er seine Kommunikation mit dem Steuerelement entsprechend zu reduzieren. Wenn das Steuerelement zum Beispiel keine Kommunikationspunkteschnittstelle unterstützt, versucht der Container nicht, sich weiter über diese Dinge mit ihm zu unterhalten. Eine genaue Beschreibung, wie der Container seine Kommunikation mit einem Steuerelement abhängig von in dem Steuerelement vorhandenen Schnittstellen reduzieren muß, finden Sie im Abschnitt „Degrading Gracefully in the Absence of an Interface" in Online-Hilfe.

Für Entwickler von Steuerelementen ist es interessant, welche Schnittstelle ein „richtiger" Container implementieren muß und was das Steuerelement unternehmen muß, wenn eine Schnittstelle im Container fehlt.

Die Tabelle 20.1 gibt Ihnen einen Überblick über die Schnittstellen, die ein Steuerelement-Container zu Verfügung stellen muß.

Schnittstelle	Optional	Kommentar
IOleClientSite	Ja	
IAdviseSink	Nein	Nötig, wenn der Container den Notifikationsmechanismus über Datenänderung (Steuerelemente mit der Schnittstelle IDataObject) implementiert
IOleInPlaceSite	Ja	
IOleControlSite	Ja	
IOleInPlaceFRame	Ja	
IOleContainer	Ja	
IDispatch für Standardumgebungseigenschaften	Ja	
Ereignisse-Unterstützung	Ja	
ISimpleFrameSite	Nein	Nur für Container mit der Unterstützung verschachtelter Steuerelemente ist die Implementierung nötig.
IPropertyNotify-Sink	Nein	
IErrorInfo	Ja	(Wenn der Container duale Schnittstellen unterstützt.)
IClasFactory2	Nein	Ist aber empfohlen.

Tabelle 20.1: Anforderungen an die Schnittstellen eines ActiveX-Steuerelement-Containers

Wenn Sie ein allgemeines Steuerelement entwickeln, müssen Sie nicht voraussetzen, daß der Container „ideal" ist. Das Steuerelement muß z.B. nicht erwarten, daß ein Ereignis ausgelöst wird, und auf dieser Voraussetzung seine Logik basieren. In bestimmten Situationen muß das Steuerelement die Schnittstellen des Containers ermitteln und abhängig vom Angebot der Schnittstellen seine Funktions-Logik ändern. Diese Regel gilt auch für die Unterstützung der Funktionalität, die man mit Hilfe der Einträge in der Registrierdatenbank *Miscellaneous Status Bit* ermittelt.

Die Situation sieht viel klarer aus, wenn Sie das Steuerelement für einen bestimmten Container (z.B. für den Internet Explorer) entwickeln.

In Steuerelementen mit kritischen Ereignissen müssen Sie die Methode *IOleControl::FreezeEvents()* im Steuerelement implementieren, um zu ermitteln, ob im Moment der Container in der Lage ist, ein Ereignis auszulösen. Ist das nicht der Fall, muß ev. das Steuerelement das Ereignis „speichern" und zu einem späteren Zeitpunkt noch einmal versuchen, es zu senden.

20.1 Ressourcen

Online-Hilfe

Eine Beschreibung der Anforderungen zum ActiveX-Steuerelement-Container finden Sie in der Online-Hilfe unter der Suchmaske „ActiveX Control Container" und „ActiveX-Steuerelement-Container".

Informationen über den *WebBrowser* finden Sie in der Online-Hilfe unter dem Eintrag *WebBrowser*.

Visual C++ Samples

Das Sample SMILE zeigt einen dialogbasierten Steuerelement-Container. Einen allgemeinen Container entwickelt man im Tutorial-Sample CONTAIN.

Zusammenfassung

In diesem Teil des Buches haben wir den ActiveX-Steuerelement-Container kennengelernt. MFC unterstützt die Entwicklung der Container sehr gut. Das läßt Ihnen Gelegenheit, sich auf Ihr Problem zu konzentrieren und nicht auf technische Einzelheiten einzugehen.

Standard-Container, insbesondere Internet Explorer, lassen immer weniger Platz für selbst-entwickelte Container.

Das betrachtete Thema ist für Entwickler von Steuerelementen aber auch wichtig und interessant, um sich vorzustellen, wie ein Steuerelement mit einem Container kommuniziert.

Im nächsten Kapitel diskutieren wir ein naheliegendes Themengebiet – ActiveX-Dokumente.

Teil G: ActiveX-Dokumente

In diesem Teil des Buches betrachten wir einen besonderen Fall von Dokumenten – ActiveX-Dokumente.

Wenn Sie OLE, insbesondere den Bereich verbundener Dokumente, kennen, wird es für Sie leicht sein, den Inhalt dieses Kapitels zu verstehen.

Diese Kenntnisse sind aber nicht unbedingt nötig, weil Sie in das Themengebiet ActiveX-Dokumente direkt einsteigen können.

Dieser Teil des Buches besteht aus zwei Kapiteln. Im ersten Kapitel werden einige Grundlagen der ActiveX-Dokumente vorgestellt. Im zweiten Kapitel betrachten wir ein realistisches Szenario (Projekt) für die Verwendung von ActiveX-Dokumenten, bezogen auf Probleme unserer imaginären Firma.

21 ActiveX-Dokumente, ActiveX-Dokumentserver und Internet Explorer

Das ActiveX-Dokument ist ein spezieller Datentyp, der mit Hilfe eines beliebigen ActiveX-Dokumentencontainers gezeigt werden kann.

Das Wort „beliebigen" spielt in der Definition eine wichtige Rolle, weil früher wir die Anwendungen betroffen haben, die mit bestimmten Arten der Dateien bearbeiten können. Jeder ActiveX-Dokumentencontainer kann ein beliebiges Dokument öffnen, das als ActiveX-Dokument gekennzeichnet ist.

Zwei weit verbreitete Arten der ActiveX-Dokumente sind Word-Dokumente und Excel-Tabellen.

Zur Zeit befinden sich auf der Bühne der ActiveX-Dokumentencontainer zwei berühmte Spieler: Microsoft Office Sammlungsmappe und Microsoft Internet Explorer. Die Sammlungsmappe scheint langsam unterzugehen und ihre Ideen an Outlook zu übergeben. In diesem und im nächsten Kapitel werden wir für das Testen den IE (Internet Explorer) verwenden.

Der ActiveX-Dokumentencontainer, z.B. IE, öffnet und verarbeitet ein ActiveX-Dokument mit Hilfe eines ActiveX-Dokumentenservers.

Dieser Server muß auf dem Computer natürlich zuerst installiert werden. Das ist eine Anwendung (EXE-Datei), die nach dem Aufruf selbständig funktioniert.

Der ActiveX-Dokumentserver kann die Daten nicht nur von der Festplatte oder aus dem lokalen Netz, sondern auch direkt vom Internet laden (natürlich nur mit Hilfe entsprechender Laderoutinen). Das übliche Szenario besteht im Einfügen eines Verweises (Verknüpfung) in ein ActiveX-Dokument auf einer WWW-Seite. Das Dokument kann dadurch irgendwo auf einem Server auf der anderen Seite der Erde liegen. Nach einem Klick im IE auf diesen Verweis wird die Datei geladen und im ActiveX-Dokumentserver geöffnet. Damit bleibt der Server im Rahmen (innerhalb) von IE, ohne selbständiges Fenster.

Dieses Verhalten des ActiveX-Dokumentenservers führt zu einigen Mißverständnissen mit seiner Klassifikation. Einerseits ist es ein Client, weil es eine EXE-Datei ist, die die Daten öffnen und verarbeiten kann. Andererseits ist es ein Server, weil die Anwendung innerhalb des ActiveX-Dokumentencontainers funktionieren kann, und IE Ihre COM-Objekt laden und steuern kann. In diesem Buch bezeichnen wir solche Anwendungen als Dokumentserver.

MFC unterstützt die Entwicklung der ActiveX-Dokumentenserver sehr gut. Wenn Sie aber Ihren eigenen ActiveX-Dokument-Container programmieren wollen, müssen Sie ziemlich viel manuell eintippen.

Wenn Sie ein eingefügtes Objekt in einem verbundenen Dokument aktivieren wollen (z.B. eine Excel-Tabelle in einem Word-Dokument), übernimmt das Serverprogramm die Kontrolle über die Symbolleiste und das Menü des Containers. Das aktivierte Objekt (Item) wird damit mit einem bestimmten Rahmen im Dokument hervorgehoben. Den gleichen Effekt kann man mit einigen fortgeschrittenen Steuerelementen erreichen. (Die im Lauf dieses Buches entwickelten Steuerelemente machen das aber nicht.)

Der ActiveX-Dokumentserver deckt anstelle des verbundenen Objektes und des Steuerelementes noch den ganzen Platz innerhalb des Containerrahmens auf.

Wie erwähnt, kann der ActiveX-Dokumentserver innerhalb des ActiveX-Dokumentencontainers eine Datei an einer beliebigen Stelle, u.a. aus dem Internet, verarbeiten. Der Dokumentserver läßt aber natürlich nicht zu, die Datei ins Internet zurückzuschreiben. Sie können jedoch die Datei lokal speichern. Wenn es aber um eine Datei im lokalen Netz geht, ist das Speichern der Datei möglich.

Wann muß der Entwickler für die Lösung eines Problems ein Steuerelement auswählen und wann ein ActiveX-Dokument? Die Tabelle 21.1 schildert den Unterschied zwischen den ActiveX-Steuerelementen, die wir im vorigen Kapitel dieses Buches kennengelernt haben, und einem ActiveX-Dokumentserver.

	ActiveX-Steuer-element	**ActiveX-Doku-mentenserver**
Typ der ausführbaren Datei	DLL oder OCX	EXE
Kann selbständig aufgerufen werden?	Nein	Ja
Kann mit IE heruntergeladen und registriert werden?	Ja	Nein
Kann auf einer WWW-Seite eingebettet werden?	Ja	Nein
Kann man die Dateien auf die Festplatte schreiben?	Nur als Ausnahme	Ja
Kann man mehrere Seiten im Browser abdecken?	Nein	Ja

Tabelle 21.1: Der Unterschied zwischen einem ActiveX-Steuerelement und einem ActiveX-Dokument

Wenn Sie die Daten vom Internet/Intranet herunterladen und ohne Umstände auf der Festplatte speichern wollen oder wenn Sie manchmal die gleiche Funktionalität in einem WWW-Browser und in einer selbständigen Anwendung haben wollen, ist Ihre Entscheidung für ActiveX-Dokumente sicher.

Zusätzliche Information über den Aufbau eines ActiveX Server-Projektes bekommen Sie im Lauf des Projektes *AcDoc*, das wir im nächsten Kapitel entwickeln werden.

22 Projekt AcDoc

Im Projekt *AcDoc* lernen wir ActiveX-Dokumente kennen. Außerdem erforschen wir in diesem Projekt, wie die Windows-Zwischenablage funktioniert. Diese zwei Mechanismen (ActiveX-Dokumente und Zwischenablage) lassen uns ein ziemlich realistisches Projekt entwickeln.

Stellen Sie sich vor, daß unsere imaginäre Firma ständig Pakete mit elektronischen Elementen an verschiedene Adressaten sendet. Wir nehmen an, daß die Elemente relativ klein sind, deswegen spielen die Größe und das Gewicht der Elemente keine große Rolle. Die Termin-Anforderungen und der Preis der Lieferung sind dadurch entschieden. Die Firma kann nicht jeden Chip mit der Post in eine ihrer Filialen oder zum Kunden senden.

Vielleicht hat die Firma irgendein Entscheidungsprogramm oder Expertensystem für die Lösung dieses Problems. Wir lassen das außerhalb des Rahmens unseres Buches. Die „letzten Striche" in den Entscheidungen machen aber die Sachbearbeiter. Und für sie ist unsere neue Anwendung gedacht.

Das Aussehen der Anwendung *AcDoc* können Sie in den Abbildungen 22.10 und 22.11 anschauen.

Unsere neue Anwendung ist eine SDI- (Single Document Interface) Anwendung. Ein Dokument entspricht einem Paket. Man kann sich den Inhalt des Pakets als eine Liste von Elementen vorstellen. Jeder Eintrag in der Liste enthält eine Beschreibung der Gruppe der gleichen Elemente, die im Paket eingefügt sind. Die Gruppe ist mit einem UUID (unverwechselbare Kennung) identifiziert. Außerdem enthält die Beschreibung Informationen über den Typ des Elementes sowie die Anzahl und die Kosten der Elemente.

Der Benutzer kann eine einzelne Beschreibung in die Zwischenablage kopieren oder aus der Zwischenablage in das Dokument einfügen. Man verwendet dabei ein Textformat für die Datenübertragung. Das läßt die Daten von anderen elektronischen Dokumenten, z.B. aus WWW-Seiten, annehmen.

Die ActiveX-Dokumentenanwendungen lassen ohne Umstände alle Dokumente nicht nur aus dem lokalen Netz, sondern auch aus dem Internet laden und öffnen.

Für das Öffnen einer Datei muß der Anwender nur die URL dieser Datei angeben, z.B. *www.MeineFirma.MeineAbteilung.WasIstNeue.acdoc*.

Der Microsoft Internet Explorer unterstützt (ab Version 3.0) die ActiveX-Dokumente. Dadurch können Sie die Verknüpfung zu einer Datei auf einer WWW-Seite plazieren. Nach dem Klick auf diese Verknüpfung wird im Internet-Explorer-Fenster das ActiveX-Dokument geöffnet.

Unsere Anwendung kann man dann nach dem folgenden Szenario anwenden. Wenn das Paket für eine Filiale in einer Zentrale vorbereitet und vielleicht sogar schon unterwegs ist, kann die entsprechende Datei auf einem Internet-Server angelegt werden. Die Adresse zu dieser Datei sendet man danach per Email in die Filiale.

Der Sachbearbeiter in einer Filiale empfängt die Email, und nach einem Klick auf die Verknüpfung wird die Datei im IE geöffnet. Wenn man die Elemente weiter verteilen muß, macht das der Sachbearbeiter mit Hilfe der Kopieren/Einfügen-Operationen, ohne den Explorer zu verlasen.

Jetzt fangen wir mit der Entwicklung des Projektes an.

22.1 Anlegen des Projektes

Legen Sie mit Hilfe von AppWizard ein neues MFC SDI-Projekt mit dem Namen *AcDoc* an.

Auf der Seite 3 des AppWizard wählen Sie das Optionsfeld *Both container and server* und aktivieren das Kontrollkästchen *ActiveX document server* (Abbildung 22.1).

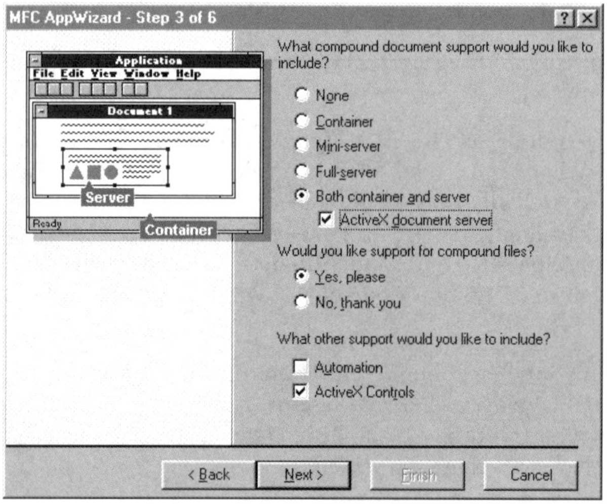

Abbildung 22.1: Einstellungen für das Projekt AcDoc auf der Seite 3 von AppWizard

Auf der Seite 4 des AppWizard klicken Sie auf die Schaltfläche *Advanced*. Legen Sie die Standard-Dateiendung für unsere Anwendung fest (Abbildung 22.2). Auf jedem Computer, wo die Anwendung installiert wird, wird nach einem Klick auf die Datei mit dieser Endung unsere Anwendung gestartet.

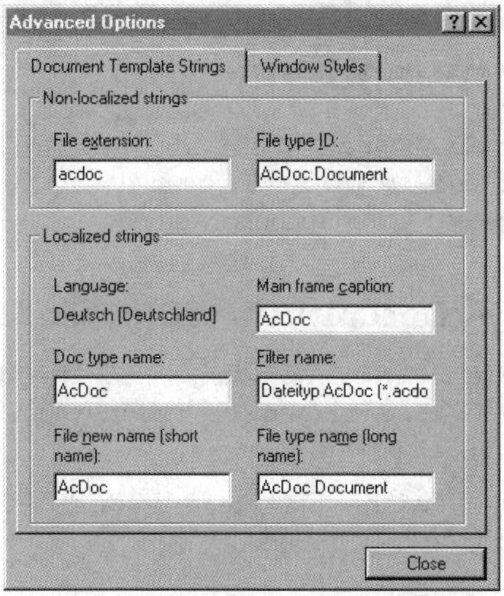

Abbildung 22.2: Festlegen der Dateinamenendung für die Anwendung AcDoc

Als Basisklasse für die Sichtklasse unserer Anwendung wählen Sie die Klasse *CFormView* (Abbildung 22.3).

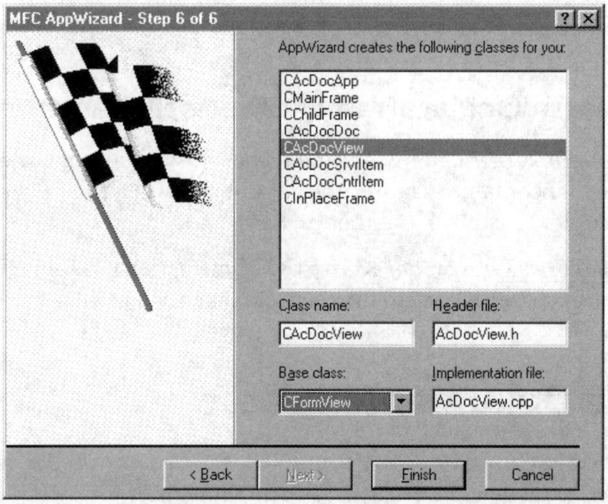

Abbildung 22.3: Auswahl der Basisklasse für die Sichtklasse der Anwendung

In der Abbildung 22.3 sehen Sie einige neue Klassen, die in üblichen MFC-Anwendungen nicht betroffen sind. Im nächsten Abschnitt erforschen wir diese Klassen.

22.2 Spezifische Klassen einer ActiveX-Dokument-Anwendung

In diesem Abschnitt betrachten wir die Klassen, die spezifisch für ActiveX-Dokument- und OLE-Anwendungen sind. Da wir keine eingebetteten Objekte in unserem Projekt anwenden, müssen wir diese Klassen nicht korrigieren.

22.2.1 Die Klasse CAcDocCntrItem (COleClientItem)

Die Klasse *CAcDocCntrItem* unserer Anwendung ist von der Klasse *COleClientItem* abgeleitet. Die Instanz dieser Klasse „verbindet" sich mit einem eingebetteten bzw. verknüpften Item im Verbund-Dokument.

In unserem Projekt erweitern wir den Skelett-Quellcode dieser Klasse, die AppWizard für uns generiert hat, nicht.

22.2.2 Die Klasse *CAcDocSrvrItem (CDocObjectServerItem)*

Die Klasse *CAcDocSrvrItem* unserer Anwendung ist von der Klasse *CDocObjectServerItem* abgeleitet. Die Klasse implementiert spezifische OLE-Funktionalitäten, die mit Hilfe der Methoden *OnHide()*, *OnOpen()* und *OnShow()* in Ihrer Anwendung angepaßt werden können. In unserem Projekt lassen wir diese Klasse ohne Änderungen.

22.2.3 Die Klasse CInPlaceFrame (COleDocIPFrameWnd)

Wenn die ActiveX-Dokumentenanwendung nicht selbständig, sondern innerhalb eines ActiveX-Dokumentencontainers läuft, übernimmt die Klasse *CInPlaceFrame* die Rahmenfunktionalität der Container-Rahmen.

Die Klasse *CInPlaceFrame* ist von der Klasse *COleDocIPFrameWnd* abgeleitet. Wir verändern die Quellcodes dieser Klasse in unserem Projekt auch nicht.

22.3 Die Dokumentenklasse

Die Dokumentenklasse unserer Anwendung *CAcDocDoc* ist von der mächtigen MFC-Klasse *COleServerDoc* abgeleitet. Diese Klasse implementiert die Schnittstellen:

- *IDataObject, IOleObject, IPersistObject* – Die Funktionalität für eingebettete Objekte, u.a. für das Erzeugen eines Objektes von einer Datei.
- *IOleInPlaceObject, IOleInPlaceActiveObject* – Die Funktionalität für Vorortaktivierung (In-Place)-Aktivierung.
- *IPersistStorage*-Unterstützung der Verbunddateien als Ablage für die Sicherung der Daten einzelner Items.

ActiveX-Dokumente können auch andere optionale Schnittstellen unterstützen.

Wir müssen einige Änderungen bzw. Erweiterungen in der Dokumentenklasse vornehmen.

1. Definieren Sie in der Kopfdatei *AcDocDoc.h* die Struktur *ELEM*

```
struct ELEM
{
   CString strGUID;
   CString strTyp;
   UINT uCount;
   UINT uPrice;
};
```

Die Felder der Struktur enthalten Informationen über die unverwechselbare Kennung der Gruppe der elektronischen Elemente, die in einem Paket angelegt werden müssen. Das sind: der Typ, die Anzahl und der Preis der Elemente.

2. Erweitern Sie die Deklaration der Klasse folgendermaßen

```
class CAcDocDoc : public COleServerDoc
{
protected: // create from serialization only
   CAcDocDoc();
   DECLARE_DYNCREATE(CAcDocDoc)
// Attributes
public:
   CObList m_oblistElems;
   CAcDocSrvrItem* GetEmbeddedItem()
       { return (CAcDocSrvrItem*)COleServerDoc::GetEmbeddedItem(); }

// Operations
public:
   void InsertElem(CString strGUID, const CString& strTyp, UINT uCount, UINTuPrice);
   void UpdateElem(CString strGUID, const CString& strTyp, UINT uCount, UINTuPrice);
   bool GetElem(const CString& strTyp, CString* strGUID,UINT* uCount, UINT* uPrice);
   bool DeleteElem(const CString& strTyp);
...
```

Die Liste der Gruppen der Elemente behalten wir in einem Objekt der Klasse *CObList* bei. Diese Klasse haben wir schon in vorigen Projekten kennengelernt.

Die Methoden *InsertElem()* und *UpdateItem()* dienen dem Einfügen und Aktualisieren der Information über eine Gruppe in der Liste. Die Methode *GetItem()* liefert abhängig von ihrem Namen weitere Parameter der Gruppe aus der Liste. Die letzte Methode *DeleteElem()* entfernt das Element aus der Liste.

3. Implementieren Sie den Destruktor der Klasse

```
CAcDocDoc::~CAcDocDoc()
{
   if(!m_oblistElems.IsEmpty())
   {
        ELEM* pELEM;
        POSITION pos, posOld;
        posOld = pos = m_oblistElems.GetHeadPosition();
        for(pos; pos != NULL; posOld = pos)
        {
               pELEM = (ELEM*)m_oblistElems.GetNext(pos);
               m_oblistElems.RemoveAt(posOld);

               ASSERT(pELEM);
               delete pELEM;
        }
   }
   m_oblistElems.RemoveAll()
}
```

Der Vernichtungsvorgang für eine Liste der Objekte ist uns vom Projekt *DayOrder* bekannt.

4. Implementieren Sie die Serialisierungsmethode der Klasse

```
void CAcDocDoc::Serialize(CArchive& ar)
{
   int iCount;
   if (ar.IsStoring())
   {
        iCount = m_oblistElems.GetCount();

        ar << iCount;
        if(!m_oblistElems.IsEmpty())
        {

               ELEM* pELEM;
               POSITION pos, posOld;
               posOld = pos = m_oblistElems.GetHeadPosition();
               for(pos; pos != NULL; posOld = pos)
               {
                      pELEM = (ELEM*)m_oblistElems.GetNext(pos);
                      ASSERT(pELEM);

                      ar << pELEM->strGUID;
                      ar << pELEM->strTyp;
                      ar << pELEM->uCount;
                      ar << pELEM->uPrice;
               }
```

```
        }
    }
    else
    {
        ar >> iCount;
        for(int i = 0; i < iCount; i++)
        {
                ELEM* pELEM = new ELEM;
                ASSERT(pELEM);

                ar >> pELEM->strGUID;
                ar >> pELEM->strTyp;
                ar >> pELEM->uCount;
                ar >> pELEM->uPrice;
                m_oblistElems.AddHead((CObject*)pELEM);
        }
    }
    // Calling the base class COleServerDoc enables serialization
    // of the container document's COleClientItem objects.
    COleServerDoc::Serialize(ar);
}
```

Der Serialisierungsvorgang ist uns auch vom Projekt *DayOrder* bekannt.

5. Implementieren Sie die Zugriffsmethoden der Dokumentenklasse

```
void CAcDocDoc::InsertElem(CString strGUID, const CString& strTyp,
        UINT uCount, UINT uPrice)
{
    ELEM* pELEM = new ELEM;
    ASSERT(pELEM);

    pELEM->strGUID = strGUID;
    pELEM->strTyp = CString(strTyp);
    pELEM->uCount = uCount;
    pELEM->uPrice = uPrice;
    m_oblistElems.AddHead((CObject*)pELEM);
    SetModifiedFlag(TRUE);
}
void CAcDocDoc::UpdateElem(CString strGUID, const CString& strTyp,
    UINT uCount, UINT uPrice)
{
    if(!m_oblistElems.IsEmpty())
    {
        ELEM* pELEM = NULL;
        POSITION pos, posOld;
        posOld = pos = m_oblistElems.GetHeadPosition();
        for(pos; pos != NULL; posOld = pos)
```

```
        {
            pELEM = (ELEM*)m_oblistElems.GetNext(pos);
            ASSERT(pELEM);

            if(pELEM->strGUID.CompareNoCase(strGUID) == 0)
            {
                pELEM->uCount += uCount;
                pELEM->uPrice += uPrice;
                SetModifiedFlag(TRUE);
                return;
            }
        }
    }
    TRACE("Element %s nicht gefunden!\n", strTyp);
}

bool CAcDocDoc::GetElem(const CString& strTyp, CString* pstrGUID,
    UINT* puCount, UINT* puPrice)
{
    if(!m_oblistElems.IsEmpty())
    {
        ELEM* pELEM = NULL;
        POSITION pos, posOld;
        posOld = pos = m_oblistElems.GetHeadPosition();
        for(pos; pos != NULL; posOld = pos)
        {
            pELEM = (ELEM*)m_oblistElems.GetNext(pos);
            ASSERT(pELEM);

            if(pELEM->strTyp.CompareNoCase(strTyp) == 0)
            {
                *pstrGUID = pELEM->strGUID;
                *puCount = pELEM->uCount;
                *puPrice = pELEM->uPrice;
                return true;
            }
        }
    }

    TRACE("Element %s nicht gefunden!\n", strTyp);
    return false;
}

bool CAcDocDoc::DeleteElem(const CString& strTyp)
{
    if(!m_oblistElems.IsEmpty())
    {
        ELEM* pELEM = NULL;
        POSITION pos, posOld;
```

```
        posOld = pos = m_oblistElems.GetHeadPosition();
        for(pos; pos != NULL; posOld = pos)
        {
            pELEM = (ELEM*)m_oblistElems.GetNext(pos);
            ASSERT(pELEM);

            if(pELEM->strTyp.CompareNoCase(strTyp) == 0)
            {
                m_oblistElems.RemoveAt(posOld);

                ASSERT(pELEM);
                delete pELEM;
                SetModifiedFlag(TRUE);
                return true;
            }
        }
    }

    TRACE("Element %s nicht gefunden!\n", strTyp);
    return false;
}
```

In der ersten Methode *CAcDocDoc::InsertElem()* reservieren wir einfach den Platz für die neue Instanz der Struktur, füllen die Felder der Struktur aus und fügen den Zeiger auf der Struktur in die Liste hinzu.

In der zweiten Methode *CAcDocDoc::UpdateElem()* suchen wir zuerst in der Liste das Element mit der eingegebenen ID und korrigieren sie. Die Methoden *CAcDocDoc::GetElem()* und *CAcDocDoc::DeleteElem()* sind ähnlich der Methode *CAcDocDoc::UpdateElem()* aufgebaut. Zuerst suchen wir in der Liste das entsprechende Element und liefern dann entweder seine Information zurück (*GetElem()*) oder entfernen sie (*DeleteElem()*).

22.4 Gestaltung der Dialogressource und Erweiterungen der Sichtklasse

1. Gestalten Sie die Dialog-Ressource der Anwendung.

Unsere Anwendung basiert auf einem Formular (Dialog), das die ID *IDD_ACDOC_FORM* hat. Gestalten Sie den Dialog, wie es in der Abbildung 22.4 zu sehen ist. Die Informationen über die IDs der Steuerelemente des Dialoges finden Sie in Tabelle 22.1.

Kennzeichnen Sie das obere rechte Feld als inaktiv (*disabled*).

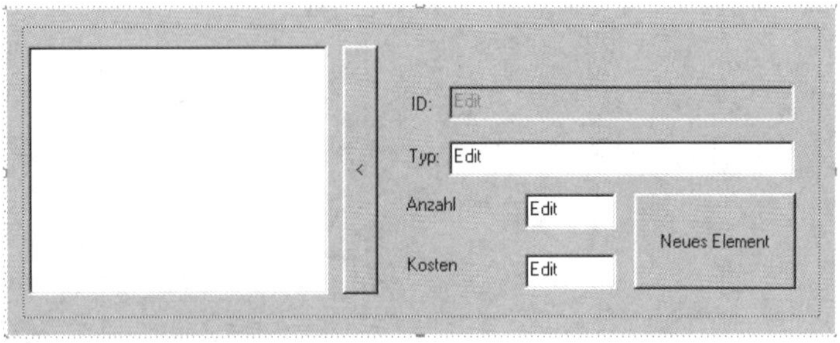

Abbildung 22.4: Gestaltung der Dialog-Ressource der Anwendung AcDoc

2. Verknüpfen Sie die Steuerelemente des Dialoges mit den Klassenvariablen der Klasse *CAcDocView*

Verknüpfen Sie mit Hilfe von ClassWizard die Steuerelemente der Dialog-Ressource mit den Klassenvariablen der Klasse CacDocView, wie es die Tabelle 22.1 zeigt.

ID	Klassenvariable	Bestimmung (Stelle)
IDC_LIST1	m_listbox	Listenfeld links
IDC_COUNT	m_uCount	Editierfeld ID
IDC_PREIS	m_uPrice	Editierfeld Typ
IDC_TYP	m_strTyp	Editierfeld Anzahl
IDC_ID	m_strGUID	Editierfeld Kosten
IDC_ELEM_TO_LIST		Schaltfläche in der Mitte
IDC_NEW_ELEM		Schaltfläche rechts unten

Tabelle 22.1: Steuerelemente der Dialog-Ressource und verknüpfte Klassenvariablen

3. Verknüpfen Sie mit Hilfe von ClassWizard die Steuerelemente der Dialogressource mit den Nachrichtenbearbeitungsmethoden.

In Tabelle 22.2 sind die Nachrichtenbearbeitungsmethoden zu sehen, die Sie mit einigen Steuerelementen und ihren Nachrichten verknüpfen werden müssen.

	Benutzeraktion	Nachrichtenbearbeitungsmethode
IDC_LIST1	Selektion	OnSelchangeList1
IDC_ELEM_TO_LIST	Klick	OnElemToList
IDC_NEW_ELEM	Klick	OnNewElem
IDC_TYP	Eingabe (Nachricht EN_UPDATE)	OnUpdateTyp

Tabelle 22.2: Die Nachrichtenbearbeitungsmethoden für die Steuerelemente des Dialoges

Implementieren Sie die Methode, wie es unten zu sehen ist.

```
void CAcDocView::OnElemToList()
{
   // TODO: Add your control notification handler code here
   UpdateData(TRUE);
   int iCount = m_listbox.GetCount();
   bool bInserted = true;

   CString strTmp;
   for(int i = 0; i < iCount; i++)
   {
        m_listbox.GetText(i, strTmp);
        if(strTmp.CompareNoCase(m_strTyp) == 0)
        {
                GetDocument()->UpdateElem(m_strGUID, m_strTyp, m_uCount, m_uPrice);
                InitElem();
                m_listbox.SetCurSel(i);
                return;
        }
   }

   GetDocument()->InsertElem(m_strGUID, m_strTyp, m_uCount, m_uPrice);
   m_listbox.AddString(m_strTyp);
   m_listbox.SetCurSel(m_listbox.GetCount() - 1);
   InitElem();
}
```

Die Methode *OnElemToList()* bearbeitet den Benutzerklick auf die vertikale Schaltfläche in der Mitte des Dialoges. In einer Schleife vergleichen wir die Typen aus dem Listenfeld mit den eingegebenen Zeilen. Wenn eine Übereinstimmung stattgefunden hat, aktualisieren wir mit Hilfe der Methode *UpdateElem()* die Liste der Elemente im Dokument, markieren die Zeile in dem Listenfeld und initialisieren andere Elemente des Dialoges. (Die Methode *InitElem()* wird unten besprochen.)

Wird im Listenfeld keine passende Zeile gefunden, fügen wir mit Hilfe der Methode *InsertElem()* den entsprechenden Eintrag in die Liste im Dokument, eine neue Zeile in der Listenbox hinzu und initiieren wieder die restlichen Elemente des Dialoges.

```
void CAcDocView::OnSelchangeList1()
{
   // TODO: Add your control notification handler code here
   int iCurrSel = m_listbox.GetCurSel();

   m_listbox.GetText(iCurrSel, m_strTyp);

   GetDocument()->GetElem(m_strTyp, &m_strGUID, &m_uCount, &m_uPrice);

   UpdateData(FALSE);

   CWnd* pWnd = GetDlgItem(IDC_ELEM_TO_LIST);
   ASSERT(pWnd != NULL);
```

```
    pWnd->EnableWindow(FALSE);
}
```

Die Methode *OnSelchangeList1()* wird aufgerufen, wenn der Benutzer eine neue Zeile im Listenfeld links im Dialog markiert.

In diesem Fall ermitteln wir mit Hilfe der Methode *CListBox::GetCurSel()*, welche Zeile im Moment markiert ist. Danach finden wir mit Hilfe der Methode *CListBox::GetText()* Text dieser Zeile. Dieser Text läßt uns mit Hilfe der Methode *GetElem()* von der Dokumentenklasse andere Beschreibungen des Elementes bekommen. Diese Informationen leiten wir direkt in die entsprechende Klassenvariable der Dialogklasse weiter.

Der Aufruf der Methode *CWnd::UpdateData()* mit dem Wert *FALSE* dient dem Aktualisieren der Darstellungen der Dialogfelder abhängig von Werten der Klassenvariablen. (Der Aufruf dieser Methode mit dem Parameter TRUE wirkt in der umgekehrten Richtung, die Klassenvariablen bekommen die Werte von Dialogfeldern.)

Die letzten drei Zeilen der Methode machen die vertikale Schaltfläche in der Mitte des Dialoges grau (disabled). Die Schaltfläche behält den inaktiven Zustand bei und ignoriert das Klicken des Benutzers, bis mindestens ein Symbol im Feld *Typ* eingegeben wird. Dafür sorgt die Methode *OnUpdateTyp()*, die wir uns jetzt anschauen wollen.

```
void CAcDocView::OnUpdateTyp()
{
    // TODO: If this is a RICHEDIT control, the control will not
    // send this notification unless you override the
    // CFormView::OnInitDialog()
    // function to send the EM_SETEVENTMASK message to the control
    // with the ENM_UPDATE flag ORed into the lParam mask.

    // TODO: Add your control notification handler code here

    CWnd* pWnd = GetDlgItem(IDC_ELEM_TO_LIST);
    ASSERT(pWnd != NULL);

    UpdateData(TRUE);
    BOOL bEnabled = FALSE;
    if(m_strTyp.GetLength() > 0)
        bEnabled = TRUE;
    pWnd->EnableWindow(bEnabled);
}
```

Die Methode *OnUpdateTyp()* wird jedesmal vom Anwendungsrahmen aufgerufen, wenn der Benutzer eine Eingabe im Feld *Typ* macht. In der Methode prüfen wir, ob mindestens ein Symbol im Feld eingegeben ist. Ist das der Fall, aktivieren wir die vertikale Schaltfläche in der Mitte des Dialoges. Sonst bleibt die Schaltfläche inaktiv.

```
void CAcDocView::OnNewElem()
{
   // TODO: Add your control notification handler code here
      InitElem();
}
```

Die Methode *OnNewElem()* wird vom *Anwendungsrahmen* aufgerufen, wenn der Benutzer auf die rechte untere Schaltfläche klickt. Die Methode *OnNewElem()* ruft einfach die „Aufräummethode" *InitItem()* auf.

4. Fügen Sie der Klasse *CAcDocView* die Methode *InitElem()* hinzu

Implementieren Sie die Methode folgendermaßen:

```
void CAcDocView::InitElem()
{
   GUID guid;

   HRESULT hr = ::CoCreateGuid(&guid);
   if(hr != S_OK)
   {
      TRACE("Problem in CAcDocView::InitElemßn");
      return;
   }

   m_strGUID.Format("%08lX-%04X-%04x-%02X%02X-%02X%02X%02X%02X%02X%02X",
      guid.Data1, guid.Data2, guid.Data3,
      guid.Data4[0], guid.Data4[1], guid.Data4[2], guid.Data4[3],
      guid.Data4[4], guid.Data4[5], guid.Data4[6], guid.Data4[7]);

   m_strTyp.Empty();
   m_uCount = m_uPrice = 0;
   UpdateData(FALSE);

   CWnd* pWnd = GetDlgItem(IDC_ELEM_TO_LIST);
   ASSERT(pWnd != NULL);
   pWnd->EnableWindow(FALSE);
}
```

Jede Gruppe mit den gleichen Elementen muß beim Senden als Ganzes identifiziert werden. Wir haben schon gelernt, daß die beste unverwechselbare Kennung eine 128-Bit-GUID ist. Visual C++ stellt eine Funktion für das Generieren solcher GUIDs zur Verfügung. Diese Funktion heißt *CoCreateGuid()*. Das Präfix *Co* bedeutet wie immer, daß diese Funktion zu Reihe der COM API-Funktionen gehört.

Mit Hilfe dieser Funktion generierte GUIDs wandeln wir in eine textuelle Form um und speichern sie in der Klassenvariable *m_strGUID*. Danach initiieren wir andere Klassenvariablen, aktualisieren die Darstellung dieser Variablen in den Dialogfeldern (Methode *UpdateData()*) und deaktivieren die vertikale Schaltfläche in der Mitte des Dialoges.

5. Korrigieren Sie die Methode *CAcDocView::OnInitialUpdate()*

```
void CAcDocView::OnInitialUpdate()
{
   CFormView::OnInitialUpdate();
   InitElem();
   CAcDocDoc* pDoc = GetDocument();
   if(!pDoc->m_oblistElems.IsEmpty())
   {
       ELEM* pELEM;
       POSITION pos, posOld;
       posOld = pos = pDoc->m_oblistElems.GetHeadPosition();
       for(pos; pos != NULL; posOld = pos)
       {
              pELEM = (ELEM*)pDoc->m_oblistElems.GetNext(pos);
              m_listbox.AddString(pELEM->strTyp);
       }
   }
   UpdateData(FALSE);
}
```

Am Anfang initialisieren wir mit Hilfe der Methode *OnInitialUpdate()* den Zustand des Dialoges. Außerdem lesen wir in einer Schleife die Daten aus der Liste im Dokument und fügen die Typen der Elemente dem Listenfeld hinzu. Am Ende aktualisieren wir mit Hilfe der Methode *UpdateData()* den visuellen Zustand des Dialoges.

6. Testen Sie die Zwischenversion der Anwendung

Rufen Sie die Anwendung entweder mit einem Klick auf die *AcDoc.exe*-Datei im Explorer oder mit Hilfe des Menüpunktes *Build | Start Debug | Go* im Visual Studio auf. (Verwenden Sie keinesfalls den Menüpunkt *Build | Execute AcDoc.*) Füllen Sie danach ein paar Elemente in die Liste und speichern Sie das Ergebnis in einer Datei.

Rufen Sie danach den Explorer 4.0 bzw. den modernisierten Windows Explorer auf und tippen Sie in seine Dateinamenleiste, wo Sie normalerweise die WWW-Adressen eintippen, die volle Adresse der Datei (wie es in Abbildung 22.6 zu sehen ist) ein.

Beim ersten Öffnen eines neue ActiveX-Dokument-Dateityps erscheint eine Warnung (Abbildung 22.5). Ignorieren Sie die Warnung.

Abbildung 22.5: Warnung in IE beim erstem Öffnen eines neuen ActiveX-Dokument-Dateityps

Sie sehen das Fenster der Anwendung innerhalb des IE-Rahmens (Abbildung 22.6).

Versuchen Sie, die Elemente in die Liste einzufügen oder zu korrigieren. Öffnen Sie die Menüspalte *Datei*. Sie sehen, das der Menüpunkt *Speichern* aktiviert ist. Sie können also die Datei speichern. Machen Sie das aber nicht. Statt dessen versuchen Sie jetzt den Explorer zu schließen. Eine Warnung (Abbildung 22.7) erscheint.

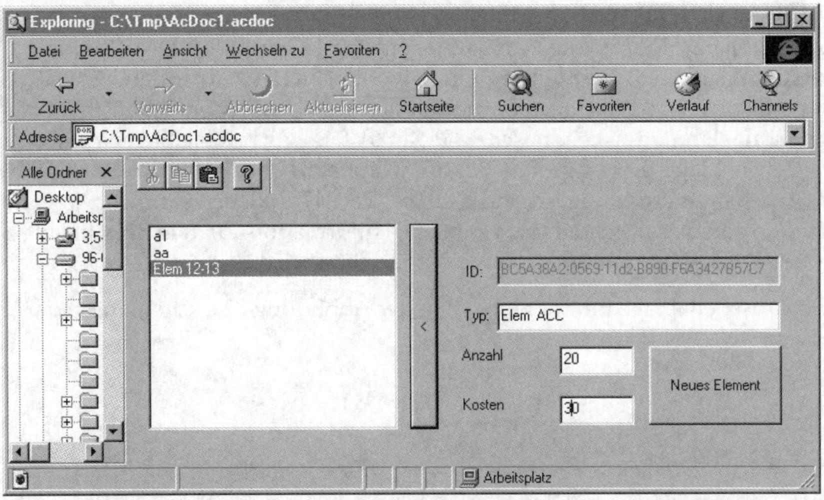

Abbildung 22.6: So sieht die Zwischenversion des Dokumentenservers aus

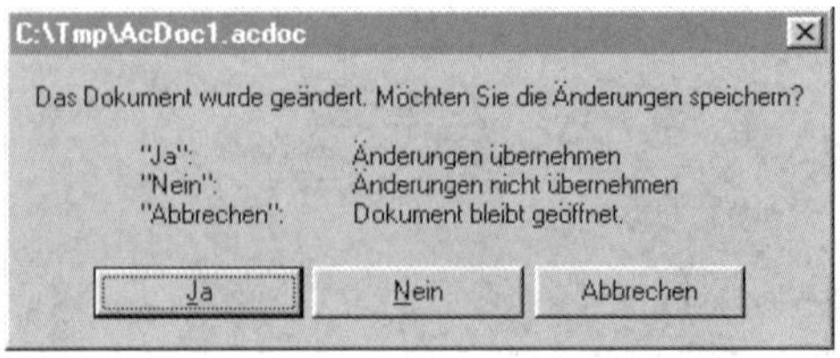

Abbildung 22.7: Beim Versuch, den IE mit einem korrigierten und nicht gespeicherten ActiveX-Dokument zu schließen, erscheint eine Warnung

Jetzt steht unser ActiveX-Dokumentenserver auf den Beinen. In der Abbildung 22.6 sind in der unteren Symbolleiste die Schaltflächen für die Arbeit mit der Zwischenablage zu sehen. Zur Zeit ist keine Funktionalität mit diesen Schaltflächen und den entsprechenden Menüpunkten verknüpft.

Nun müssen wir aber etwas über die theoretische Grundlage des Datenaustausches mit Hilfe der Zwischenablage lernen.

22.5 Wie funktioniert die Zwischenablage (MFC-Datenaustausch)?

Der Tradition nach übersetzt man den englischen Begriff „Clipboard" auf Deutsch als „Zwischenablage". Das zweite Wort, Ablage, klingt sehr „physikalisch". Unter der Ablage ist normalerweise eine Stelle gemeint, wohin jemand X irgendeine Sache ablegen kann und danach jemand Y diese Sache abholen kann. Nach dem Abholen ist die Sache nicht mehr da. Und das ist ein falscher Gedanke. Die „Sache" bleibt bei Y und weiter in der Zwischenablage. Der englische Begriff „Clipboard" bedeutet u.a. eher „Schwarzes Brett" (Anschlagtafel), wohin jemand X einen „Zettel" ankleben kann und jemand Y die Information von diesem Zettel lesen kann. Die Information auf dem Brett bleibt so lange für andere Personen vorhanden, bis sie extra ersetzt wird.

Wie die Zwischenablage funktioniert, ist in der Abbildung 22.8 schematisch dargestellt.

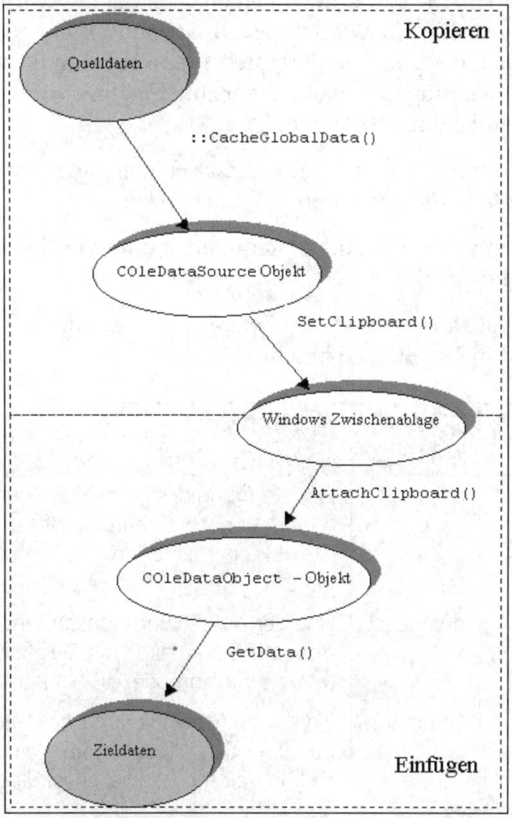

Abbildung 22.8: So funktioniert die Windows-Zwischenablage

Das Schema sieht so aus: Beim ersten Schritt reservieren Sie den Platz im Arbeitsspeicher (globaler Speicherbereich) und kopieren dahin die Daten. Danach erzeugen Sie ein neues *COleDataSource*-Objekt, das für die Absender-Seite der Daten verantwortlich ist.

Sie können sich ein *COleDataSource*-Objekt als ein Papierstück vorstellen, auf das Sie Ihre Information schreiben können. (In einigen Geschäften und offiziellen Gebäuden darf man die Anzeige nur auf ein spezielles Papierstück auf das Schwarze Brett ankleben.)

Die Methode *SetClipboard()* ist auf diese Weise die Analogie der Klebe-Aktion und der Zwischenablage selbst – eine Analogie für das Schwarze Brett.

Leider geht an dieser Stelle die Analogie zu Ende, weil Sie für den Empfang der Daten in der Zwischenablage noch ein spezielles Objekt einrichten (*COleDataObject*) müssen, was im reellen Leben nicht nötig ist.

Das *COleDataObjekt-Objekt* können Sie mit einem Notizblock vergleichen. Das Einlesen der Daten schadet damit der Zwischenablage nicht. Die Information bleibt für andere Empfänger vorhanden, bis sie durch eine andere Information überschrieben wird.

Jede Informationseinheit, die in die Zwischenablage eingefügt wurde, wird danach mit einem *Format* begleitet. Man überschreibt eine Informationseinheit nur mit einer anderen Informationseinheit des gleichen Formates. Wenn Sie zum Beispiel eine Abbildung in die Zwischenablage einfügen, bleibt sie dort unabhängig vom Eintreffen neuer textueller Informationseinheiten vorhanden.

Eine intelligente Anwendung kann mehrere Zwischenablagen-Formate „beherrschen" (genau wie intelligente Leute, die mehrere Sprachen kennen).

Zwei Datenstrukturen spielen bei der Datenübertragung via Zwischenablage eine besonders wichtige Rolle – *FORMATETC* und *STGMEDIUM*.

Die Struktur beschreibt Datenformat für übertragene bzw. empfangene Daten. Die Felder der Struktur sind in Tabelle 22.3 beschrieben.

Typ	**Feldname**	**Bedeutung**
CLIPFORMAT	cfFormat	Eine Kennung des Formates. Es gibt drei Formatenarten: „einfache" Standardformate, wie CF_TEXT, CF_DIB, benutzerdefinierte Formate und OLE-Formate.
DWORD	dwAspect	Eine der Aufzählungskonstanten, die die Qualität bzw. die Genauigkeit der Darstellung der Daten (z.B. als ein Icon oder als ein Bitmap) beschreibt.
LONG	lindex	Ein mit dwAspect verknüpftes Feld, das die Information über den Übergang über die Seitengrenze enthält. In den meisten Fällen ist das entweder –1 oder unwichtig.
DVTARGETDEVICE*	ptd	Information über das Zielgerät. Kann NULL sein, wenn die übertragenen Daten geräteunabhängig sind.
DWORD	tymed	Information über die Speichermedien (globaler Speicherbereich, Datei, IStream, IStorage usw.)

Tabelle 22.3: Die Felder der Struktur FORMATETC

Die zweite Struktur ist einfacher organisiert. Das erste Feld der Struktur ist *tymed* mit der gleichen Bedeutung wie in der Struktur *FORMATETC*.

Abhängig vom Wert des Feldes *typmed* kann das zweite Feld der Struktur eine der folgenden Definitionen haben:

```
HBITMAP hBitmap;
HMETAFILEPICT hMetaFilePict
HENHMETAFILE hEnhMetaFile
HGLOBAL hGlobal
LPWSTR lpszFileName
IStream *pstm
IStorage *pstg
```

Hoffentlich sind für Sie die Typen und die Namen der Felder selbsterklärend. In unserem Projekt verwenden wir Datenübertragung mit globalem Speicherblock (HGLOBAL).

Jetzt wissen wir genug, um in unserem Projekt Zwischenablage-Funktionalität einzufügen. Das machen wir im nächsten Abschnitt. Wenn Sie mehr über dieses Thema wissen wollen, empfehle ich Ihnen, entsprechende Kapitel vom MFC Tutorial zu studieren oder sich das Buch von David Kruglinski [3] zu besorgen und den entsprechenden Teil dort nachzulesen.

22.6 Implementierung der Aktionen mit der Zwischenablage

1. Verknüpfen Sie die Menüpunkte bzw. die Schaltfläche der Symbolleiste für die Aktionen mit der Zwischenablage mit den Nachrichtenbearbeitungsmethoden

Mit Hilfe des *ClassWizard* fügen Sie der Klasse *CDocView* die Nachrichtenbearbeiter für *ID_EDIT_COPY, ID_EDIT_CUT* und *ID_EDIT_PASTE* hinzu. Implementieren Sie die Nachrichtenbearbeitungsmethoden, wie es unten zu sehen ist.

```
void CAcDocView::OnEditCopy()
{
   // TODO: Add your command handler code here

   UpdateData(TRUE);
   CString strTmp;

   strTmp.Format("GUID: %s\r\nTyp: %s\r\nAnzahl: %d\r\nPreis: %d\r\n",
       m_strGUID, m_strTyp, m_uCount, m_uPrice);

   COleDataSource* pSource = new COleDataSource();
   HGLOBAL hText = ::GlobalAlloc(GMEM_SHARE, strTmp.GetLength() + 1);
   LPSTR lpstrText = (LPSTR)::GlobalLock(hText);
   ASSERT(lpstrText);
   ::strcpy(lpstrText, strTmp);
   ::GlobalUnlock(hText);
   pSource->CacheGlobalData(CF_TEXT, hText);
   pSource->SetClipboard();
}
```

Am Anfang der Methode aktualisieren wir mit Hilfe der Methode *UpdateData(TRUE)* den Zustand der Klassenvariablen abhängig von den Werten der Dialogfelder.

Beim nächsten Schritt erzeugen wir, abhängig von Werten der Klassenvariablen, ein CString-Objekt. Die Kombination \r\n muß man für den richtigen Zeilenumbruch anwenden.

Mit Hilfe der API-Funktion *::GlobalAlloc()* reservieren wir einen globalen Speicherblock. Nach der Reservierung sperren wir mit Hilfe der Funktion *GlobalLock()* den Speicherblock gegen die Verschiebung oder das Caching, das ev. das Betriebssystem in der Zeit des Kopierens durchführen kann. Danach kopieren wir den Text in den reservierten Speicherblock und schalten seine Sperrung aus.

Die Methode *COleDataSource::CacheGlobalData()* ist folgendermaßen deklariert:

```
CacheGlobalData( CLIPFORMAT cfFormat, HGLOBAL hGlobal,
   LPFORMATETC lpFormatEtc = NULL );
```

Die Methode teilt dem *COleDataSource*-Objekt das Datenformat und die Datenquelle
Die Methode teilt dem *COleDataSource*-Objekt das Datenformat und die Datenquelle
mit. Den dritten Parameter lassen wir aus. Diesen Parameter verwendet man in komplizierteren Situationen.

Die Methode *COleDataSource::SetClipboard()* plaziert das Objekt in der Zwischenablage.

```
void CAcDocView::OnEditCut()
{
   // TODO: Add your command handler code here
   int iCurrSel = m_listbox.GetCurSel();
   if(iCurrSel < 0)
   {
      TRACE("Problem in CAcDocView::OnEditCut() \n");
      return;
   }
   OnEditCopy();
   m_listbox.GetText(iCurrSel, m_strTyp);
   m_listbox.DeleteString(iCurrSel);
   GetDocument()->DeleteElem(m_strTyp);
   InitElem();
}
```

Die Methode *CAcDocView::OnEditCut()* kopiert auch die Daten in die Zwischenablage. Außerdem räumt sie auch die Daten im Dialog aus. Die Methode löscht u.a. den markierten Eintrag im Listenfeld und den entsprechenden Eintrag in der Liste im Dokument.

Finden wir jetzt heraus, wie das Lesen (Einfügen) der Daten aus der Zwischenablage funktioniert. Die Methode *CAcDocView::OnEditPaste()* für das Einfügen der Daten aus der Zwischenablage sieht so aus:

```
void CAcDocView::OnEditPaste()
{
   // TODO: Add your command handler code here
   COleDataObject dataObject;
   if(!dataObject.AttachClipboard())
   {
      TRACE("Problem in CAcDocView::OnEditPaste()\n");
      return;
   }
   if(!dataObject.IsDataAvailable(CF_TEXT))
```

```
{
    TRACE("CF_TEXT Format ist nicht verfügbar\n");
    return;
}
STGMEDIUM stgmed;
FORMATETC format;
format.cfFormat = CF_TEXT;
format.dwAspect = DVASPECT_CONTENT;
format.ptd = NULL;
format.tymed = TYMED_HGLOBAL;
format.lindex = -1;
if(!dataObject.GetData(CF_TEXT, &stgmed, &format))
{
    TRACE("Text ist nicht verfügbar\n");
}
HGLOBAL hText = stgmed.hGlobal;
CString strTmp;
strTmp = (LPSTR)::GlobalLock(hText);
::GlobalUnlock(hText);
CString strID, strTyp, strPrice, strCount;
UINT uCount, uPrice;
int iPos0, iPos1;
//== ------- GUID -----------
iPos0 = strTmp.Find(' '); //== Blank - symbol
iPos1 = strTmp.Find('\n'); //== Blank - symbol
if(iPos1 < 0)
    return;

if(iPos0 < 0)
    iPos0 = 0;
strID = strTmp.Mid(iPos0 + 1, iPos1 - iPos0 - 2);
int iLength = strTmp.GetLength();
strTmp = strTmp.Right(iLength - iPos1 - 1);
//== ------- Typ -----------
iPos0 = strTmp.Find(' '); //== Blank - symbol
iPos1 = strTmp.Find('\n'); //== Blank - symbol
if(iPos1 < 0)
    return;
if(iPos0 < 0)
    iPos0 = 0;
strTyp = strTmp.Mid(iPos0 + 1, iPos1 - iPos0 - 2);
iLength = strTmp.GetLength();
strTmp = strTmp.Right(iLength - iPos1 - 1);
//== ------- Anzahl -----------
iPos0 = strTmp.Find(' '); //== Blank - symbol
iPos1 = strTmp.Find('\n'); //== Blank - symbol
if(iPos1 < 0)
```

```
        return;
    if(iPos0 < 0)
        iPos0 = 0;

    strCount = strTmp.Mid(iPos0 + 1, iPos1 - iPos0 - 2);
    uCount = (UINT)::atoi(strCount);
    iLength = strTmp.GetLength();
    strTmp = strTmp.Right(iLength - iPos1 - 1);
    //== ------- Preis -----------
    iPos0 = strTmp.Find(' '); //== Blank - symbol
    iPos1 = strTmp.Find('\n'); //== Blank - symbol
    if(iPos1 < 0)
        iPos1 = strTmp.GetLength();
    if(iPos0 < 0)
        iPos0 = 0;
    strPrice = strTmp.Mid(iPos0 + 1, iPos1 - iPos0 - 2);
    iLength = strTmp.GetLength();
    strTmp = strTmp.Right(iLength - iPos1 - 1);
    uPrice = (UINT)::atoi(strPrice);
    m_strGUID = strID;
    m_strTyp = strTyp;
    m_uCount = uCount;
    m_uPrice = uPrice;
    UpdateData(FALSE);
}
```

Um sich besser vorzustellen, wie unsere Datenübertragung aussieht, schauen Sie sich die Abbildung 22.10 an. Nach dem Kopieren der Daten in die Zwischenablage kann man sie nicht nur zurück in unsere oder in eine gleiche Anwendung, sondern auch in einen beliebigen Text-Editor einfügen. Umgedrehtes Kopieren (aus einem Texteditor oder einer WWW-Seite mit der Beschreibung der Elemente) gilt mit einigen Voraussetzungen über die Gestaltung des Textes auch.

Zuerst legen wir ein neues *COleDataObject* an. Anstelle des *COLeDataSourceObject*-Objekts, das in der Halde angelegt werden sollte und automatisch mit der Zerstörung der Daten in der Zwischenablage zerstört wird, erzeugen wir ein Exemplar eines *COleDataObject* mit einem normalen Aufruf des Konstruktors.

Mit Hilfe der Methode *COleDataObject::AttachClipboard()* verknüpfen wir ein neues Objekt als potentielles Datenziel mit der Zwischenablage.

Mit Hilfe der Methode *COleDataObject::IsDataAvailable()* ermitteln wir, ob irgendwelche textuellen Daten in der Zwischenablage vorhanden sind.

Ferner setzen wir fest, in welchem Format wir die Daten aus der Zwischenablage auslesen wollen.

Die Methode *COleDataObject::GetData()* läßt die Information über die Daten aus der Zwischenablage in ein *COleDataObject*-Objekt leiten. Physikalisch bleiben die Daten noch im globalen Speicherblock. Dadurch wird auch die Struktur *stdmed* ausgefüllt.

Für die Zeit des echten Datenauspumpens sperren wir wieder den globalen Speicherblock. Die Variable *strTmp* bekommt letztlich den Text aus der Zwischenablage, und der Speicherblock kann ausgesperrt werden.

Ferner läuft die langweilige Analyse des empfangenen Textes und das Ausfüllen der Dialogfelder ab.

22.7 Handlung des Zustandes des Menüpunktes bzw. der Schaltfläche „Einfügen"

Die Schaltfläche *Einfügen* muß inaktiv werden, wenn keine textuellen Daten in der Zwischenablage vorhanden sind.

Mit Hilfe des ClassWizard fügen Sie der Sichtklasse den Aktualisator (Aktualisierungsmethode) für den Menüpunkt und die Schaltfläche hinzu, die die gleiche Kennung haben (Abbildung 22.9).

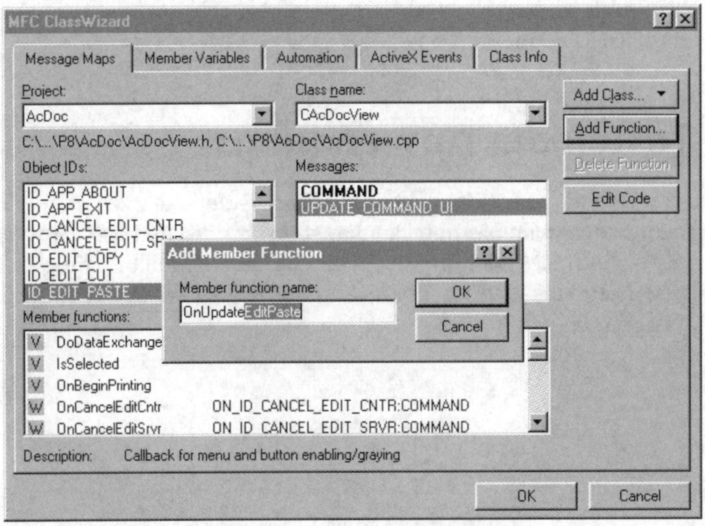

Abbildung 22.9: Anlegen einer Aktualisierungsmethode für einen Menüpunkt bzw. die Schaltfläche in der Symbolleiste mit Hilfe des ClassWizard

Implementieren Sie die Aktualisierungsmethode folgendermaßen:

```
void CAcDocView::OnUpdateEditPaste(CCmdUI* pCmdUI)
{
   // TODO: Add your command update UI handler code here
   COleDataObject dataObject;
   BOOL bEnable = FALSE;
   if((dataObject.AttachClipboard())
       &&(dataObject.IsDataAvailable(CF_TEXT)))
       bEnable = TRUE;
   pCmdUI->Enable(bEnable);
}
```

Der Anwendungsrahmen ruft diese Methode nach einer ziemlich komplizierten Regel auf. Mit einfachen Worten kann man diese Regel folgendermaßen formulieren: Die Methode wird aufgerufen, wenn im System etwas passiert, was den visuellen Zustand der Oberflächenobjekte ändern kann (z.B. eine Mausaktion) und wenn keine anderen Prozesse der Anwendung durchgeführt werden müssen.

Sie sehen, daß wir in dieser Methode einfach erste Schritte aus der Methode *CAcDocView::OnEditPaste()* wiederholen.

22.8 Testen der Anwendung

Testen Sie den Server als selbständige Anwendung. Rufen Sie zwei Exemplare der Anwendung auf, und versuchen Sie, den Datenaustausch zwischen den Anwendungen zu organisieren. Speichern Sie das Ergebnis in einer Datei. Rufen Sie diese Datei auf, wie es in Abbildung 22.10 zu sehen ist. Versuchen Sie, die Datei in einem und aus einem Texteditor zu kopieren.

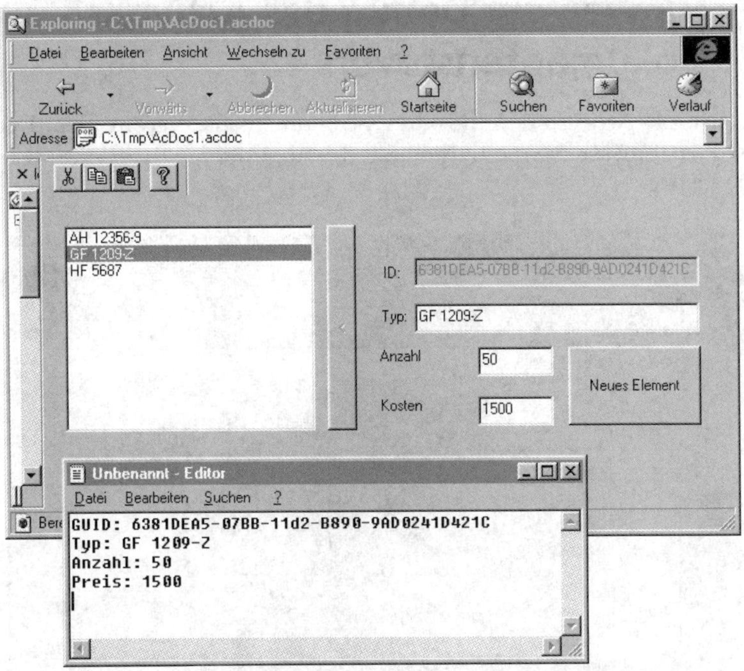

Abbildung 22.10: Kopieren der Daten mit Hilfe der Zwischenablage

Im Unterverzeichnis *HTML_For_AcDoc* des Projektverzeichnisses der CD befindet sich die Datei Test_For_AcDoc, die eine Verknüpfung zu einer Datei hat. Nach einem Klick auf die Verknüpfung müssen Sie den Server innerhalb des Rahmens des Internet-Explorers sehen. So imitieren wir den Aufruf einer Datei mit spezifischen Informationen aus dem Intranet/Internet.

Nehmen wir an, daß die Datei Information über ein in eine Filiale gesendetes Paket enthält. Wenn das Paket unterwegs ist, kann man diese Information schon beim Empfänger bearbeiten.

Unsere Lösung hat aber einen Nachteil.

Nach dem Beenden der Arbeit mit einem ActiveX-Dokument sollten Sie den Explorer lieber schließen. Weitere Sprünge zu neuen ActiveX-Dokumenten sind unmöglich. Bei der Navigation über Verzeichnisse im Netz sehen Sie immer eine kurze Zeit das Dokument. An dieser Stelle stimmen die Philosophien von ActiveX-Dokumenten und IE-Surfing nicht genau überein. Es scheint, daß das Lösen dieses Problem ohne einen Trick nicht möglich ist.

22.9 Hinweis für Debug des ActiveX-Dokumentenservers

Wenn Sie sich die Arbeit mit dem ActiveX-Dokumentenserver mit dem Debuger anschauen wollen, müssen Sie die Einstellung (Menüpunkt *Build | Settings*) wie in Abbildung 22.11 festlegen.

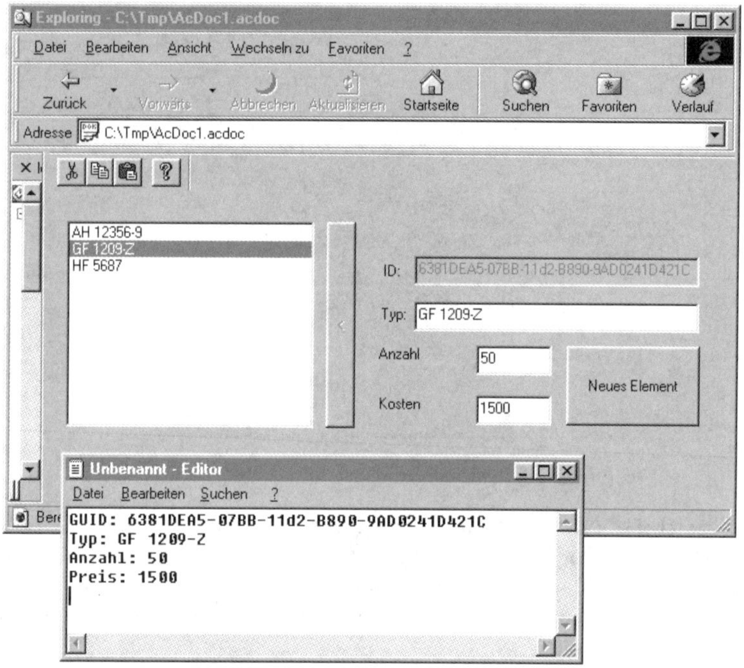

Abbildung 22.11: Einstellung für Debugging der Anwendung im ActiveX-Dokumentserver-Modus (Aufruf im Explorer)

Im Feld Program Arguments müssen Sie */Embedding* einfügen. Den ActiveX-Dokumentencontainer ruft die Anwendung mit diesem Schlüssel, wenn er ein ActiveX-Dokument öffnen will. Die echte Arbeit fängt dann an, wenn das Dokument geöffnet werden muß.

Abhängig von der Version des Compilers und Explorers können Sie im Output-Fenster des Debuggers die Meldungen, wie z.B. die folgende (mit verschiedenen Nummern), bekommen.

```
Warning: IOleCommandTarget::Exec() received parameterized command #19
```

Machen Sie sich darüber einfach keine Sorgen.

Ressourcen

Die Samples *BINDSCRB* und *ACTIVEDOC* (ATL-Lösung) können Ihr Verständnis der ActiveX-Dokumententechnologie vertiefen. Noch ein Beispiel zu diesem Thema finden Sie im Buch von David Kruglinski [3].

In der Online-Hilfe finden die Anforderungen zum ActiveX-Dokumentenserver und ActiveX-Dokumentencontainer

Zusammenfassung

ActiveX-Dokumente stellen eine interessante Möglichkeit zur Verfügung, die Daten aus dem Internet/Intranet ohne Umstände zu laden und zu bearbeiten.

MFC unterstützt die Programmierung der ActiveX-Dokumentenserver sehr gut.

Wenn Sie mit dem Internet arbeiten, können Sie Daten nur lesen.

Die ActiveX-Dokumenten-Technologie ist ziemlich gut in den modernen „Browsing-Arbeitsablauf" integriert.

IE 4 deckt die meisten Anforderungen zum ActiveX-Dokumentencontainer ab. Es lohnt sich deshalb, sich auf die Entwicklung von ActiveX-Dokumentenservern zu konzentrieren.

Die zwei Clients können die Daten in einem ActiveX-Dokument nicht gleichzeitig korrigieren. Eine solche Möglichkeit ist aber in verteilten Anwendungen oft erwünscht. Im nächsten Teil erforschen wir eine Lösung dieses Problems mit Hilfe von DCOM.

Teil H: DCOM

In den vorausgehenden Teilen des Buches haben wir verschiedene Aspekte der COM/ ActiveX-Softwareentwicklung kennengelernt. Wir haben dabei mehrere Projekte entwickelt, die Sie vielleicht als Muster in Ihrer alltäglichen Tätigkeit verwenden können. Alle diese Projekte hatten aber eine Besonderheit: Sie laufen nur auf dem gleichen Computer.

In diesem Teil des Buches werden wir Systeme entwickeln, die richtig verteilt funktionieren können. Der Server und der Client lassen sich nämlich auf verschiedenen Computern im Netz starten. In beiden Projekten, die wir in diesem Teil entwickeln, kann ein Client mit mehreren Servern gleichzeitig arbeiten oder von einem Computer auf mehrere Server auf anderen Computern zugreifen.

Dieser Teil des Buches besteht aus vier Kapiteln. Im ersten Kapitel, „DCOM-Grundlagen", erforschen wir die Besonderheit der DCOM-Programmierung im Vergleich mit der COM/ActiveX-Programmierung.

Im zweiten Kapitel dieses Teils entwickeln wir ein DCOM-MFC-Projekt. Die Anwendung läßt die freien Ressourcen eines Computers im Netz ermitteln und in einer grafischen Form darstellen.

Im dritten und vierten Kapitel entwickeln wir eine DCOM-Anwendung mit ATL-Server und MFC/ATL-Client. Die Anwendung imitiert die gemeinsame Verwendung einer Ressource mit einer langen Antwortzeit (etwa wie ein Modem oder eine langsame Datenbank) von mehreren Computern (Clients).

Die Kombination beider Auffassungen läßt Sie sehr komplizierte verteilte Systeme aufbauen, wo die Ressourcen in der Laufzeit abhängig von der Belastung und anderen Faktoren dynamisch verteilt werden können.

Weil wir COM/ActiveX in vorigen Kapiteln ziemlich tief erforscht und ausprobiert haben, ist es an dieser Stelle logisch, die folgende Frage zu stellen: Was verlangt DCOM Neues vom Programmierer? Was muß der Programmierer beachten, wenn er ein System auf der Basis von DCOM entwickeln will?

Überspitzt formuliert, kann die Antwort auf diese Frage folgendermaßen formuliert werden:

DCOM = COM + Fernaktivierung + Marshaling + Sicherheit

Meistens implementiert man COM/ActiveX-Komponenten als eine *OCX*- oder *DLL*-Datei. Um sie auszuführen, muß man eine solche Datei in den Adressenraum einer anderen Datei laden. Im COM/ActiveX-Szenario ist das der Adressenraum des Clients. Wenn der Client und der Server auf verschiedenen Computern laufen, benötigt man eine andere Anwendung, die ihren Adressenraum zur Verfügung stellen kann. Diese Anwendung heißt *Surrogate*-Anwendung. Solche Anwendungen werden im ersten Abschnitt des nächsten Kapitels besprochen. In unseren beiden Projekten in diesem Teil verwenden wir Surrogate nicht.

Wenn der Server sich im Adressenraum des Clients befindet, sind alle Zeiger auf allen Objekten beider Partner gültig. Die Übertragung der Parameter läuft auch in diesem Fall unproblematisch. Wenn der Client und der Server auf verschiedenen Computern im Netz laufen, müssen die Parameter von einem Partner zum anderen irgendwie durch das Netz gesendet werden. Dieser Vorgang heißt Marshaling. Wir erforschen das Marshaling im zweiten Abschnitt des nächsten Kapitels.

Die letzte Besonderheit von DCOM im Vergleich zu COM ist die Sicherheit. Wenn der Client und der Server auf dem gleichen Computer laufen, können beide logischerweise mit dem gleichen Recht auf alle Ressourcen des Computers zugreifen. Deswegen existiert im „reinen" COM der Begriff *Sicherheit* nicht.

In verteilten Anwendungen kann man sich mehrere Situationen vorstellen, wenn bestimmte Operationen für Server, die im Auftrag von Clients von anderen Computern auf Ihrem Computer laufen, nicht erlaubt sind. Das Thema Sicherheit und DCOM wird im dritten Abschnitt des ersten Kapitels dieses Teils erforscht.

In weiteren Kapiteln des Buches widmen wir uns der praktischen Implementierung von DCOM-Projekten.

Für das Testen der in diesem Teil des Buches entwickelten Anwendungen auf Windows 95/98-Plattformen müssen Sie DCOM für Windows 95 installieren. Sie finden dieses Tool auf der Begleit-CD.

23 DCOM-Grundlagen

In COM-Dokumentation, in Fachbüchern und in unserem Buch finden Sie die Aussage, daß jede COM-Anwendung ohne zusätzliche Programmierung DCOM-fähig gemacht werden kann. Das ist wahr, aber noch nicht die ganze Wahrheit. Um ein COM-System richtig verteilt laufen zu lassen, müssen Sie etwas unternehmen.

In diesem Kapitel folgen wir der Formel, die ich am Anfang des Teils vorgestellt habe:

DCOM = COM + Fernaktivierung + Marshaling + Sicherheit.

Die letzen drei Summanden werden in den Abschnitten dieses Kapitels nacheinander betrachtet.

23.1 Fernaktivierung

Dank der Vorausschau der Entwickler von COM läuft der Übergang einer COM-Anwendung zu der verteilten Arbeit im Netz praktisch reibungslos. Diese Fähigkeit der COM-Anwendungen beschreibt man mit dem Begriff *Ortsunabhängigkeit*. Ortsunabhängigkeit ist eine wichtige Komponente, die die *Skalierbarkeit* eines verteilten Systems (mögliche Unabhängigkeit von der Anzahl und dem Ort laufender Komponenten eines Systems) ermöglicht.

In diesem Abschnitt beschäftigen wir uns mit der Frage, wie ein COM-Objekt auf einem anderen Computer im Netz gestartet werden kann.

Zwei wichtige Begriffe müssen wir dabei betrachten – *lokaler Server* und *Remote-Server*.

Der *lokale Server* unterscheidet sich vom *In-Prozeß-Server* in der Stelle (Adressenraum), wohin der Server geladen wird. Das ist nicht der Adressenraum des Clients, sondern eine andere EXE-Anwendung.

Der Client kann einen Server mit Hilfe der Methode *::CoCreateInstanceEx()* starten. Die Anweisung sieht etwa so aus:

```
HRESULT hr = ::CoCreateInstanceEx(CLSID_DCOMShareObj, NULL,
   CLSCTX_LOCAL_SERVER | CLSCTX_REMOTE_SERVER, &serverinfo, 1, &qi);
```

(So startet der Client den Server im Projekt *ShareClient* weiter hinten in unserem Buch.)

Die Kombination der Parameter *CLSCTX_LOCAL_SERVER | CLSCTX_REMOTE_SERVER* bedeutet, daß der Server entweder auf dem gleichen Computer oder auf einem anderen Computer im Netz gestartet werden kann. Auf welchem Computer der Server gestartet wird, bestimmt der Zusammenhang der angegebenen Namen des Computers und der Registereinstellungen. So haben wir zwei Wege, um diesen Vorgang zu steuern – programmäßig und extern mit Änderungen in den Registereinstellungen.

Der Name des Computers ist ein Feld der Struktur *COSERVERINFO*. Diese Struktur als Parameter *serverinfo* verwenden wir im Aufruf der Funktion *CoCreateInstanceEx()* oben. Den Namen des Computers kann der Benutzer mit Hilfe eines Dialoges eingeben (das macht man in unseren beiden Beispielen) oder eine *Brokere*-Anwendung kann abhängig von der Belastungen der Computer im Netz und anderen Kriterien diesen Namen automatisch einstellen.

Nach dem Aufruf von *CoCreateInstanceEx()* beauftragt COM einen speziellen Service mit dem Namen *Service Control Manager (SCM),* die ausführbare Komponente mit dem Objekt mit der gegebenen CLSID (erster Parameter von *CoCreateInstanceEx()*) auszuführen.

SCM analysiert dabei den Zusammenhang der Kombination der Schlüssel (dritter Parameter von *CoCreateInstanceEx())* und Unterschlüssel im Registrierungsschlüssel HKEY\CLASSES_ROOT\{Meine CLSID}.

In der Abbildung 23.1 sehen wir den einzigen Unterschlüssel für das COM-Objekt *DCOMShareObj*: *LocalServer32*. Andere mögliche Unterschlüssel und Flaggen für die dritten Parameter der Funktion *CoCreateInstanceEx()* sind in Tabelle 23.1 aufgelistet.

Unterschlüssel in der Registrierdatenbank	**Flag**	**Beschreibung**
InprocServer32	CLSTCX_INPROC_SERVER	In-Prozeß-Server
InprocHandler32	CLSTCX_INPROC_HANDLER	InprocHandler32
LocalServer32	CLSCTX_LOCAL_SERVER	Lokaler (out-of-process) Server
AppID	CLSCTX_REMOTE_SERVER	Remote (out-of-process) Server

Tabelle 23.1: Zusammenhang der Flaggen und Einstellungen in der Registrierdatenbank

SCM analysiert die Ausführungsmöglichkeit gemäß Tabelle 23.1 von oben nach unten. Damit werden der „Wunsch" des Clients (als ein Flag im dritten Parameter von *CoCreateInstanceEx()* und den Namen des Computers*)* und die Erlaubnis der Registrierdatenbank miteinander verglichen.

Wenn der Server mit dem Client in der gleichen Maschine als lokaler Server laufen muß, analysiert SCM den Wert des Unterschlüssels *LocalServer32* und ermittelt den Namen und die Stelle der EXE-Anwendung, die ihren Adressenraum für den Start und das Ausführen des Clients zur Verfügung stellen muß (Abbildung 23.2).

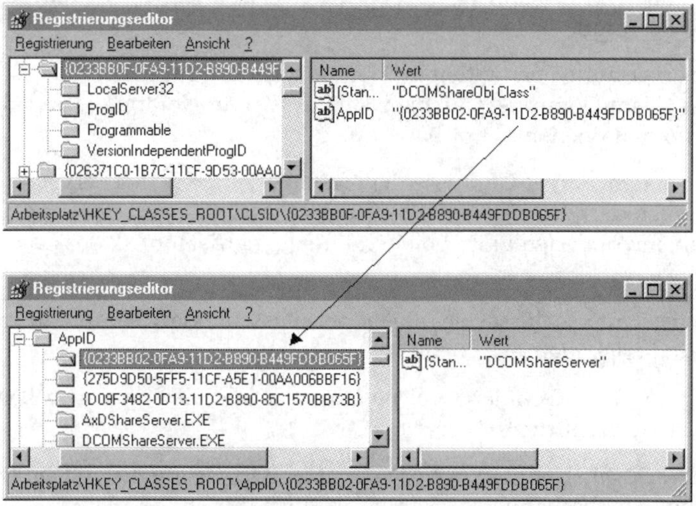

Abbildung 23.1: Ermittlung der Anwendung, die ihren Adressenraum für den Start eines Servers auf einem entfernten Computer zur Verfügung stellt

In allen Fällen analysiert SCM auch den Unterschlüssel *AppID*. Dieser Unterschlüssel enthält eine GUID. In der Registrierdatenbank findet man unter dem Schlüssel *..HKEY_CLASSES_ROOT\AppID\{Meine AppID}* weitere Unterschlüssel.

Abhängig vom Computer (Client- oder Server-Computer) interessiert sich SCM für verschiedene Unterschlüssel von *AppID*.

Abbildung 23.2: Der Schlüssel LocalServer32 weist darauf hin, welche Anwendung den Adressenraum für Laden und Ausführen eines COM-Objektes auf diesem Computer zur Verfügung stellt

Auf dem Client-Computer sind für SCM zwei Unterschlüssel interessant:

- *RemoteServerName* – Name des Computers, wo der Server aktiviert werden muß.
- *ActivateAtStorage* – Erlaubt eine Datei auf dem Computer zu bearbeiten, wo die Datei gespeichert ist. (Diese Möglichkeit betrachten wir in unserem Buch nicht.)

In Abbildung 23.1 sind keine der beiden Unterschlüssel vorhanden. Das bedeutet, daß der Server auf dem Computer mit dem in der Struktur *serverinfo* gegebenen Namen gestartet wird.

Anders formuliert: Auf dem Client-Computer weist *AppID* darauf hin, **wo** der Server aktiviert werden muß.

Wenn der Server auf einem anderen Computer gestartet werden muß, unterhält sich der SCM des Client-Computers mit dem SCM des Server-Computers und überträgt ihm nützliche Informationen, u.a. AppID.

Die AppID auf dem Server-Computer legt fest, **wer** und **wie** den Server aktivieren und darauf zugreifen darf. Der Wunsch des Clients, einen Server auf einem Computer laufen zu lassen, muß mit den Einträgen in der Registrierdatenbank des Computers übereinstimmen.

Die relevanten Unterschlüssel des Registrierungsschlüssels AppID auf dem Server-Computer sind folgende:

- *LaunchPermission* – Definiert, welche Benutzer oder Gruppen von Benutzern den Server aktivieren dürfen.
- *AccesssPermission* - Definiert, welche Benutzer oder Gruppen von Benutzern die Methoden und Eigenschaften des Servers aufrufen dürfen.
- *RunAs* – definiert, daß der Server nur mit dem Sicherheitskontext des eingegebenen Benutzers aktiviert und zugegriffen werden darf.

Die AppID kann auch die Unterschlüssel *DLLSurrogate*, *AuthenticalLevel*, *LocalService* und *ServiceParameters* haben, die für die in diesem Teil des Buches entwickelten Projekte uninteressant sind. Die Bedeutung dieser Schlüssel können Sie in der Online-Hilfe ermitteln.

Anmerkung: In Windows-Dokumentation können Sie *AppID*-Abkürzung im Bezug mit der Endung der Dateinamen treffen, die hinweist, welche Anwendung nach dem Klick im Explorer diese Datei öffnen muß.

Mit Hilfe der Service-Anwendungen *DCOMcnfg.exe* und *OLEView.exe* können Sie sich Aktivierungs- und Zugriffseinstellungen der Registrierdatenbank anschauen und ändern.

Die Anwendung *DCOMcnfg.exe* befindet sich im Unterverzeichnis ...*System32*\\ des Windows-Verzeichnisses eines Windows NT-Computers. Die Version der Anwendung enthält keine eingebaute Online-Hilfe. Wenn Sie diese Anwendung genauer erforschen möchten, finden Sie ihre ausführliche Beschreibung im Artikel Q176799 der Microsoft Knowledge Base in der Online-Hilfe von Visual C++.

In unserem Buch erforschen wir nur die Möglichkeiten der Anwendung *DCOMcnfg.exe*, die direkt mit unseren Projekten verknüpft sind.

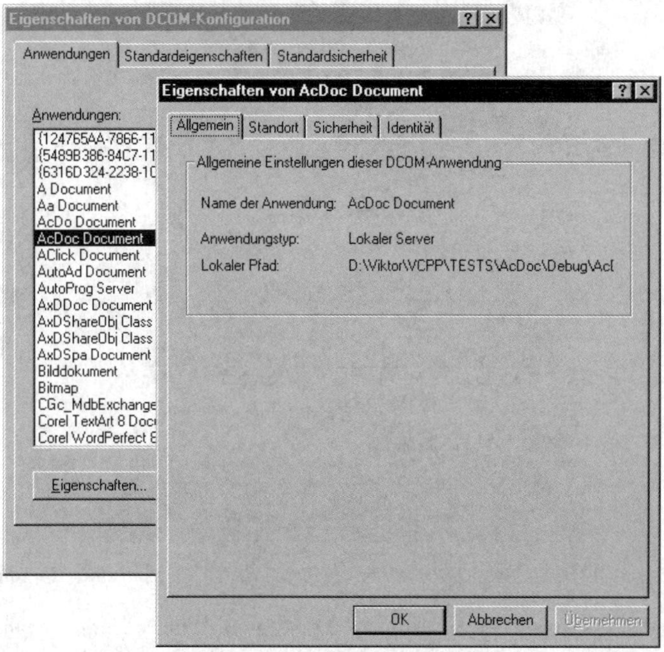

Abbildung 23.3: Mit Hilfe der Anwendung DCOMcnfg.exe kann man DCOM-bezogene Eigenschaften eines Objektes anschauen und ändern

Das oberste Kontrollkästchen in der Kartei *Standardeinstellungen* läßt die Aktivierung aller COM-Objekte auf Ihrem Computer mit Hilfe von DCOM an- und ausschalten.

Das Listenfeld in der Mitte legt fest, wann der Server prüfen muß, wer seine Methoden bzw. Eigenschaften verwendet. Mögliche Einstellungen sind: keine Prüfung, nur bei Verbindung, bei jedem Aufruf usw.

Das untere Listenfeld legt fest, welche Rechte der Client dem Server übergibt. Zum Beispiel kann der Server dem Client erlauben, andere Objekte mit eigenen Rechten zuzugreifen.

Das untere Kontrollkästchen legt fest, ob die Aufrufe der Methoden *AddRef()* und *Release()* vor Clients, die ihre Sicherheitseinstellungen mit *CoInitializeSecurity()* nicht definieren, geschützt werden müssen. Diese Einstellung verlangsamt DCOM, macht aber die DCOM-Vorgänge sicherer.

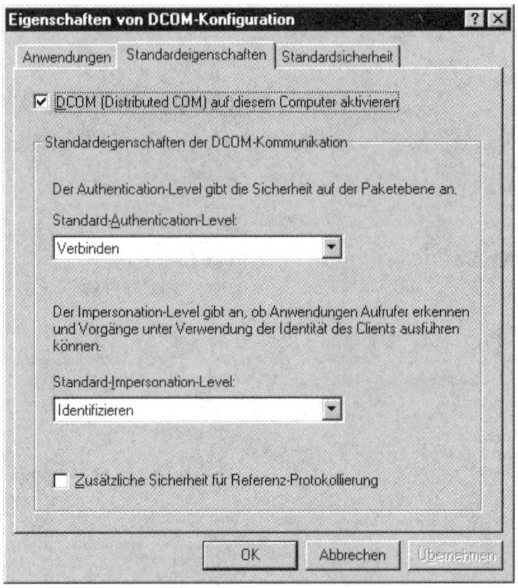

Abbildung 23.4: Standard DCOM-Eigenschaften für DCOM auf einem Computer

Wenn ein Objekt wie in der Abbildung 23.3 ausgewählt ist, können Sie sich für dieses Objekt den entsprechenden Unterschlüssel aus der Registrierdatenbank anschauen und ändern. Die Kartei *Standort* (*Location*) legt fest, wo der Server aktiviert werden muß (Abbildung 23.5). Sie erinnern sich sicher an den *ApID*-Unterschlüssel für den Client-Computer. Und Sie haben recht. Genau diese Information zeigt diese Kartei.

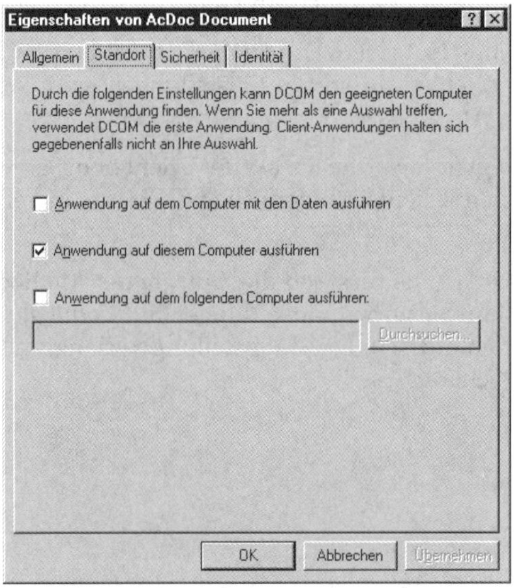

Abbildung 23.5: Die Kartei Standort läßt die Registrierungseinträge für bestimmte Objekte über den Aktivierungs-Ort anschauen und ändern

23.2 Marshaling

Das Thema *Marshaling* ist genau so kompliziert und gleichzeitig einfach wie das Telefon. Jedes Kind kann mit dem Telefon umgehen. Es ist ganz einfach: man nimmt den Hörer ab, wählt die Nummer und ... Wenn Sie aber diesen Bereich sachlich betrachten, finden Sie Tausende unglaublich komplizierter Dinge, bis zur Optoelektronik und Satellitendatenübertragung.

In diesem Abschnitt erforschen wir die praktischen Aspekte des Marshaling. Wir beschäftigen uns mit der Frage, was der Programmierer in diesem Bereich (der Entwicklung eines verteilten Systems mit Hilfe von DCOM) unbedingt beachten muß. Wenn Sie mehr über das Marshaling wissen wollen, empfehle ich Ihnen die Bücher von Dr. Richard Grimes [16] und von Guy und Henry Eddon [17].

23.2.1 Proxy-/Stub-DLL

Marshaling dient der Übertragung der Funktionsaufrufe zwischen COM-Objekten, die in verschiedenen Adressenräumen und auf verschiedenen Computern laufen. Erinnern wir uns, was es bedeutet, eine Funktion aufzurufen.

Mit gewissen Vereinfachungen kann man es sich so vorstellen. Man muß die Adresse der Funktion (erster Prozessorbefehl der Funktion), alle Parameter der Funktion und die Adresse für den Rückwert in einen Stapel (Stack) einfügen. Danach muß der Prozessor den Inhalt des Stapels richtig interpretieren und alle Prozessorbefehle von dem Code der Funktion ausführen.

Wenn das Client-Objekt und die Funktion vom Server-Objekt sich in einem Adressenraum befinden, sollte das kein Problem sein, weil alle Zeiger gültig sind. Wie funktioniert das, wenn die Objekte in verschiedenen Adressenräumen laufen?

Mit Parametern ist das relativ klar. Man muß die Parameter beim Absender in einem Datenpaket einpacken, das Paket übertragen, beim Empfänger auspacken und in den Stapel einfügen. (Klingt einfach, ist aber in einigen Fällen eine nicht ganz triviale Aufgabe.)

Wie kann man aber einen Zeiger auf eine Funktion in einem anderen Prozeß übertragen? Der Trick heißt *Proxy-/Stub*-DLL. (Theoretisch kann man die Proxy/Stub-Funktionalität direkt (statisch) in den Client und den Server einbinden. Die Proxy-/Stub-DLLs bringen aber viel mehr Flexibilität. Ein Nachteil dieser Auffassung besteht darin, auf jedem Computer mit dem Client und dem Server noch eine Proxy-/Stub-DLL installieren zu müssen.)

Die Proxy-/Stub-DLLs müssen im Adressenraum des Clients und des Servers geladen werden. Sie geben den beiden Partnern (Client und Server) den Eindruck, daß der zweite Partner sich im gleichen Adressenraum befindet.

Betrachten wir diesen Vorgang präziser. Wenn der Server eine Funktion von einer Schnittstelle des Clients aufzurufen versucht, sucht er in der Registrierdatenbank den Eintrag, der hinweist, in welchem *In-Prozeß-Server* diese Schnittstelle implementiert ist. (Sie haben das richtig gelesen, in einem In-Prozeß-Server!) Das ist eine Proxy-/Stub-DLL. Die DLL wird vor dem ersten Aufruf im Prozeßraum geladen. Der Server ruft also die Funktion der Proxy-/Stub-DLL auf. Diese Funktion ist so implementiert, daß sie die Parameter in einem Paket einpacken und zur Proxy-/Stub-DLL auf dem Server-Computer senden kann. Dort werden die Parameter ausgepackt, die echte Funktion des Servers aufgerufen und der Rückwert zurückgesendet. (Damit werden mit dem Eingang/Ausgang- (in/out) Parameter ähnliche Aktionen wie mit dem Rückwert durchgeführt.)

Abhängig von der Schnittstelle können Sie entweder Standard-Proxy-/Stub-DLLs oder eine spezifische (benutzerdefinierte) Proxy-/Stub-DLL verwenden. Für die meisten COM/DCOM/ActiveX-Schnittstellen reicht die Standard-Proxy-/Stub-DLL. Wenn Sie zum Beispiel nur die Automatisierungsschnittstellen verwenden, stellt die DLL *oleaut32.dll* die entsprechende Marshaling-Funktionalität zur Verfügung. Für verteilte Anwendungen im Netz ist eine Lösung mit oleaut32.dll nicht effizient, weil jeder Aufruf einer benutzerdefinierten Automatisierungsmethode in mehrere *Invoke()*-Aufrufe umgewandelt wird.

Mit Hilfe der Abbildungen 23.6 und 23.7 können wir uns den Vorgang für die Auswahl einer Proxy-/Stub-DLL genau anschauen.

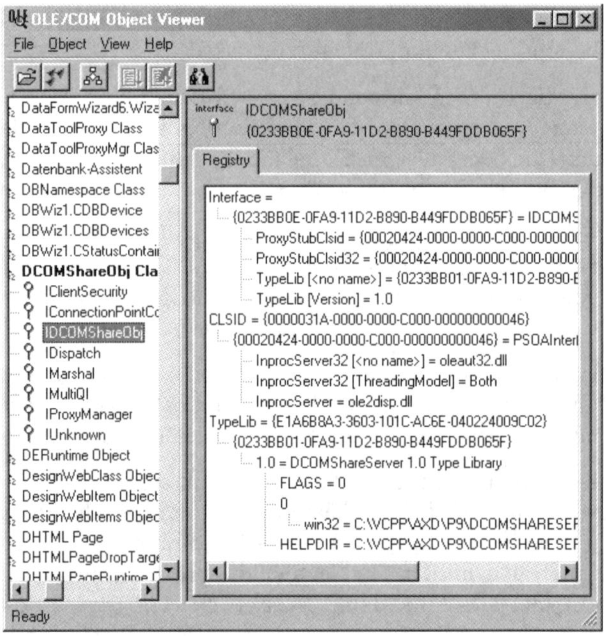

Abbildung 23.6: Marshaling-Information in der Registrierdatenbank vor der Installation der Proxy-/Stub-DLL

Die Service-Utility *Oleview.exe* (die sich im Verzeichnis ...*\Microsoft Visual Studio\Common\VSS\netsetup.x86\os\system* befindet) zeigt uns die Schnittstelle DCOMShareObj-Objekt, die wir in diesem Teil des Buches noch entwickeln werden. Im linken Fenster der Utility sehen wir Informationen über die Automatisierungsschnittstelle des Objektes.

SCM analysiert für die Schnittstelle den Wert des Unterschlüssels *ProxyStubClsid32* vom Registrierungsschlüssel *HKEY_CLASSES_ROOT\Interface*. Das ist eine CLSID einer Schnittstelle. Danach findet SCM für die Schnittstelle mit dieser CLSID den Wert des Unterschlüssels *InprocServer32* des Registrierungsschlüssels *HKEY_CLASSES_ROOT\CLSID.*

Die nächste Abbildung (23.7) zeigt die Situation nach der Installation der benutzerdefinierten Proxy-/Stub-DLLs. Sie sehen, daß die Werte ...*ProxyStubClsid32* und ...*InprocServer32[<no name>]* geändert wurden. Als Proxy-/Stub-DLL ist die Datei *DCOMSHARESERVERPS.DLL* festgelegt.

Anmerkung: Nach der Deinstallation einer benutzerdefinierten Proxy-/Stub-DLL werden entsprechende Einträge in der Registrierdatenbank einfach gelöscht. Um zur Variante mit der Verwendung der Standard Proxy-/Stub-DLL zurückzukehren, müssen Sie normalerweise in dieser Situation die Installation des Servers wiederholen.

Abbildung 23.7: Marshaling-Information in der Registrierdatenbank vor der Installation der Proxy-/Stub-DLL

23.2.2 IDL und MIDL-Compiler

Wenn Sie ein COM-Objekt mit Hilfe von ATL entwickeln, wird im Projekt automatisch eine IDL- (Interface Definition Language) Datei angelegt. Der MIDL-Compiler (Microsoft IDL Compiler) produziert aufgrund der IDL-Datei mit dem Namen *Name* folgende Dateien:

- *Name.h* – Kopfdatei für Schnittstellendefinitionen. Diese Datei muß im Server- und Client-Projekt eingefügt werden, weil sie die nötigen Funktionsprototypen enthält.

- *Name_i*.c – Quellcode-Datei mit den Definitionen von IDD-Konstanten für Schnittstellen.
- *Name_p*.c – Implementierung des Proxy/Stub-Codes. Diese Implementation kann für die Fertigung einer Proxy-/Stub-DLL oder direkt in einem Client-Projekt verwendet werden.
- *DLLData*.c – DLL-Eintrittspunkte für Proxy und Stub.
- *Nameps.def* – Standard-DEF-Datei für das Erzeugen der DLL.
- *Nameps.mk* – MAKE-Datei für die Steuerung von Compilierung und Bindung der DLL-Datei.

Die IDL-Sprache ist umfangreich und interessant. Sie benötigt mindestens ein spezielles Kapitel im Buch. Wir werden nicht in Einzelheiten eingehen. Wenn Sie Ihre Kenntnisse vertiefen wollen, finden Sie die Beschreibung der IDL in der Online-Hilfe.

An dieser Stelle möchte ich Ihre Aufmerksamkeit auf die Frage richten, welche Datentypen Sie in IDL-Anweisungen verwenden können (Tabelle 23.2).

Typ	Signed/ unsigned (IDL)	IDL	Automatisierung	Beschreibung
boolean	unsigned	+	+	8-Bit-Datenelement
byte	–	+	+	8-Bit-Datenelement
char	unsigned	+		8-Bit unsigned Datenelement
unsigned char			+	8-Bit unsigned Datenelement
double	–	+	+	32-Bit-Gleitpunktzahl
float	–	+	+	64-Bit-Gleitpunktzahl
int	signed	+	+	32-Bit signed Ganzzahl (für 32-Plattform)
long	signed	+	+	32-Bit signed Ganzzahl
short	signed	+	+	16-Bit signed Ganzzahl
small	signed	+		8-Bit signed Ganzzahl
hyper	signed	+		64-Bit signed Ganzzahl
void*		+		32-Bit-Zeiger
handle_t		+		Primitive Handler
wchar_t	unsigned	+		16-Bit unsigned Datenelement
BSTR			+	Symbolkette mit Länge als Präfix
CY			+	8-Bit-Darstellung von Währung
DATE			+	64-Bit-Gleitpunktzahl, Anzahl der Tage seit 30. Dezember 1899.
HRESULT			+	Fehlercode

Typ	Signed/ unsigned (IDL)	IDL	Automatisierung	Beschreibung
IDispatch*			+	Zeiger auf IDispatch-Schnittstelle
IUnknown*			+	Zeiger für IUnknown oder andere Schnittstelle.
enum			+	Systemabhängige Darstellung für enum-Objekte.
VARIANT			+	Universeller Datentyp für COM-Datenübertragung.
SAFEARRAY			+	Spezielle Darstellung für Übertragung großer Datenfelder.

Tabelle 23.2: Übertragene Datentypen und Kompatibilität zwischen IDL und Automatisierung

Wenn Sie eine Schnittstelle in IDL definieren, die als *dispinterface* gekennzeichnet ist, müssen Sie die Kompatibilität von IDL und die Automatisierung der Tabelle 23.2 beachten.

Weitere Informationen zu diesem Thema finden Sie in der Online-Hilfe. In unseren beiden DCOM-Projekten in diesem Teil des Buches werden Ihre Kenntnisse in diesem Gebiet praktisch ergänzt.

23.3 Sicherheit

In diesem Abschnitt erforschen wir die praktischen Aspekte der DCOM-Sicherheit. Sie finden nur eine Einführung in dieses Problem. Ausführliche Information zu diesem Thema finden Sie in den Büchern [16] und [17]. Antworten auf einige praktischen Fragen über die DCOM-Sicherheit finden Sie in den Microsoft Knowledge Base-Artikeln Q176799 (Using DCOM Config (DCOMCNFG:EXE) on Windows NT), Q158508 (COM Security Frequently Asked Questions), Q156673 (Implements an OLE Server in Service). Ich hoffe aber, daß Ihnen die in diesem Abschnitt gegebene Information reicht, um eigene reale DCOM-Systeme aufzubauen.

Man versteht unter DCOM-Systemen oft die verteilten Anwendungen, die im Netz unter Windows NT-Betriebssystemen laufen. Das ist eigentlich nicht richtig, weil DCOM auch auf Windows 95- und Windows 98-Plattformen und einigermaßen auf einigen UNIX-Plattformen läuft. Das erklärt u.a., warum DCOM eine eigene Sicherheitsphilosophie hat und nicht die Sicherheitsphilosophie von NT auf die Ebene einzelner COM-Objekte bringt.

DCOM unterstützt das Sicherheitsmodell von NT in einem wesentlichen Aspekt. Wenn Sie sich auf einem NT-Computer in einer NT Domain anmelden, sind Sie mit Ihrem Anmeldungsnamen (der natürlich nicht unbedingt Ihrem Namen im Ausweis entspricht) in einigen Benutzergruppen bei dieser Domain zugeordnet. Sie bekommen den Zugriff zu einer Ressource im Netz oder auf einen einzelnen Computer (z.B. die Möglichkeit, eine Datei zu öffnen) nur dann, wenn Sie die entsprechenden Rechte als Mitglied einer Benutzergruppe haben.

Wenn Sie eine Client-Anwendung auf einem Computer im Netz starten und diese Anwendung mit einem COM-Objekt auf einem anderen Computer in der Domain zu aktivieren und zu steuern versuchen, macht das der Client „auf Ihrem Namen". (Der Vorgang kann viel komplizierter sein. Sie können dem Client nicht alle, sondern nur einige bestimmte Rechte übergeben. Andererseits gibt es Dienste, die unabhängig vom angemeldetem Benutzer auf dem Computer laufen und auf COM-Objekte auf anderen Computern zugreifen können. Die Erforschung solcher interessanten Fälle sprengt aber den Rahmen unseres Buches.)

Die DCOM-Sicherheit beschäftigt sich im wesentlichen mit folgenden Fragen:

1. Wer darf ein COM-Objekt auf diesem Computer aktivieren (starten)?
2. Wer darf auf die Methoden und Eigenschaften eines COM-Objektes zugreifen und wie?
3. Wie darf ein COM-Objekt ermitteln, wer sein Client ist?
4. Wie darf ein COM-Objekt „auf den Namen des Clients" anderer Objekte zugreifen?

Wenn für ein bestimmtes COM-Objekt keine besonderen Einstellungen festgelegt sind, gelten für es die Standardeinstellungen. Sowohl Standardeinstellungen als auch die Einstellungen für bestimmte Objekte sind in der Registrierdatenbank des Computers gesichert.

Die Standardeinstellungen für die DCOM-Sicherheit finden Sie in der Registrierdatenbank unter dem Schlüssel *HKEY_LOCAL_MACHINE\Software\Microsoft\Ole*.

Die Tabelle 23.3 erklärt die Bestimmung der möglichen Unterschlüssel des Registrierungsschlüssels.

Unterschlüssel	Beschreibung
EnableDCOM	Legt fest, ob DCOM-Aktionen auf diesem Computer erlaubt sind.
LegacyAuthenticationLevel	Legt die Standard-Authentifizierungsstufe fest.
LegacyImpersonationLevel	Legt die Standard-Imitationsstufe fest.
LegacySecureReferences	Legt fest, ob die Aufrufe der Methoden AddRef() und Release() von Clients, die ihre Sicherheitseinstellungen mit CoInitializeSecurity() nicht definieren, geschützt werden müssen.
EnableRemoteConnect	Legt fest, ob auf diesem Computer ausgeführte COM-Objekte Fernverbindung akzeptieren (ist normalerweise auf N (Nein) gesetzt).
DefaultLaunchPermission	Legt fest, wer die COM-Objekte auf diesem Computer starten (aktivieren) darf.
DefaultAccessPermission	Legt fest, wer auf die COM-Objekte auf diesem Computer zugreifen darf.

Tabelle 23.3: Unterschlüssel für HKEY_LOCAL_MASHINE\Software\Microsoft\Ole und DCOM-Standardeinstellungen

DCOMcnfg.exe (Abbildung 23.4 und 23.8) läßt Sie die in Tabelle 23.3 aufgelisteten Unterschlüssel anschauen und ändern.

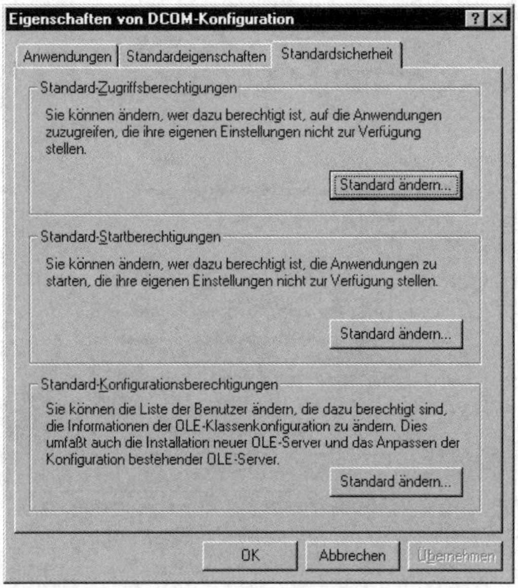

Abbildung 23.8: Man kann die DCOM-Sicherheits-Voreinstellungen auf einem Computer mit Hilfe von DCOMcnfg.exe anschauen und ändern

In Abbildung 23.9 sehen Sie einen Dialog, der die Sicherheitseinstellungen für bestimmte COM-Objekte auf Ihrem Computer anschauen und ändern läßt. Sie sehen, daß der Dialog ähnlich wie der Dialog von Abbildung 23.8 aussieht.

Dieser Dialog zeigt die Unterschlüssel des Registrierdatenbankschlüssels HKEY_LOCAL_MACHINE\Software\Classes\AppID\{Mein Objekt}. An dieser Stelle können Sie die Unterschlüssel von der Tabelle 23.3 finden und mit Hilfe von *DCOMcnfg.exe* oder *OleView.exe* festlegen. Wenn entsprechende Unterschlüssel nicht betroffen sind, wird der Unterschlüssel der Standardeinstellung verwendet.

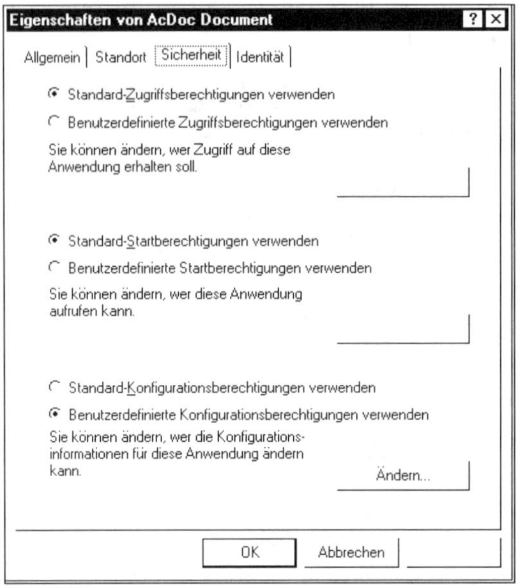

Abbildung 23.9: DCOMcnfg.exe läßt die DCOM-Sicherheitseinstellungen für bestimmte Objekte anschauen und ändern

In der Abbildung 23.10 sehen Sie noch eine Kartei der *DCOMcnfg.exe*-Anwendung, die die Identität eines COM-Objektes darstellt. Diese Kartei zeigt die Unterschlüssel der Registrierungsschlüssel *...\AppID\Mein Objekt\RunAs* an.

Dieser Unterschlüssel definiert die Rechte des COM-Objektes.

Wenn kein Unterschlüssel für ein bestimmtes Objekt festgelegt ist, wird der Wert „Launching User" (Benutzer, der die Anwendung startet) verwendet. In diesem Fall gibt der Client dem Client eine verringerte Variante seinen Rechte über.

Diese Einstellung ermöglicht beispielsweise nicht, Objekte auf entfernten Computern aufzurufen (dieses Problem behandeln wir in unserem Projekt *DCOMShare*).

Noch ein möglicher Unterschlüssel und gleichzeitig das Optionsfeld auf der Kartei *Identität* in *DCOMcnfg.exe* ist *Interaktiver Benutzer*. In diesem Fall bekommt das Objekt die Rechte des Benutzers, der zur Zeit an diesem Computer angemeldet ist.

Nehmen wir an, daß im Moment im Netz zwei Benutzer (Müller auf dem Computer A und Schmidt auf dem Computer B) angemeldet sind. Wenn Benutzer Müller ein Objekt auf dem Computer B startet, bekommt das gestartete Objekt die Rechte des Benutzers Schmidt.

Eine solche Lösung lohnt sich in Situationen, in denen das gestartete Objekt die Desktop-Einstellungen des aktuellen Benutzers verwenden oder mit den Rechten des aktuellen Benutzers mit den Daten umgehen muß (zum Beispiel beim Speichern der Dateien).

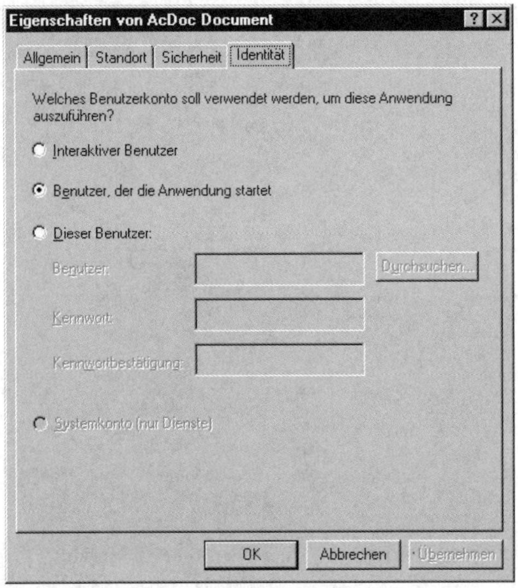

Abbildung 23.10: Identität-Einstellungen mit Hilfe von DCOMcnfg.exe

Die Einstellung (Optionsfeld) „Dieser Benutzer" aktiviert die Schaltfläche „Durchsuchen". Sie können im neuen Dialog aus der Liste von registrierten Benutzern einen Namen oder eine Gruppe der Benutzer auswählen, die dem Objekt ihre Rechte übergibt.

In mehreren Fällen ist dieser Auswahl am besten.

23.4 Programmgesteuerte Sicherheit

Mit Hilfe der API-Funktion *CoInitializeSecurity()* kann man feine Sicherheitseinstellungen für den DCOM-Client festlegen. Diese Funktion wird von COM mit den Standardwerten aufgerufen, wenn ein solcher Aufruf explizit im Quellcode der Entwickler nicht vorgesehen ist. In den beiden in diesem Teil des Buches entwickelten Projekten rufen wir die Funktion *CoInitializeSecurity()* direkt nicht auf.

Eine weitere Möglichkeit, den Sicherheitsmechanismus von DCOM zu beeinflussen, besteht in der Implementierung der Schnittstellen *IClientSecurity* und *ISereverSecurity*. Leider sprengt die Betrachtung dieser Schnittstellen den Rahmen unseres Buches.

Wir widmen uns jetzt der praktischen Implementierung von DCOM.

24 Projekt DCOMSpaceInfo

Die Bestimmung des Projektes, das wir in diesem Kapitel entwickeln, wurde aus folgenden Gründen ausgewählt:

- Sie können die Anwendung ohne große Umstände in einem Netz, ohne Störung des täglichen Betriebes und ohne Lauferei von einem Computer zum anderen testen.
- Sie können die Ergebnisse der Anwendung mit Hilfe von Windows NT und Windows 95/98 Systemmonitor prüfen.

Welche Anwendung wird im Laufe des Projektes erstellt? Die Anwendung läßt den freien physikalischen Arbeitsspeicher von jedem beliebigen „DCOM-fähigen" Computer im Netz ermitteln.

Wofür benötigt unsere imaginäre Firma solche Informationen? Zum Beispiel, um zu entscheiden, welcher Computer im Moment frei ist, um eine Aktion auszuführen, oder um zu entscheiden, ob es der richtige Zeitpunkt ist, auf einem bestimmten Computer eine Operation auszuführen.

Es gibt aber verschiedene Administratoren-Tools, die eine solche Ermittlung besser als unser Programm machen. Warum kann man nicht diese Tools anwenden? Erstens, wir lernen DCOM, und dieses Projekt ist ein Lernprojekt. Zweitens, wir bekommen die Information nicht nur als Grafiken, wie in anderen Anwendungen, sondern auch (intern) als Zahlen. Diese Zahlen können Sie in ein Entscheidungsprogramm bzw. eine Komponente weiterleiten. Diese Komponente und nicht der Systemadministrator kann dann zu einem passenden Zeitpunkt (z.B. um zwei Uhr morgens früh) einen Prozeß laufen lassen.

Die Anwendung *DCOMSpaceInfo.exe* kann als eine normale MDI-Anwendung oder als entfernter DCOM/COM-Server funktionieren. (Genau gesagt, kann die Anwendung einen DCOM/COM-Server zur Verfügung stellen.)

Jedes Dokument der Anwendung kann mit einem Server auf einem anderen oder auf dem gleichen Computer verknüpft werden. Mit jedem Dokument ist eine Sicht verknüpft. Im verknüpften Fenster zeigt man in einem regulären Abstand die Speicherbelegung in grafischer Form.

Das Schema der Funktionsweise der Anwendung ist in Abbildung 24.1 dargestellt.

In einem imaginären Netz, das in Abbildung 24.1 dargestellt ist, laufen die Exemplare der Anwendung auf drei Computern.

Die Anwendung auf dem Computer Alpha fragt die Speicherbelegung von drei Computern ab. Drei Dokumente bzw. Fenster sind dadurch geöffnet. In einem Fenster zeigt der Computer die Speicherbelegung auf dem eigenen Computer. Diese Information bekommt das entsprechende Dokument vom Server, das im Prozeßraum der eigenen Anwendung läuft.

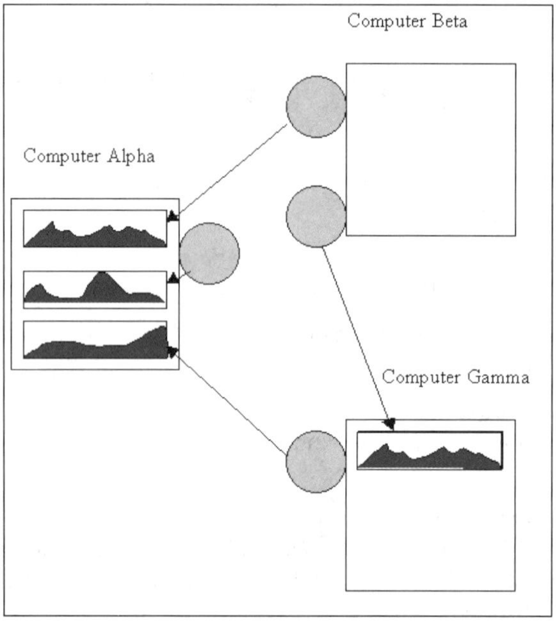

Abbildung 24.1: Mehrere Clients im Netz ermitteln die Speicherbelegung auf verschiedenen Computern

Die Anwendung auf dem Computer Beta stellt zwei Server zur Verfügung und präsentiert die Information über die Speicherbelegung nicht selbst.

Die Anwendung auf dem Computer Gamma stellt einen Server zur Verfügung und präsentiert selbst die Informationen über die Speicherbelegung des Computers Beta.

So sollte die in diesem Projekt entwickelte Anwendung funktionieren. Jetzt fangen wir mit der Entwicklung an.

24.1 Anlegen des Projektes und der Erweiterungen der Anwendungsklasse

1. Legen Sie ein neues MDI-Projekt mit dem Namen *DCOMSpaceInfo* an

Auf der Seite 3 des AppWizard kreuzen Sie das Kontrollkästchen *Automation* an. Lassen Sie andere Voreinstellungen des AppWizard ohne Änderungen.

Zwei Klassenvariablen der Anwendungsklasse enthalten Informationen über die Anzahl der geöffneten Dokumente und angelegten Server. Beide Zahlen werden in der Laufzeit in der Statusleiste der Anwendung dargestellt.

Obwohl es Wege gibt, um diese Zahlen jederzeit zu ermitteln, behandeln und speichern wir sie direkt, um die Anzeige in der Statusleiste zu vereinfachen und zu beschleunigen.

2. Erweitern Sie die Standard-Einstellungen des Projektes

Um auf die Funktionalität von DCOM zugreifen zu können, müssen Sie noch den Schlüssel *_WIN32_DCOM* in C/C++ den Kompilierungsschlüsseln hinzufügen.

Wählen Sie den Menüpunkt *Project | Settings* im Visual Studio. Aktivieren Sie die Kartei *C/C++*. Fügen Sie den Schlüssel *_WIN32_DCOM* dem Feld *Preprocessor definitions* hinzu (Abbildung 24.2).

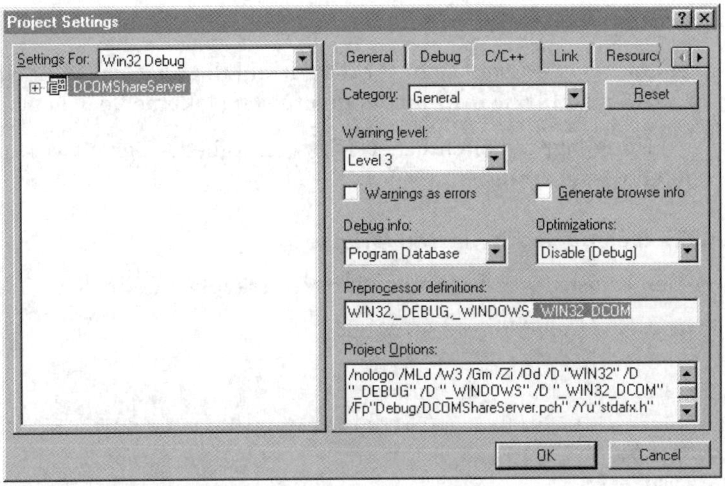

Abbildung 24.2: Kompilierungsschlüssel für DCOM-Projekte

Ohne diesen Schlüssel bekommen Sie beim Kompilieren von DCOM-Funktionen (z.B. *::CoCreateInstanceEx()*) einen Kompilierenfehler.

3. Erweitern Sie die Kopfdatei mit der Deklaration der Anwendungsklasse

```
class CDCOMSpaceInfoApp : public CWinApp
{
public:
   CDCOMSpaceInfoApp();
//== Atributes
   UINT m_uSvrCount;
   UINT m_uClientCount;
// Overrides
   // ClassWizard generated virtual function overrides
   //{{AFX_VIRTUAL(CDCOMSpaceInfoApp)
   public:
   virtual BOOL InitInstance();
   //}}AFX_VIRTUAL
// Implementation
   COleTemplateServer m_server;
       // Server object for document creation
```

```
    //{{AFX_MSG(CDCOMSpaceInfoApp)
    afx_msg void OnAppAbout();
        // NOTE - the ClassWizard will add and remove member
        // functions here.
        //    DO NOT EDIT what you see in these blocks of generated code !
    //}}AFX_MSG
    DECLARE_MESSAGE_MAP()
};
extern CDCOMSpaceInfoApp theApp;
```

Die Klassenvariable *m_uSvrCount* steht für die Anzahl der angelegten Server und die Variable *m_uClientCount* für die Anzahl der geöffneten Dokumente (Clients).

Die letzte Anweisung läßt die öffentlichen Klassenmitglieder der Anwendungsklasse von jeder anderen Klasse erreichen.

4. Initiieren Sie die angelegte Klassenvariable

Erweitern Sie den Konstruktor der Anwendungsklasse folgendermaßen:

```
CDCOMSpaceInfoApp::CDCOMSpaceInfoApp()
{
    // TODO: add construction code here,
    // Place all significant initialization in InitInstance
    m_uSvrCount = 0;
    m_uClientCount = 0;
}
```

24.2 Anzeige in der Statusleiste

In diesem Paragraph erweitern wir die Hauptgraphikfensterklasse *CMainFrame* so, daß in der Statusleiste der Anwendung die Anzahl der angelegten Server und die Anzahl der geöffneten Dokumente (Clients) gezeigt wird.

Die Struktur der Statusleiste (Anzahl, Reihenfolge und Kennungen der Felder in der Statusleiste) ist im Quellcode mit Hilfe von folgenden Zeilen festgesetzt:

```
static UINT indicators[] =
{
    ID_SEPARATOR,           // status line indicator
    ID_INDICATOR_CAPS,
    ID_INDICATOR_NUM,
    ID_INDICATOR_SCRL,
};
int CMainFrame::OnCreate(LPCREATESTRUCT lpCreateStruct)
{
...
    if (!m_wndStatusBar.Create(this) ||
```

```
        !m_wndStatusBar.SetIndicators(indicators,
          sizeof(indicators)/sizeof(UINT)))
    {
        TRACE0("Failed to create status bar\n");
        return -1;      // fail to create
    }
...
}
```

Das Feld (array) *indicators* beschreibt die Felder der Statusleiste von links nach rechts. Damit ist nur das erste (linke) Feld *ID_INDICATOR_CAPS* in allen MFC-Anwendungen interessant. AppWizard fügt die drei anderen Felder eher aus historischem als aus praktischem Grund ein. Nur in Texteditor-Anwendungen (und mit zusätzlicher Programmierung) könnten die Felder den Zustand der Kontrolltasten der Tastatur anzeigen.

Wir werden dieser Struktur bald ändern.

Die Methode *CStausBar::SetIndicators()* legt die Anzahl und Reihenfolge der Felder in der Statusleiste fest.

Die fortgeschrittenen Beispiele für die Gestaltung der Statusleiste finden Sie im Buch [7]. Jetzt widmen wir uns der Gestaltung der Statusleiste unserer Anwendung.

1. Fügen Sie der String-Ressource zwei neue Zeilen hinzu

Öffnen Sie im *RessourceView* den Ordner *String Table*. Fügen Sie in dem String Table zwei neue Zeilen hinzu:

> *IDS_SVR_COUNT* mit dem Wert *"XX Server"*
> *IDS_CLIENT_COUNT* mit dem Wert *"XX Clienten"*.

Wir verwenden die Texte nur als Platzhalter. Abhängig von der Länge der Texte wird die Breite der Felder in der Statusleiste angerechnet.

2. Korrigieren Sie die Struktur der Statusleiste

Korrigieren Sie die Definition des Feldes *indicators* folgendermaßen.

```
static UINT indicators[] =
{
    ID_SEPARATOR,           // status line indicator
    IDS_SVR_COUNT,
    IDS_CLIENT_COUNT
};
```

Wenn Sie an dieser Stelle das Projekt kompilieren, finden Sie rechts zwei neue Felder mit statischen Texten. Unser nächstes Ziel ist, auf diesen Feldern richtige Texte anzuzeigen.

Um die Aktualisierung der Felder in die Statusleiste kümmert der Anwendungsrahmen genau so wie die Aktualisierung der Schaltflächen der Symbolleiste.

ClassWizard unterstützt leider das Erzeugen der Aktualisierungsmethoden für die Felder in der Statusleiste nicht. Deshalb müssen wir manuell ähnliche Erweiterungen machen, wie es ClassWizard für Menüpunkte und Schaltflächen in Symbolleisten macht.

3. Fügen Sie der Deklaration der Nachrichtenkarte der Klasse *CMainFrame* folgende Zeilen hinzu

```
class CMainFrame : public CMDIFrameWnd
{
...
// Generated message map functions
protected:
   //{{AFX_MSG(CMainFrame)
   afx_msg int OnCreate(LPCREATESTRUCT lpCreateStruct);
       // NOTE - the ClassWizard will add and remove member
       // functions here.
       //    DO NOT EDIT what you see in these blocks of generated code!
   //}}AFX_MSG
   afx_msg void OnUpdateSvrCount(CCmdUI* pCmdUI);
   afx_msg void OnUpdateClientCount(CCmdUI* pCmdUI);
   DECLARE_MESSAGE_MAP()
};
```

Die Aufrufe dieser Methoden müssen wir auch in die Nachrichtenkarte der Klasse einfügen.

4. Erweitern Sie die Nachrichtenkarte der Hauptfensterklasse

```
BEGIN_MESSAGE_MAP(CMainFrame, CMDIFrameWnd)
   //{{AFX_MSG_MAP(CMainFrame)
       // NOTE - the ClassWizard will add and remove mapping
       // macros here.
       //    DO NOT EDIT what you see in these blocks of generated code !

   ON_WM_CREATE()
   //}}AFX_MSG_MAP
   ON_UPDATE_COMMAND_UI(IDS_SVR_COUNT, OnUpdateSvrCount)
   ON_UPDATE_COMMAND_UI(IDS_CLIENT_COUNT, OnUpdateClientCount)
END_MESSAGE_MAP()
```

Sie sehen, daß wir dabei das Makro *ON_UPDATE_COMMAND_UI()* verwenden, das ClassWizard für den Ausruf der Aktualisierungsmethoden der Menüpunkte und Schaltflächen der Symbolleisten der Nachrichtenkarte hinzufügt.

5. Implementieren Sie die Aktualisierungsmethoden

```
void CMainFrame::OnUpdateSvrCount(CCmdUI* pCmdUI)
{
   static int iSvrCount = -1;
   if(iSvrCount != (int)theApp.m_uSvrCount)
```

```
    {
        iSvrCount = theApp.m_uSvrCount;
        CString strTmp;
        strTmp.Format("%d Servers", iSvrCount);
        pCmdUI->SetText(strTmp);
    }
}
void CMainFrame::OnUpdateClientCount(CCmdUI* pCmdUI)
{
    static int iClientCount = -1;
    if(iClientCount != (int)theApp.m_uClientCount)
    {
        iClientCount = theApp.m_uClientCount;
        CString strTmp;
        strTmp.Format("%d Clienten", iClientCount);
        pCmdUI->SetText(strTmp);
    }
}
```

Beide Aktualisierungsmethoden sind ähnlich organisiert.

Der Anwendungsrahmen ruft die Aktualisierungsmethoden für die Oberflächenelemente in mehreren Fällen auf. Das passiert z.B. nach einer Mausaktion. Wir müssen dem Prozessors Arbeit ersparen. Der Text wird im Feld nur dann aktualisiert, wenn er in der Tat neu ist. Zu diesem Zweck verwenden wir eine statische Variable, die den vorigen Wert der entsprechenden Klassenvariable der Anwendungsklasse zwischen den Aufrufen beibehält. Wenn die Klassenvariable sich seit dem letzten Aufruf geändert hat, generieren und zeigen wir im entsprechenden Feld der Statusleiste einen neuen Text.

24.3 Anlegen der Klasse für das COM Serve-Objekt

In diesem Abschnitt erzeugen wir eine Klasse, die das COM-Server-Objekt darstellt. Die Exemplare der Klasse können mit Hilfe von COM angelegt werden. Damit werden die Exemplare der Klasse im Speicherraum des Anwendungsprozesses laufen.

Die Klasse hat eine Automatisierungsschnittstelle. Zwei benutzerdefinierte Methoden dieser Schnittstelle liefern Informationen über den physikalischen Arbeitsspeicher und den freien Teil des physikalischen Arbeitsspeichers.

1. Fügen Sie dem Projekt eine neue von *CCmdTarget* abgeleitete Klasse hinzu

Mit Hilfe des Menüpunktes INSERT | NEW CLASS rufen Sie den Dialog *New Class* auf. Füllen Sie den Dialog, wie es in Abbildung 24.3 zu sehen ist.

Wir leiten unsere Klasse von *CCmdTarget* ab. Damit erben wir von dieser Klasse die COM-Basisfunktionalität. Wir erlauben in unserer Klasse auch die Automatisierung und das Anlegen einer Instanz mit Hilfe ihres textuellen Namens. (Obwohl wir auf der Client-Seite die Instanz mit Hilfe ihrer CLSID anlegen werden).

Durch einen Klick auf die Schaltfläche OK bestätigen Sie das Erzeugen der Klasse.

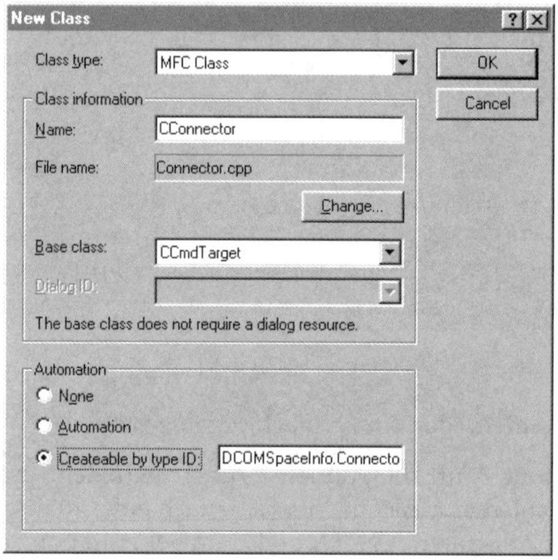

Abbildung 24.3: Anlegen einer neuen Klasse für ein COM-Objekt

In unserer Anwendung können mehrere Server angelegt werden. Beim Anlegen muß jeder Server die Anzahl der Server in der Anwendung vergrößern und bei der Vernichtung verkleinern. Obwohl das ziemlich unwahrscheinlich ist, kann es passieren, daß zwei verschiedene Server diesen Vorgang gleichzeitig ausführen.

Um solche Konflikte zu vermeiden, müssen wir während der Änderung den Zugriff auf die Klassenvariable sperren. Für diesen Zweck verwenden wir die Klasse *CCriticalSection*.

2. Erweitern Sie die Deklaration der Klasse *CConnector*

```
#include <afxmt.h>
/////////////////////////////////////////////////////////////////////////////
// CConnector command target

class CConnector : public CCmdTarget
{
  DECLARE_DYNCREATE(CConnector)

  CConnector();       // protected constructor used by dynamic creation
// Attributes
public:
protected:
        static CCriticalSection m_critSect;
...
```

3. Erweitern Sie den Konstruktor und Destruktor der Klasse *CConnector*

```
CCriticalSection CConnector::m_critSect;
CConnector::CConnector()
{
        m_critSect.Lock();
        theApp.m_uSvrCount++;
         m_critSect.Unlock();
   EnableAutomation();
   // To keep the application running as long as an OLE automation
   //  object is active, the constructor calls AfxOleLockApp.
   AfxOleLockApp();
}
CConnector::~CConnector()
{
   // To terminate the application when all objects created with
   //  with OLE automation, the destructor calls AfxOleUnlockApp.

        m_critSect.Lock();
        theApp.m_uSvrCount--;
        m_critSect.Unlock();
   AfxOleUnlockApp();
}
```

In der schattierten Anweisung des Konstruktors initiieren wir die Klassenvariable. Entsprechend der Definition dieser Klasse wird nur eine einzige Instanz der Klasse angelegt.

Im Konstruktor und Destruktor erzeugen wir einen kritischen Abschnitt, und innerhalb dieses Abschnittes vergrößern oder verkleinern wir die Klassenvariable *m_uSvrCount* der Anwendungsklasse. Die Variable *m_critSect* garantiert uns, daß zu jedem Zeitpunkt nur ein einziges Exemplar dieser Klasse angelegt ist und nur ein bestimmter (oder kein) kritischer Abschnitt mit dieser Variable ausgeführt ist.

4. Fügen Sie der Automatisierungsschnittstelle der Klasse CConnector die zwei Methoden *GetPhysSpaceTotal()* und *GetPhysSpaceAvail()* hinzu

Mit einem rechten Mausklick auf den Eintrag *IConnector* im ClassView rufen Sie das Popup-Menü auf. In diesem Menü wählen Sie den Eintrag *Add method* aus. Legen Sie danach den Dialog *New Method* mit *GetPhysSpaceTotal* als Methodenname, die Rückwertart *long* für die erste Methode und *GetPhysSpaceAvail*, *float* für die zweite Methode fest.

Implementieren Sie die Methoden folgendermaßen:

```
long CConnector::GetPhysSpaceTotal()
{
        MEMORYSTATUS memstat;
        ::GlobalMemoryStatus(&memstat);
        return (long)memstat.dwTotalPhys;
```

```
}
float CConnector::GetPhysSpaceAvail()
{
        MEMORYSTATUS memstat;
        ::GlobalMemoryStatus(&memstat);
        return (float)(100*memstat.dwAvailPhys
/memstat.dwTotalPhys);
}
```

Die Struktur *MEMORYSTATUS* ist folgendermaßen definiert:

```
typedef struct _MEMORYSTATUS { // mst
DWORD dwLength; // sizeof(MEMORYSTATUS)
DWORD dwMemoryLoad; // percent of memory in use
DWORD dwTotalPhys; // bytes of physical memory
DWORD dwAvailPhys; // free physical memory bytes
DWORD dwTotalPageFile; // bytes of paging file
DWORD dwAvailPageFile; // free bytes of paging file
DWORD dwTotalVirtual; // user bytes of address space
DWORD dwAvailVirtual; // free user bytes
 } MEMORYSTATUS
```

Die Struktur enthält Informationen über die Anzahl der Bytes (insgesamt und freie) in verschiedenen Arten des Speichers. Eine ziemlich gute Schätzung für die Leistung des Computers in Office- und anderen speicheraufwendigen Anwendungen gibt das Verhältnis zwischen den Werten der Felder *dwAvailPhys* und *dwTotalPhys*. Dieses Verhältnis liefert die Methode *CConnector::GetPhysSpaceAvail()* als Rückwert zurück.

Natürlich, je mehr physikalischen Speicher ein Computer hat, desto besser. Zehn Prozent des freien Speichers auf einem Computer mit 128 MB Arbeitsspeicher ist etwas anderes, als zehn Prozent des freien Arbeitsspeichers auf einem Computer mit 32 MB. Die Methode *CConnector::GetPhysSpaceTotal()* liefert die Anzahl der Bytes im physikalischen Speicher.

In beiden Methoden füllen wir die Felder der Struktur mit Hilfe der globalen Methode *::GlobalMemoryStatus();*.

24.4 Anlegen einer Proxy-Klasse für die CConnector-Klasse

Im Projekt DayOrder (in einem Kapitel gleichen Namens) haben wir kennengelernt, wie im aktuellen Projekt eine Proxy-Klasse für ein COM-Objekt angelegt werden kann. Damals war das COM-Objekt in einem anderem Projekt definiert. Es spricht aber nichts dagegen, wenn das Objekt im gleichen VC++-Projekt definiert ist.

Wir wollen von unserer Anwendung auf die COM-Objekte (Instanzen der Klasse *CConnector*) zugreifen (und sie anwenden), die im gleichen oder in einem anderen Prozeß (ev. auf einem anderen Computer) angelegt sind.

Rufen Sie ClassWizard auf. Mit Hilfe des Menüpunktes ADD CLASS | FROM A TYPE LIBRARY öffnen Sie den Öffnen-Dialog. Mit Hilfe dieses Dialoges finden Sie die Typenbibliothek unserer Anwendung. (Sie finden diese Typenbibliothek im Unterverzeichnis *Debug* des Projektes.) Im Dialog Confirm Classes wählen Sie nur den Eintrag *IConnector* aus und legen einen neuen Namen für die Quell- und Kopfdatei (Abbildung 24.4) fest. Mit OK im Dialog und im ClassWizard bestätigen Sie das Erzeugen der Proxy-Klasse.

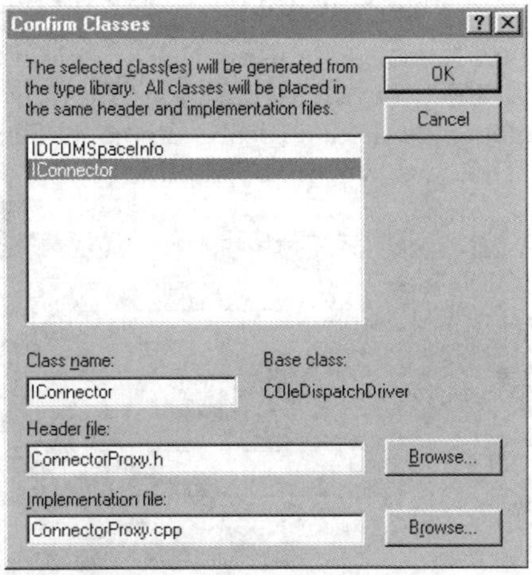

Abbildung 24.4: Einfügen der Proxy-Klasse für die Schnittstelle IConnector

24.5 Erzeugen einer Dialogklasse für die Abfrage des Computernames

In unserer MDI-Anwendung wird jedes Dokument mit einem Server (die Klasse *IConnector*) verknüpft. Das erste Dokument versucht automatisch, sich beim Start der Anwendung zu öffnen. Weitere Dokumente öffnet man mit Hilfe des Menüpunktes *File | Neu* oder der entsprechenden Schaltfläche in der Symbolleiste.

Mit welchem Server wird ein Dokument verknüpft? Das muß der Benutzer beim Öffnen des Dokumentes in einem Dialog Dokumente eingeben. Dieser Dialog (Dialog-Ressource und Dialog-Klasse) wird in diesem Abschnitt definiert.

1. Legen Sie eine neue Dialog-Ressource an

Öffnen den Ordner *Dialog* im RessourceView. Mit einem rechten Mausklick rufen Sie das Popup-Menü auf. Wählen Sie im Menü den Eintrag *Insert Dialog*.

2. Gestalten Sie die Dialogressource

Gestalten Sie die Dialogressource, wie es in der Abbildung 24.5 zu sehen ist. Entfernen Sie die zweite Schaltfläche, übernehmen Sie den Dialog, und fügen Sie dem Dialog einen statischen Text und ein Eingabefeld mit der Kennung *IDC_COMPUTER_NAME* hinzu.

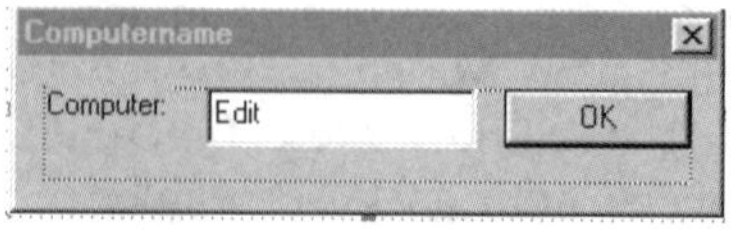

Abbildung 24.5: Gestaltung der Dialogressource

3. Erzeugen Sie mit Hilfe des ClassWizard die Klasse für die neue Dialogressource

Klicken Sie mit der rechten Maustaste auf die Dialogressource. Ein Popup-Menü erscheint. Im Popup-Menü wählen Sie den Menüpunkt ClassWizard. In einem neuen Dialog bestätigen Sie das Anlegen der neuen Klasse. Ein neuer Dialog *New Class* erscheint. Füllen Sie die Felder des Dialoges, wie in der Abbildung 24.6 zu sehen ist.

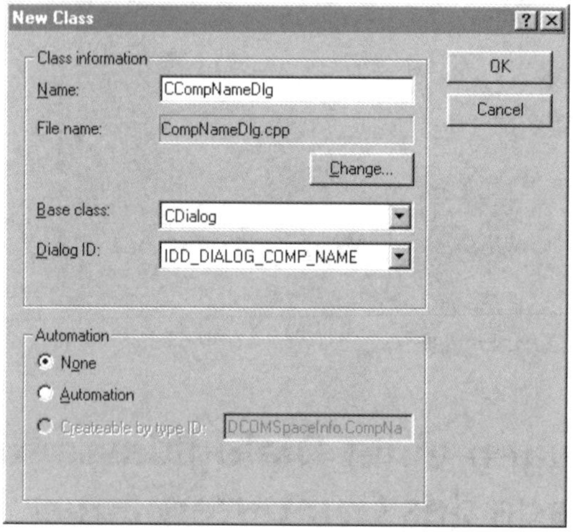

Abbildung 24.6: Anlegen einer neuen Klasse

4. Verknüpfen Sie eine Klassenvariable mit dem Editierfeld des Dialoges

Mit Hilfe von ClassWizard (Kartei *Member Variables*) verknüpfen Sie das Editierfeld des Dialoges mit der Klassenvariable *m_strCompName*.

24.6 Erweiterungen der Sichtklasse

In unserer Anwendung speichern bzw. lesen wir die Daten nicht von der Festplatte. Aus diesem Grund erweitern wir die Dokumentenklasse der Anwendung gar nicht. Alle Erweiterungen machen wir in der Sichtklasse. Dabei profitieren wir indirekt von der Voraussetzung, daß mit jeder Instanz der Dokumentenklasse genau eine Instanz der Sichtklasse verknüpft ist.

Wie erwähnt, mit jeder Dokument/Sicht wird ein Server verknüpft. Der Server wird in zeitlich gleichen Abstände nach der Speicherbelastung gefragt. Als Ergebnis der Abfrage wird ein *float*-Wert zurückgeliefert. In der Klassenvariable *m_oblistValues* des Typen *CObList* der Sichtklasse werden bis zu 100 solcher Werte gespeichert und in der Sicht in einer grafischen Form gezeigt.

1. Deklarieren Sie die Sichtklasse folgender Variablen

```
#include "connectorproxy.h"
class CDCOMSpaceInfoView : public CView
{
...
   CObList m_oblistValues;
   CString m_strComputerName;
   IConnector m_server;
   CString m_strObjExist;
long m_lSpacePhysTotal;
```

Die Bestimmung der Klassenvariable *m_oblistValues* haben wir oben besprochen. Die Variable *m_strComputerName* enthält den Namen des Computers, der mit der Instanz der Klasse verknüpft ist. Diesen Namen muß der Benutzer im Dialog eingeben.

Die Klasse *IConnector* ist die Proxy-Klasse für die Klasse *CConnector*. Eine Instanz dieser Klasse läuft ev. auf einem anderen Computer und ist mit der Instanz der Sichtklasse verknüpft. Um die Deklaration der Klassenvariable *m_server* zu ermöglichen, muß man mit Hilfe der *#include*-Anweisung die Kopfdatei mit der Deklaration der Proxy-Klasse in die Implementierungsdatei einfügen.

Die Klassenvariable *m_strObExist* informiert den Benutzer, ob das COM-Objekt gefunden wurde bzw. zeigt den Fehlercode in der Sicht. Wenn das COM-Objekt erfolgreich gefunden wurde, wird in der Sicht die Speicherbelegungsstatistik in Form einem Diagramms gezeigt.

Die Klassenvariable *m_lSpacePhysTotal* speichert das Volumen des physikalischen Arbeitsspeichers auf dem Server-Computer.

2. Korrigieren Sie den Konstruktor und den Destruktor der Sichtklasse

Im Konstruktor der Sichtklasse vergrößern wir die Anzahl der geöffneten Clients. Dadurch setzen wir indirekt voraus, daß mit jeder Dokument-Instanz nur eine Instanz der Sichtklasse verknüpft ist.

```
CDCOMSpaceInfoView::CDCOMSpaceInfoView()
{
   // TODO: add construction code here
   theApp.m_uClientCount++;
}
```

Fügen Sie dem Destruktor der Sichtklasse die Auslösung der Liste *m_oblistValues* hinzu, und verkleinern Sie die Anzahl der geöffneten Clients.

```
CDCOMSpaceInfoView::~CDCOMSpaceInfoView()
{
   POSITION pos;
   float* pfVal;
   for(pos = m_oblistValues.GetHeadPosition(); pos != NULL;)
   {
        pfVal = (float*)m_oblistValues.GetNext(pos);
        delete pfVal;
   }
   m_oblistValues.RemoveAll();
   theApp.m_uClientCount--;
}
```

3. Fügen Sie an den Anfang der Implementierungsdatei *DCOMSpaceInfoView.cpp* die Anweisung

```
#include "stdafx.h"
#include "DCOMSpaceInfo.h"
#include "DCOMSpaceInfoDoc.h"
#include "DCOMSpaceInfoView.h"
#include "CompNameDlg.h"
```

hinzu.

4. Fügen Sie mit Hilfe des ClassWizard der Sichtklasse die Methode *OnInitial-Update()* hinzu, und implementieren Sie sie

```
void CDCOMSpaceInfoView::OnInitialUpdate()
{
   CView::OnInitialUpdate();

   // TODO: Add your specialized code here and/or call the base class

   CCompNameDlg dlg;
   dlg.DoModal();
   m_strComputerName = dlg.m_strCompName;
   if(dlg.m_strCompName.IsEmpty())
   {
        char cComputerName[100];
        DWORD dwSize = 100;
        ::GetComputerName(cComputerName, &dwSize);
        m_strComputerName = CString(cComputerName);
   }
GetDocument()->SetTitle(m_strComputerName);

   HRESULT hr;
   COSERVERINFO serverinfo;
   serverinfo.dwReserved1 = 0;
   serverinfo.dwReserved2 = 0;
   serverinfo.pwszName = m_strComputerName.AllocSysString();
```

```
    serverinfo.pAuthInfo = NULL;
    CLSID clsid;
    hr = ::CLSIDFromString(L"{EEB6743D-087B-11D2-B890-808E7145DC12}",
         &clsid);
MULTI_QI qi = {&IID_IUnknown, NULL, 0};
    hr = ::CoCreateInstanceEx(clsid, NULL,
         CLSCTX_LOCAL_SERVER | CLSCTX_REMOTE_SERVER, &serverinfo, 1, &qi);
    ::SysFreeString(serverinfo.pwszName);
    if(FAILED(hr) || FAILED(qi.hr))
    {
         m_strObjExist.Format("Server %s nicht gefunden.
                   hr = 0x%x qi.h = 0x%x",
                   m_strComputerName, hr, qi.hr);
         return;
    }
    else
    {
         m_strObjExist.Format("Server auf Computer %s gestartet", m_strComputerName);
         LPUNKNOWN pUnk = (LPUNKNOWN)qi.pItf;
         LPDISPATCH pDisp;
         VERIFY(pUnk->QueryInterface(IID_IDispatch, (void**)&pDisp) == S_OK);
         ASSERT(pDisp != NULL);
         m_server.AttachDispatch(pDisp);
         m_lSpacePhysTotal = m_server.GetPhysSpaceTotal();
                   CString strTmp;
         strTmp.Format("%s Total: %d MB", m_strComputerName,
                   (int)(m_lSpacePhysTotal/1000000));
         GetDocument()->SetTitle(strTmp);
         pUnk->Release();

         SetTimer(ID_MY_TIMER, 1000, NULL);
    }
}
```

Am Anfang zeigt die Methode den Dialog. In einem einzigen Editierfeld dieses Dialoges muß der Benutzer den Namen des Computers eingeben. Wenn der Benutzer keine Eingabe gemacht und den Dialog geschlossen hat, legen wir als Computernamen den Namen des lokalen Computers fest.

Mit Hilfe der Methode *CDocument:: SetTitle()* legen wir den Titel des Dokumentes fest. Dieser Titel (in unserem Fall-Computername) wird in der oberen Leiste des entsprechenden Kinderrahmens gezeigt (siehe Abbildung 24.8).

Weiter füllen wir die Struktur *COSERVERINFO* aus. Diese Struktur haben wir schon im Kapitel „Grundlagen von COM" besprochen. An dieser Stelle erinnere ich an die Bestimmung der Felder der Struktur.

Zwei Felder der Struktur, *dwReserved1* und *dwReserved2*, sind für zukünftige Erweiterungen reserviert und müssen zur Zeit auf 0 gesetzt werden. Wenn wir keine besonderen Voraussetzungen über Zugriffsrechte zu unserem Objekt machen, muß das Feld *pAuthInfo* auf NULL gesetzt werden. Das Thema Sicherheit und Zugriffsrechte in DCOM wurde im vorigen Kapitel besprochen. Mehr Information darüber finden Sie in den Büchern [16] und [17]. An dieser Stelle kann ich Ihnen nur versprechen, daß der Aufruf unseres Servers auf einem Computer von einem anderem Computer im Netz klappt, wenn Sie auf beiden Computern mit gleichem Namen angemeldet werden.

Das Feld *pwszName* der Struktur enthält den Namen des Computers im Netz, auf dem der Server laufen soll.

Mit Hilfe der Funktion *::CLSIDFromString()* erzeugen wir eine Variable des Typs CLSID von textueller Darstellung der CLSID. Merken Sie sich, daß wir damit die CLSID von der coclass „COM-Klasse" CConnector nehmen:

```
...
//  Class information for CConnector
[ uuid(EEB6743D-087B-11D2-B890-808E7145DC12) ]
coclass Connector
{
   [default] dispinterface IConnector;
};
...
```

In Ihrem Projekt müssen Sie die ID aus Ihrer Typenbibliothek heraus einfügen.

Bei der Abfrage der Schnittstellen im Netz müssen wir die Anzahl der Transaktionen möglichst gering halten. Dafür dient die Struktur MULTI_QI. Die Struktur läßt in einem Zug mehrere verschiedene Schnittstellen ermitteln. (Das ist ein allgemeiner Mechanismus, der in unserem Fall trotzdem nicht verwendet wird, weil wir bei dem nächsten Schritt nur eine einzige Schnittstelle abfragen.)

Die Struktur ist folgendermaßen definiert:

```
typedef struct _MULTI_QI
{ const IID* pIID;
IUnknown * pItf;
HRESULT hr; } MULTI_QI;
```

Das Feld IID* beschreibt die Art der angeforderten Schnittstellen. Das zweite Feld nimmt das Ergebnis der Abfrage an. Bei der Festlegung der Struktur (vor der Verwendung in einer COM-Funktion) muß sie auf NULL festgesetzt werden.)

Das dritte Feld nimmt die Statusinformation bzw. den Fehlercode der Ermittlung der Schnittstelle an. Bei der Festlegung muß es auf 0 festgesetzt werden.

Die Anweisung

```
hr = ::CoCreateInstanceEx(clsid, NULL,
CLSCTX_LOCAL_SERVER | CLSCTX_REMOTE_SERVER, &serverinfo, 1, &qi);
```

sollte für uns ein COM-Objekt auf einem eventuell entfernten Computer erzeugen und die *Iunknown*-Schnittstelle dieses Objektes zurückliefen.

Der erste Parameter der Funktion *::CoCreateInstanceEx()* ist die CLSID des Objektes, das erzeugt werden muß.

Der Wert NULL des zweiten Parameters weist darauf hin, daß das Objekt nicht im Rahmen eines Agregatierungsvorganges angelegt wird.

Der dritte Parameter definiert, in welcher Umgebung (execution contexts) das Objekt angelegt werden kann. Die gegebene Kombination *CLSCTX_LOCAL_SERVER | CLSCTX_REMOTE_SERVER* erlaubt das Anlegen des Objektes im Prozeßraum eines anderen Objektes entweder auf dem gleichen Computer mit dem Server oder auf einem anderen Computer im Netz.

Der vierte Parameter ist die Struktur *COSERVERINFO*, über die wir oben diskutiert haben.

Der vorletzte Parameter ist die Anzahl der Elemente (Strukturen), die der letzte Parameter festlegt.

Die Funktion liefert HRESULT als Rückwert zurück. Diesen Wert analysieren wir unten, zuerst aber geben wir mit der Hilfe der Funktion *::SysFreeString()* den mit dem BSTR-Objekt (Name des Computers) belegten Speicherplatz frei.

Wenn das Anlegen des Objektes gescheitert ist, bereiten wir eine Meldung (Klassenvariable *m_strObjExist*) vor, die später in der Sicht mit Hilfe der Methode *OnDraw()* gezeigt wird, und beenden den Initialisierungsvorgang.

Wenn der Computer erfolgreich gefunden wurde, erhalten wir zuerst eine dementsprechende Nachricht, die ebenso in die Klassenvariable *m_strObjExist* gepackt ist. Diese Nachricht wird in der ersten Sekunde in der Sicht gezeigt, bis erste Messungen der Speicherbelegung in Diagrammform gezeigt werden.

Ferner ermitteln wir den *IUnknown*-Schnittstellenzeiger auf dem neuen Objekt und verwenden ihn als Parameter beim Aufruf der *QI* (*QueryInterface*) bei der Ermittlung der Automatisierungsschnittstelle des Objektes. Wird die Schnittstelle erfolgreich ermittelt, verknüpfen wir die Klassenvariable *m_server* mit dieser Schnittstelle.

An dieser Stelle halte ich die Analogie mit dem Telefon angebracht. Bis zu diesem Punkt war die Instanz der Klasse *IConnector* mit dem Namen *m_server* etwa wie ein Telefongerät in der Ecke des Zimmers nicht in Gebrauch. Alles, was wir in der Methode *OnInitialUpdate()* getan haben, ist mit der Auswahl einer Telefonnummer vergleichbar. Nach dem Aufruf der Methode *Attach()* fangen wir unser „Gespräch" mit dem COM-Objekt, das ev. auf einem anderem Computer liegt, an.

Wir fangen an, uns mit dem Server zu unterhalten, und fragen gleich mit Hilfe der Automatisierungsmethode *GetPhysSpaceTotal()* das Volumen des physikalischen Speichers auf der Client-Maschine auf. Diese Zahl sowie den Namen der Maschine zeigen wir als Dokumententitel.

Schließlich geben wir die Schnittstelle *IUnknown* frei und starten einen *Timer* mit der ID *MY_TIMER* und mit einem Intervall von einer Sekunde zwischen den Signalen.

5. Fügen Sie der ID des Timers die Ressource hinzu

Wählen Sie den Menüpunkt VIEW | RESSOURCE SYMBOLS aus. Fügen Sie dem Projekt die Ressource ID MY_TIMER hinzu.

6. Fügen Sie der Sichtklasse den Bearbeiter für die Timer-Signale hinzu

Wenn in einer Fensterklasse ein Timer gestartet wird, werden mit dem gesetzten Abstand die *WM_TIMER*-Nachrichten zu dem Sichtklasse-Objekt gesendet. Fügen Sie mit Hilfe von ClassWizard die Nachrichtenbearbeitungsmethode für diese Nachricht hinzu. Implementieren Sie die Nachricht folgendermaßen:

```
#define MAX_TIMES 100
void CDCOMSpaceInfoView::OnTimer(UINT nIDEvent)
{
   // TODO: Add your message handler code here and/or call default
if(nIDEvent == ID_MY_TIMER)
   {
        if(m_oblistValues.GetCount() >= MAX_TIMES)
        {
                float* pfVal =  (float*)m_oblistValues.GetTail();
                delete pfVal;
                m_oblistValues.RemoveTail();
        }
        float fSpaceFree = m_server.GetPhysSpaceAvail();
        float* pfVal = new float;
        *pfVal = fSpaceFree;
        m_oblistValues.AddHead((CObject*)pfVal);
        Invalidate();
   }
   CView::OnTimer(nIDEvent);
}
```

Wir ermitteln zuerst, ob das Timer-„Signal" von unserem Timer stammt.

Die Methode bereitet danach für die Zeichenmethode *OnDraw()* die Liste aus den letzten Messungen der Speicherbelegung vor (MAX_TIMES, in unserem Fall hundert Messungen). Ist die Grenze der Messungen in der Liste überschritten, löschen wir die älteste Messung in der Liste.

Danach machen wir eine weitere Messung, fügen das Ergebnis der Liste hinzu und kündigen das Fenster als ungültig. Das Fenster wird also bald übermalt.

7. Implementieren Sie die Zeichenmethode der Sichtklasse

```
void CDCOMSpaceInfoView::OnDraw(CDC* pDC)
{
   CDCOMSpaceInfoDoc* pDoc = GetDocument();
   ASSERT_VALID(pDoc);
   // TODO: add draw code for native data here
//== Zu wenig Vermessungen?
   if(m_oblistValues.GetCount() < 1)
   {
        pDC->TextOut(10, 20, m_strObjExist);
        return;
   }

   POINT points[102];

   static int x0 = 20;
   static int y0 = 20;
   static int dx = 300;
   static int dy = 100;
   int x, y;

   points[0] = CPoint(x0 + dx, y0 + dy);

   POSITION pos;
   float* pfVal;
   float fVal, fVal0;
   int i = 0;

   for(pos = m_oblistValues.GetHeadPosition(); pos != NULL;)
   {
        pfVal = (float*)m_oblistValues.GetNext(pos);
        fVal = *pfVal;

        if(i == 0)
                 fVal0 = fVal; //== Letzte Vermessung

        i++;
        x = x0 + dx - 3*(i - 1);
        y = y0 + (int)(fVal);
        points[i] = CPoint(x, y);
   }
   //== Polygon schließen

   points[++i] = CPoint(x, y0 + dy);
   points[++i] = CPoint(x0 + dx, y0 + dy);

   //== Polygon mit roter Farbe ausfüllen

   CBrush bBrushRed(COLORREF(RGB(200, 0, 0)));
   CBrush* pBrudOld = pDC->SelectObject(&bBrushRed);
   pDC->Polygon(points, i);
```

```
    pDC->SelectObject(pBrudOld);

    //== Hilfslinien

    int yTemp = y0;
    int ddy = dy/4;
    int d = 10;


    for(int j = 1; j < 6; j ++)
    {
        pDC->MoveTo(x0 - d, yTemp);
        pDC->LineTo(x0 + dx + d, yTemp);
        yTemp += ddy;
    }
    pDC->TextOut(x0 + dx + d, y0 + dy/2, CString("50"));

    //== Letzte Vermessung (unten)
    CString strTmp;
    strTmp.Format("%d", (int)fVal0);
    pDC->TextOut(x, y0 + dy + d, strTmp);
}
```

Die Implementation ist ziemlich unkompliziert. Wenn noch keine oder nur eine einzige Messung festgesetzt ist, zeigen wir den Text mit der Information über das Ergebnis bei dem Start des Servers.

Nach einigen Einstellungen erzeugen wir in einer Kette die Grenze eines Polygons. Als Hochwerte von Grenzpunkten verwenden wir die Ergebnisse der Messungen aus der Liste. Dabei speichern wir extra die letzte Messung. Am Ende der Schleife schließen wir das Polygon mit zwei zusätzlichen Punkten.

Danach zeichnen wir das Polygon, die Hilfslinien und den Wert der letzten Messung.

24.7 Testen der Anwendung

Kompilieren Sie die Anwendung.

Starten Sie die Anwendung zuerst lokal. Beim Dialog für die Eingabe des Namens des Computers klicken Sie einfach auf die Schaltfläche OK.

Versuchen Sie nach dem Start Ihrer Anwendung, andere speicherintensiven Anwendungen wie Visual Studio und MS Word zu starten und sofort zu schließen. Danach starten Sie diese Anwendungen wieder. Sie müssen eine Graphik etwa wie in Abbildung 24.7 haben.

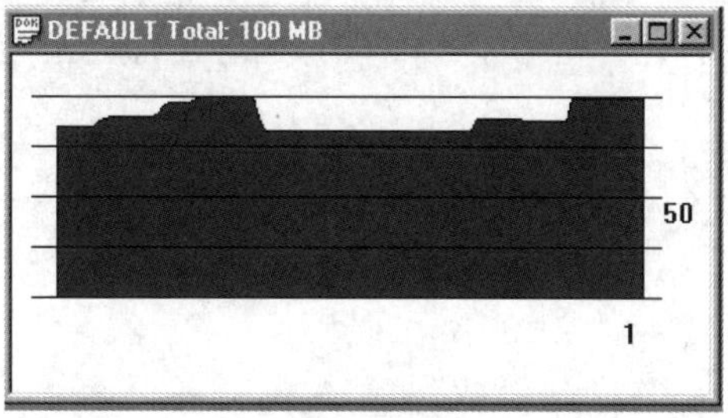

Abbildung 24.7: Lokaler Test der Anwendung

Kopieren Sie die Anwendung auf einen anderen Computer im Netz. Starten und schließen Sie dort die Anwendung, um sie lokal zu registrieren. Starten Sie die Anwendung auf einem Computer, und geben Sie im Dialog beim Start den Namen des zweiten Computers ein. Öffnen Sie ein neues Dokument und klicken Sie im Abfrage-Dialog auf OK (Statistik des lokalen Computers).

Wenn Sie auf beiden Computern in einem NT-Netz angemeldet sind (oder mit einigen anderen Voraussetzungen), sollten Sie eine Statistik etwa wie in der Abbildung 24.8 sehen.

Testen Sie die Ergebnisse unseres Programms mit Hilfe des Systemmonitors von Windows 95/98 bzw. Windows NT.

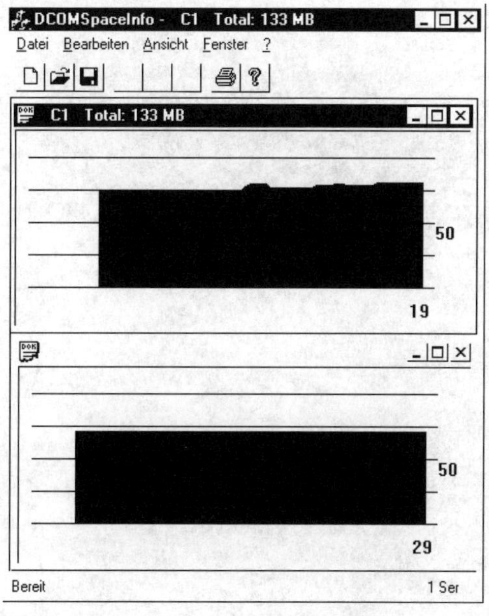

Abbildung 24.8: Statistiken für zwei Computer im Netz mit Hilfe von DCOM

25 Projekt DCOMShare

Im vorigen Projekt *DCOMSpaceInfo* haben wir gelernt, wie ein COM-Objekt ein anderes COM-Objekt auf dem gleichen oder auf einem anderen Computer starten und mit Hilfe der Automatisierungsschnittstelle steuern kann. Dadurch können in einem einzigem Prozeßraum beliebig viele Server gestartet werden.

In mehreren DCOM-Anwendungen sollten die angelegten Server-Objekte ihre Arbeit synchronisieren. Ein typisches Beispiel dafür ist der Zugriff auf eine allgemein verwendete Ressource bzw. die Datenbank.

Außerdem ist es oft wichtig, daß der DCOM-Server über einige wichtige Änderungen seinen Client asynchron, mit Hilfe von Ereignissen, informiert. Der Client muß also nicht ständig den Server über seinen Zustand abfragen. Das minimiert den Verkehr im Netz.

In einigen verteilten Anwendungen mit dem Zugriff auf eine einzige Ressource kann es passieren, daß die Ressource ziemlich lange nur einem einzigen Client zur Verfügung stehen muß. Stellen Sie sich ein Netz mit einer einzigen ISDN-Karte bzw. einem einzigen Modem vor. Die Clients verwenden die Ressource ziemlich selten, deshalb lohnt es sich nicht, mehrere Modems einzurichten. Wenn aber das Modem besetzt ist, muß der Benutzer das auf der Oberfläche seiner Anwendung sehen. Der entsprechende Teil der Funktionalität der Anwendung muß dabei gesperrt werden. (Dies ist den kleinen Lichtindikatoren auf dem Telefon in einem Firmen-Telefonnetz ähnlich. Sie zeigen an, wie viele externe Telefonkanäle im Moment besetzt sind.)

Diese beiden Anforderungen werden in unserem nächsten Projekt erfüllt. Außerdem lernen wir in diesem Projekt, wie in einem Projekt MFC- und ATL-Auffassungen und -Quellcode gemischt werden können.

Unser Projekt besteht in der Tat aus zwei Unterprojekten. Im ersten Projekt entwickeln wir einen Server. Dieses Projekt heißt *DCOMShareServer*. Das zweite Unterprojekt *DCOMShareClient* ist mit der Entwicklung des Clients beschäftigt.

Unser kleines System ist nach moderner dreischichtiger Systemarchitektur organisiert (Abbildung 25.1).

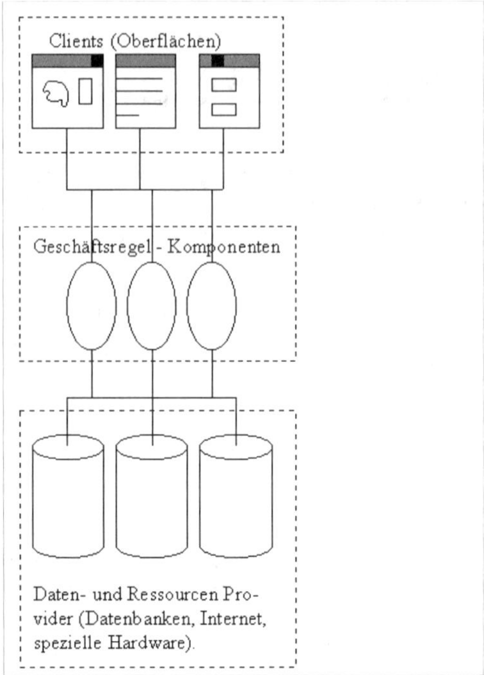

Abbildung 25.1: Dreischichtige Systemarchitektur

Auf der obersten Ebene der dreischichtigen Architektur befinden sich die Client-Komponenten, die direkt mit dem Benutzer kommunizieren. Das können die Windows-Anwendungen, Browser (IE) und ActiveX-Steuerelemente sein.

In unserem System wird das eine dialogbasierte Anwendung, die Sie in den Abbildungen 27.1 – 27.3 in Kapitel 27 sehen können. Diese Anwendung wird im Projekt *DCOMShareClient* implementiert.

Auf der niedrigsten Schicht der Architektur befinden sich die Daten- und Ressourcen-Provider. Das können verschiedene Datenbanken (relationale, geografische, multimediale usw.), Dateien, Internet/Intranet-Ressourcen, speziellen Hardware-Ressourcen usw. sein. In unserem System werden wir eine solche Ressource mit Hilfe einer einfachen Technik simulieren: Mit einer Zahl, die der Benutzer mit einem Klick auf eine Schaltfläche des Dialoges *DCOMShareClient* vergrößern kann. Wir imitieren auch eine Sperrungssituation. Nach jeder Vergrößerung wird unsere Ressource für 20 Sekunden gesperrt. Alle Clients bekommen nach der Sperrung entsprechende Informationen (Signale) und müssen bis zu den nächsten Signalen ihre Oberflächen so ändern, daß weitere Eingaben nicht möglich sind.

Diese Signale bekommen die Anwendungen asynchron mit Hilfe von Ereignissen. Das passiert nicht sofort, sondern mit einer gewissen Verzögerung. Wenn der Client zu einem Zeitpunkt, wenn die Ressource schon gesperrt ist, seine Oberfläche aber noch Eingaben erlaubt, den Zugriff zur Ressource zu bekommen versucht, wird eine Meldung generiert.

Gehen wir zur dreischichtigen Architektur zurück. In der mittleren Schicht befinden sich sog. Geschäftsregel-Komponenten (business objects). Diese liefern die Informationseinheiten über Clients und Ressourcen-Provider. Die Objekte aus der mittleren Schicht bringen die Flexibilität in ihr System. Sie laufen in der DCOM-Umgebung und können ev. abhängig von der Belastung des Servercomputers mit der einen oder mit der anderen Datenbank kommunizieren.

Spezielle Arten der Geschäftsregel-Komponenten, zum Beispiel Microsoft Transaction Server-Objekte, sind für bestimmte Fälle sehr gut geeignet. Leider ist der Rahmen unseres Buches nicht groß genug, um uns mit solchen spannenden Themen zu befassen.

Einen Überblick über die Geschäftsregel-Komponenten können wir mit Hilfe unseres *DCOMServer*-Projektes gewinnen. In diesem Projekt entwickeln wir ein COM/DCOM-Objekt, das für *DCOMShareClient* eine Verbindung zum „Daten-Provider" herstellt. Dieses Objekt läßt die Zahl-„Ressource" vergrößern. Dadurch greifen alle Clients auf eine einzige Ressource zu. Außerdem informieren diese Objekte ihre Clients über die Sperren der Ressource.

25.1 Projekt DCOMShareServer

Legen Sie mit Hilfe des ATL Project Wizard ein neues ATL- (EXE) Projekt mit dem Namen *DCOMShareServer* an.

25.1.1 DCOMShareObj-Objekt

1. Fügen Sie dem Projekt eine neue Klasse hinzu

Mit einem rechten Mausklick auf den Eintrag *DCOMShareServer Classes* im ClassView öffnen Sie das Popup-Menü und wählen danach den Menüpunkt **NEW ATL OBJECT**.

Im neuen Dialog wählen Sie die Objektart Simple Object (Abbildung 25.2). Mit einem Klick auf die Schaltfläche Next gehen Sie zum nächsten Dialog über.

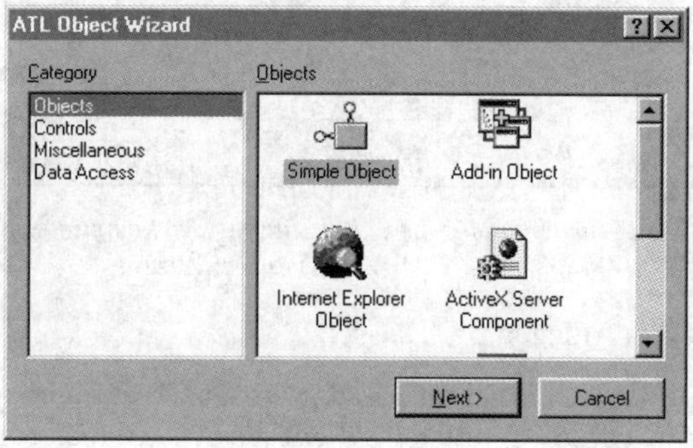

Abbildung 25.2: Auswahl als ATL – Objektart Simple Object

Fügen Sie dem Feld Name den Namen des Objektes – *DCOMShareObj* – hinzu. Weitere Felder auf dieser Seite des Dialoges werden automatisch ausgefüllt (Abbildung 25.3).

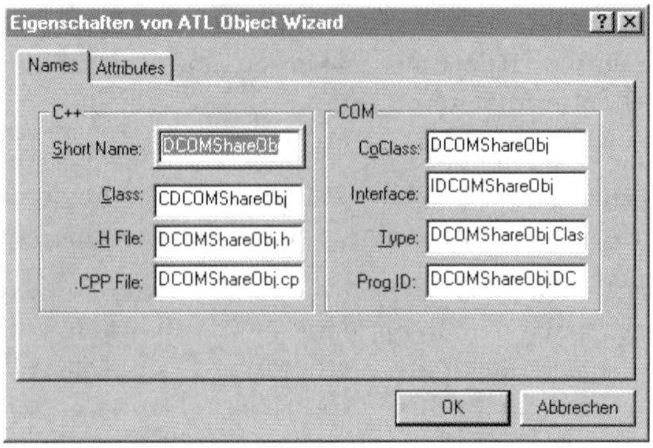

Abbildung 25.3: Festlegen des Namens des ATL-Objektes

Auf der zweiten Seite des Dialoges kreuzen Sie das Kontrollkästchen *Support Connection Points* (Abbildung 25.4) an.

Wir verwenden die Kommunikationspunktschnittstelle für die Implementierung der Ereignisse.

Nach dem Ankreuzen dieses Kontrollkästchens wird unsere neue ATL-Klasse auch vom *IConnectionPointContainerImp* abgeleitet. (*IConnectionPointContainerImp* wird in der Liste der Basisklassen angelegt.)

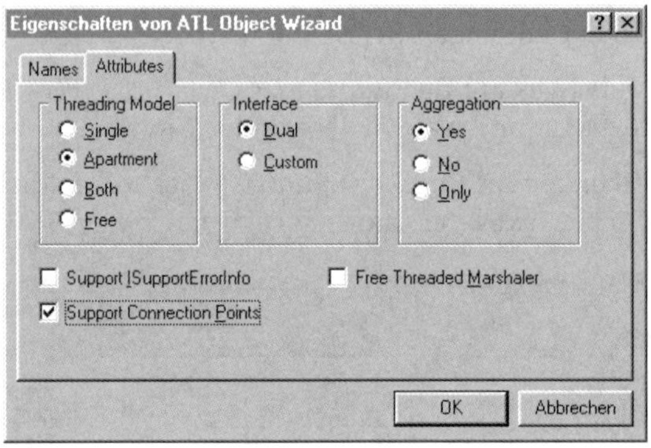

Abbildung 25.4: Einstellung für die Unterstützung der Kommunikationspunkte im ATL-COM/DCOM Object Wizard

Beenden Sie mit OK das Anlegen der Klasse.

Im ClassView (Abbildung 25.5) sehen Sie, daß unser Objekt eine einzige Schnittstelle (*IDCOMShareObj*) hat. Diese Schnittstelle dient als Automatisierungsschnittstelle des Objektes.

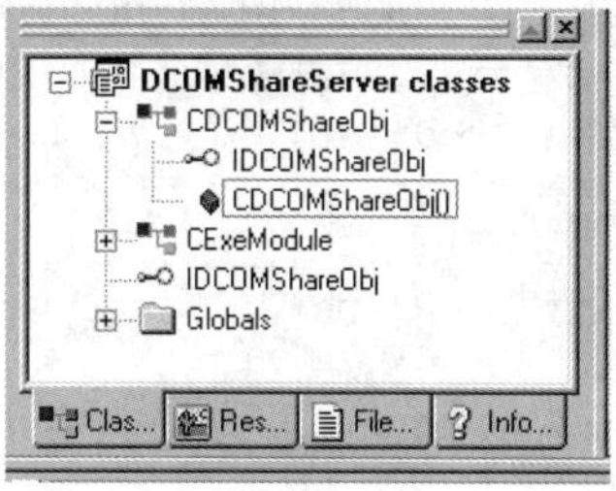

Abbildung 25.5: Klassen und Interface des Projektes

2. Erweitern Sie die Schnittstelle mit der Methode *SetValue()*

Mit einem rechten Mausklick auf den Eintrag *IDCOMShareObj* öffnen Sie ein Popup-Menü. Wählen Sie in diesem Menü den Menüpunkt *Add method*. Füllen Sie danach den neuen Dialog aus, wie es in Abbildung 25.6 zu sehen ist.

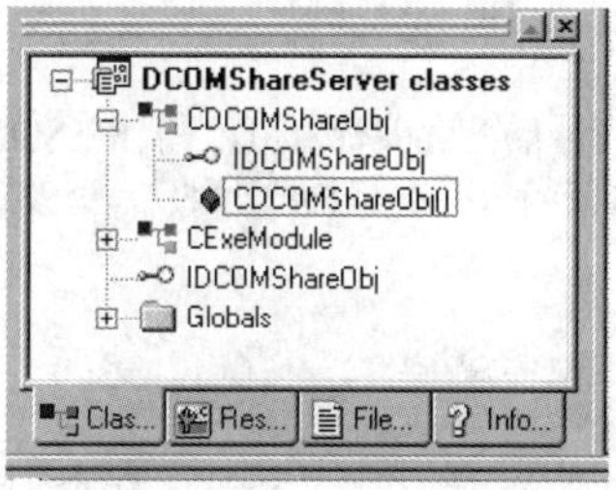

Abbildung 25.6: Einfügen einer Methode in einer ATL-Klasse

Die Methode imitiert den Zugriff zu einer gemeinsamen Ressource. Die Methode wird aufgerufen, wenn der Benutzer auf eine Schaltfläche im Client-Dialog klickt.

Der Implementierung der Methode widmen wir uns später.

Unser Objekt benötigt auch eine Schnittstelle für die Ereignisse. Diese Schnittstelle basiert auf dem Kommunikationspunktmechanismus.

Zur Zeit unterstützt ATL den Vorgang für das Einfügen einer neuen Schnittstelle in eine Klasse nicht. Deshalb müssen Sie die *idl*-Datei ergänzen.

3. Erweitern Sie die IDL-Datei des Projektes

```
// DCOMShareServer.idl : IDL source for DCOMShareServer.dll
//
// This file will be processed by the MIDL tool to
// produce the type library (DCOMShareServer.tlb) and marshalling code.

import "oaidl.idl";
import "ocidl.idl";

   [
      object,
```

```
        uuid(0233BB0E-0FA9-11D2-B890-B449FDDB065F),
        dual,
        helpstring("IDCOMShareObj Interface"),
        pointer_default(unique)
    ]
    interface IDCOMShareObj : IDispatch
    {
        [id(1), helpstring("method AddValue")] HRESULT AddValue(void);
    };
    [
        object,
        uuid(19443040-112F-11d2-B890-B01ED0509830),
        dual,
        helpstring("IDCOMShareEvents Interface"),
        pointer_default(unique)
    ]
    interface IDCOMShareEvents : IDispatch
    {
        [id(1), helpstring("method UpdateState")] HRESULT
                UpdateState([in] long lTransNumb);
    };
[
    uuid(0233BB01-0FA9-11D2-B890-B449FDDB065F),
    version(1.0),
    helpstring("DCOMShareServer 1.0 Type Library")
]
library DCOMSHARESERVERLib
{
    importlib("stdole32.tlb");
    importlib("stdole2.tlb");

    [
        uuid(0233BB0F-0FA9-11D2-B890-B449FDDB065F),
        helpstring("DCOMShareObj Class")
    ]
    coclass DCOMShareObj
    {
        [default] interface IDCOMShareObj;
        [default, source] interface IDCOMShareEvents;
    };
};
```

Beim Einfügen des Quellcodes müssen Sie Ihre eigene UUID verwenden. Diese UUID können Sie mit Hilfe des *GUIDGEN.EXE*-Generators erzeugen.

Im ersten eingefügten Abschnitt definieren wir eine neue Schnittstelle mit dem Namen *IDCOMShareEvents*. Diese Schnittstelle enthält nur die einzige Methode *UpdateState()*. Erinnern Sie sich, daß diese Methode letztlich der Client implementieren muß.

Die schattierte Zeile unten deklariert eine neue Schnittstelle als Quelle für die Ereignisse (Kennwort *source*) des Objektes *DCOMShareObj*.

4. Erweitern Sie die Einstellung des Compilers für das Erzeugen des DCOM-Objektes

Um einen Server zu kompilieren, der mit Hilfe von DCOM auf einem entfernten Computer gestartet und gesteuert werden kann, müssen Sie die Standard-Einstellungen des Compilers erweitern.

Öffnen Sie den Settings-Dialog von Visual C++ (Menüpunkt PROJECT | SETTINGS). Aktivieren Sie die Kartei C/C++. Fügen Sie dem Feld Project Definition noch den Schlüssel *_WIN32_DCOM* (Abbildung 24.2) hinzu.

5. Erweitern Sie die Deklaration der Klasse *DCOMShareObj*

```
// CDCOMShareObj
class ATL_NO_VTABLE CDCOMShareObj :
   public CComObjectRootEx<CComSingleThreadModel>,
   public CComCoClass<CDCOMShareObj, &CLSID_DCOMShareObj>,
   public IConnectionPointContainerImpl<CDCOMShareObj>,
   public IDispatchImpl<IDCOMShareObj, &IID_IDCOMShareObj,
       &LIBID_DCOMSHARESERVERLib>,
   public IConnectionPointImpl<CDCOMShareObj, &IID_IDCOMShareEvents>
{
public:
   CDCOMShareObj()
   {
   }
DECLARE_REGISTRY_RESOURCEID(IDR_DCOMSHAREOBJ)

BEGIN_COM_MAP(CDCOMShareObj)
   COM_INTERFACE_ENTRY(IDCOMShareObj)
   COM_INTERFACE_ENTRY2(IDispatch, IDCOMShareEvents)
   COM_INTERFACE_ENTRY_IMPL(IConnectionPointContainer)
END_COM_MAP()

BEGIN_CONNECTION_POINT_MAP(CDCOMShareObj)
   CONNECTION_POINT_ENTRY(IID_IDCOMShareEvents)
END_CONNECTION_POINT_MAP()

// IDCOMShareObj
public:
   STDMETHOD(AddValue)(void);

//== IDCOMShareEvents
   void UpdateState(long lTransNumb);
};
```

Wir werden diese Deklaration weiterentwickeln. An dieser Stelle jedoch machen wir den letzten Schritt in der Erweiterung unserer Klasse mit der Ereignisschnittstelle.

Die erste schattierte Zeile

```
public IConnectionPointImpl<CDCOMShareObj, &IID_IDCOMShareEvents>
```

weist darauf hin, daß unsere Klasse auch von einer Klasse bzw. Schnittstelle abgeleitet werden muß, die ihrerseits von der Klasse *IConnectionPointImpl* abgeleitet ist und die ID *IID_IDCOMShareEvents* hat. Diese ID wird MIDL automatisch abhängig vom Namen der Schnittstelle in IDL generieren.

Die COM-Karte definiert die Schnittstellen, die externe Objekte mit Hilfe von *QueryInterface()* anfordern können.

Die Anweisung

```
BEGIN_COM_MAP(CDCOMShareObj)
   COM_INTERFACE_ENTRY(IDCOMShareObj)
   COM_INTERFACE_ENTRY2(IDispatch, IDCOMShareEvents)
   COM_INTERFACE_ENTRY_IMPL(IConnectionPointContainer)
END_COM_MAP()
```

müssen Sie statt der Anweisung mit *IDispatch*, die MIDL generiert, manuell schreiben. Wir verwenden an dieser Stelle das Makro COM_INTERFACE_ENTRY2(), um die Kollisionen zwischen zwei Schnittstellen (*IDCOMShareObj* und *IDCOMShareEvents*) zu lösen. Beide Schnittstellen sind von *IDispatch* abgeleitet. Die Funktionen *IDispatch* werden mit Hilfe des Makros *COM_INTERFACE_ENTRY2()* nur einmal in der Klasse vererbt.

Die Konnektionspunktkarte (connection point map) läßt Sie die „externen" (outgoing) Schnittstellen des Objektes für andere Objekte veröffentlichen.

Die Kommunikationspunktschnittstelle läßt den Client seine „Steckdosen"-Schnittstellen (sink interface) mit diesen Schnittstellen verbinden. Wenn ein Ereignis im Server passiert, findet man mit Hilfe dieses Mechanismus die Kommunikationspunktschnittstellen des Clients heraus und ruft danach die Notifikationsmethode des Clients auf.

Unser Objekt hat nur eine einzige Kommunikationspunktschnittstelle *IID_IDCOMShareEvents*, die mit Hilfe der Anweisung

```
BEGIN_CONNECTION_POINT_MAP(CDCOMShareObj)
   CONNECTION_POINT_ENTRY(IID_IDCOMShareEvents)
END_CONNECTION_POINT_MAP()
```

veröffentlicht wird.

Diese Schnittstelle enthält nur die einzige Methode *UpdateState()*.

Die „richtige" Implementierung dieser Methode machen wir bei der Entwicklung des Clients (genauer gesagt: Wir implementieren dort die Notifikationsmethode des Clients mit dem gleichen Namen). Im Server implementieren wir ferner die Ermittlung des Kommunikationspunktes des Clients und den Aufruf der Notifikationsmethode.

25.1.2 Globaler und lokaler Zustand, Überwachungs-Thread

Eine laufende *DCOMShareServe*-Anwendung (EXE-Datei) läßt auf einem Computer mehrere *DCOMShareObj*-Objekte (Server) anlegen. Erinnern Sie sich, daß wir in unserer Anwendung den Zugang zu einer gemeinsamen Ressource imitieren.

Jeder Server kann zu dieser Ressource Zugriff haben, wenn die Ressource frei ist. Den Zustand der Ressource beschreibt man mit Hilfe folgender globaler Variablen:

```
enum STATE
{
   no_activ_obj,
   wait,
   busy,
   released
} g_state = no_activ_obj;
```

Der erste Zustand bedeutet, daß noch kein aktives Objekt angelegt ist oder alle Objekte geschlossen sind. Der zweite Zustand (*wait*) kennzeichnet, daß die Ressource frei ist. Wenn ein Server auf die Ressource zugreift, wird die Ressource für eine gewisse Zeit gesperrt. Die globale Variable bekommt in diesem Fall den Wert *busy*. Den letzten Wert (*released*) bekommt die Variable, wenn der Server heruntergefahren ist. In diesem Zustand muß man den Überwachungs-Thread (über den diskutieren wir noch) schließen.

stand muß man den Überwachungs-Thread (über den diskutieren wir noch) schließen.

1. Erweitern Sie die Deklaration der Klasse *CDCOMShareObj*

```
// CDCOMShareObj
class ATL_NO_VTABLE CDCOMShareObj :
   public CComObjectRootEx<CComSingleThreadModel>,
   public CComCoClass<CDCOMShareObj, &CLSID_DCOMShareObj>,
   public IConnectionPointContainerImpl<CDCOMShareObj>,
   public IDispatchImpl<IDCOMShareObj, &IID_IDCOMShareObj,
       &LIBID_DCOMSHARESERVERLib>,
   public IConnectionPointImpl<CDCOMShareObj, &IID_IDCOMShareEvents>
{
public:
   CDCOMShareObj()
   {
       InitObj();
   }
DECLARE_REGISTRY_RESOURCEID(IDR_DCOMSHAREOBJ)

BEGIN_COM_MAP(CDCOMShareObj)
   COM_INTERFACE_ENTRY(IDCOMShareObj)
   COM_INTERFACE_ENTRY2(IDispatch, IDCOMShareEvents)
   COM_INTERFACE_ENTRY_IMPL(IConnectionPointContainer)
END_COM_MAP()
```

```
BEGIN_CONNECTION_POINT_MAP(CDCOMShareObj)
   CONNECTION_POINT_ENTRY(IID_IDCOMShareEvents)
END_CONNECTION_POINT_MAP()

// IDCOMShareObj
public:

//== Globaler Zustand und Thread

   static HANDLE m_hThread;
   static unsigned int _stdcall DoLoop(void* p);
   static CComCriticalSection m_critsec;

//== Lokale Variable
   int m_iMyNumber;

//== Zusätzliche Methoden

   void FinalRelease();
   void InitObj();
void InitGlobalData();

   STDMETHOD(AddValue)(void);

// IDCOMShareEvents
   void UpdateState(long lTransNumb);

};
```

Der Konstruktor ruft die Methode *InitObj()* auf. Die Implementation der Methode betrachten wir unten. Wir machen entsprechende Initialisierungen nicht direkt im Konstruktor, weil die Initialisierungen einige globale Variablen betreffen, die in der Datei *DCOMShareObj.cpp* definiert sind.

Die statische Klassenvariable *m_hThread* stellt den Überwachungsthread dar. In diesem Thread wird die Methode *DoLoop()* ausgeführt. Die Methode enthält eine Schleife, wo man die Überwachungsarbeit macht.

Die statische Variable *m_critsec* verwenden wir, um den Zugriff zu globalen Variablen für eine kurze Zeit nur für ein einziges Objekt zu gewährleisten.

Merken Sie sich, daß die besprochene Variable *statisch* ist. Alle Instanzen des Objektes teilen eine einzige Instanz einer solcher Klassenvariable.

Anders sieht es mit der Variable *m_iMyNumber* aus. Das ist eine lokale Variable. Die Variable bedeutet die Nummer des Servers in Reihe der Server, die im Moment die Anwendung angelegt haben.

Jetzt widmen wir uns der Implementierungsdatei *DCOMShareObj.cpp*.

2. Fügen Sie am Anfang der Datei die folgende Anweisung hinzu

```
// DCOMShareObj.cpp : Implementation of CDCOMShareObj
#include "stdafx.h"
#include "DCOMShareServer.h"
#include "DCOMShareObj.h"
#include <process.h>
```

Diese Kopfdatei enthält die Deklarationen der Funktionen für die Arbeit mit Threads, die wir im Quellcode verwenden werden.

3. Initiieren Sie die globale Variable

```
enum STATE
{
   no_activ_obj,
   wait,
   busy,
   released
} g_state = no_activ_obj;
STATE g_state_old = g_state;

long g_lLastTrans = 0;

#define BUSY_SLEEP_MSK 5000
#define TRY_UPDATE_MSK 3000
#define MAX_SVR_COUNT 100
CDCOMShareObj* g_SvrArray[MAX_SVR_COUNT];
```

Die Felder der Struktur *STATE* haben wir oben besprochen. Die globale Variable *g_state* enthält den aktuellen Zustand der Ressource. Wir initiieren die Variable mit dem Wert *no_activ_obj* (keine Objekte sind angelegt).

Die Variable *g_state_old* enthält den Zustand, der bei dem vorigen Schritt dem Client mitgeteilt wurde. In einer Schleife analysiert ein zweiter Prozeß im zusätzlichen Thread, ob die beiden Variablen miteinander übereinstimmen. Ist das der Fall, wird der Thread eine gewisse Zeit lang „schlafen". Andernfalls werden die Clients über die Änderungen des Zustandes informiert.

Die globale Variable *g_lLastTrans* enthält die gemeinsame Anzahl der „Transaktionen", die alle Clients zusammen gemacht haben. Unter „Transaktion" verstehen wir in unserem Projekt den Aufruf der Automatisierungsmethode *AddValue()*.

Ferner definieren wir drei Konstanten, die die Leistung der Anwendung beschreiben.

Der Konstante *BUSY_SLEEP_MSK* definiert, wie lang die Ressource für alle anderen Clients gesperrt werden muß, wenn einer von ihnen eine Transaktion angefangen hat. Diese Konstante legt man in Millisekunden fest. Es gibt eine praktische Orientierung für die Schätzung der Konstanten. Später werden wir die Arbeit unserer Anwendung im Netz testen. Wir werden prüfen, ob tatsächlich der zweite Thread aller Clients über die Änderung des Zustandes informiert. Schätzen Sie, wieviel Zeit Sie benötigen, um von einem Computer im Netz zu einem anderen zu laufen. Das ist bei Ihnen der richtige Wert für die Konstante *BUSY_SLEEP_MSK*.

Die Konstante *MAX_SVR_COUNT* legt die maximale Länge der Liste der geöffneten Server fest. Die Liste der Server simulieren wir aus Vereinfachungsgründen mit Hilfe des globalen Feldes *g_SvrArray*. Jedes Element des Feldes ist ein Zeiger auf einen geöffneten Server.

Die Konstante *TRY_UPDATE_MSK* legt fest, mit welchem Zeitintervall das zweite Thread versuchen muß, die Clients über ev. Änderungen des Zustandes zu informieren.

4. Initiieren Sie die statischen Variablen der Klassen *CDCOMShareObj*

Fügen Sie folgenden Zeilen nach der Initialisierung der globalen Variablen hinzu:

```
HANDLE CDCOMShareObj::m_hThread = NULL;
CComCriticalSection CDCOMShareObj::m_critsec;
```

Nach der Sprachkonvention von C++ müssen statische Variablen einer Klasse nur einmal und außerhalb einer Methode der Klasse initiiert werden. Genau das machen wir hier.

5. Implementieren Sie die Initiierungsmethoden der Klasse *CDCOMShareOb*

```
void CDCOMShareObj::InitObj()
{
   if(g_state == no_activ_obj)
       InitGlobalData();
   m_iMyNumber = -1;
   m_critsec.Lock();
   for(int i = 0; i < MAX_SVR_COUNT; i++)
   {
       if(g_SvrArray[i] == NULL)
       {
              g_SvrArray[i] = this;
              m_iMyNumber = i;
              break;
       }
   }

   m_critsec.Unlock();
}

void CDCOMShareObj::InitGlobalData()
{
   // TODO: Add your implementation code here

   m_critsec.Init();
   m_critsec.Lock();
   for(int i = 0; i < MAX_SVR_COUNT; i++)
       g_SvrArray[i] = NULL;
```

```
    unsigned uThreadID;
    m_hThread = (HANDLE) _beginthreadex(NULL, 0, DoLoop, NULL, 0,
        &uThreadID);
    if(m_hThread == 0)
        return;
    g_state = g_state_old = wait;
    m_critsec.Unlock();
}
```

Die Methode *CDCOMShareObj::InitObj()* wird beim Anlegen jeder neuen Instanz vom Konstruktor aufgerufen. Wenn dies das erste angelegte Objekt ist (das signalisiert die globale Variable *g_state*), ruft die Methode zuerst eine andere Methode *InitGlobalData()*, die die globale Initialisierung macht, auf. Ferner sperrt die Methode den Zugriff (mit dem Aufruf *m_critsec.Lock()*) und sucht die freie Stelle in der Liste der Servers. An dieser Position wird der Zeiger auf der Instanz der Klasse geschrieben, und die Nummer der Position wird in der Klassenvariable *m_iMyNumber* gesichert.

Die Methode *CDCOMShareObj::InitGlobalData()* dient dem Initiieren der globalen und statischen Variablen. Die Methode wird beim Anlegen des ersten Servers der Komponente aufgerufen.

Zuerst initiiert in der Methode mit Hilfe der Methode *Init()* die statische Klassenvariable *m_critsec*, die einen kritischen Abschnitt einrichten läßt. Ferner fängt die Methode mit Hilfe von *Lock()* einen kritischen Abschnitt an.

Im kritischen Abschnitt schreiben wir in die Liste der Server NULL. Danach starten wir einen Thread (Programmpfad).

Wir machen das mit Hilfe der API-Funktion *_beginthreadex()*. Die Funktion hat den folgenden Prototyp:

```
unsigned long _beginthreadex( void *security,
unsigned stack_size,
unsigned ( __stdcall *start_address )( void * ),
void *arglist, unsigned initflag, unsigned *thrdaddr );
```

Der erste Parameter ist ein Zeiger auf den Sicherheitsdeskriptor, der Zugriffsrechte und andere Rechte für den Thread beschreibt. Für Windows 95-Anwendungen muß dieser Parameter auf NULL gesetzt werden.

Der zweite Parameter *stack_size* legt die Größe des Thread-Stapels fest. Wenn dieser Parameter auf 0 gesetzt ist, hat der Stapel dieselbe Größe wie der Aufruf-Thread. Diese Größe kann automatisch bis zu 1 MB vergrößert werden. Sie müssen sich normalerweise um diesen Parameter keine Gedanken machen. Die einzige Ausnahme ist der Fall, wenn sie sehr viele Threads gleichzeitig anlegen.

Der dritte und vierte Parameter der Funktion legen die Funktion, die im Thread aufgerufen wird, und ihre Parameterliste fest. In unserem Fall ist das die Methode *DoLoop()*, die keine Parameter hat.

Der Thread kann in einem der zwei Zustände gestartet werden: laufend oder angehalten. Wir starten unseren Thread im laufenden Zustand.

Mit Hilfe des letzten Parameters können Sie die Adresse des Threads ermitteln. Wir verwenden diese Möglichkeit in unserem Projekt nicht.

Die Funktion liefert bei einem Mißgeschick 0 als Rückwert. Beim Erfolg mit dem Start des Threads setzen wir die neuen Werte für die globalen Variablen *g_state* und *g_state_old* fest und beenden den kritischen Abschnitt.

6. Implementieren Sie die Methode *CDCOMShareObj::FinalRelease()*

```
void CDCOMShareObj::FinalRelease()
{
    if(m_iMyNumber < 0)
        return;

    g_SvrArray[m_iMyNumber] = NULL;

    for(int i = 0; i < MAX_SVR_COUNT; i++)
    {
        if(g_SvrArray[i] != NULL)
            return;
    }

    //== Alle Objekte sind gelöscht

    g_state = released;
    ::WaitForSingleObject(m_hThread, INFINITE);
    ::CloseHandle(m_hThread);
    g_state_old = g_state = no_activ_obj;
}
```

Die Methode wird jedesmal vor der Vernichtung des Objektes von COM aufgerufen.

Die Methode macht zuerst den Platz in der Liste der geöffneten Server frei (schreibt auf diese Position NULL).

Danach sucht man in einer Schleife, ob es noch angelegte Server gibt. (Eine solche Lösung ist nicht elegant, jedoch einfach zu implementieren und zu verstehen.)

Wenn keine angelegten Server mehr existieren, legen wir den Wert der globalen Variable *g_state* auf *released*. Der zweite Thread muß sich in dieser Situation beenden. (Wie das geht, werden wir gleich beim Anschauen der Methode *DoLoop()* sehen.)

Nach dem Aufruf der Funktion *::WaitForSingleObject()* wird der aktuelle Thread gebremst und bleibt so lange auf dieser Stelle stehen, bis der Thread *m_hThread* ein Signal sendet. (Wir analysieren nicht, welches Signal gesendet wird, weil wir wissen, daß der zweite Überwachungsthread nur ein einziges Signal senden kann.) Der Wert INFINITE des zweiten Parameters weist darauf hin, daß dieses Warten ev. eine Ewigkeit dauern kann. In unserem Projekt kann das nicht passieren. In der Methode *DoLoop()* werden wir sehen, daß der Überwachungsthread in solchen Situation sich sofort beendet. Danach schließen wir den Thread und aktualisieren den Wert der globalen Variablen *g_state* und *g_state_old*.

7. Implementieren Sie die Methode *CDCOMShareObj::DoLoop()*

```
unsigned int _stdcall CDCOMShareObj::DoLoop(void* p)
{
   while(TRUE)
   {
       if(g_state == released)
       {
              _endthreadex(0);
              return 0;
       }

       ::Sleep(TRY_UPDATE_MSK);

       if(g_state != g_state_old)
       {
              g_state_old = g_state;

              long lVal = g_lLastTrans;
              if(g_state == busy)
                     lVal = -1;

              for(int i = 0; i < MAX_SVR_COUNT; i++)
              {
                     if(g_SvrArray[i] != NULL)
                     {
                            g_SvrArray[i]->UpdateState(lVal);
                     }
              }
       }
   }
   return 0;
}
```

Die Methode enthält eine ev. endlose Schleife. Die Schleife wird abgebrochen, wenn die globale Variable *g_state* den Wert *released* bekommt. Dadurch beendet man auch den Thread. Nach dem Beenden des Threads empfängt die Funktion *::WaitForSingleObject()* das erwartete Signal, und das Ausführen der Methode *FinalRelease()* wird weiter durchgeführt.

Gehen wir nun aber zur Methode *CDCOMShareObj::DoLoop()* zurück. Im normalen Lauf schleift der Thread nach der Prüfung der Variable *g_state* auf *TRY_UPDATE_MSK* Sekunden ein. Merken Sie sich, daß COM während der „Schlafpause" dieses Threads andere Methoden aus dieser Klasse, z.B. die Methoden aus der Automatisierungsschnittstelle, üblicherweise aufrufen kann.

Nach dem Beenden der Schlafpause des Threads prüft die Methode, ob sich inzwischen der Zustand der Variablen *g_state* geändert hat. Ist das der Fall, werden alle geöffneten Server mit Hilfe der Methode *UpdateState()* darüber informiert. Die Methode *UpdateState()* löst das Ereignis beim Client aus. Wie das geht, werden wir bald sehen.

8. Implementieren Sie die Methode *CDCOMShareObj::UpdateState()* für das Auslösen der Ereignisse im Client

```
void CDCOMShareObj::UpdateState(long lVal)
{
   //== IConnectionPointImpl::m_vec verwaltet die Kommunikationspunkte
   IUnknown** ppUnk = m_vec.begin();
   if(*ppUnk != NULL)
   {
       IDCOMShareEvents* pEvents = (IDCOMShareEvents*)*ppUnk;
       pEvents->UpdateState(lVal);
   }
}
```

Unsere Klasse erbt ihre Funktionalität u.a. von der Klasse *IConnectionPointImpl*. Die Klassenvariable *IConnectionPointImpl::m_vec* dient der Verknüpfung von Kommunikationspunkten im Server und von „Steckdosen" im Client. Mit dem Aufruf von *m_vec.begin()* ermitteln wir den Zeiger auf den ersten Kommunikationspunkt (Schnittstelle), wandeln ihn in den Zeiger auf die Ereignisschnittstelle um und rufen die Ereignis-Funktion des Clients auf. Dieser Vorgang funktioniert sicher, wenn der Server in der Liste der Kommunikationspunkte nur einen einzigen Eintrag hat.

Das letzte, was im Server noch zu tun bleibt, ist die Implementierung der Automatisierungsmethode.

9. Implementieren Sie die Methode *CDCOMShareObj::AddValue()*

```
STDMETHODIMP CDCOMShareObj::AddValue()
{
   // TODO: Add your implementation code here
   m_critsec.Lock();
   if(g_state != wait)
   {
       m_critsec.Unlock();
       return E_FAIL;
   }
   g_state = busy;
   m_critsec.Unlock();

   Sleep(BUSY_SLEEP_MSK);
   m_critsec.Lock();

   g_lLastTrans++;
   g_state = wait;
   m_critsec.Unlock();

   return S_OK;
}
```

Die Methode funktioniert recht einfach. Wenn die Ressource schon gesperrt ist, liefert die Methode dem Client den Wert *E_FAIL* zurück. Andernfalls sperrt die Methode die Ressource mit Hilfe der Klassenvariable *g_state* für *BUSY_SLEEP_MSK*-Sekunden, vergrößert die Anzahl der Transaktionen und löst die Sperre aus.

Wenn ein anderer Client während der Transaktionszeit (sie fängt mit dem Aufruf der Methode *Sleep()* an) die Methode *AddValue()* aufzurufen versucht, bekommt er den Rückwert *E_FAIL*. Merken Sie sich, daß bald nach dem Anfang der Transaktion der Überwachungsthread den Client über die Änderung des Zustandes anderen Clienten zu mitteilen anfängt.

Wir müssen in unserem Projekt noch eine Änderung machen. Nämlich müssen wir dem Compiler eine Änderung des Threading-Models mitteilen. Voreingestellt in unserem Projekt war das Single-Threading-Model. Wir haben aber in unserem Quellcode einen zweiten Thread implementiert.

10. Ändern Sie die Compiler-Einstellung über das Threading-Model

Mit Hilfe des Menüpunktes **PROJEKT | SETTINGS** rufen Sie den Dialog Settings auf. Aktivieren Sie die Kartei C/C++. Wählen Sie das gewünschte Threading-Model, wie es in Abbildung 25.7 zu sehen ist.

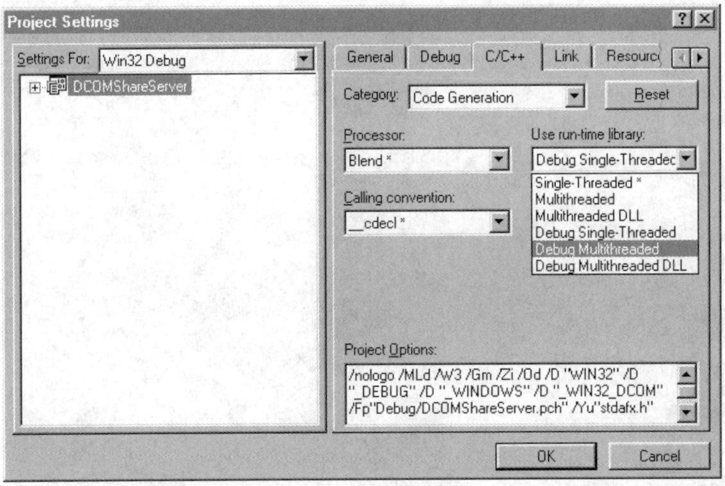

Abbildung 25.7: Einstellungen für den Compiler (Multithreading)

Außerdem muß man gewisse Änderungen im Quellcode der Funktion *_tWinMain()* vornehmen. Diese Änderungen sind dort schon vom ATL Project Wizard vorgesehen. Kommentieren Sie eine Zeile mit dem Aufruf der *CoInitialize()* an, und löschen Sie in der Zeile mit dem Aufruf der Methode *CoInitializeEx()* folgende Kommentare:

```
extern "C" int WINAPI _tWinMain(HINSTANCE hInstance,
   HINSTANCE /*hPrevInstance*/, LPTSTR lpCmdLine, int /*nShowCmd*/)
{
   lpCmdLine = GetCommandLine(); //this line necessary for _ATL_MIN_CRT
```

```
// HRESULT hRes = CoInitialize(NULL);
// If you are running on NT 4.0 or higher you can use the following call
// instead to make the EXE free threaded.
// This means that calls come in on a random RPC thread

   HRESULT hRes = CoInitializeEx(NULL, COINIT_MULTITHREADED);
   _ASSERTE(SUCCEEDED(hRes));
   _Module.Init(ObjectMap, hInstance);
   _Module.dwThreadID = GetCurrentThreadId();
   TCHAR szTokens[] = _T("-/");
```

Jetzt können Sie die Server-Anwendung kompilieren. Wir widmen uns ferner der Entwicklung des Clients.

26 Projekt ShareClient

Die Anwendung *ShareClient* muß uns zeigen, wie die im vorigem Kapitel entwickelten Server im Netz zusammen funktionieren können.

ShareClient wird als ein Dialog implementiert.

Wir werden in diesem Projekt auch kennenlernen, wie man in einem Projekt die MFC und ATL-Quellcode mischen kann.

1. Legen Sie ein MFC-dialogbasiertes Projekt an

Geben Sie dem Projekt den Namen *ShareClient*.

2. Erweitern Sie die Compiler-Einstellungen für DCOM-Unterstützung

Wählen Sie den Menüpunkt PROJECT | SETTINGS und fügen Sie dem Feld *Preprocessor definitions:* einen zusätzlichen Schlüssel *_WIN32_DCOM* hinzu (Abbildung 24.2).

3. Fügen Sie dem Quellcode der Methode die Initialisierung der OLE-Bibliotheken hinzu

```
BOOL CShareClientApp::InitInstance()
{
    //== Initialisierung der OLE-Bibliotheken
    if(!AfxOleInit())
    {
        AfxMessageBox("Kann nicht die OLE-Bibliotheken initiieren");
        return FALSE;
    }
    AfxEnableControlContainer();
```

4. Fügen Sie dem Projekt die Unterstützung von ATL hinzu

ATL ist u.a. eine Umgebung, die eigene globale Variablen, Speicher-Pools usw. enthält. Wenn Sie in einem Projekt ATL-Quellcode-Fragmente verwenden möchten, müssen Sie ATL zuerst initialisieren.

In einem ATL-Projekt werden entsprechende Quellcodes automatisch eingefügt. In unserem Fall müssen wir das manuell machen.

Für die Initialisierung der ATL-Objekte ist die Klasse *CComModule* zuständig. Nur eine einzige Instanz dieser Klasse (und sogar mit dem fest vorgeschriebenen Namen *_Module*) muß in jedem ATL- oder gemischten MFC/ATL-Projekt angelegt werden.

Fügen Sie der Datei *ShareClient.cpp* folgenden Quellcode hinzu:

```
/////////////////////////////////////////////////////////////////////////////
// The one and only CShareClientApp object

CShareClientApp theApp;

//== Die einzige Instanz des CComModule

CComModule _Module;

/////////////////////////////////////////////////////////////////////////////
// CShareClientApp initialization

BOOL CShareClientApp::InitInstance()
{
   //== Initialisierung ATL
   _Module.Init(NULL, NULL);

   //== Initialisierung der OLE-Bibliotheken
   if(!AfxOleInit())
   {
       AfxMessageBox("Kann nicht die OLE-Bibliotheken initiieren");
       return FALSE;
   }
```

Sie sehen, daß die Klasse *CComModule* eine ähnliche Rolle in einem Projekt spielt, wie die Anwendungsklasse in einem MFC-Projekt. Statt *InitInstance()* müssen wir für ATL *CComModule::Init()* aufrufen. Beide Parameter der Methode sind beim Aufruf innerhalb eines MFC-Projektes unwichtig.

Um auf die Variable *_Module* in anderen Dateien des Projektes zugreifen zu können, fügen Sie nach der Deklaration der Anwendungsklasse der Datei *ShareClient.h* folgende Zeilen hinzu:

```
class CShareClientApp : public CWinApp
{
...
   DECLARE_MESSAGE_MAP()
};
extern CShareClientApp theApp;
#include <atlbase.h>
extern CComModule _Module;
#include <atlcom.h>
```

Wir fügen auch gleichzeitig einige nötige Template-ATL-Klassen ein.

Außerdem ermöglichen wir mit der Anweisung

```
extern CShareClientApp theApp;
```

den Zugang zur Instanz der Anwendungsklasse von allen Quellcode-Dateien im Projekt.

Wir müssen auch in ATL-Quellcode in unserem Projekt einfügen, die nicht in Template-Klassen, sondern in einer „normalen" CPP Datei *atlimpl.cpp* implementiert sind. Fügen Sie am Anfang der Datei *ShareClient.cpp* folgende Zeilen hinzu:

```
#include "stdafx.h"
#include "ShareClient.h"
#include "ShareClientDlg.h"
...

#include <atlimpl.cpp>
//////////////////////////////////////////////////////////////////////////////
// CShareClientApp
...
```

5. Fügen Sie dem Projekt die Klasse *CCompNameDlg* vom Projekt *DCOMSpaceInfo* hinzu

Wenn Sie das noch nicht gemacht haben, fügen Sie die Klasse der Komponentengalerie des Visual Studio hinzu.

Zu diesem Zweck kehren Sie zum Projekt *DCOMSpaceInfo* zurück. Im ClassView machen Sie einen rechten Mausklick auf den Eintrag *CCompNameDlg*. Im Popup-Menü wählen Sie den Menüpunkt *Add to Galerie*. Gehen Sie danach zum Projekt *DCOMShare-Client* zurück.

Öffnen Sie den Menüpunkt *Project | Add to Project | Components and Controls*. Der Dialog *Components and Controls Galery* erscheint. Im Dialog wählen Sie die Datei *CompNameDlg.ogx* (Abbildung 26.1) und klicken auf die Schaltfläche *Insert*.

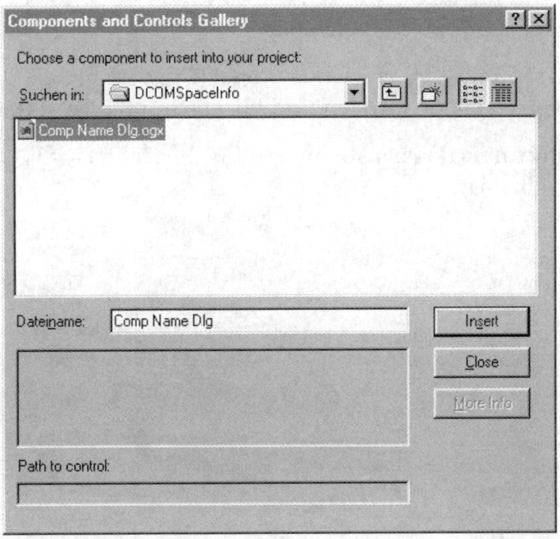

Abbildung 26.1: Einfügen einer Klasse in die Komponentengalerie im Projekt

6. Gestalten Sie die Dialogressource des Projektes

In Abbildung 26.2 ist die Gestaltung des Hauptdialoges der Anwendung zu sehen.

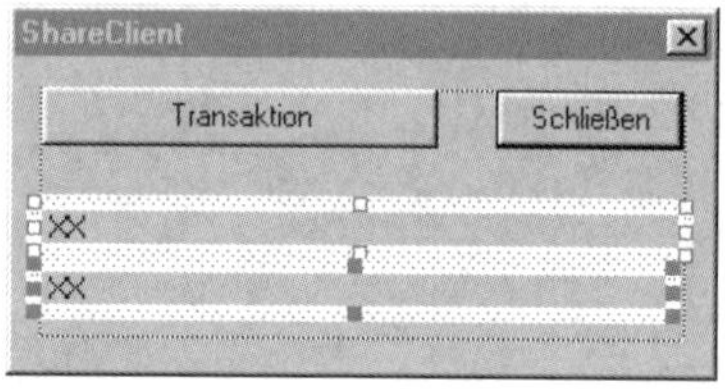

Abbildung 26.2: Gestaltung der Dialogressource des Projektes

In diesem Dialog werden im Vergleich zur Dialogvorlage, die AppWizard standardmäßig erzeugt, folgende Änderungen gemacht:

- Die Schaltfläche *OK* wurde in die Schaltfläche *Schließen* übernommen (ohne Änderung der ID).
- Die Schaltfläche *Abbrechen* hat die neue ID *IDC_TRANSACTION* und die Beschriftung *Transaktion*.
- Zwei statische Textelemente mit den IDs *IDC_COMP_INFO* und *IDC_TRANS_INFO* sind angelegt. Mit diesen Elementen verknüpfen wir in der Dialogklasse die Klassenvariablen *m_strCompInfo* und *m_strTransInfo*.

7. Fügen Sie den Dateien *DCOMShareServer.h* und *DCOMServer_i.c* vom Projekt *DCOMShareServer* das Projekt hinzu

Kopieren Sie die Dateien *DCOMShareServer.h* und *DCOMServer_i.c* vom Projekt *DCOMShareServer* in das Projektverzeichnis.

Wählen Sie den Menüpunkt *Project | Add to Project | Files.* Im neuen Dialog *Insert Files in Project* markieren Sie zwei neue Dateien und klicken auf die Schaltfläche *OK*.

Ändern Sie die Komprimierungseinstellungen für die Datei *DCOMServer_i.c,* wie es in Abbildung 26.3 zu sehen ist.

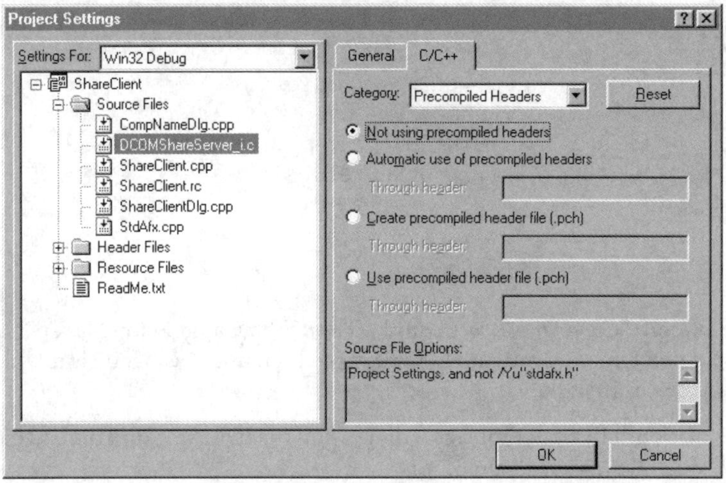

Abbildung 26.3: Einstellung in Settings für eingefügte Datei DCOMShareServer_i.c

8. Fügen Sie dem Projekt die neue Klasse für die Auslösung der Ereignisse hinzu

Öffnen Sie mit Hilfe des Menüpunktes *Insert | New Class* den Dialog *New Class*. Füllen Sie den Dialog aus, wie es in Abbildung 26.4 zu sehen ist.

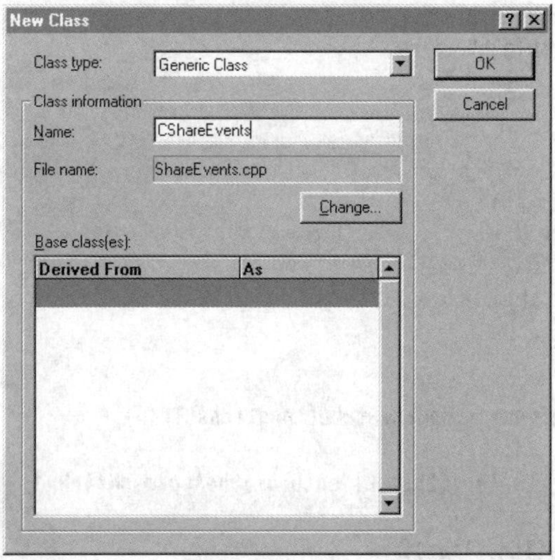

Abbildung 26.4: Einfügen einer neuen Klasse in ein MFC-Projekt für das Auslösen der Ereignisse

9. Korrigieren Sie die Deklaration der Klasse *CShareEvents*

```
class CShareEvents:
   public CComObjectRootEx<CComSingleThreadModel>,
   public IDispatchImpl<IDCOMShareEvents, &IID_IDCOMShareEvents,
      &LIBID_DCOMSHARESERVERLib>
```

```
{
public:
   CShareEvents();

   BEGIN_COM_MAP(CShareEvents)
       COM_INTERFACE_ENTRY(IDispatch)
       COM_INTERFACE_ENTRY(IDCOMShareEvents)
   END_COM_MAP()

   STDMETHOD(UpdateState)(long lLastTran);
}
```

Die Klasse ist von *CComObjectRootEx* und *IDispatchImpl* abgeleitet. Die erste Ableitung gewährleistet den Umgang mit den Referenzenzahlen und die zweite implementiert die duale *Idispatch*-Schnittstelle.

Die COM-Karte enthält zwei Einträge – den ersten für *IDispatch* und den zweiten für die Ereignisschnittstelle *IDCOMShareEvents*.

Nur eine einzige Methode *UpdateState()* für das Auslösen des Ereignisses der Klasse existiert.

Die Implementation der Klasse sieht so aus:

```
#include "stdafx.h"
#include "ShareClient.h"
#include "DCOMShareServer.h"
#include "ShareClientDlg.h"
#include "ShareEvents.h"

#ifdef _DEBUG
#undef THIS_FILE
static char THIS_FILE[]=__FILE__;
#define new DEBUG_NEW
#endif
CShareEvents::CShareEvents()
{
}

STDMETHODIMP  CShareEvents::UpdateState(long lLastTran)
{
   CShareClientDlg* pDlg = (CShareClientDlg*)theApp.m_pMainWnd;
   ASSERT(pDlg);
   pDlg->UpdateState(lLastTran);

   return S_OK;
}
```

Sie sehen, daß man beim Auslösen des Ereignisses einfach die Methode der Dialogklasse mit dem gleichen Namen aufruft. Die Implementation dieser Methode betrachten wir unten.

10. Fügen Sie der Deklaration der Klasse folgende Zeilen hinzu

```
#include "DCOMShareServer.h"
class CShareClientDlg : public CDialog
{
// Construction
public:
   void UpdateState(long lLastTrans);
   CShareClientDlg(CWnd* pParent = NULL);// standard constructor

// Dialog Data
   //{{AFX_DATA(CShareClientDlg)
   enum { IDD = IDD_SHARECLIENT_DIALOG };
   CString    m_strCompInfo;
   CString    m_strTransInfo;
   //}}AFX_DATA

   // ClassWizard generated virtual function overrides
   //{{AFX_VIRTUAL(CShareClientDlg)
   protected:
   virtual void DoDataExchange(CDataExchange* pDX);
   // DDX/DDV support

   //}}AFX_VIRTUAL

// Implementation
protected:
   IDCOMShareObj* m_pDCOMSchareObj;
   IDCOMShareEvents* m_pDCOMSchareObjEvents;
   DWORD m_dwCOokie;

   HICON m_hIcon;

   // Generated message map functions
   //{{AFX_MSG(CShareClientDlg)
   virtual BOOL OnInitDialog();
   afx_msg void OnSysCommand(UINT nID, LPARAM lParam);
   afx_msg void OnPaint();
   afx_msg HCURSOR OnQueryDragIcon();
   //}}AFX_MSG
   DECLARE_MESSAGE_MAP()
};
```

Die in der Datei *DCOMShareServer.h* deklarierten Klassen verwenden wir bei der Deklaration der Klassenvariablen *m_pDCOMSchareObj* und *m_pDCOMSchareObjEvents*, die im Client die Automatisierungs- und Ereignisschnittstelle des Servers darstellen.

Die Klassenvariable *m_dwCOokie* werden wir ferner für technische Zwecke (Identifikation der Ereignisschnittstelle) anwenden.

Die Methode *UpdateState()* wird in der Dialogklasse beim Auslösen des Ereignisses aufgerufen.

11. Erweitern Sie die Methode *InitDialog()* mit dem Anlegen des Servers

```
BOOL CShareClientDlg::OnInitDialog()
{
   CDialog::OnInitDialog();

   // Add "About..." menu item to system menu.

   // IDM_ABOUTBOX must be in the system command range.
   ASSERT((IDM_ABOUTBOX & 0xFFF0) == IDM_ABOUTBOX);
   ASSERT(IDM_ABOUTBOX < 0xF000);

   CMenu* pSysMenu = GetSystemMenu(FALSE);
   if (pSysMenu != NULL)
   {
      CString strAboutMenu;
      strAboutMenu.LoadString(IDS_ABOUTBOX);
      if (!strAboutMenu.IsEmpty())
      {
            pSysMenu->AppendMenu(MF_SEPARATOR);
            pSysMenu->AppendMenu(MF_STRING, IDM_ABOUTBOX,
                  strAboutMenu);
      }
   }

   // Set the icon for this dialog. The framework does
   // this automatically when the application's main window
   // is not a dialog

   SetIcon(m_hIcon, TRUE);          // Set big icon
   SetIcon(m_hIcon, FALSE);         // Set small icon
   // TODO: Add extra initialization here
   CCompNameDlg dlg;
   dlg.DoModal();

   CString strComputerName = dlg.m_strCompName;

   if(dlg.m_strCompName.IsEmpty())
   {
      char cComputerName[100];
      DWORD dwSize = 100;

      ::GetComputerName(cComputerName, &dwSize);
      strComputerName = CString(cComputerName);
   }

   COSERVERINFO serverinfo;
   serverinfo.dwReserved1 = 0;
   serverinfo.dwReserved2 = 0;
   serverinfo.pwszName = strComputerName.AllocSysString();
   serverinfo.pAuthInfo = NULL;
```

```
    MULTI_QI qi = {& IID_IDCOMShareObj, NULL, 0};

    HRESULT hr = ::CoCreateInstanceEx(CLSID_DCOMShareObj, NULL,
         CLSCTX_LOCAL_SERVER | CLSCTX_REMOTE_SERVER, &serverinfo,
              1, &qi);

    ::SysFreeString(serverinfo.pwszName);

    if(FAILED(hr) || FAILED(qi.hr))
    {
         m_strTransInfo.Format("hr = 0x%x qi.h = 0x%x", hr, qi.hr);
         m_strCompInfo.Format("Server %s nicht gefunden",
              strComputerName);
         m_pDCOMShareObj = NULL;
         UpdateButton(FALSE);
         UpdateData(FALSE);
         return FALSE;
    }
    else
    {

         m_pDCOMShareObj = (IDCOMShareObj*)qi.pItf;

         CComObject<CShareEvents>* pSvr;
         CComObject<CShareEvents>::CreateInstance(&pSvr);
         m_dwCookie = 123;
         hr = AtlAdvise(m_pDCOMShareObj, pSvr->GetUnknown(),
              IID_IDCOMShareEvents, &m_dwCookie);

         if(FAILED(hr))
         {
              m_strCompInfo.Format("Kann nicht Ereignisschnittstelle
                   Erzeugen hr = 0x%x", hr);
              m_pDCOMShareObj = NULL;
              UpdateButton(FALSE);
              UpdateData(FALSE);
              return FALSE;
         }
         else
         {
              m_strCompInfo.Format("Server auf Computer %s gestartet",
                   strComputerName);
              UpdateData(FALSE);
         }
    }
    return TRUE;  // return TRUE  unless you set the focus to a control
}
```

Der Anfang des Quellcodes ist so ähnlich wie die Methode *InitDialog()* vom Projekt *DCOMSpaceInfo* aufgebaut. Deswegen konzentrieren wir uns auf die Neuigkeiten, die sich im Quellcode befinden.

Die Methode *UpdateButton()* aktiviert oder inaktiviert die Schaltfläche *Transaktion*.

Die ATL-Anweisungen

```
CComObject<CShareEvents>* pSvr;
CComObject<CShareEvents>::CreateInstance(&pSvr);
```

erzeugen zusammen ein Exemplar der Klasse *ShareEvents*. Dieses Exemplar dient dem Auslösen der Ereignisse, die im Server initiiert sind. Wir müssen diese Exemplare mit dem Kommunikationspunkt des Servers verknüpfen. Dafür dient die ATL-Funktion *AtlAdvise()*.

Diese Methode ist folgendermaßen deklariert:

```
HRESULT AtlAdvise( IUnknown* pUnkCP, IUnknown* pUnk, const IID& iid,
                   LPDWORD pdw );
```

Der erste Parameter ist der Schnittstellenzeiger auf der *IUnknown* des Clients. Der zweite Parameter ist der Zeiger auf die *IUnknown* vom Server. Der dritte Parameter ist die GUID der Kommunikationspunkt-Schnittstelle des Servers, die mit der Instanz der Klasse verknüpft werden muß. Der letzte Parameter ist eine ID vom Verknüpfen, die beim Auslösen der Verbindung verwendet werden muß.

12. Fügen Sie am Anfang der Datei *ShareClientDlg.cpp* folgende Kopfdatei hinzu

```
#include "stdafx.h"
#include "ShareClient.h"
#include "ShareClientDlg.h"
#include "CompNameDlg.h"
#include "ShareEvents.h"
```

12. Fügen Sie der Klasse *CShareClientDlg* die Methode für das Aktivieren *(Deaktivieren)* der Schaltfläche Transaktion hinzu

Die Methode ist folgendermaßen implementiert.

```
void CShareClientDlg::UpdateButton(BOOL bEnabled)
{
   CWnd* pWnd = GetDlgItem(IDC_TRANSACT);
   ASSERT(pWnd != NULL);
   pWnd->EnableWindow(bEnabled);
}
```

13. Fügen Sie der Klasse *CShareClientDlg* die Nachrichtenbearbeitungsmethode für die Bearbeitung des Mausklicks auf der Schaltfläche Transaktion hinzu

Fügen Sie diese Methode mit Hilfe des ClassWizard dem Quellcode hinzu, und implementieren Sie diese Methode folgendermaßen:

```
void CShareClientDlg::OnTransact()
{
   // TODO: Add your control notification handler code here
   if(m_pDCOMShareObj == NULL)
        return;

   UpdateButton(FALSE);
   HRESULT hr = m_pDCOMShareObj->AddValue();

   if(FAILED(hr))
   {
        m_strTransInfo.Format("Ressource ist nicht erreichbar hr = 0x%x ", hr);
   }
   else
   {
        m_strTransInfo.Format("Last Transaktion OK");
        UpdateButton(TRUE);
   }
   UpdateData(FALSE);
}
```

Zuerst deaktivieren wir die Schaltfläche und erwarten die Antwort des Servers. Wenn die Ressource im Moment gesperrt ist, bekommen wir als Rückwert den Wert *hr*, der nicht gleich 0 ist. In diesem Fall aktualisieren wir entsprechend die Zeile *Info* auf dem Dialog. Die Schaltfläche bleibt gesperrt, bis der Server uns über die Freigabe der Ressource mit einem Ereignis informiert.

Wenn die Ressource frei ist, aktualisieren wir die Info und aktivieren die Schaltfläche.

14. Implementieren Sie die Methode für das Auslösen der Ereignisse

```
void CShareClientDlg::UpdateState(long lLastTrans)
{
   if(lLastTrans < 0)
   {
        UpdateButton(FALSE);
        m_strTransInfo.Format("Ressource ist nicht erreichbar");
   }
   else
   {
        UpdateButton(TRUE);
        m_strTransInfo.Format("Letzte bekannte Transaktion: N %ld",
                lLastTrans);
   }
   UpdateData(FALSE);
}
```

Der Server ruft diese Methode mit dem negativen Wert des Parameters *lLastTrans*, wenn die Ressource gesperrt ist. In diesem Fall deaktivieren wir die Schaltfläche *Transaktion* (Methode *UpdateButton()*) und legen den entsprechenden Info-Text ab. Wenn die Ressource frei ist, aktivieren wir die Schaltfläche und informieren den Benutzer über die letzte bekannte Transaktion.

Merken Sie sich, daß wegen der asynchronen Arbeit die Ressource inzwischen freigegeben und von einem anderen Client wieder gesperrt werden kann. Der Client kann über die vorläufige Freigabe der Ressource nicht benachrichtigt werden.

Für das korrekte Aufräumen der angelegten Objekte und Server verwenden wir die Methode *OnDestroy()*, die eine Nachrichtenbearbeitungsmethode für die Nachricht

15. Fügen Sie der Dialogklasse die Nachrichtenbearbeitungsmethode für die Nachrichten *WM_DESTROY* hinzu

Implementieren Sie die Methode folgendermaßen:

```
void CShareClientDlg::OnDestroy()
{
   CDialog::OnDestroy();

   // TODO: Add your message handler code here

   if(m_pDCOMShareObj != NULL)
   {
       AtlUnadvise(m_pDCOMShareObj, IID_IDCOMShareEvents, m_dwCookie);
       m_pDCOMShareObj->Release();
   }
}
```

Die Methode wird vom Anwendungsrahmen vor der Vernichtung des Dialoges aufgerufen. Wir lösen die Verknüpfung mit dem Kommunikationspunkt des Servers (Methode *AtlUnadvise())* und lösen die Automatisierungsschnittstelle des Objektes (Methode *Release()*).

16. Kompilieren Sie die Anwendung

Die Zusammenarbeit der in diesem Kapitel entwickelten Clients und der im vorigen Kapitel entwickelten Server testen wir im nächsten Kapitel.

27 Testen von DCOMShare-Server und ShareClient

Das Testen der entwickelten Clients und Server führen wir in zwei Schritten durch. Im ersten Schritt machen wir den lokalen Test (auf dem gleichen Computer). Danach wird die Zusammenarbeit im Netz geprüft.

27.1 Lokaler Test

Testen Sie den ShareClient und DCOMShareServer zuerst lokal auf dem Computer, auf dem beide Komponenten entwickelt wurden.

Alle COM-Objekte sind auf diesem Computer automatisch nach dem erfolgreichen Beenden der Kompilierung und Bindung der Projekte registriert.

Versuchen Sie gleichzeitig zwei Clients zu starten. Sie können feststellen, daß die Transaktionen und das Informieren über die Änderungen des Zustandes wirklich asynchron funktionieren (Abbildung 27.1). Der Zeitabstand zwischen dem Beenden einer Transaktion und dem Informieren aller Clients können Sie mit Hilfe der Konstanten *BUSY_SLEEP_MSK* und *TRY_UPDATE_MSK* in der Implementierung des Servers regulieren.

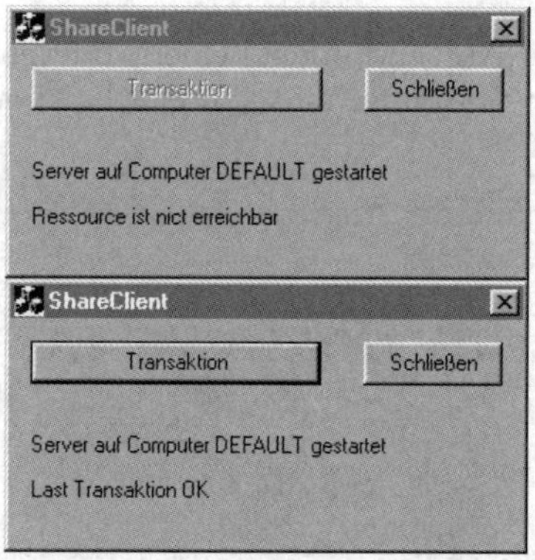

Abbildung 27.1: Transaktion vom unteren Client ist erfolgreich durchgeführt. Der obere Client ist noch nicht über die Freigabe der Ressource informiert.

Nach einer gewissen Zeit werden die Ereignisse in allen Clients ausgelöst, und die Dialoge sehen gleich aus (Abbildung 27.2).

Mit Hilfe der Ausgabe im Output-Fenster finden Sie heraus, wie lange im Server das Auslösen eines Ereignisses dauert. Später können Sie diese Statistik mit der Situation im Netz vergleichen.

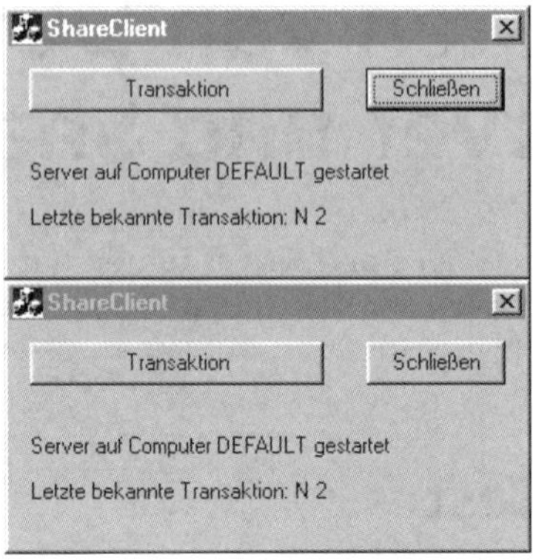

Abbildung 27.2: Nach einer gewissen Zeit werden alle Clients gleich aussehen

27.2 Test im Netz

Für das Ausführen des Netztestes benötigen Sie ein Netz mit einem Windows NT-Computer in einem Domain.

Ich bitte im voraus um Entschuldigung. In diesem Kapitel sollen Sie zwei Fehlersituationen provozieren. Beide Probleme werden sofort nach der Feststellung geklärt und beseitigt. Ich hoffe, daß die beiden Fehlermeldungen Sie nicht erschrecken werden. Diese Meldungen lassen Sie DCOM-spezifische Probleme besser verstehen.

Kopieren Sie die *ShareClient*-Anwendung auf einen anderen Computer und starten Sie sie. (Sie müssen auf diesem Computer mit dem gleichen Namen angemeldet sein, wie auf dem ersten Computer.)

Nach dem Start des Clients und der Auswahl des Server-Computers sieht der Dialog so aus (Abbildung 27.3).

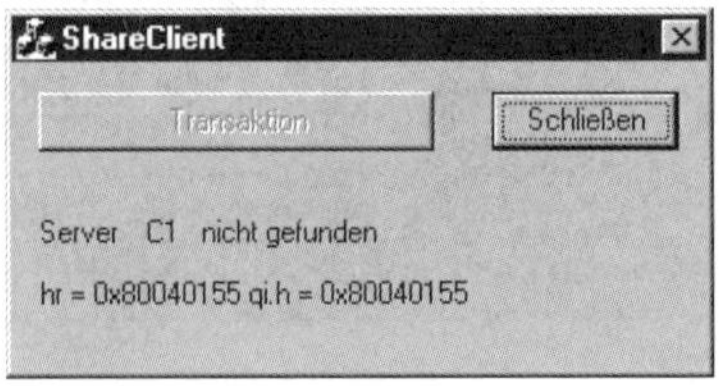

Abbildung 27.3: Aussehen des Dialoges nach dem ersten Start im Netz

Der Client kann nicht auf den Server zugreifen, weil die Marshaling (Proxy/Stub-DLL) fehlt.

Wir müssen für das Marshaling im Netz eine Proxy-Stub-DLL generieren.

Benennen Sie die Datei *DCOMShareServerps.mk* in *DCOMShareServerps.mak* um und öffnen Sie diese Datei als neues Workspace im Visual Studio. Danach kompilieren und binden Sie die DLL *DCOMShareServerps.dll.*

Kopieren Sie die DLL auf den zweiten Computer und registrieren Sie die DLL dort mit Hilfe von *Regsvr32.exe.*

Versuchen Sie jetzt noch einmal, den Client zu starten und den Server-Computer auszuwählen.

Sie bekommen jetzt eine Fehlermeldung, etwa wie in der Abbildung 27.4.

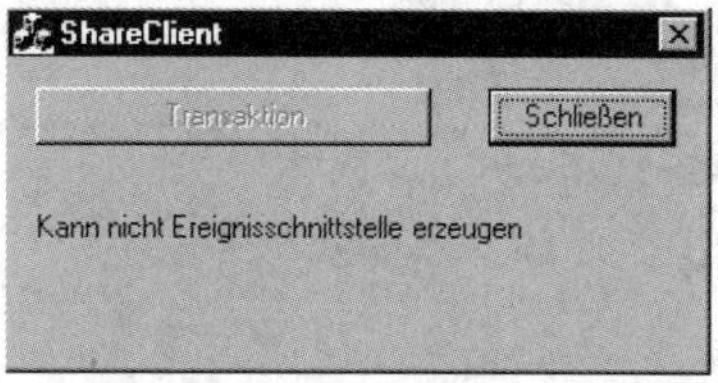

Abbildung 27.4: Die Fehlermeldung nach dem Anlegen und Registrieren der Proxy-Stub-DLL

Was fehlt jetzt? Erinnern Sie sich an die Formel aus dem ersten Kapitel dieses Teils:

DCOM = COM + Fernaktivierung + Marshaling + Sicherheit

Die Fernaktivierung funktioniert. Das Marshaling haben wir mit dem Anlegen und der Registrierung der Proxy-Stub-DLL gewährleistet. Was ist aber mit der Sicherheit?

Beim Aufruf des Servers mit Hilfe von *:: CoCreateInstanceEx()* haben wir indirekt DCOM-Voreinstellungen für das Anlegen und Steuern des Serverobjekts verwendet. Das Serverobjekt versucht aber, seinerseits auf den Client mit der Kommunikationspunktschnittstelle zuzugreifen. Und wir haben ihm noch keine Rechte dafür gegeben.

Diese Rechte können Sie dem Serverobjekt mit Hilfe von *DCOMCnfg.exe* geben. Rufen Sie *DCOMCnfg,* auf dem Server-Computer auf, und machen Sie für das Objekt die entsprechende Einstellung (Abbildung 27.5). Sie müssen mit Hilfe der Schaltfläche *Durchsuchen* auf Ihrem Domain Ihren eigenen Namen auswählen.

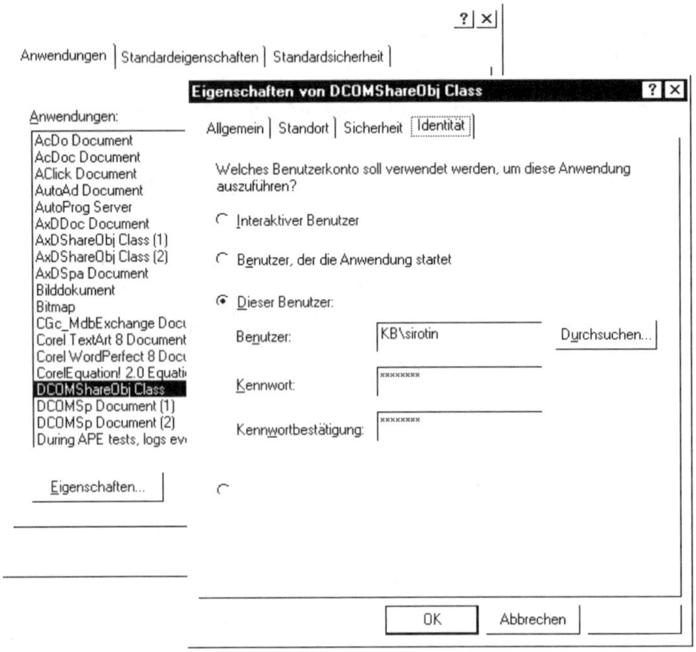

Abbildung 27.5: Einstellung in DCOMCnfg.exe

Beim nächsten Start und der Auswahl des Servercomputers muß alles ordentlich laufen.

Mit Hilfe der Ausgabe im Output-Fenster versuchen Sie zu messen, wie lange eine typische „Transaktion" in Ihrem Netz dauert. Die Zahlen hängen von der Leistung Ihres Netzes und von den beiden Computern ab. Sie können aber feststellen, daß mehrere Transaktionen pro Sekunde normalerweise möglich sind. (Ich meine damit die Transaktion ohne künstliche Verlängerung, die wir im Server mit Hilfe der Konstante *BUSY_SLEEP_MSK* organisieren.)

27.3 Ressourcen

Online-Hilfe

Informationen zum Thema DCOM finden Sie in der Online-Hilfe unter der Suchmaske „DCOM", „Remote Automation" und „Marshaling". Außerdem finden Sie die Hinweise für DCOM in der Beschreibung der zahlreichen Funktionen.

Samples, Tips

Das ATL Sample *DCOM* zeigt reine ATL-Lösungen für den DCOM-Service. Unter der Suchmaske „DCOM Sample" finden Sie abhängig von der vorhandenen Version von Visual C++ mehrere „DCOM-fähige" Beispiele.

Der Umgang mit einigen Beispielen ist nicht einfach. Ich empfehle Ihnen, alle DCOM-Beispiele zuerst auf einem lokalen Computer zu testen und danach im Netz auszuprobieren.

Ein besonderes Problem besteht in der Interpretation der Fehlercodes, die COM-Funktionen liefern. Ich kenne kein vernünftiges, in Visual Studio eingebautes Verfahren, um den Sinn des Fehlercodes zu ermitteln. (Was bedeutet zum Beispiel der Fehlercode 0x80004002?) Alle Fehlercodes finden Sie in der Datei *...\include\Winerror.h*.

Für die Ermittlung der Bedeutung eines Fehlercodes machen Sie einen Haltepunkt nach der Zeile, wo der HRESULT-Wert als Rückwert gerechnet wird. Im Debug-Fenster *Variables* stellen Sie die Hex-Präsentation der Variablen (Rechter Mausklick, Hexadecimal Display) ein. Öffnen Sie im Visual Studio die Datei *...\include\Winerror.h*. Jetzt können Sie mit der *Suche* die Bedeutung des Fehlercodes in der Datei finden. (Wenn Sie Visual Studio gut kennen, können Sie natürlich ein Add-In für diesen Zweck entwickeln.)

WWW und Internet

Auf der Seite *http://msdn.microsoft.com/developer/newsgroups/newsgroups. htm* finden Sie die Liste der vorhandenen Diskussionsgruppen über die Microsoft-Produkte.

Literatur

Ein perfektes Buch zum Thema DCOM ist [16]. Das Buch [17] empfehle ich Ihnen eher als theoretische denn als praktische Informationsquelle.

27.3.1 Zusammenfassung

In diesem Teil haben wir DCOM-Besonderheiten im Vergleich zu COM kennengelernt. Wir haben zwei DCOM-Projekte entwickelt, die als Basis für die breite Palette der realen DCOM-Projekte dienen können. Im ersten Projekt haben wir die Überwachung und Analyse der freien Ressourcen im Netz herausgefunden. Im zweiten Projekt haben wir einen Mechanismus für den Zugang zu gemeinsamen Ressourcen entwickelt. Damit können alle Clients mit Hilfe eines zusätzlichen Threads über die vorläufige Sperre der Ressourcen benachrichtigt werden. Diese Lösung ist für kleine Netze (5–10 Teilnehmer) mit einer gemeinsamen Ressource (Modem- und/oder Datenbankverbindung) hilfreich.

Die Kombination beider Auffassungen ermöglicht komplizierte Lösungen mit dem Broker-Mechanismus (dynamische Verteilung der Ressourcen und Starten des zusätzlichen Servers).

Sie haben in diesem Teil auch gelernt, wie man in einem Projekt MFC und ATL-Quellcode mischen kann.

Leider ist der Rahmen des Buches zu eng, um weitere interessante Aspekte von DCOM, wie z.B. DCOM-Dienste und MTS- (Microsoft Transaktion Server) Anwendungen, zu erforschen. Ich hoffe trotzdem, Ihre Kenntnisse reichen jetzt aus, um eigene DCOM-Projekte zu entwickeln.

Teil I: Anhänge

28 Übersetzung der Fachbegriffe

28.1 Deutsch – Englisch

Deutsche Fachbegriffe	Englische Übersetzung
A	
Anmeldung	login
Anwendung	application
Anwendungsobjekt	application object
Anwendungsrahmen	application framework
API	API (Aplication Program Interface)
Arbeitsspeicher (konventioneller)	memory (conventional)
Assistent	wizard
Aufzählung	enumeration
Auslagerungsdatei	swap file
B	
Bearbeiter (Nachrichtenbearbeiter)	message handler
Befehl	command
Befehlszeile	command line
Benachrichtigung	notification
Benutzer	user
Benutzerdefinierte Eigenschaften	custom property
Benutzeroberfläche	user interface
Bereich	area
Bibliothek	library
Bildlaufleiste	scrollbar
Bildschirm	screen
Binden	link
C	
C/C++-Laufzeitbibliothek	C/C++ run time library
D	
Datei	file

Deutsche Fachbegriffe	Englische Übersetzung
Dialogvorlage	dialog template
Dokument/Sicht-Architektur	document-view architecture
E	
Editieren	edit
Editierfeld	edit box
Eigenschaft	property
Eigenschaftsdialog	property sheet
Eigenschaftsseite	property page
Eingefügtes Objekt	enbedded object
Eintrittspunkt	entry point
Elternfenster	parent window
Entwicklungsumgebung	developing environment
Ereignis	event
F	
Fehler	error
Feld	array, box
Ferncomputer	remote computer
H	
Halde	heap
Hilfsdatei	help file
I	
Informierungsfunktion	notification function
K	
Kapselung	information hidding
Karteidialog	property sheet
Kennung	ID
Kinderfenster	child window
Klassenbibliothek	class library
Klassenvariable	class member
Kombinationsfeld	combo box
Kompilieren	compile
Konnektionspunktkarte	connection point map
Konstruktor	constructor
Kontextmenü	context menu
Kontextsensitive Hilfe	context sensitive help

Deutsche Fachbegriffe	Englische Übersetzung
Kopfdatei	header
L	
Laufleiste	scrollbar
Laufzeit	runtime
Laufzeitbibliothek	run time library
Listenfeld	list box
M	
Mauszeiger	mouse cursor
MDI-Anwendung	MDI application
Meldung	message box
Menüpunkt	menu item
Methode	method
Modaler Dialog	modal dialog
N	
Nachricht	message
Nachrichtenbearbeiter	message handler
Nachrichtenbearbeitungsmethode	message handler
Nachrichtentabelle	message map
Nachrichtenverteilung	message routing
O	
Oberfläche	user interface
Ordner	Directory, folder
Ortstransparenz	location transparency
Ortsunabhängigkeit	location transparency
P	
Paßwort	passwort
Platzhalter	wildcard
Popup-Menü	pop-up menu
Programmpfad	thread
Programmverfolgung	tracing
Prozeß	process
Q	
Quellcode	source code
R	
Rahmen	frame

Deutsche Fachbegriffe	Englische Übersetzung
Registrierdatenbank	registry
Rückwert	return
S	
Schaltfläche	button
Schnittstellenkennung	interface identifier
Sicht	view
Standardeigenschaften	stock property
Standardeigenschaftsseite	stock property page
Standardmethoden	stock methods
Standardumgebungseigenschaft	ambient property
Standort	Location
Stapel	Stack
Statuszeile	status bar
Steuerelement	control
Symbolleiste	toolbar
T	
Taskleiste	taskbar
Teilbares Fenster	splitter window
U	
Umgebung	environment
V	
Verbundenes Dokument	compound document
Verknüpftes Objekt	linked object
Veröffentlichen	exposing
Verzeichnis	directory, folder
Vorlage	template
Z	
Zeiger	pointer
Zeitscheibe	quant
Zugriffsfunktion	accessor function
Zwischenablage	Clipboard

28.2 Englisch – Deutsch

Englische Übersetzung	Deutsche Fachbegriffe
A	
accessor function	Zugriffsfunktion
ambient property	Standardumgebungseigenschaft
API (Aplication Program Interface)	API
application	Anwendung
application framework	Anwendungsrahmen
application object	Anwendungsobjekt
area	Bereich
array	Feld
B	
box	Feld
button	Schaltfläche
C	
C/C++ run time library	C/C++-Laufzeitbibliothek
child window	Kinderfenster
class library	Klassenbibliothek
class member	Klassenvariable
clipboard	Zwischenablage
combo box	Kombinationsfeld
command	Befehl
command line	Befehlszeile
compile	Kompilieren
compound document	Verbundenes Dokument
connection point map	Konnektionspunktkarte
constructor	Konstruktor
context menu	Kontextmenü
context sensitive help	Kontextsensitive Hilfe
control	Steuerelement
custom property	Benutzerdefinierte Eigenschaften
D	
developing environment	Entwicklungsumgebung
dialog template	Dialogvorlage

Englische Übersetzung	Deutsche Fachbegriffe
directory	Verzeichnis, Ordner
document-view architecture	Dokument/Sicht-Architektur
E	
edit	Editieren
edit box	Editierfeld
embedded object	Eingefügtes Objekt
entry point	Eintrittspunkt
enumeration	Aufzählung
environment	Umgebung
error	Fehler
event	Ereignis
exposing	Veröffentlichen
F	
file	Datei
folder	Ordner
frame	Rahmen
H	
header	Kopfdatei
heap	Halde
help file	Hilfsdatei
I	
ID	Kennung
information hidding	Kapselung
interface identifier	Schnittstellenkennung
L	
library	Bibliothek
link	Binden
linked object	Verknüpftes Objekt
list box	Listenfeld
Location	Standort
location transparency	Ortstransparenz, Ortsunabhängigkeit
login	Anmeldung
M	
MDI application	MDI-Anwendung
memory (conventional)	Arbeitsspeicher (konventioneller)

Englische Übersetzung	Deutsche Fachbegriffe
menu item	Menüpunkt
message	Nachricht
message box	Meldung
message handler	Bearbeiter, Nachrichtenbearbeiter, Nachrichtenbearbeitungsmethode
message map	Nachrichtentabelle, Nachrichtenkarte
message routing	Nachrichtenverteilung
method	Methode
modal dialog	Modaler Dialog
mouse cursor	Mauszeiger
N	
notification	Benachrichtigung
notification function	Informierungsfunktion
P	
parent window	Elternfenster
passwort	Paßwort
pointer	Zeiger
pop-up menu	Popup-Menü
process	Prozeß
property	Eigenschaft
property page	Eigenschaftsseite, Eigenschaftsdialog, Karteidialog
Q	
quant	Zeitscheibe
R	
registry	Registrierdatenbank
remote computer	Ferncomputer
return	Rückwert
run time library	Laufzeitbibliothek
runtime	Laufzeit
S	
screen	Bildschirm
scrollbar	Bildlaufleiste, Laufleiste
source code	Quellcode
splitter window	Teilbares Fenster

Englische Übersetzung	Deutsche Fachbegriffe
Stack	Stapel
status bar	Statuszeile
stock methods	Standardmethoden
stock property page	Standardeigenschaftsseite
stock property	Standardeigenschaften
swap file	Auslagerungsdatei
T	
taskbar	Taskleiste
template	Vorlage
thread	Programmpfad
toolbar	Symbolleiste
tracing	Programmverfolgung
U	
user	Benutzer
user interface	Benutzeroberfläche, Oberfläche
view	Sicht
W	
wildcard	Platzhalter
wizard	Assistent

Index

Symbole

A

B

E

F

G

J

K

L

M

N

O

S

T

THE SIGN OF EXCELLENCE

C/C++-Workshop

Übungen, Lösungen, Tips

André Willms

Das Buch bietet nach einer kompakten Einführung eine Reihe von Übungen zur Programmierung in C und C++ sowie die entsprechenden Lösungen. Dazu wird aber zwischen die Übungsaufgabe und deren Lösung jeweils ein Tip-Teil eingefügt, in dem Sie Hinweise zur Bewältigung der Programmieraufgabe finden. Dieser Tip-Teil ist in sich noch einmal nach dem jeweiligen Aufschließungsgrad der Hinweise gegliedert: Mit jedem Tip werden Sie näher an die Lösung herangeführt. Sie erhalten gerade soviel Rat, wie Sie brauchen, um selbständig die Aufgabe lösen zu können.

Professionelle Programmierung
320 S., 1997, brosch., mit Diskette
DEM 39,90, ATS 291, CHF 35,00
ISBN 3-8273-1290-6

ADDISON-WESLEY